STARTUP

UNDERSTANDING OF
MANAGEMENT & START UP

경영의 이해와 창업

Preface

인간은 어떠한 목표를 개인적으로 달성할 수 없는 경우에 여러 명이 모여 조직을 구성하여 목표를 달성하려고 노력한다. 넓은 의미에 있어서의 경영에 대한 정의를 내리자면 "조직의 목적을 효율적으로 달성하기 위한 일체의 과정"이라고 할 수 있다. 이러한 정의를 기업이라는 특수한 형태의 조직에 적용시켜, 경영은 "인적 · 물적자원을 구입 및 투입하여 제품이나 서비스를 생산하고 이를 판매하는 과정"이라고 정의할 수 있다. 경영은 흔히 이윤을 추구하는 영리기업에서만 필요한 것으로 인식하기 쉬우나 모든 조직이 나름대로 목표가 있고 그 목표를 어떻게 하면 효율적으로 달성하느냐가 바로 경영이라는 것을 생각해보면, 영리를 추구하는 조직뿐만 아니라 비영리조직에게도 필요한 개념이다. 따라서 효율적인 경영이라 함은 일반기업에서만 필요한 것이 아니고 정부, 병원, 대학 등 모든 조직에 있어서 필요시 되는 개념이다.

이처럼 오늘날 우리는 어떤 활동에 참여하든 경영과 관련을 맺고 살아가고 있다. 기업경영, 학교경영, 정부경영, 병원경영, 가족경영 등 모든 활동을 경영의 한 과정이라 볼 수 있으며, 오늘날 경영은 영리조직이든 비영리조직이든 경영이라는 하나의 흐름 속에서 시스템 활동이 이루어진다고 볼 수 있는 것이다. 한 마디로 오늘날 경영은 사회과학의 기반을 이루는 종합적 학문의 성격을 갖고 있으며, 경영학을 접근하는 방법 역시 학제적 접근방법(interdisciplinary approach)을 취하고 있다. 이러한 중요성을 토대로 본 교재는 먼저 창업자가 창업에 관한 지식을 습득하기에 앞서 경영이란 무엇인지에 대한 기본적인 개

념을 습득하고, 사람을 다루는 전문경영자로서 자질과 소양을 구비하는 데 필요한 도움을 주고자 하는 의도로 개발되었다. 즉, 본 교재는 단순히 창업에 대한 전반적인 지식을 제공하기에 앞서 경영에 대한 기본적인 이해를 토대로 창업에 대한 전략적인 접근을 제시하는 차별화된 시각을 다양한 사례와 핵심 자료로 구성하여 제시하였다.

최근 베이비부머의 은퇴가 본격화 되면서 자영업자의 증가가 대표적인 현상으로 나타나고 있다. 은퇴와 퇴직 후 마땅히 할 일이 사라진 사람들이 대거 창업 시장으로 몰리고 있다. 통계적으로 15~29세에 해당하는 청년실업률은 경기에 따라 증감을 반복하고 있지만 현재 평균적으로 8%대를 오가고 있다. 그러나 공무원이나 대기업 공채를 준비하는 청년들은 실업자로 집계되지 않는다는 점과 우리나라 현실을 고려하면 청년실업률은 20%를 넘는 실정이다. 취업이 안 되다 보니 결혼이 미루어지고 이로 인해 저출산 문제와 창업과 같은 도전정신은 사라지고 있다. 청년실업자 시대에서 더 큰 문제는 이미 상당수의 청년들이 아르바이트, 비정규 노동 등으로 인해 워킹푸어로 전락하고 있는 현실이다.

청년실업은 여전하고 이른 나이에 '명예퇴직'이 흔해졌고 정년퇴직을 보장받기도 힘들고 보장 받는다고 하다라도 수명 연장에 따라 퇴직 후에도 일거리가 절실한 게 지금의 현실이다. 이에 대한 해법으로 취업 또는 재취업 대신 창업을 택하는 이들이 많아지면서 컴퓨터만 있으면 어디서든 일할 수 있는 환경적 변화와 아이디어만 있으면 혼자서도 가능한 비지니스 영역인 1인 기업도 전성기를 맞고 있는 실정이다. 창업은 누구나 할 수 있으나, 누구나 다 성공한다고는 보장할 수 없다. 사업을 운영하는 과정에 여러 어려운 상황에 직면할 수 있기 때문에 창업의 중요성을 인식하고, 사전에 철저히 준비된 창업계획이 필요하다. 창업에는 창업절차에 의한 사업성 검토와 사업계획서 수립이 절대적으로 필요하며, 사업아이템에 맞는 입지조건이 충족되고 철저한 시장조사를 거쳐 적절한 물품구매와 합리적인 자금조달과 운용을 통해 정확한 손익을 분석하고 계획을 수립하는 절차가 필요하다. 따라서 창업을 시도하려면 자금 조달, 아이템 선정, 사업장 확보 등 여러 가지 갖추어야 할 사항들이 많고 이때 충분한 사업성분석이나 사전준비 없이 주관적인 자기 판단 아래 잘못된 창업을 시도하게 되면 실패의 아픔을 겪

게 된다. 따라서 성공사업의 핵심은 시대의 변화에 발맞추어 사업에 어떤 영향을 가져올 것인지 문제점을 분석하고, 종합적인 판단과 결정으로 창업전략을 세우고 실천하는 게 필요하다.

본 교재는 이러한 시대의 환경에 따라 경영에 대한 전반적인 지식을 습득하고자 하는 사람, 창업을 계획하고 있는 소상공인, 점포경영자, 부업을 찾고 있는 샐러리맨과 주부, 샐러리맨에서 사장으로서의 변신을 꿈꾸며 미래를 준비하는 창업 예비자, 그리고 창업컨설턴트 및 컨설턴트 희망자들에게 유익한 정보를 제공할 목적으로 개발되었다. 특히 21세기의 새로운 기업형태인 가족 중심형 기업의 창업과 공동창업, 복합창업, 소자본 창업, 프랜차이즈 창업 등에 대해 다양한 사례와 요약을 중심으로 쉽고 분석적인 실무중심의 내용을 서술함으로써 경영과 창업에 대한 관심과 이해를 높이고, 새로운 창업동기를 제공하여 경영효율성을 높이는 데 주안점을 두었다. 본 교재는 실천적 경영시스템을 토대로 실용학문의 경영관리적 접근방법에 역점을 두면서 창업준비와 창업 후 실무적 경영관리를 진단할 수 있도록 다양한 이론과 실전위주의 창업준비 내용을 다루고 있다.

본 교재의 내용을 살펴보면, 21세기 업종별 신 동향과 실태를 파악하여 경쟁력 있는 창업 전문가와 경영자로서의 지식과 실무적 경험을 습득케 하여 성공할 수 있도록 하는 다양한 창업전략을 제시하고 있다. 제5판의 주요 내용으로는 제1장 경영의 정의와 구성요소, 제2장 경영자론, 제3장 경영자의 능력과 리더십, 제4장 창업의 기본, 제5장 사업계획서·아이템·타당성 분석, 제6장 소자본 창업, 제7장 입지선정과 점포관리요령, 제8장 서비스와 고객관리, 제9장 마케팅과 친절문화, 제10장 창업의 지원체계 및 세무, 그리고 부록 등으로 구성되어 있다. 특히, 제6판에서는 창업의 지원체계 및 세무에서는 최근의 개정된 세법 내용을 중심으로 정리하였고, 개정된 세법에 따라 국세청의 새로운 양식과 추가 참고자료도 실었다. 또한 본 교재의 사례와 일부 요약된 자료는 성공적인 실무창업가로서의 이론적 지식과 실무적인 창업응용능력을 얻고 활용하는데 도움이 되도록 하였다.

본 교재는 풍부한 자료와 다양한 사례를 토대로 독자들이 경영과 창업에 필요한 실무지식을 좀 더 쉽게 이해하고 습득할 수 있도록 개발되었기 때문에 다양한 경영관련 문헌들을 많이 인용하였고, 본 교재의 사례들은 최근의 자료들을 각 장과 관련 있는 내용들을 수집하여 알아두기, 핵심 key, 핵심요약, 사례 등으로 체계적으로 정리·제시함으로써 독자들이 현장감과 다양한 정보와 필요한 실무적 지식을 습득할 수 있도록 하였다. '트렌드를 알아 신종 사업 아이템을 발굴하고, 창업지식을 토대로 창업 단계별로 체크 포인트를 점검하고 실행하면 성공창업이 보인다'고 한다. 본서가 경영에 대한 기본적인 지식을 습득하고, 창업에 관심 있는 독자들에게 전문지식을 제공하여 폭넓은 안내서 역할이 되기를 간절히 바란다. 끝으로 이 책이 나오기까지 출판에 힘써주신 한올출판사 임순재 사장님과 임직원, 그리고 출판에 따른 격려와 도움을 주신 분들에게 깊은 감사를 드린다.

2023년 1월

저자 씀

Contents

Chapter 01 경영의 정의와 대상 구성요소

Chapter 02 경영자론

Chapter 03 경영자의 능력과 리더십

Chapter 04 창업의 기본

Chapter 05 사업계획서·아이템·타당성 분석

Chapter 06 소자본 창업

Chapter 08 서비스와 고객관리

Chapter 09 마케팅과 친절문화

Chapter 10 창업의 지원체계 및 세무

Supplement 부록

사례와 실무 중심의
경영의 이해와 창업

CHAPTER

01 경영의 정의와 대상 구성요소

Understanding of Management & Foundation

CHAPTER 01 경영의 정의와 대상 구성요소

제1절 거래적 리더십과 변혁적 리더십

1 경영의 정의 및 기능

인간은 어떠한 목표를 개인적으로 달성할 수 없는 경우에 여러 명이 모여 조직을 구성하여 목표를 달성하려고 노력한다. 넓은 의미에 있어서의 경영에 대한 정의를 내리자면 "조직의 목적을 효율적으로 달성하기 위한 일체의 과정"이라고 할 수 있다. 이러한 정의를 기업이라는 특수한 형태의 조직에 적용시켜 보면, 경영은 "인적·물적자원을 구입 및 투입하여 제품이나 서비스를 생산하고 이를 판매하는 과정"이라고 정의할 수 있다.

[그림 1-1]에서 볼 수 있는 바와 같이 경영은 크게 세 가지 과정으로 나누어 볼 수 있다. 첫째는 재화나 서비스를 생산하기 위하여 필요로 하는 생산요소(투입물)를 구입 및

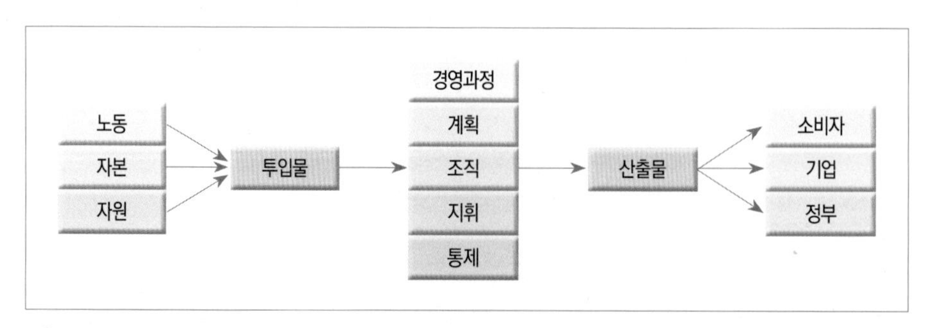

그림 1-1_ 경영의 개념

투입하는 것이고, 둘째는 구입한 생산요소를 투입하여 재화 또는 서비스(산출물)를 생산하는 것이며, 셋째는 산출물을 소비자 · 타기업 또는 정부(서비스) 등에 판매하는 것이다. 이러한 경영의 중요성은 기술이 급속하게 발달하고, 종업원들도 매우 전문화되어 가고 있으며, 인간관계가 점점 더 복잡화해짐에 따라 더욱 더 강조되고 있다. 또한 경영을 하는 데 필요시 되는 지식도 단순한 기존의 경영기법의 수준을 넘어서 경제학, 심리학, 사회학 등 다른 범주로 생각되어 왔던 분야의 학문까지 요구하는 수준에 이르렀다.

이러한 경영은 흔히 이윤을 추구하는 영리기업에서만 필요한 것으로 인식하기 쉬우나 모든 조직이 나름대로 목표가 있고 그 목표를 어떻게 하면 효율적으로 달성하느냐가 바로 경영이라는 것을 생각해보면, 영리를 추구하는 조직뿐만 아니라 비영리조직에게도 필요한 개념이다. 따라서 효율적인 경영이라 함은 일반기업에서만 필요한 것이 아니고 정부, 병원, 대학 등 모든 조직에 있어서 필요시 되는 개념이다.

경영과 관련된 용어로는 administration과 management가 사용되는데 종래의 경영학 문헌상에서 administration과 management의 두 용어 사이에 혼란이 있었다. 즉, 양자를 동의어로 보기도 하였으나, 양자의 관계로는 다음과 같은 견해가 있다.

첫째, administration을 상위의 개념으로 보는 견해로 이 견해는 administration이 조직의 목적설정과 전반정책의 결정 등 광의적인 활동영역에 관한 사항을 주관하고 management는 administration에 의해 정해진 한도 내에서 정책을 실현하는 한정되고 구체적이며 세부적인 활동영역에 관한 사항을 관장한다고 본다. 이 견해를 주장하는 학자로서 테드(Ordway Tead)와 쉘돈(Oliver Sheldon)을 들 수 있다. 즉, 이 견해는 경영조직의 계층적 구분에 의해 상위계층의 기능을 administration으로 보고 이에 비해 하위계층의 기능을 management로 보는 견해라 할 수 있다.

둘째, management를 광의의 개념으로 보는 견해로, 프랑스의 페이욜은 management는 기업의 목적수행에서 전반적 기능을 수행하는 것이고, 이에 비해 administration은 여러 기능 가운데에서 단지 일부분에 지나지 않는 것이라고 함으로써 management의 보편성을 강조하였다. 페이욜은 'governer'(manage)와 'administrer'(administer)를 확실히 구별하고 management가 administration보다 광범위하고 포괄적이며 제반기능을 통합하는 행위로 표현했으며 administration은 계획, 조직, 명령, 조정, 통제 행위에 관한 기능일 뿐임을 명확히 했다([그림 1-2] 참조).

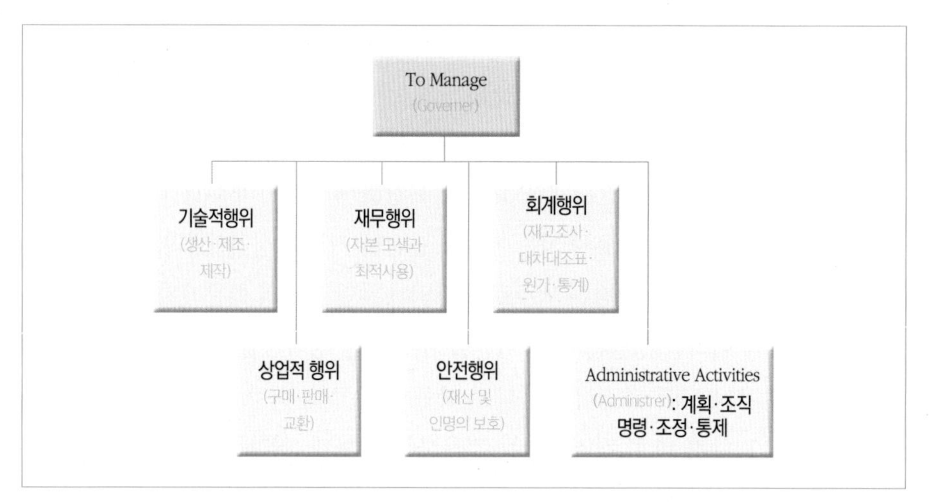

그림 1-2_ 페이욜의 management 기능

그러나 오늘날 기업 환경은 급격히 변화하고 있으며 기업이 이에 대응하기 위해서는 관리를 다만 기업내부의 문제로서 다루는 관리적 결정이나 작업적 결정을 중심으로 인식하기보다는 기업외부의 환경변화에 적응하기 위한 전략적 결정과 관련하여 관심을 기울일 필요가 있다. 이와 같은 관점에서 관리란 전략적 관리와 업무적 관리로 나누어진다. 전자를 경영(management), 후자를 관리(administration)로 보고 양자를 합하여 광의의 management, 즉 경영관리로 부르게 된다.

전략적 관리란 조직체와 선정된 목적에 의해 표현할 수 있는 환경과의 사이의 관계를 결정 유지하고 또한 그 조직체와 하위부문이 효율적인 활동 프로그램을 결정 유지하고 또한 그 조직체와 하위부문이 효율적인 활동 프로그램을 실행할 수 있게 하는 자원배분을 통해 목표하는 관계의 상태를 달성하고자 의도하는 과정인데, 이는 기업목적을 달성하는 데 도움이 되는 효과적인 전략을 수립하게 하는 일련의 의사결정과 활동이다. 이러한 전략적 관리라는 명칭은 종래의 업무적 관리와 구별되는 최고경영자의 활동에 붙여진 것인데 이는 최근에 환경의 영향이 중요해짐에 따라서 이에 대응하기 위한 최고경영자의 활동에 중점을 둘 필요가 있기 때문이다.

이에 대해 업무적 관리는 일상 업무의 처리와 관련되는 관리과정으로서 이의 중심은 전술이나 기술에 있으며 그 바탕은 관리적 결정 내지 작업적 결정에 있다. 따라서 이는 종래의 중간 및 감독관리층이 수행하던 관리활동이다. 그러므로 업무적 관리는 관리과정중의 실체적 과정에서 수행되는 각 활동이 효율적으로 수행되게끔 관리하는 것이다.

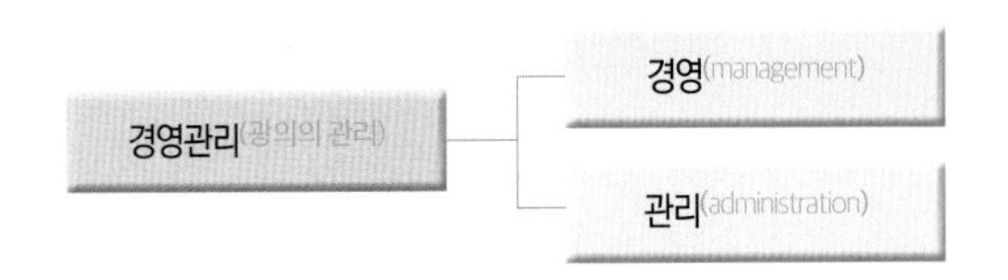

그리고 경영의 기능은 크게 관리기능, 업무기능으로 구분할 수 있다. 먼저 관리기능은 경영을 효율적으로 달성하기 위하여 요구되는 기본적인 기능이다. 이러한 관리기능은 조직의 규모가 확대되고 업무가 복잡해짐에 따라 더욱 더 요구되는 기능으로서 이에는 계획, 조직화, 지휘, 그리고 통제가 있다(계획-실행-평가). 한편, 관리기능과 함께 생각할 수 있는 것이 업무성격별로 구분하는 업무기능으로 이에는 인사, 재무, 마케팅, 회계, 생산 등 이른바 경영학에서 가르치고 있는 전공분야가 바로 이 업무기능에 의하여 구분된 것이다. 업무기능의 종류로는 다음과 같다.[1]

1. 경영전략: 경영전략은 기업들이 정해진 목표를 달성하기 위하여 기업내·외적환경에 대응하기 위한 방안에는 어떠한 것이 있으며, 이러한 방안의 수립 및 실행을 어떻게 할 것인가가 다루어진다.
2. 생산관리: 기업이 유형, 무형의 자원을 이용하여 제품이나 서비스를 가공하는 생산시스템을 계획, 운영, 통제하는 일련의 관리활동이다.
3. 마케팅관리: 조직의 목표를 달성하기 위하여 표적고객과 교환을 창출·유지하고 이러한 교환의 창출·유지를 위한 프로그램의 분석·계획·실행·통제를 수행하는 것이다.
4. 재무관리: 기업의 경영목표를 달성하기 위하여 필요한 자금의 조달을 비롯하여 그 자금의 운용, 관리, 통제에 이르기까지의 총체적인 관리활동을 말한다.

1 고동희 외, 경영학원론, 명경사, 2001.p.42.

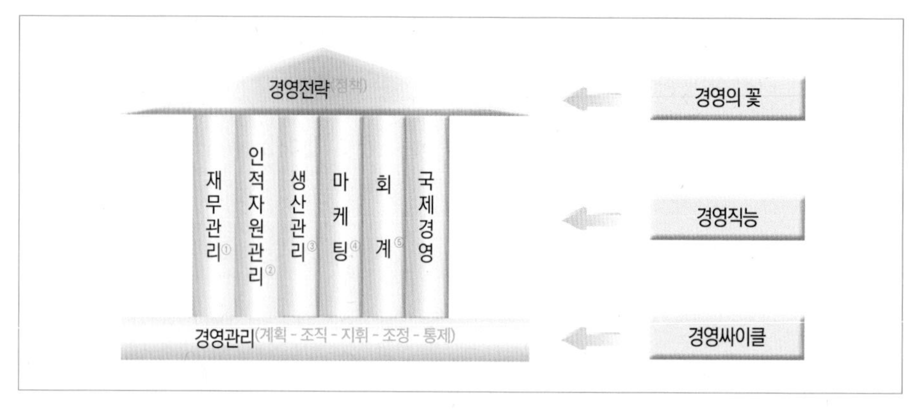

그림 1-3_ 경영의 학문적 영역과 기능의 housing model

⑤ 인사·조직관리: 조직구성원들이 자발적으로 조직의 목표달성에 기여하게 함으로써 조직의 발전과 개인의 발전을 아울러 달성하게 하는 제도 및 기술의 체계를 말한다.

⑥ 경영정보시스템: 경영관리활동에 필요한 적절한 정보를 구성원에게 적절한 시점에 적절한 형태로 제공해 주는 정보시스템을 운영, 관리하는 것을 의미한다.

⑦ 기술경영: 기업성장의 원동력으로 점점 더 중요한 비중을 차지하고 있는 기술을 모든 경영의 중심으로 보고 이러한 기술의 전략적 관리에 대한 내용이 다루어진다.

이러한 경영의 학문적 영역과 기능을 하우징 모델(housing model)로 제시해 보면 [그림 1-3]과 같다.

2 경영의 중요성

기업은 가계, 기업, 정부 등 세 가지 경제주체 중에서 경영활동이 가장 두드러지는 경제주체이다. 경영[2]의 개념이 없는 기업은 존재할 수가 없고, 설사 존재한다고 하더라도

2 경영의 학문적 성격: 사회과학, 이론 및 실증과학, 과학 & 기술, 규범과학, 다학적 접근학문
① 재무관리: 기업의 운영과 실물자산 취득의 경제성을 분석하고, 필요한 자금을 조달하고 자금흐름을 효율적으로 운용하는 활동

그 수명은 짧을 수밖에 없다. 이러한 경영의 중요성을 토대로 경제주체와 경제활동에 대해 살펴보면 다음과 같다.

1) 경제주체

오늘날 현대기업은 자본주의사회에서 없어서는 안될 중요한 경제주체 중의 하나이다. 경제주체에는 여러 가지 형태가 있다. 즉, 가계, 기업, 정부가 경제를 구성하는 3대 경제주체이다. 이러한 경제주체는 서로간의 활동을 통하여 연결이 되어 있다. 가정은 일정한 수입을 가지고 이를 한도로 하여 지출을 하고자 할 것이다. 기업 역시 시장에서 요구하는 제품 또는 서비스를 생산하여 이를 판매함으로써 수입을 얻고 이를 다시 재투자하여 일정수준 이상의 이윤을 내고자 한다. 물론 이러한 생산활동을 위해서는 그에 합당한 지출을 하여야 할 것이다. 즉, 원자재 구입, 인력채용, 사무실 임대, 대출이자 지급 등 여러 가지의 지출을 하여야 할 것이다. 정부도 정부나름대로 세금을 통하여 정부수입을 확보하고, 이를 기초로 미리 계획된 예산지출을 시행한다. 따라서 각 경제주체는 일정한 수입을 한도로 하여 지출을 하는 일련의 경제활동을 계속함으로써 지속적인 이윤을 확보하고자 한다.[3]

2) 경영활동

경영활동의 구성요소를 최초로 체계 있게 제시한 사람은 페이욜(H.Fayol)이었으며, 그는 관리를 예측(prevoir)하고, 조직(organizer)하고, 명령(commander)하고, 조정(coordinator)하고, 통제(contoller)한다는 다섯 가지의 관리요소 또는 관리기능으로 설명하였다. 그 후 규릭(L.Gulick)의 POSDCORB, POC, PDS와 같은 관리과정의 분류가 제시되었으며 이들의 내용을 살펴보

② 인적자원관리: 조직구성원의 능력을 최대한 발휘시켜 조직목표달성에 기여하기 위해 이루어지는 과정으로, 인적자원계획, 모집, 선발, 교육훈련, 보상관리, 업적평가 등의 주요내용을 다룬다.
③ 생산관리: 재화나 용역을 가지고 제품이나 서비스를 신속하게 개발하고 생산할 수 있도록 계획, 조정, 통제하는 과정
④ 마케팅: 개인 또는 조직이 필요한 것과 원하는 것을 다른 개인 또는 조직과 교환함으로써 획득하는 과정으로, 니즈, 욕구, 수요, 제품, 교환 및 판매 영역을 다룬다.
⑤ 회계: 기업의 활동에서 발생하는 각종 재산의 증·감 변화를 일정한 원리·원칙에 따라 기록·계산·정리하여 그 결과를 출자자, 채권자 등 기업의 이해 관계자들에게 유용한 정보를 제공하는 과정

3 이건창, 현대경영의 이해, 2002. 무역경영사 pp.6~7.

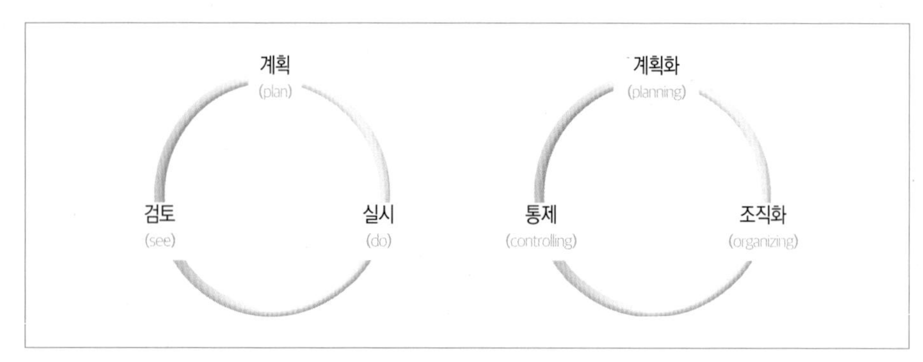

그림 1-4_ PDS방식과 POC방식의 경영관리 사이클

면 [그림 1-4]와 같다.

1937년 규릭(L.Gulick)은 POSDCORB라는 관리과정을 제시하였는데, 이에 따르면 관리과정은 계획화(planning), 조직화(organizing), 통제(controlling)의 과정으로 구성된다는 것이며, 이는 집행이 가능한 계획을 수립하는 계획과 수립된 계획을 집행하기 위하여 자원을 조직하는 조직, 그리고 계획대로 집행되었는가를 확인하는 통제의 과정을 의미한다([그림 1-4] 참조). 따라서 경영활동이란 계획을 세우고 (Planing), 이를 실행하며 (Doing), 그 결과를 계획과 대비하는 평가(검토)과정 (Seeing)으로 요약할 수 있다.

이러한 경영활동은 '계획-실행-평가(검토)'라는 일련의 연속적인 과정으로 연결되어 있다. 또한 경영활동에서 기억하여야 할 것은 평가의 결과를 피드백이라는 과정을 거쳐서 다시 계획과정으로 반영하여야 한다는 점이다. 경영이 없는 기업은 계획 따로, 실행 따로, 평가 따로, 그리고 피드백도 없는 그야말로 경영이 없는 기업을 의미한다.

3 경영의 대상[4]

경영의 주체는 매우 다양해진다. 경영의 대상을 경영의 주체가 바라는 목적(objec-tives)에 따라 나누어 보면 영리 목적으로 대별할 수 있다. 영리를 목적으로 하는 경영을 "business management"라고 한다. 누군가 "이 일은 나에게 business이다"라고 말할 때

4 이태규, 경영 그리고 경영학, 무역경영사, 2003. pp.11~14.

는 그 사람에게 그 일은 영리가 목적이라는 의미이다. 이 영리를 추구하는 주체들도 여러 종류의 산업, 다양한 업종에 따라, 그리고 규모면에서도 한 사람에서부터 수만 명에 이르기까지 다양하다. 그리고 주체의 형태도 개인과 법인(예: 주식회사)으로 구분할 수 있다. 비영리 목적일지라도 뚜렷한 목적은 있다. 교회와 사찰, 학교, 병원, 관공서 등은 각자의 뚜렷한 목적이 있으며, 일 솜씨가 필요한 것 또한 말할 필요가 없다. 비영리조직이나 단체도 영리조직이나 단체에 비해 그 수가 적지 않다는 점에서 비영리조직의 경영도 매우 중요하다.

희소자원의 하나인 자본의 관점에서도 구분할 수 있다. 자본을 제공한 사람이 수익을 원하면, 그 자본을 사용하는 사람은 그 수익을 벌어야 하므로 경영의 목적에 영리성을 가져야 한다. 이것을 소비되는 자본보다 더 많은 자본이 회수되어야 한다는 의미에서 '수익경제 단위'라고 한다. 반면에 필요한 자본을 제공하되 소비조합처럼 조합원으

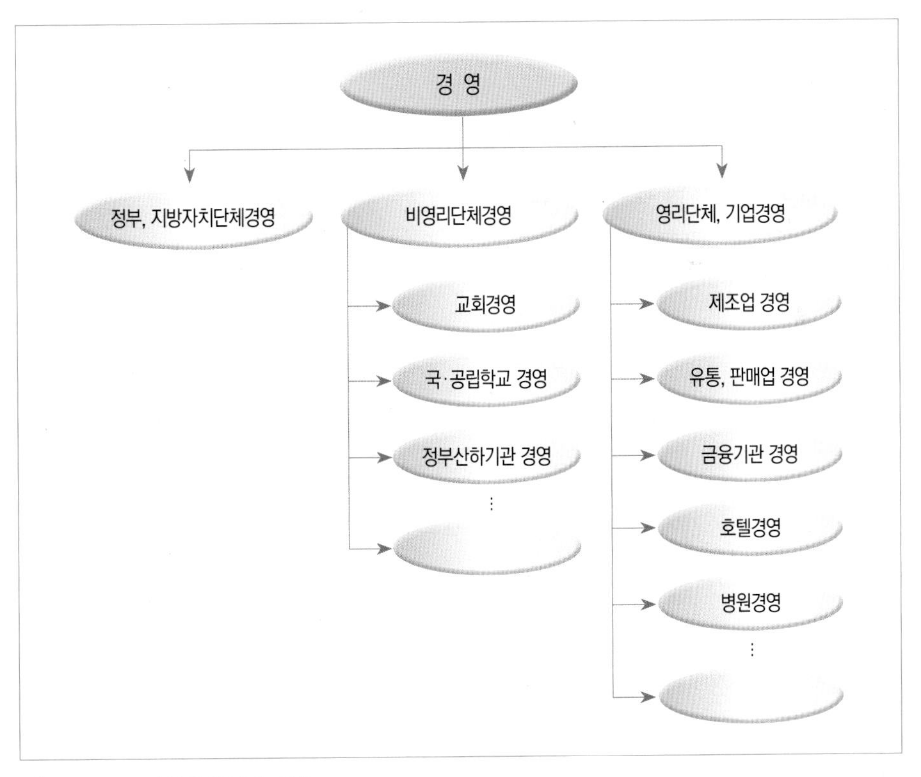

그림 1-5_ 경영의 학문적 대상

로서 편익만을 원하는 경우에는 영리성은 배제된다. 그러나 단 1회의 자본 지원으로 조합이 계속 유지되기를 바라는 것이므로, 편익을 제공하기 위해 소비되는 자본이 회수되어야 한다. 그러므로 비용만큼 회수되어야 한다는 의미로 '비용보전경제 단위'라고 한다. 소비되는 자본이 회수되지 않아도 되는 경우도 있다. 소비되면 다시 자본을 보충하여 주기 때문이다. 이럴 경우 자본을 소비하면서 그 회수를 필요로 하지 않는다. 학교, 가정, 병원, 관공서 등이 여기에 해당되며, 자본을 소비해버린다는 점에서 '소비경제 단위'라고 부른다.

이제 기업경영(business management)은 오히려 경영(management)의 중심이 되었다. 대학에서도 경영(management)보다는 기업경영(business management)을, 그리고 대학 이름도 'business school'이라고 부르는 것을 선호하게 되었다. 그러나 경영의 대상은 비영리단체도 포함된다는 것은 말할 필요도 없다. 더욱이 20세기 동안 선진국에서 성장부문은 정부부문, 전문가집단, 의료부문, 교육부문 등 '비기업'부문이었다. 21세기에도 성장부문은 비영리 사회부문이 크게 성장하고 있다.

4 경영활동의 핵심

1) 근대의 인식

근대에는 '인재와 조직'을 경영의 핵심내용으로 인식하였다. 인재란 어떤 종류의 지식과 기능을 보유한 사람, 어떤 경험을 축적한 사람이 요구되는지를 살피고, 그것에 적합한 사람을 선발하고 각자 맡길 역할을 부여하여 분담하도록 하고, 협동하기에 용이한 관계, 즉 효과적인 구조를 만들고, 둘째, 일들을 강력하게 추진할 수 있고 또 철저하게 이행될 수 있도록 하는 관리체계를 확립하고, 셋째, 필요한 일들을 효과적으로 수행하는 절차와 요령까지 모두 포함하는 의미이다.

경영활동을 인재와 조직으로 보는 관점에서는 목적을 달성하는 구체적인 수단인 정책에 관련되는 일들은 인재와 조직이 수행하는 여러 종류의 활동 가운데 일부일 뿐인 것으로 간주한다. 기업경영에 있어 목적달성 활동인 사업도 짜여진 인재와 조직이 수행

하는 업무의 한 부분으로 인식한다. 그러므로 구체적인 수단이 무엇인지 밝히기보다는 효과적인 인재와 조직에만 초점을 두게 된다.

2) 현대의 인식

경영이란 목적을 달성하기 위해 노력하는 여러 활동들이다. 목적을 달성하는 것, 즉 성과를 창조하는 것이 핵심이다. 여기에 밀접하게 관련되는 활동들이 경영활동의 핵심이 되는 것이다. 그리고 성과는 인재와 조직의 경계 밖에 있는 환경을 구성하는 그 누구와 서로 교환하고 상호작용을 함에 의해서만 창조된다. 변화가 없는 또는 변화가 느리고 크지 않다면, 이미 구축된 성과창조 수단을 효과적으로 수행할 인재와 조직만이 경영활동의 핵심이 될 것이다. 그러나 팔리지 않는 양배추처럼 목적달성에 기여하지 못한다면 인재와 조직은 의미가 없다.

사회라는 우주는 그 존재양식이 끊임없이 변한다는 것, 그리고 변화된 환경은 기존에 성과를 창조할 수 있게 해주었던 방법들의 효과를 사라지게 한다는 것, 이런 것들이 인재와 조직보다는 구체적으로 성과를 창조하는 방법인 사업 자체를 경영활동의 핵심이며 출발점으로 인식하게 한 것이다. 기업으로서는 새로운 사업, 새로운 사업모형, 새로운 수익원천을 계속 모색하고 구축하는 것이 생존에 가장 중요한 과제가 된 것이다.[5]

경영학에서는 경영에 필요한 여러 지식들이 분야별로 연구되고 있다. 경영에 입문하는 과정을 거쳐, 경영의 기반과목으로 조직론, 조직행동론 그리고 회계학을 배운다. 조직론과 조직행동론은 소위 인재와 조직에 관한 내용으로 모든 대상에 범용성이 있는 지식들이다. 회계학은 경영활동을 계량적인 수치로 측정하는 것이다. 기업경영학은 이 기반 위에 전문적인 기업활동인 생산, 마케팅, 재무, 인사, 기술에 대해 각각 독립된 분야의 지식으로 분화되어 연구되고 있다. 그리고 이런 지식들은 목적을 달성하는 활동으로 통합되어야 하며, 경영분석과 경영정책이 통합적인 시각에서 기업경영에 이르도록 한다. 경영학에 입문하는 '경영학원론'에서부터 통합적인 시각을 가질 수 있을 때, 그 후의 세분화된 과목들의 역할을 이해하기 쉬울 것이다.

기업경영이란 전문적인 지식을 갖춘 인재들과 조직을 구축하고, 생산과 마케팅, 그리

5 상게서, pp.14~18.

고 재무, 인사, 기술이라는 기능별 업무를 수행함으로써 목적을 달성하는 것이라는 생각이 전통적인 사고방식이다. 그런데 그 목적을 달성할 사업모형이 변하여야 하는 상황에서는 그 효과적인 사업모형을 구축할 원리가 밝혀져야 하며, 효과적인 사업모형에 필요한 모습으로 전문적인 기능들을 통합할 수 있어야 한다. 그런 후에야 비로소 여기에 적합한 내용으로 인재와 조직이 구축되는 것이다. 끊임없이 그리고 급격하게 변화가 일어나고 있는 현대에는, 인재와 조직이 경영의 중심이 되어 목적달성이라는 과제를 수행한다고 보았던 전통적 사고와는 달리, 목적을 달성하는 효과적인 방법에 대한 원리에서 출발하여 인재와 조직을 그 부수적인 과제로 볼 수밖에 없는 것이다.

경영에 대한 이러한 인식의 변화는 경영의 범위를 조직으로 간주했던 전통적인 인식에 대해서도 반성하게 하였다. 드럭커는 「21세기 지식경영」에서 경영에 대한 잘못된 인식의 하나로, 경영범위를 조직 내로 한정하는 경향을 지적하였다. 공감이 되는 지적이다. 경영의 범위를 조직 내로 국한시킨다면 고객이나 부품공급자는 자신이 직접 관리해야 할 대상이 아니라 이익의 크기를 놓고 서로 경쟁하는 관계로 인식될 수 있다.

제2절 경영활동의 과정

활동 속에는 다양한 방법과 요인들로 구성되어 있다. 이에 대하여 좀 더 구체적으로 살펴보면 다음과 같다.

1 계획수립Planning

경영활동의 첫 번째 과정인 '계획수립'을 보면, 계획을 수립하기 위해서는 미래를 정확히 예측할 수 있는 예측능력이 있어야 한다. 예측능력은 물론 기존의 과거자료에 기초한 예측을 의미한다. 따라서 통계적인 예측기법에 대하여 어느 정도 숙달된 경험과

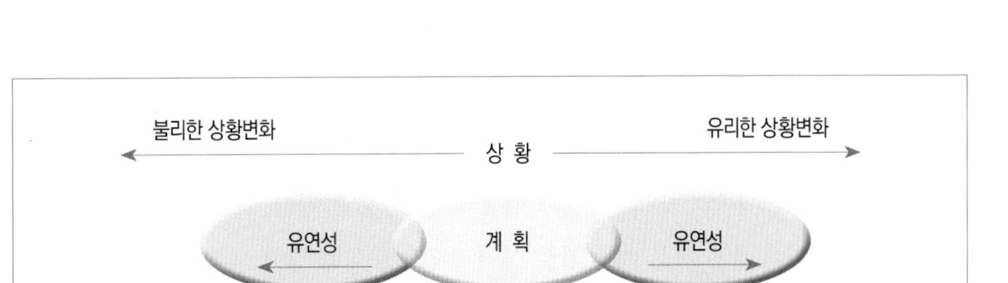

그림 1-6_ 계획수립과정과 탄력성

지식이 있어야 정확한 예측이 가능하다. 그러나 계획에는 또 다른 중요한 의미가 있다. 즉, 앞으로 실행할 경영활동에 대한 하나의 평가기준이 된다는 것이다.

또한, 계획에는 기간의 개념이 있다. 계획 수립시 단기계획, 중기계획, 장기계획 등의 시간개념이 있어서 각 기간별로 계획을 수립하여야 한다. 이때 기업별로 각 기간은 조금씩 달라진다. 그러나 특별한 가정을 하지 않는다면 대개 단기 1년 이내, 중기계획은 2~3년, 장기계획은 4년 이상을 의미한다. 그러나 계획수립에 있어서 알아야 할 사항은 계획수립은 상황변화를 고려하여 유연성과 탄력성을 갖추도록 수립하여야 한다는 것이다. [그림 1-6]에서는 계획수립에 있어서 상황변화를 고려한 계획수립의 유연성을 나타내고 있다. 즉, 처음 계획수립에 있어서 예견하였던 상황과 달리 더 유리한(+) 상황의 변화 또는 불리한(-) 상황의 변화에 대하여 충분히 대처할 수 있는 유연성을 미리 계획수립에 넣어야 한다는 것이다.

2 실행Doing

계획을 수립했으면, 그 다음에 해야 할 일은 이 계획을 실천에 옮기는 것이다. 계획대로(as planned) 실천한다는 것은 다른 말로 하면 '계획과 비교'하면서 실행을 한다는 것이다. 그러나 계획과 실제와는 서로 다를 수가 있다. 특히 경영환경이 매우 동적으로 변화하는 산업 내에서는 계획을 세울 때와 실제로 실행에 옮기고자 할 때의 상황이 서로 달라서 계획대로 실천이 안 되는 경우가 있다.

이같이 계획과는 달리 실제로 계획을 실행에 옮기는 과정에서 전혀 다른 결과가 나

오는 경우가 많다. 그렇기 때문에 계획수립은 항상 유연성 있게 수립이 되어야 한다. 즉, 상황변화에 적응할 수 있는 계획수립이어야 한다. 이러한 경영계획하에 비로소 실행 역시 계획에 기초한 실행이 가능하게 된다. 현실을 무시한 계획은 "계획을 위한 계획"이 되어 실행 따로 계획 따로 식의 주먹구구식의 경영(drift management)을 초래한다.

3 평 가

경영계획하에 실행을 하였다고 하더라도 이미 지적한 바대로 계획과 달리 실행될 수가 있다. 이때, 어떠한 이유 때문에 계획대로 실천이 되지 않았는지를 확인할 필요가 있다. 이와 같이 계획대비 실행결과를 평가하는 과정을 "평가 혹은 검토(Seeing)"라고 한다. 평가결과는 대개 다음과 같이 나타난다.

실행결과가 계획치를 초과할 때에는 양의 차이가 발생된다. 물론 실행결과가 비용 또는 바람직하지 않은 것을 대상으로 할 때에는 양의 차이가 불리한 것이지만, 대개

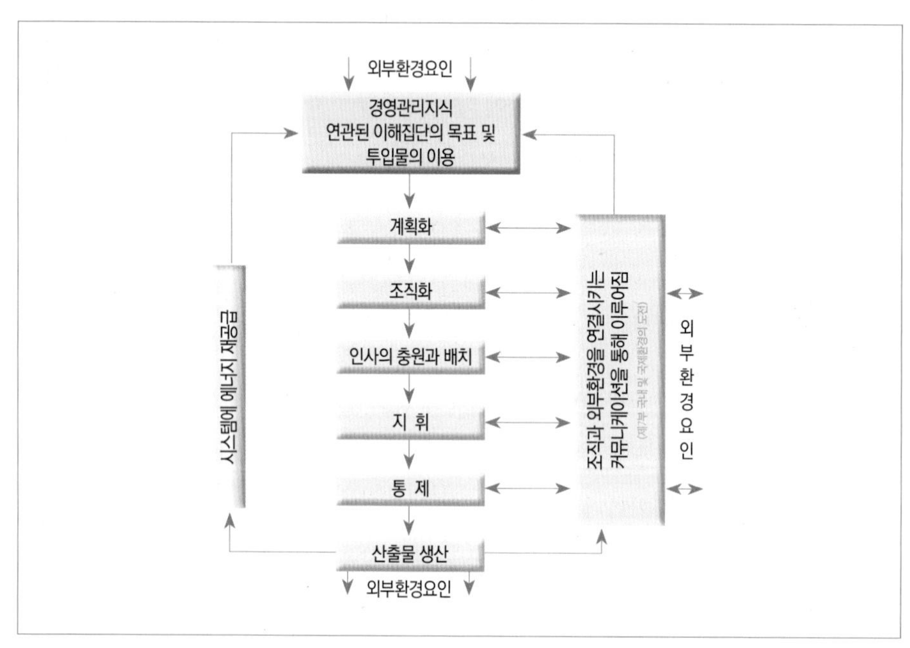

그림 1-7_ 경영관리의 시스템적 접근 모형

경영성과를 실행결과로 간주하는 경우가 많으므로 '일반적으로 양의 차이는 바람직한 것'으로 본다. 반면에 음의 차이는 계획치에 미달한 것이므로 바람직하지 않은 것으로 본다. 이 경우 양의 차이를 야기시킨 원인은 바람직한 것이므로 이는 앞으로도 계속되어야 할 것이고(reinforcing), 반면에 음의 차이를 발생시킨 원인의 경우는 경영합리화 관점에서 앞으로 개선(improvement)해 나가야 한다. 이 같은 평가의 결과를 다시 경영계획 수립과 실행과정에 피드백(feedback)을 함으로써, 이상의 계획, 평가과정은 계속적으로 순환하는 연속과정으로 된다.

지금까지 설명한 경영활동의 과정을 관리기능의 싸이클(Management Cycle)이라고도 하는데, 이를 좀더 세부적으로 살펴보면 다음과 같다([그림 1-7 참조]).

❶ 계획(planning): 조직의 목표를 세우고 이 목표를 달성하기 위한 가장 좋은 방법을 찾는 행위를 말한다. 예를 들어, "특정 상품의 시장점유율을 2000년까지 30%로 하겠다" 라는 목표를 세우고 이를 위하여 원가절감을 통한 가격인하 등에 의한 방안 또는 판매전략의 강화에 의한 방안 등을 검토하여 어떠한 방법을 채택할 것인가를 결정하는 의사결정행위가 계획의 기능에 속한다.

❷ 조직화(organizing): 수립된 계획을 성공적으로 달성하기 위하여 어떠한 형태로 조직을 구성할 것인가를 결정하고 인적·물적 자원을 배분하는 행위를 말한다. 즉, 목표를 달성하기 위하여 요구되는 여러 가지 업무를 형태별로 분류하여 어떠한 단위에서 어떤 업무를 관할할 것인가를 결정하는 것이며, 이와 아울러 각 단위별로 필요한 인원을 선발하거나 각각의 업무를 어떤 사람이 가장 잘 수행할 것인가를 판단하여 그 사람을 해당되는 단위(부서)에 배치하는 인사발령(staffing)을 포함한다.

❸ 지휘(leading; directing): 조직의 목표를 달성하기 위하여 요구되는 업무를 잘 수행하도록 다른 종업원들을 독려하는 행위를 말한다. 이 지휘의 기능은 다른 종업원과 서로 의견교환을 하고, 어떠한 형태로 작업이 진행되어야 하는가에 대한 방향제시를 하고, 최대한의 능력을 발휘하게끔 동기부여를 제공하는 모든 행위를 포함한다.

❹ 통제(controlling): 각 구성원의 행하는 업무가 제대로 추진되고 있는가를 감독하고 통제하는 행위를 말한다. 따라서 이 기능에는 계속적으로 종업원이 최선을 다하여 업무를 수행하는가를 감시·감독해야 하고 또한 수행된 업무에 대하여 정해진 기

준에 부합되는가를 판단하여 잘못이 있을 경우에는 이를 지적하여 수정시키는 것을 포함한다.

양의 차이(Positive Deviation) = 실행결과 > 계획치
음의 차이(Negative Deviation) = 실행결과 < 계획치

지금까지의 경영활동 과정은 조직의 모든 경영자계층이 관리업무를 수행하기 위해서 이를 실행하여야 하지만 관리계층에 따라 중점을 두는 관리내용이 다르게 된다. 조직의 상위 층에 속하는 최고경영층은 계획에 관련된 관리기능을 주로 수행하는 것에 반하여 하위 층에 속하는 현장감독자는 주로 계획된 업무의 집행에 치중하게 된다. 이와 같은 점은 테리(G.Terry)에 의하여 다음과 같이 경영계층에 따라 관리과정의 중점내용에 차이를 두고 있다.

마호니(T.H.Mahoney)는 [그림 1-8]과 같이 각 과정이 수행하는데 걸리는 상대적 시간이 경영자의 계층에 따라 각각 다를 것이라고 하였으며, 이는 각 과정에 대한 중요성에 비하여 계획화와 조직화에 더 많은 시간을 소비하고 있다. 반면에 지휘기능을 보면 일선감독자가 많은 시간을 소비하고 있는 것이다.

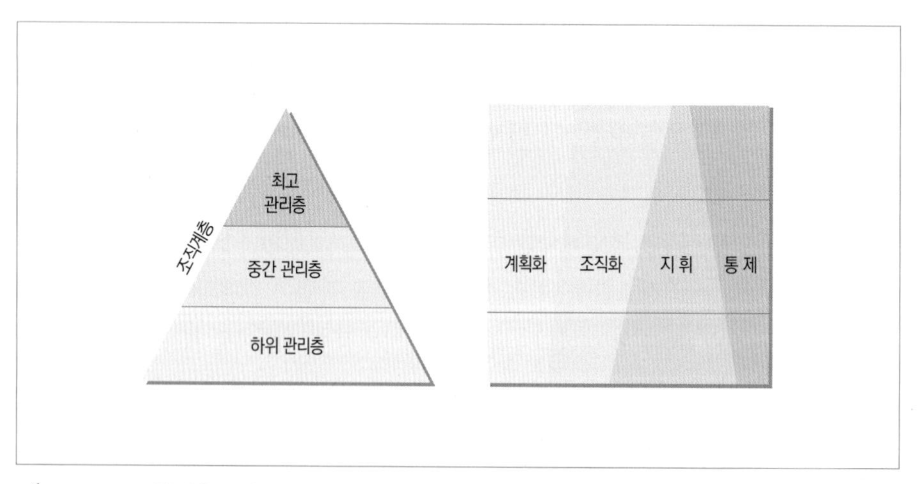

그림 1-8_ 경영계층별 관리기능 수행 비교

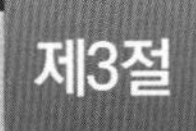

제3절 경영의 구성요소

1 경영의 목적Goal

경영에는 목적이 필요하다. 기업 전체를 관리하는 경영자라면 기업 전체가 나아가야 할 목표를 분명하게 설정해 주어야 할 필요가 있다.

기업경영의 궁극적인 목적은 이윤창출이다. 그러나 이윤을 창출하는 과정이 어떠한가는 기업의 경영목적에 따라 달라진다. 예컨대 삼성그룹의 기업 이미지는 '초일류'이다. LG그룹의 기업 이미지는 '고객감동'이다. 이와 같은 각 그룹의 다른 기업 이미지는 이윤창출이라는 기업의 궁극적인 목적을 달성하는 경영목적이 서로 다르기 때문이다. 초일류를 지향하는 과정에서 기업의 궁극적인 목적이 달성 될 수가 있다는 것이다. 이러한 경영목적이 기업의 구성원들에게 철저하게 인식이 되었을 때에 비로소 이

사례 1 - HP(Hewlett-Packard Company)사의 공식 목표

- 우리는 회사의 지속적 성장과 기타 목적을 달성하는데 필요한 정도의 이익을 추구한다.
- 우리는 고객들에게 최대의 가치를 창출하는 제품과 서비스를 제공함으로써 회사에 대한 그들의 존경심과 우리 제품에 대한 그들의 선호도를 제고시킨다.
- 우리는 가진 아이디어와 기술, 제조, 마케팅 능력이 새로운 분야에서 사회에 유익한 기여를 할 수 있다고 확신될 때에만 그 분야에 진출한다.
- 우리는 수익창출과 고객의 필요를 충족시킬 수 있는 제품개발이 가능한한 계속 성장을 추구한다.
- 우리는 종업원들의 기여로 이룩한 회사의 성공을 그들에게 분배한다. 이로써 성과에 따른 직무안정을 도모하고, 개인의 성취를 인정해 주며, 직장생활에서 만족감과 성취감을 갖도록 도와준다.
- 우리는 종업원들에게 최대한 자율권을 허용함으로써 적극성과 창의성을 유발코자 한다.
- 우리는 경제적, 지적, 사회적으로 우리가 활동하고 있는 국가나 사회에 대해 유익한 자산이 됨으로써 기업의 사회적 책임을 수행한다.

윤창출이 제대로 기대되는 것이다.[6]

2 인적자원Human Resource

"Business is People"이라는 말이 의미하듯이 사람이 없는 경영은 생각할 수가 없다. 경영이란 사람을 상대로 하는 것이기 때문에 경영자가 부하직원을 어떠한 스타일로 대하느냐, 즉 리더십 스타일(leadership style)이나 경영자의 관리방식이 경영학에서는 중요한 연구대상이 된다. 경영자 역시 사람이기 때문에 경영의 대상 역시 궁극적으로는 사람이다.

경영에 있어서 적절한 인적자원(Human Resources)을 채용하여 이를 적재적소에 배치하고, 해당 인적자원이 지닌 생산성을 활용하여 원하는 경영목적을 달성하도록 하는 것이 경영자의 책무이다. 인적자원의 계층별 구조와 그에 따른 역할을 살펴보면 다음과 같다.

① 상위계층: 상위계층에서 주로 하는 기능은 기업의 장기적인 목표 및 자원배분과 관련된 활동으로 조직 전체 혹은 많은 부분에 영향을 미치는 것으로 이를 전략계획(strategic planning)이라고도 한다. 따라서 미래지향적이고 추상적이며, 때로

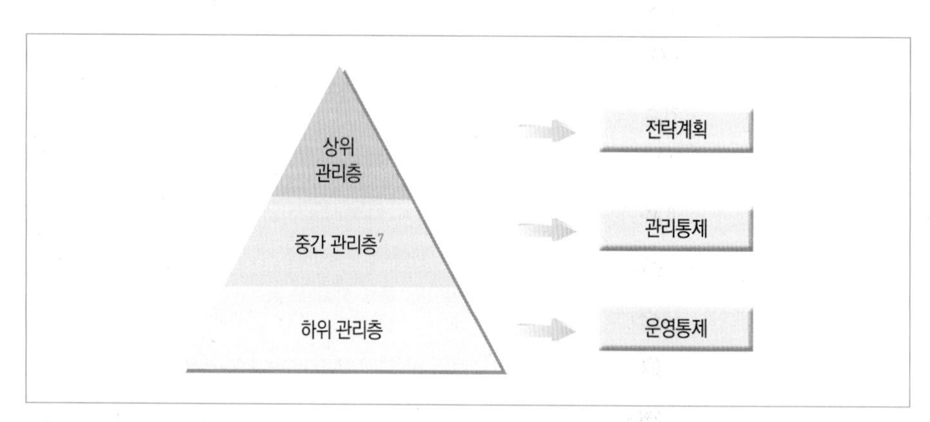

그림 1-9_ 인적자원의 계층별 업무구조

6 이건창, 현대경영의 이해, 2002. 무역경영사 p.16.

7 중간 관리층: 인간관계와 협상 및 조정역할을 다하고, 상하간 의사소통의 연결고리 역할을 하면서 다중적인 일과 책임을 다해야 한다는 의미로서, 인간관계관리자, 협상 및 조정자, 투수겸 야수겸 포수, 플레이어겸 코치, 상사와 부하 역할을 다해야 하는 연결핀(linking pin) 기능을 해야 한다.

는 많은 불확실성을 내포하고 있으며 일반적으로 장기의 시간개념이 사용된다. 이러한 전략계획의 예로는 신사업영역 결정, 공장부지 결정, 기술개발 등이 있다.

② 중간계층: 중간계층에서는 주로 조직의 목표를 달성하기 위한 자원의 획득 및 효율적인 사용에 관련된 기능을 수행하며 이를 관리통제(management)라고 한다. 이러한 관리통제는 위에서 언급한 전략계획이 결정된 상황 하에서, 조직의 일부가 향후 주어진 기간 동안에 어떻게 업무를 수행할 것인가를 결정하는 정책수행의 성격을 가지고 있다. 관리통제의 예로서는 제품생산계획, 예산할당, 판매분석 등이 있으며, 시간개념은 주(週) 내지는 월(月)이 사용된다. 특히 중간관리자는 Likert에 의하면 조직에서 Linking Pin(연결핀) 역할을 하며, Minzberg도 조직에서 협상자, 조정자, 인간관계관리자, player 겸 coach 역할을 하는 중요한 관리적 역할을 한다고 강조한다.

③ 하위계층: 특정 업무의 효율적이고 효과적인 수행을 말하는 것으로 전략계획이나 관리통제를 통하여 조직의 목표가 정해지고 자원이 배분된 후에 주어진 업무를 과연 어떻게 수행하면 효과적이고 효율적으로 달성할 것인가가 주된 관심사이며, 이를 운영통제(operational control)라 한다. 따라서 조직의 미래와 관련되기보다는 지금 현재 조직에서 일어나고 있는 업무와 관련이 있으므로 일(日)이라는 단기개념이 사용된다. 작업량의 할당 또는 부품주문 등과 같은 일상적인 활동이 이에 해당된다.

3 자본Capital

자본이란, 즉 돈을 의미한다. 자본금이란 말이 있다. 이는 기업을 창립하기 위하여 사용되는 돈이다. 이를 기초로 하여 사무실을 임차하는 등 회사의 성립에 필요한 활동을 하는 것이다. 경영자는 이를 기초로 하는 이윤을 창출하도록 경영을 하여야 자본금이 감소되지 않고 계속적으로 경영활동을 할 수 있다. 이러한 의미에서 자본은 화폐자원(Monetary Resources)이라고 말할 수가 있다.

4 전략Strategy[8]

뚜렷한 경영목적과 우수한 인적자원 및 화폐자원을 가지고 있다고 하더라도 이를 효과적으로 운용할 수 있는 경영전략이 없다면 원하는 경영목적을 달성할 수가 없다. 경영전략이란 "경영의 꽃"이라고 불리울 수 있을 정도로 부가가치가 높은 활동이다.

즉, 기업 내에 있는 모든 가용자원을 경영목적 달성을 위하여 조직화하고 이를 실행

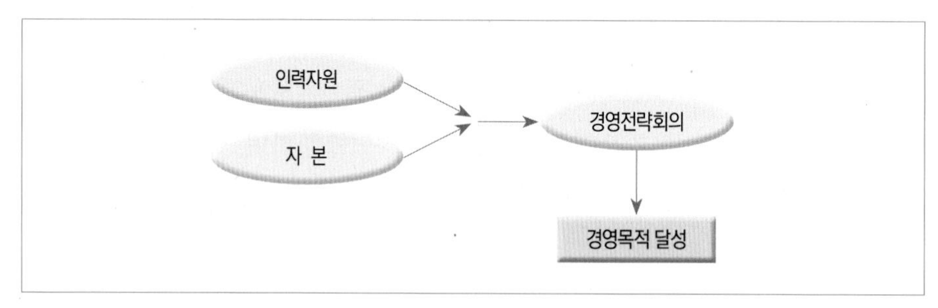

그림 1-10_ 기업의 자원을 결합하는 경영전략

사례 2 - 경영전략의 사례 - GE(General Electric Company)사

잭웰치 전 GE 회장의 주요 경영전략

연도	내 용
1983	세계시장 1, 2위가 아닌 사업은 포기 - 1등 또는 2등 전략 추구
1988	가장 뛰어난 노하우를 최단기간에 습득하는 최고 실행법(Beer Practice)
1990	부서간 시너지를 위한 벽 없는 조직 실현
1995	불량률 관리를 위한 6시그마 운동

잭 웰치의 경영3원칙

- 지도자를 양성하라.
- "나의 일은 사람들을 선택하고, 평가하고, 자신감을 심어주며, 아이디어를 확산 시키는 것"이다.
- 간단하면서도 커다란 몇 가지 아이디어에 초점을 맞추고, 그 아이디어를 실현하는데 자원을 집중한다.
- 지속적인 변화의 주인이 되어 변화가 일어나도록 한다.

8 상게서, pp.18~19.

에 옮기는 일련의 작업을 의미한다. 경영활동은 "경영목적을 달성할 수 있도록 인적자원과 화폐자원을 경영전략에 의하여 조직화하고, 이에 따라 경영전술을 세워 실행에 옮기는 일련의 활동"을 의미한다.

결국 경영을 구성하는 요소는 목적, 인적자원, 자본, 전략이 있다. 그러나 경영을 구성하는 이러한 요소 외에 다른 것은 절대로 있을 수가 없다는 경직된 사고는 버려야 한다. 왜냐하면 경영이란 문화와 환경, 그리고 기업마다 구성요소가 얼마든지 달라질 수가 있기 때문이다.

CHAPTER

02 경영자론

Understanding of Management & Foundation

CHAPTER 02 경영자론

제1절 경영의 유형

경영이란 한 조직 내에 있는 4~5명으로 구성된 부서에서도 필요하다. 따라서 경영자의 유형도 여러 가지로 분류 될 수 있으므로 여기에서는 크게 두 가지 기준으로 하여 경영자의 유형을 설명하고자 한다.

첫째, 경영자가 기업을 소유하느냐에 따라 크게 소유경영자와 전문경영자로 구분할 수 있다. 소유경영자는 문자 그대로 기업의 소유주이며 동시에 경영자인 경우를 말하는 것으로, 자기 자신의 기업을 설립하여 기업의 소유권자가 될 뿐만 아니라 해당 기업의 경영도 담당하는 사람을 말한다. 소유경영자의 경우에는 자신의 이익을 위해 다른 주주의 이익을 침해할 우려가 있으므로 경영자의 경영활동을 감시하는 기관이 필요하다. 경영감시기관으로서 이사회가 중요하며, 우리나라에서는 감사가 이사회와 함께 기업경영에 대한 감시기능을 수행하고 있다. 하지만 이사회와 감사의 독립성과 전문성이 결여되어 실질적인 감시기능이 이루어지지 않고 있는 실정이다. 이에 따라 소유경영자의 독단적인 기업경영에 대한 감시기능을 강화하기 위한 법적·제도적 개선이 추진되고 있다. 사외이사의 경우가 그 중의 한 예라고 할 수 있다.

전문경영자는 기업의 소유와는 관계없이 전문적인 지식을 가지고 경영만 전담하는 경영자를 말하는 것으로 기업의 규모가 점점 더 커지고 제반 경영환경이 변함에 따라 이러한 전문경영자의 필요성이 점점 더 강조되고 있다.

오늘날 현대적 의미의 경영자는 전문 경영자(Expert Manager)로서 종래의 자본가 또는 소유자인 오너와는 구별되어 광대한 권한을 가지면서 경제적·사회적 책임과 의무가 막중해졌다. 창업자가 곧 경영자인 경우가 많이 있지만, 기업의 규모가 커지고 전문화되면서 소유와 경영이 분리되고 양자의 역할이 달라지고 있다.

표 2-1_ 창업자와 경영자의 차이

구 분	창업자	경영자
자 격	위험을 무릅쓰고 창업을 해야 창업자가 될 수 있다.	창업을 안 해도 경영자가 될 수 있다.
추구목표	무에서 유의 창조가 목표(황무지 개발)	작은 유에서 큰 유를 창조하는 것이 목표(생산성 증대)
경영목표	단기간의 이익보다 미래의 성장성을 중요시함	성장 가능성도 중요하지만 단기간의 이익을 더 중요시함
사고방식	즉흥적 수평적 사고	합리적 수직적 사고
행동경향	행동과 실험 지향적	연구와 분석 지향적
실패감수	기꺼이 실패를 감수	가능한 한 실패를 하지 않으려고 함
실패결과	창업자의 실패는 기업과 가정의 몰락을 의미	경영자의 실패는 개인 사표제출로 끝

<자료: 오종근 외, 디지털 시대의 창업 가이드, 대경, 2002, p.30.>

둘째, 경영자를 구분하는 또 다른 방법은 계층별로 상위경영자(최고경영자), 중간경영자, 하위경영자로 구분하는 것이다. 각 계층별 경영자에 대한 설명은 다음과 같다.

① 상위경영자(top manager): 상위경영자는 조직의 가장 상부에 위치한 경영자로서 전체 조직에 대하여 궁극적으로 책임을 갖는 경영자이다. 이 상위경영자로는 회장, 사장, 전무, 상무, 이사 등 흔히 말하는 중역이 이 계층에 속한다. 상위경영자는 중간경영자들에 대하여 직접적인 책임을 가지고 있다. 이들은 주로 전반적인 조직의 운영에 대하여 관심을 가지고 거시적인 관점에서 계획을 수립하고, 이를 실행하는데 있어서 중간경영자와 서로 협조하는 역할을 수행한다. 상위경영자중에서 회장이나 대표이사, 사장 등 기업의 모든 업무분야를 총괄하고 책임지는 경영자를 최고 경영자(chief executive officer: CEO)라고 부른다. 상위경영자들은 앞에서 언급한 경영의 기능 중에서 주로 전략계획을 담당하게 된다.

② 중간경영자(middle manager): 중간경영자는 조직의 중간계층에 위치한 경영자로서 이들은 하위경영자의 업무에 대하여 책임을 짐과 동시에 상위경영자의 조정을 받는다. 부서장, 지점장, 과장급 또는 경우에 따라서 사업 본부장 등이 이 계층에 속한다. 이들이 하는 중요한 업무는 어떠한 조직의 목표가 수립되면 이 목표가 달성될 수 있도록 각 부서별로 세부계획을 작성함은 물론, 계획을 수행하는데 전적인 책임을 지게 된다. 중간 경영자는 주로 관리통제의 기능을 담당하게 된다.

③ 하위경영자(first-level manager): 하위경영자는 조직의 하위계층에 위치한 경영자로서 이들은 실무에 종사하는 구성원들이 하는 업무에 대하여 직접적인 책임을 가지게 되는데 기업에서 계장, 대리, 직장, 반장 등이 여기에 속한다. 이들의 임무는 흔히 최고경영자(상위경영자)에 비하여 과소평가될 수 있으나, 일선에서 일하는 종사자들이 과연 정해진 방향으로 또한 정해진 속도로 일을 하고 있는가를 매일매일 검토하므로 조직에서 없어서는 안 될 사람으로 매우 중요한 역할을 수행하고 있는 것이다. 또한 이들은 종업원들과 가장 가까이에서 접할 수 있는 사람으로서 경영자들이 느끼지 못하는 일반종업원들의 고충과 고민을 해결해 주는 매개체로서의 임무를 가지고 있다 하겠다. 이러한 하위경영자가 주로 수행하는 것은 운영통제의 기능이 된다.[1]

제2절 경영자에게 요구되는 자질

1 Katz의 세 가지 자질

경영자가 계획을 수립하고, 조직을 구성하고, 부하직원을 지휘·감독하며, 통제하기 위해서는 각 기능별로 기초지식을 갖추어야 함은 물론 나름대로의 자질을 갖추고 있어

1 고동희 외, 경영학원론, 명경사, 2001. pp.44~48.

야 한다. 여기에서는 이러한 경영자가 갖추어야 하는 자질에 대하여 설명하기로 한다. Robert Katz는 이러한 자질을 크게 세 가지로 구분하여 설명하고 있다.[2]

1. 전문적이고 기술적인 실무능력(technical skills): 기술적인 자질이라 함은 전문적인 분야에서 맡은 바 업무를 이해하고 그것을 능수능란하게 수행할 수 있는 능력을 말한다. 예를 들어, 생산부서를 맡고 있는 부서장은 최소한 제품을 생산하는 방법에 대해서는 전문가일 것이고, 공인회계사는 회계업무에 관한 한은 남들보다 더 풍부한 지식과 능력을 가지고 있을 것이다. 이러한 기술적인 자질은 실무를 직접 수행하는 사람에게 아주 중요한 자질로서 직급이 높아질수록 책임져야 하는 업무의 범위가 점점 더 넓어지므로 기술적인 자질보다 다른 자질이 상대적으로 많이 요구된다고 할 수 있다.
2. 원만한 인간관계를 유지할 수 있는 자질(human skills): 조직은 사람들이 모여 있는 곳이다. 따라서 일상적인 일 중의 한 가지가 사람을 만나는 일이다. 인간적인 자질이라 함은 조직구성원으로서 다른 구성원과 원만한 인간관계를 유지하는 것은 물론 단위조직의 장으로서 부하직원들과의 마찰 없이 순조롭게 업무를 통솔하는 능력을 말한다. 이러한 자질을 가진 사람일수록 다른 사람과 대화를 많이 하고 상대방의 이야기를 경청할 줄 알아야 한다. 또한 동기부여를 통하여 부하직원들이 항상 좋은 분위기, 신바람 나는 분위기에서 일을 할 수 있도록 함으로써 주어진 목표를 효율적으로 달성하게 된다.
3. 나무를 보지 않고 숲을 볼 수 있는 능력(conceptual skills): 조직을 운영하는데 있어서는 조직 내에서 세부적으로 능수능란하게 업무를 수행하는 능력도 필요하지만 조직 밖에서 전반적으로 조직이 지금 어떠한 방향으로 가고 있으며, 조직이 속한 사회가 어디이며, 기업인 경우 지금 어떠한 산업에서 활동을 하고 있으며, 그 산업이 어떠한 특성을 가지고 있는가를 파악하는 능력도 필요하게 된다. 다시 말하면, 숲 속에서 나무만 보지 않고 숲 밖에서 숲 전체를 보는 안목과 능력이 필요하다는 것으로, 위에서 설명한 두 가지의 능력에 비하여 상대적으로 추상적인 능력이라 할 수 있겠다. 이러한 자질은 경영자 계층별로 모두 요구되는 자질이기는 하지만 상

2 상게서, pp.48~49.

최고경영자	기술적 능력	인간적 능력	개념적 능력
중간관리자	기술적 능력	인간적 능력	개념적 능력
현장감독자	기술적 능력	인간적 능력	개념적 능력

그림 2-1_ 경영계층에 따른 자질

위경영자에게 더 많이 요구되는 능력이라 할 수 있다. 경영계층에 따라 요구되는 위의 세 가지 자질을 그림으로 나타내면 [그림 2-1]과 같다.

이상의 내용을 요약해서 보면, 위에서 설명한 세 가지 능력은 모든 계층의 경영자에게 요구되는 능력이나 경영자 계층별로 중요한 정도에는 다소 차이가 있다. 먼저 전문적인 기술적 실무능력은 하위계층의 경영자에게 상대적으로 많이 요구되는 자질이라 할 수 있는 반면, 나무를 보지 않고 숲을 보는 능력은 상위계층의 경영자에게 더 요구되는 자질이라고 할 수 있다. 이에 비해 원만한 대인관계를 유지하는 능력은 모든 계층의 경영자에게 비슷하게 요구되는 자질이다.

한 경제 연구소에서는 일본 소프트뱅크사의 손 마사요시(손정의) 사장, 미국 제너럴 일렉트릭사의 잭 웰치 전임 회장, 스위스 ABB(Asea Brown Boveri)의 퍼시 바네빅 전임회장 등 세계적으로 주목받는 3인 최고경영자를 비교하였다. 분석결과 이들 3인은 변화를 추구하고, 조직의 장기비전을 종업원들과 공유하며, 종업원들의 참여를 유도한다는 점에서 공통점을 가지고 있다는 사실을 발견하였다.[3]

2 경영자에게 요구되는 자세

1) 미래를 예측하며 변화를 추구하는 자세

기업이 처한 환경은 시시각각으로 변화하고 있다. 요즈음과 같이 환경 변화가 급속

3 「이코노미스트」 1996년 9월 16일.

히 일어나고 있는 시점에서는 앞으로 어떠한 일들이 발생할 것인가를 보다 정확하게 예측할 수 있는 통찰력이 필요하며, 또한 이러한 변화에 신속하게 대응할 수 있는 능력이 그 어느 때보다 필요시 된다고 할 수 있다.

델 컴퓨터는 세계적인 10대 우수기업에 기록되어 있다. 이 회사는 우편주문판매나 통신판매를 이용하여 직접 판매하고 있다. 유통마진 없이 저렴한 가격에 소비자에게 판매함으로써 매출액이 급속하게 성장한 회사인 것이다. 즉, 이 예는 정보통신기술의 발달에 따라 유통방식이 제조업체가 유통업체를 경유하는 전통적인 방식에서 제조업체가 직접 소비자와 거래하는 방식으로 바뀜에 따라 기업의 마케팅전략이 변화해야 함을 시사하고 있다.[4]

이런 점에서 최근 들어 급속하게 성장하고 있는 인터넷 기술의 발달은 경영자에게 많은 변화를 요구하고 있다. 예를 들면, 델 컴퓨터의 예에서 볼 수 있는 것과 같이 제조업체와 소비자 간의 직거래의 비중이 점점 더 커질 것이며, 이에 따라 매장 임대료, 매장 직

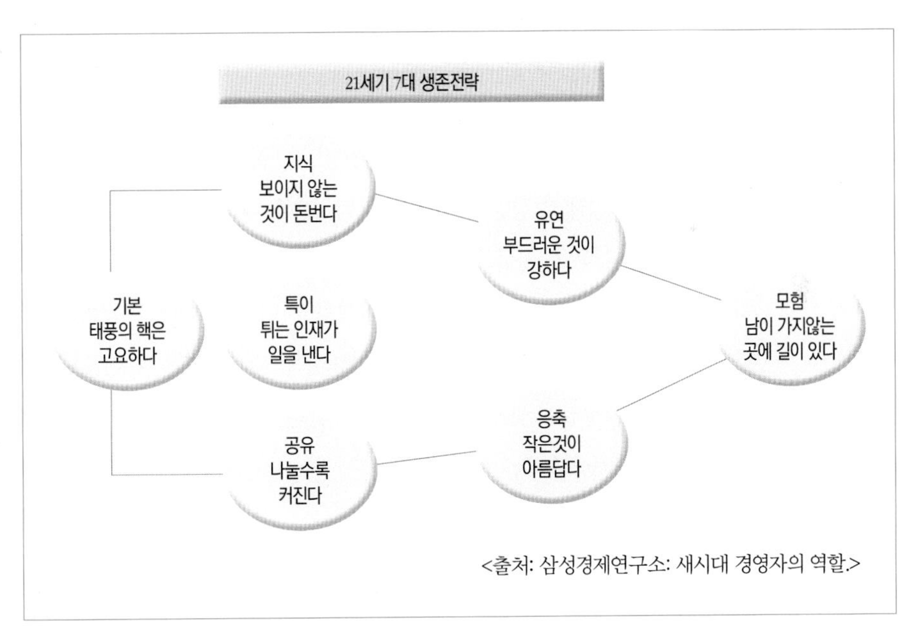

그림 2-2_ 21세기 경영자에게 요구되는 역할

4 전게서, 경영학원론, pp.52~57.

원의 인건비 등은 감소하는 대신, 인터넷 구축, 사이트 운영에 소요되는 비용이 증가하게 될 것이다. 이에 따라 조직의 규모도 상대적으로 축소될 것이다. 한편, 소비자입장에서 가격, 품질 등 제품과 관련된 정보를 인터넷상에서 손쉽게 얻어낼 수 있다는 점에서 소위 탐색비용(search cos)이 적어지게 되므로 기업들 간의 가격경쟁이 점점 더 심화되게 될 것이다.

2) 세계화 마인드를 가진 경영인

시장이 개방됨에 따라 기업의 활동범위도 점점 넓어져 세계경영이라는 용어가 전혀 생소하게 들리지 않는다. 기업의 경제활동의 국경을 넘어가는 것을 넓은 의미에서 기업의 국제화 또는 세계화라 말한다. 이러한 세계화는 국경을 초월하여 경영을 하는 다국적기업들의 활동이 활발해짐에 따라 관심을 끌기 시작하였다. 대표적인 다국적기업인 네슬레의 경우는 매출 중 98%가 외국통화로 이루어지고 있으며 그룹본사 최고경영진 8명 중 6명이 외국인으로 채워질 정도로 국적이 불분명한 회사이다.

기업이 자국 내에서의 경영뿐만 아니라 해외영업을 성공적으로 수행하기 위해서는 경영자의 능력이 이를 뒷받침하여 주지 않고서는 불가능하다. 즉, 경쟁상대가 더 이상 국내기업에 국한된 것이 아니고 같은 유형의 제품을 생산하는 모든 외국기업들이 경쟁기업이라는 관점에서 경영을 펼쳐야 한다. 또한 자국 소비자만을 대상으로 한 상품 전략은 더 이상 성공을 거둘 수 없으며, 지리적으로 떨어져 있다 할지라도 전 세계에서 걸쳐 있는 소비자가 바로 잠재적인 구매력을 지니고 있다는 관점에서 전략을 수립하는 자세가 요구된다. 초일류기업이 되기 위해서는 세계경영을 구호로만 외치지 않고 사고와 행동이 세계경영에 맞도록 변화되어야 한다.

3) 끊임없이 배우는 자세

유능한 경영자는 끊임없이 배우는 자세와 경험에 의하여 유능한 경영자가 길러진다고 말할 수 있다. 이를 위해서는 어느 정도의 교육수준이 뒷받침되어야 하는데, 우리나라 대기업 임원의 93.8%가 대학 및 대학원 졸업 이상인 것으로 조사되었다. 또한 한 조사에 의하면 30대 그룹의 경우 각종 전문자격증 또는 박사학위를 1개 이상 지닌 대표이

사 또는 사장급 이상 최고경영자는 모두 40명으로 집계되었다.[5]

이러한 경향은 선진국에서도 나타나고 있는데 미국의 경우 250명의 최고경영자를 조사한 결과 91% 정도가 학사학위를 소지한 것으로 조사되었는데 이는 미국 성인의 경우 학사학위 소지자가 33% 정도인 것을 고려할 때 매우 높은 학력수준인 것을 알 수 있다.[6]

하지만 대부분의 경영자의 경우 대학을 졸업한 것으로 그들의 교육이 끝나는 것은 아니다. 직장에 들어간 후에도 기업에서 제공하거나 또는 기업이 보조해 주는 경영과 관련된 많은 훈련이나 교육프로그램을 수강함으로써 관련분야에 관한 전문적인 지식을 계속 배양하고 있다. 현대, 삼성, LG, 대우, 금호 등 국내의 대기업들은 한때 해외 MBA(경영학 석사)를 유치하기 위하여 노력하였으나, 이제는 자체적으로 회사 특성에 맞는 자체 MBA의 양성에 주력하고 있다. 이와 함께 사내 MBA 취득자에게 정식석사와 동등한 대우를 해주며, 성적우수자에게 해외연수기회를 부여하는 등 다양한 특전을 주고 있다.[7]

한편, 이러한 정식적인 교육과 함께 경험을 통해서도 많은 지식을 습득할 수 있다. 즉, 기업을 경영하는데 있어서는 많은 변화와 이로 인한 문제점들에 부딪히게 된다. 이러한 변화나 문제점들을 사전에 예측 가능한 것도 있는데, 이와 같이 앞으로 일어날 일들을 예측, 분석해 보고 그에 따른 대응방안을 수립하는 업무를 반복적으로 수행하는 과정에서 나름대로의 지식을 습득하는 자세가 요구된다.

4) 적극적이고 솔선수범하는 자세

요즈음 공격경영이라는 경영이념을 채택한 기업을 볼 수 있다. 무한경쟁시대에 다른 기업과의 경쟁에서 이기려면 경영자는 나름대로의 비전을 가지고 적극적으로 새로운 일을 개척해 나가야 한다. 또한 책임감이 강한 사람일수록 매사에 적극적으로 일을 처리해 나간다. 책임지기가 두려워 이유나 핑계만을 일삼는 인간은 참다운 경영자상이 될 수 없다.

5 "최고경영자들의 전문자격증-회계사·박사 사장들 단연 두각", 「주간매경」 1997년 8월 6일.
6 Bartol and Management, International Edition, 1992.
7 「주간매경」, 1996년 7월 31일.

그러나 특히 조직의 규모가 커질수록 경영자가 모든 일을 수행할 수는 없다. 직위가 올라가면 갈수록 특정분야뿐만이 아니라 기업 전반에 걸친 일을 수행하여야 하는데 이를 혼자서 다 처리하는 것은 가능하지도 또한 바람직하지도 않으므로 많은 일을 부하직원에게 맡기게 된다. 부하직원들이 주어진 일을 효율적으로 처리하도록 하기 위해서는 경영자 스스로가 합리적이고 솔선수범해야 한다.

또한 훌륭한 경영자가 되기 위해서는 실패를 두려워하지 말아야 한다. "아무것도 안하는 것은 그 일을 실행하여 실패하는 것보다 나쁘다"라는 말이 있듯이 실패의 경험을 중요시하는 경영자가 성공적인 경영자가 될 수 있다는 것이다. 실패에 관대한 기업일수록 독창적인 아이디어를 이용하여 성공하는 사례를 종종 발견하는데 그 대표적인 예가 3M이다. 3M은 실패를 두려워해서는 혁신을 기할 수 없다는 것을 아주 잘 대변해 주는 회사이다. 실패를 두려워하지 않는 경영이념을 가지고 종업원들의 창의성을 최대한으로 발휘하도록 하여 기업 매출액 30% 정도가 개발된 지 4년도 되지 않은 상품에서 나오고 있는 것이다.

3 e- 글로벌 경영자의 자질

경영자란 각각 어떠한 자질을 갖추어야 하는 것인가? 기업의 최고경영자가 갖추어야 할 자질과 일선 경영자가 갖추어야 할 자질은 같다고 볼 수 있는가? 다르다면 어떤 차

핵심요약 1 - BHAG 경영

- Big: 크고
- Hairy: 대담하며
- Audacious: 도전적인
- Goal: 목표 경영
- 특징: 무모한 중장기 목표 설정, 각고의 노력 경주
- 핵심 사업 기반 다지기 병행 - 신기업이념 창출
- 사례기업: Ge, 프록터 앤드 갬블(P & G)사, 굿이어 타이어 등

핵심요약 2 - 조직운명을 결정하는 경영자의 6가지 핵심적 성품요소

- 신뢰조성(Trustworthiness)
- 존중(Respest)
- 책임감(Responsibility)
- 공정성(Fairness)
- 관심과 배려(Caring)
- 시민정신(Citizenship)

전문경영인의 호칭 종류와 역할

기업 내 최고 책임자

구분	의미	업무
CEO	최고경영자	경영전반 총괄, 조직의 최고관리 책임자
CFO	최고재무책임자	경리, 회계, 세무 등 재무부문 통합관리
COO	최고운영책임자	일상업무활동관리
CIO	최고정보책임자	조직 내 원활한 정보흐름, 경영에 정보 적용
CTO	최고기술책임자	신기술 연구개발, 핵심기술 사업 결정
CKO	최고지식경영책임자	조직 내 지식 공유, e 비즈니스사업연구
CPO	최고정보보호책임자	고객의 개인정보와 기업 비밀 보호 총괄

이가 있는 것일까? 또한 시대적으로 요구되는 경영자의 자질에 차이가 있는가?

디지털·글로벌 시대 새로운 e-글로벌 경영자의 필요역량(조건)은 무엇일까?

첫째는 비즈니스의 이해이다. 비즈니스 환경이 기존의 아날로그 환경에서 디지털 경영환경으로 변하고 또한 세계 환경 변화에 대한 폭넓은 관점을 필요로 하기 때문에 이에 상응하는 비즈니스를 이해할 수 있어야 한다. 새로운 디지털 성장 분야에 선별적 투자를 하고, 불필요한 사업을 버릴 줄 알아야 한다.

표 2-2_ 실패한 기업의 원인과 실패위험이 큰 기업

[실패한 기업의 10대 원인]

구분	엔론	K마트	월드컴	루슨트
무모한 인수경쟁(M&A)			V	
과도한 주가관리	V			V
시장 예측력 부족	V	V		
경영진의 독단	V			
장기전략 부재		V		
위기관리능력 부족	V		V	V
무기력한 이사회	V	V		V
신경제형 기업재편	V			
성공신화 도취	V		V	V
부패한 기업문화	V			

[경영실패 위험이 큰 기업]

- 잘 나갈 때 자만하는 기업
- 변화를 무시하는 기업
- 경쟁업체보다 상사를 무시하는 기업
- 한 번에 두 가지 장애물을 뛰어 넘으려는 기업
- 과도한 인수합병을 일삼는 기업
- 사원보다 애널리스트 말에 귀를 더 기울이는 기업
- 경영전략을 자주 바꾸는 기업
- 부정한 일을 내부에서 묵인하는 기업
- 신경제를 맹신하는 기업
- 이사회가 제구실을 못하는 기업

둘째, 사회적 역량이다. 디지털 시대에는 기존 CEO들이 가지고 있던 인맥에 대해 새로운 인맥들을 형성하여 사회적 역량을 강화해야 한다. 새로운 디지털 기술이 급속히 발전되고, 또한 그 범위도 글로벌화 되고 있는 사회에서 리더 혼자로는 획기적 역량을 모두 가질 수는 없다. 30~40대의 정보화 선두주자들과의 '비즈니스 채널(business channel)' 교류를 통해 새로운 지식을 구하고 또한 조직체 내 사람들이 협동적으로 일을 수행하도록 e-mail을 통한 공식, 비공식 네트워크를 포함하여 기업이 보유하고 있는 자원을 효율적으로 활용할 줄 알아야 한다.

셋째, 글로벌 다양성을 인정할 수 있어야 한다. 디지털 기술의 발달로 글로벌 리더들은 보다 많은 시장을 발견하게 되고, 이 시장에서 성공하기 위해서는 국제사업 관행, 개별문화 간의 차이, 다양한 언어 등에 대한 글로벌 다양성을 존중하고 이를 적절히 활용할 줄 알아야 한다.

넷째, 속도와 창의성을 갖는 사업적 역량이다. 글로벌 경쟁에서 살아남기 위해서는 창의적인 비즈니스를 신속하게 움직여야 한다. 이를 위해서는 필요에 따라서 선진 경영기법 도입을 통한 외적 변화와 아울러 디지털 기술의 극적인 활용을 통한 내적 변화를 동시에 이루어야 한다.[8]

4 성공적인 경영자와 경영자 육성

지금까지 최고경영자의 성공 여부는 그가 얼마나 고도의 전문지식과 기술을 가지고 있느냐에 달려 있었다. 공급이 수요를 창출할 수 있었던 시대, 즉 좋은 제품을 만들기만 하면 팔리는 시대에는 제조기술이 뛰어난 엔지니어 전문가가 성공적인 최고경영자의 자리를 차지했으나, 소비자의 욕구가 다양해지면서 그 자리를 마케팅 전문 경영자가 대체하게 되었다. 그러나 최근 금융과 전자상거래가 경영기능에서 중요시되면서 재무 전문가와 전자상거래 전문가들이 성공적인 최고경영자로서 등장하고 있다.

그러면 21세기에는 어떤 전문지식의 소유자가 성공적인 최고경영자가 될 수 있을것인가? 경제 및 사회 환경이 급격하게 변하는 여건을 고려할 때 생산, 마케팅, 재무 등 특정 분야에서 전문가적 재능을 인정받아 최고경영자로 선출된 스페셜리스트는 '나무'만을 보지 '숲'을 보지 못하기 때문에 성공적인 경영자가 되지 못하고, 특정 분야에 전

8 김병윤 외, 현대 경영학, 명경사, 2002. pp.24~25.

문 지식을 가지고 있으면서 조직 전체, 즉 숲도 볼 수 있는 제너럴 스페셜리스트(general specialists)가 성공적인 최고경영자가 될 것이다.

제너럴 스페셜리스트의 대표적인 인물로 세계적 발전설비전기업체인 ABB(Asea Brown Boveri)의 바네빅(Percy Barnevik) 회장을 들 수 있다. 그는 비록 조직관리 전문가이나, 기술 전문 기업인 ABB를 고객만족경영이라는 대 명제를 달성하게 하기 위해 단순히 조직관리 입장에서가 아니고 숲의 관점에서 기업 전체를 조정하고 종합함으로써 조직체의 효과를 극대화하였다.

핵심요약 3 - 성공기업가의 10가지 성품

- 팀을 구축한다.
- 풍요한 심리를 가지고 있다.
- 사람들의 장점을 토대로 장점을 더욱 살릴 수 있는 역할을 맡을 수 있도록 조직을 구축한다.
- 대단히 주도적으로 실행한다.
- 지칠줄 모르고 멈추지 않고 끈기있게 일한다.
- 건강과 가정에 관한 한 약간의 후회스런 결말을 보게 된다.
- 에너지가 넘친다.
- 제도와 관료주의를 혐오한다.
- 자신의 기업가 정신을 계속 고취시킨다.
- 지극히 긍정적이고 열정적이다.

핵심요약 4 - 위대한 CEO가 되는 길

- 최고의 전략가로서 리더십을 발휘하라.
- 최고의 경영팀을 만들어라.
- 위대함을 성취하도록 직원들을 격려하라.
- 유연하고 대화가 가능한 조직을 구축하라.
- 조직목적에 맞는 확실한 보상제도를 만들어라.
- 청렴하게 생활하고 솔선수범하라.

핵심요약 5 - 성공하는 CEO의 10가지 특징

- 일에 대한 열정: 대부분이 자신이 하고 있는 일을 즐기고, 사랑한다.
- 지성과 명료한 사고: 복잡한 것을 단순하게 만들고 미래를 내다 볼 줄 아는 능력
- 훌륭한 화술: 비즈니스의 기본요소, 전략, 대안, 행동과정 등을 효과적으로 설명할 수 있는 능력
- 높은 에너지: 일주일에 평균 65시간 이상씩 일하는 엄청난 체력, 왕성한 에너지
- 억제된 자아: 잘난척하지 않고 겸손
- 내적인 평화: 사교적, 내성적, 또는 카리스마와 상관없이 조화와 관대함을 유지하는 사람
- 유년시절의 경험 활용: 가족이나 학창시절의 행복, 불행 등 경험을 자신의 사업영역으로 이끌어 낸 경우가 많다.
- 화목한 가정: 안정적인 가정을 유지, 가족의 충고를 경영에 적절히 활용
- 긍정적인 태도: 도전을 기회로, 실수를 배움의 기회로 활용하는 능력
- 옳은 일을 올바르게 하기: 청렴한 생활, 훌륭한 아이디어 등 '옳은 일'에 초점을 맞춘 경영

그러면 조직체는 성공적인 경영자를 어떻게 확보할 것인가? 이에는 두 가지 방안이 있다. 그 첫 번째는 CEO시장에서 훌륭한 CEO를 영입하는 것이고, 두 번째는 조직체 내에서 유능한 후계자를 발굴하여 경영자를 육성하는 것이다. 조직체의 성격 및 처해진 여건에 따라 어느 방안이 유익한지는 그 차이는 있으나, 일반적으로 효과적인 경영자 육성 프로세스를 통하여 후계자를 발굴, 육성하는 것이 바람직하다. Sony 회장인 오가노리오는 "내가 결정했던 일 중 최고의 일은 이데이를 차기 CEO로 지명 육성했던 것"이라고 회고하고 있다.

핵심 Key 1 직관의 오류 막아주는 '분석경영'

- 회사를 경영하려면 '숫자형 인간'이 돼라

경영의 석학들은 "오늘날 '경영자'라는 직업은 '분석'을 빼고는 상상조차 할 수 없다"고 말한다. 경제현상에 인간 심리와 비합리성을 강조하는 로봇 실러 예일대 경제학과 교수마저도 경영자는 '숫자형 인간'(quantitative person)이어야 한다고 강조할 정도다. 숫자로 표현된 데이터를 '분석'하는 능력이 있어야 한다는 뜻이다. "만약 당신이 회사를 경영하고 있다면 당신은 숫자형 인간이 돼야 한다. 수량적 디테일은 정말로 중요하다."(2009년 맥킨지 쿼터리 인터뷰). 데이터는 경영자에게 '사실'을 보여주는 거울이다. 따라서 데이터를 분석해 내리는 결정은 '사실에 기반한 결정'이다. 사실에 기반한 결정은 근거(evidence)가 있는 결정이기도 한다. 토머스 데이븐포트 미국 밥슨 칼리지 교수 등이 분석의 핵심은 사실·근거에 기반한 결정이라고 말하는 이유다.

최고경영자(CEO)는 하루에도 몇 번씩 중요한 의사결정의 순간에 맞닥뜨린다. 어떤 의사결정은 회사의 운명을 가를 정도다. 그때마다 CEO는 무엇을 토대로 결정할까. 맬컴 글래드웰 같은 학자들은 직관(Intuition)의 놀라운 힘을 말하지만 분석(Analytics)을 강조하는 학자도 많다. 데이터를 분석하면 의사결정의 근거가 되는 사실을 얻을 수 있는데도 상당수 경영자들이 감에 따라 의사결정을 한다며 안타까워한다. 토머스 데이븐포트 미국 밥슨칼리지 교수는 "사실에 기반한 의사결정(fact-based decision)이야말로 분석의 핵심"이라고 강조했다. 어느 순간 머리에 떠오른 직관보다는 '사실'을 찾아내고 '분석'해 의사결정의 근거로 삼으라는 뜻이다.

의사결정 황금비율은 분석 70%+직관 30%

의사결정 시 분석과 직관을 사용하는 황금비율이 있을까. "어떤 비율이 좋다고 특정할 수는 없다. 미국 소매업체인 베스트바이(Best Buy)경영자들은 의사결정 시 '과학70%, 예술30%'라는 공식을 적용하고 있지만 말이다." 직관의 순간은 섬광처럼 짧지만, 통찰력 있는 직관은 오랜 시간을 투자해야만 얻을 수 있다. 아무리 직관이 뛰어난 경영자라 해도 인수합병·마케팅·인사관리 등 다양한 분야에서 통찰력 있는 직관을 발휘하기란 애초부터 불가능하다. '분석'이라는 도구를 놓쳐서는 안 되는 이유다.

분석의 핵심은 사실에 기반한 의사결정

분석의 핵심은 '사실'에 기반한 의사결정이라고 할 수 있다. 데이븐포트 교수의 조사에 따르면 경영자들의 중요한 의사결정의 40%는 사실이 아니라 감(gut)을 바탕으로 이뤄진다. 의사결정이 오류를 빚는 이유 가운데 하나다. 따라서 사실에 기반한 분석은 의사결정의 오류를 크게 줄일 수 있다. 분석은 인간의 두뇌에만 의존하지 않는다. 기업들은 복잡한 하드웨어와 소프트웨어를 갖추고 분석한다. 정교한 정보 시스템이 분석에 필요하다.

고유의 데이터를 확보하라

기업이 성과를 내는 데 정말로 중요한 요소가 있다고 한다면, 그 요소에 대해 고유의 데이터를 얻는 방법이 있기 마련이다. 예를 들어 한 서비스회사는 종업원이 고객에게 미소를 짓는 횟수가 고객 만족도에 큰 영향을 미친다는 사실을 알게 됐다. 그러자 그 회사는 미소의 횟수를 측정해 데이터를 얻었다. 또 한 호텔 체인은 최적화된 가격 설정 모델을 날마다 적용했더니, 각 호텔 지점의 매출액을 예상할 수 있게 하는 한 가지 유형의 숫자를 찾아낼 수 있었다. 이처럼 고유의 데이터를 모으는 것은 어려울 수 있지만 대부분은 가능하다." 정보공학에서는 '쓰레기가 들어가면 쓰레기가 나온다(Garbage In, Garbage Out)'는 격언이 있다. 형편없는 데이터를 쓰면 분석 결과도 형편없다는 뜻이다. 분석에는 고품질의 데이터 확보가 필수다."

아이디어의 근거가 되는 데이터를 질문하라

감이 중요시되는 기업 문화에서는 분석이 의사결정에 제대로 활용될 수 없을 것 같다. "분석적인 기업 문화에는 분명한 특징이 있다. 누군가가 어떤 아이디어를 내놓으면 그에게 사람들이 '당신은 아이디어의 근거가 되는 데이터를 갖고 있는가'라고 묻는 문화가 있다. 아이디어의 테스트도 권장된다. 이런 기업 문화 창조는 경영진의 책임이다." 분석이 핵심역량인 구글에서 새로운 아이디어를 제시하면 '아이디어에 대한 테스트는 거쳤는가. 데이터는 사용했는가'라는 질문부터 받게 된다. 데이터를 요구하는 기업 문화가 지나치면 부작용도 예상된다. 너무 많은 데이터를 요구하거나 의사결정에 너무 뜸을 들이는 경우 등이 생길 것 같다.

분석가 비중이 30%는 돼야

컴퓨터가 있다고 해도 최종적인 분석은 사람의 몫이다. CEO는 분석가여야 한다고 본다. "분석에 대한 의존도가 높아지는 금융 서비스 분야라면 경영진은 적어도 세미프로페셔널은 돼야 한다. 그러나 대부분의 다른 산업에서 경영진은 '분석의 챔피언(Analytical Champion)'이 될 필요가 있다." 데이븐포트 교수가 말하는 '챔피언'은 분석도구를 다루는 기술이 챔피언이라는 뜻이 아니다. 분석이 의사결정의 길잡이가 돼야 한다는 생각을 전사적 차원에서 실천하는 경쟁력의 원천으로 삼고자 하는 CEO는 당연히 챔피언 역할을 수행해야 한다. "챔피언·프로페셔널·세미프로페셔널 분석가 비중이 30%정도면 차별화된 비즈니스 역량으로 분석을 활용하는 기업이 될 수 있다. 나머지 70%는 분석을 활용해 의사결정을 하고 이를 고객들에게 효과적으로 설명하는 '분석의 아마추어(Analyt-ical amateur)'면 충분하다."

<출처: 매일경제, 김인수·황미리, 2010.10:23-24. 요약.>

CHAPTER

03 경영자의 능력과 리더십

Understanding of Management & Foundation

CHAPTER 03 경영자의 능력과 리더십

제1절 경영자의 리더십

기업경영의 목적은 기업을 장기적으로 유지·발전시키는 데 있다. 자본주의 경쟁사회 속에서 기업을 장기적으로 유지·발전시키기 위해서는 이윤을 획득하여 이를 축적시켜 나가지 않으면 안 된다. 이와 같은 기업 이윤의 원천은 기업에 다양한 계층·분야의 구성원들이 창조성을 발휘하는 데 있다.

경영자의 창조성은 전략적 의사능력을 발휘하는 데 있다. 기사(engineering) 및 연구자의 창조성은 신제품이나 신기술을 발휘하는데 있으며, 중간 관리자의 창조성은 어떻게 부하에게 활력을 불어넣느냐 하는 문제에서 발휘될 수 있을 것이다. 일반 종업원의 창조성은 작업절차의 개선에서 발휘된다. 이상과 같은 창조성 발휘를 통합한 결과는 곧 이윤을 발생하게 된다. 여기서 기업을 장기적 관점에서 보는 때에 경영자의 창조성 발휘가 기업이윤에 가장 중요한 공헌 요소가 되고, 따라서 경영자의 창조성은 기업성장에 공헌하게 된다.

경영자 능력에 대하여는 다양한 연구가 있어 왔으나 이들의 많은 부분은 실제 경영 체험으로부터 경영자의 능력을 밝히거나 개별적인 기업경영 역사 속에서 경영자 능력을 추상화시킨 것 또는 전쟁사의 영웅론과 같은 방법으로 도출된 경영자 능력론 등을 들 수 있다.

1 바람직한 경영자 능력

경영자의 능력은 경영자로서 기능을 수행할 경영자의 능력을 뜻한다. 경영자의 기능으로는 크게 장래구상의 구축, 의사결정, 집행관리의 셋을 들 수 있다. 이들 기능은 기업경영의 상황에 따라 대응되어야 할 필요가 있다. 따라서 바람직한 경영자 능력은 보편적인 유일한 해답은 찾을 수 없는 것이다.

경영자 능력의 좋고·나쁨은 경영자의 능력이 기업의 장기 유지 발전에 얼마나 공헌할 수 있는가로써 판단할 일이다. 바람직한 능력은 기업이 처한 조건에 대응하여 효율적으로 기능을 발휘하여 기업성장에 한층 공헌하는 능력이다. 경영자를 둘러싼 기업경영 상황 또는 경영조건으로는 끊임없이 변화하는 정치, 경제, 사회, 기술 등의 기업 외적 환경, 역사적으로 계승되는 경영이념, 다양한 개성을 지닌 조직구성원, 자원, 정보들의 기업 내적 조건 등을 들 수 있다.

이들 제약요인을 확실하게 인식하여 장기적 장래 구상을 구축하고, 다양한 조직 구성원을 참가시키는 가운데 경영목표와 경영전략을 구체화시킬 의사결정을 민첩하게 단행함과 함께 경영목표 및 전략에 따른 관리활동을 전개함은 물론 종업원의 사기를 고취시키고 창조성을 발휘토록 하여 경영성과를 달성시키는 가운데 기업성장을 이뤄나가는 것이 바로 바람직한 경영자의 능력이라 할 것이다.

2 경영자의 개인적 특성·기능·능력의 관계[1]

경영자 능력을 경영자가 지닌 개인적 특성과 경영자가 담당할 기능과 관련하여 살펴보기로 한다. 이는 경영자의 개인적 특성이 어느 정도 경영능력과 관계가 있는가를 뜻하는데 이를 <표 3-1>로 나타내 보면 다음과 같다.

1 장우상, 한권으로 끝내는 창업. 진문사, 1999. pp.170~180.

표 3-1_ 경영자의 개인적 특성과 기능

	신 념	선견지명	기업가 정신	인간 존중성	과학적 태도	관리적 정신	육체적 건강성	지식 중시태도
장래구상	○	○	○	V	V	V	○	○
의사결정	○	○	○	○	○	○	○	○
관리	V	V	V	○	○	○	○	○

<표 3-1>에서 보는 바와 같이 'O'표의 난은 경영자의 개인적 특성이 경영자 기능과 관련이 깊음을, 'V'표의 난은 경영자의 개인적 특성과 경영자의 기능이 비교적 낮음을 표시하고 있다.

1) 야심·사명감·이념·신념

(1) 야 심

경영자는 무엇보다도 우선 가슴속에 야심을 가져야 한다. 야심은 성공을 향한 욕망, 창조성, 경쟁심, 참을성을 전제로 한다. 야심은 경영자에게 요구되는 활력의 원천이며 강한 야심을 가진 경영자는 언제나 높은 업적을 추구해 나갈 수 있다.

(2) 사명감

야심은 하늘이 자신에게 부여한 임무를 충실히 수행한다는 사고를 주입시킴으로써 타인에게 야심을 이해시킬 수 있다. 여기서 야심을 한 단계 진전시킨 의미로 사명감이나 목표가 중요하게 된다. 대기업의 경우에는 기업 목표와 종업원 개인 목표와의 차이를 좁히는 일이 중요한데 여기서 사명감이 기업 목표에 의해 뒷받침될 때 개인 목표를 기업 목표 속으로 흡수할 수 있게 된다. 야심이 한층 정화된 사명감은 기업운영에 필요한 리더십의 제 1단계이며, 사명감은 경영자 자신의 직무가 사명에 의한 것이라고 매일 지식이 쌓일 때 강화된다.

(3) 이 념

이념은 이성으로부터 얻어진 최고의 개념으로써 인간이 겪게 될 모든 경험을 통제하

는 역할을 담당한다. 경영자가 지닌 숭고한 이념, 예컨대 '모든 인류의 생활수준을 향상시키는데 기여한다'와 같이 경영자의 경험, 지식, 철학으로부터 출발하여 이들이 현재의 사회적 가치와 일치될 때 이념으로 보다 구체화되는데 예술이나 문학세계에도 이념이 작용하듯이 기업가 세계에도 기본적인 요소가 된다. 그러나 사회적 가치가 변동함에 따라 경영자의 이념도 변화하는 성질을 갖는다.

(4) 신 념

이념은 이성으로부터 출발하여 현재의 사회적 가치관에 일치시킴으로써 보편적 합리성을 추구한다. 그러나 이념만으로는 기업의 장래 구상을 이룰 수 없다. 이를 위해서는 다양한 조직구성원을 의사결정에 참가시키고 이들을 통솔해 나가야 한다. 이념을 자신의 것으로 한층 구체화시킨 것이 신념이다. 신념은 신앙심과 가까워서 이는 자신의 마음속에 존재한다.

2) 직관력·상상력·통찰력·판단력

(1) 직관력

직관력이란 판단·추리와 같은 유추 작용을 가하지 않고 대상을 직접 파악하는 능력을 말한다. 경영자는 새로운 정보를 접하게 될 때 그것을 이론적 체계에 의해 추리하지 않고 그 전체를 순간적으로 파악해 나가야 하며, 많은 경우에 직관력을 가지고 '감'을 구사하지 않으면 변화하는 환경에 대응하기 어렵다. 이러한 직관력은 논리적 유추작용, 분석 작용에 앞서 이루어지는데 환경변화가 급격히 이루어지는 때에, 그리고 관련정보가 충분치 않은 경우 문제파악에 불가결한 능력으로 지적되고 있다.

이러한 직관력은 반성과 경험에 의해 강화된다. 즉, 직관은 그 이후 분석적 유추작용으로 새로운 환경을 인식하고, 이를 현실과 비교할 때 그 정당성이 판정된다. 따라서 직관에 따른 정확성에 대한 확인이 증대될수록 경영자는 자신을 가져 직관력이 증가된다. 직관에 따른 신제품 개발이 성공하면 경영자는 점차 자신을 갖게 된다는 말이다.

(2) 상상력

경영자는 직관으로써 문제를 파악하고 이를 유추·분석하는 때에는 가능한 대체 상황을 구체적으로 상상하게 된다. 상상은 일반적으로 과거 경험을 재생하는 재생 상상과 과거 경험을 종합하여 심상을 자극하는 창조적 상상으로 구분할 수 있는데 경영자에게 요구되는 상상은 후자의 경우이다.

창조적 상상을 보다 분명히 하기 위해서는 경영자는 의지나 목적을 분명히 해야 한다. 즉 경영자는 경영에 수반하는 문제의식을 분명히 하고, 해당기업의 강점과 약점을 충분히 인식함으로써 수많은 상상 가운데 몇 가지 유효한 상상을 선택할 수 있을 때 사고력을 집중시킬 수 있다.

(3) 통찰력

직관력, 상상력, 경영자의 문제의식으로부터 장래 대상에 대해 다양한 상상이 형성된다. 그러나 이것만으로는 어떤 상상을 채택하는 것이 기업 장래 구상의 설정에 핵심적 요인이 될 것인지, 핵심적 요인의 구체적인 내용이 무엇인지를 이해하기 어렵다. 이를 위해서는 정신력의 집중을 필요로 하는 통찰력이 불가결한 요소가 된다.

(4) 판단력·결단력

장래에 대한 무수한 상상에 대하여 통찰력을 집중하여 몇 가지 바람직한 상상을 선정하기 위해서는 판단력이 필요하다. 또한 장래구상에 따라 다양한 조직성원을 참가시키는 가운데 의사결정을 단행하기 위해서는 보다 큰 결단력이 요청된다. 일반적으로 판단력은 진·위, 선·악, 미·추 등을 판단하는 정신적 능력이라 정의되며, 경영자로서 다양한 사람들의 의중을 고려하는 때에는 크고 작은 장소에 따라 결단력이 요구된다.

결단력은 정보가 부족한 불확실한 상황에서는 더욱 중요하여 경영자의 자신감·대담성 같은 개인적 특성이 중요하게 작용한다. 결단력은 풍부한 경험에 의해 강화되며, 판단력은 경험자가 먼 미래를 예견할 수 있는 통찰·예견에 의해 강화된다.

(5) 위험감수능력

기업가 기능은 불확실성의 환경 하에서 스스로 위험을 감수하여 시기적절하게 새롭게 모든 자원을 결합해 나가는 데 있다. 이 경우 불확실성이란 확률이론에서 말하는 바와 같이 발생할 수 있는 확률을 알 수 없는 경우를 말한다. 장래 발생 가능한 사상을 분명히 할 수 없고, 발생 가능한 확률을 예측할 수 없으며, 그에 따라 정보를 수집하고 분석함으로써 위험을 감수시킬 수 있는 상황도 되지 못한다. 위험을 감수한다는 것은 의사결정에 따라 실패할 경우 그에 따른 책임을 각오한다는 것을 뜻한다. 위험을 감수하는 데 따르는 능력에는 특별히 대단한 담력을 요구한다.

현대 탈공업화 사회에 있어서는 기능이나 경험에 대한 중요성이 점차 줄어드는 반면 개념과 아이디어를 결합시켜 성과를 창출하는 방향으로 전환되고 있다. 점차 확대된 시각을 갖고 진취적 기상을 가짐과 동시에 위험을 스스로 감수할 수 있는 각오가 크게 필요하게 된 것이다. 진취적 기상은 선천적 측면도 없지 않으나 이는 성공의 경험에 따라 조장될 수 있고, 위험감수 능력은 과거 인생 과정에서 겪은 불행, 투병생활, 빈곤한 생활, 백수로서의 생활에 굴하지 않고 실패하면 또 일어선다는 굳은 각오에 의해 강화될 수 있다.

3) 포용력·품격·윤리

(1) 포용력

포용력은 상대를 허용하고 이해하며, 상대의 입장에서 생각하고, 상대의 행복을 기뻐하는 등의 성숙된 마음으로 자신을 초월하는 경지에 가까이 가는 마음이다.

부하와의 대화를 할 때에는 부하가 어떤 말을 하든지 이를 허용하여 막지 않고 가능한 한 상대를 받아들이며 부하의 의중을 헤아려 이해하려 애쓴다.

현실 경영에 있어서 포용력은 경영자가 그를 둘러싼 부하와 경쟁의식으로부터 벗어날 때 가능해 진다. 오늘날과 같은 극도의 경쟁사회에서는 일종의 종교적인 자비심으로부터 포용력이 생겨난다고 해도 무리가 아니다. 경영자의 포용력은 주변의 부하, 관리자 보다 높은 관점, 폭넓은 시야로부터 발생한다.

(2) 인간적 매력·품격

포용력을 가진 것만으로 다양한 사람을 통솔할 수 있는 것은 아니다. 사람을 끌어당기는 품격과 인간적 매력을 갖지 않으면 안 된다. 주변의 인물들이 느끼는 품격·인간적 매력이 중요하다는 말이 되며, 이는 버나드(Barnard, C.)가 말하는 '도덕적 리더십'과 가깝다.

지도자로서의 품격이나 인간적 매력을 발휘하여 타인을 끌어들여 자신의 능력을 발휘해 나가야 한다. 그리고 타인으로 하여금 자신을 어리석게 여기도록 허용하지 않는다. 이를 위해서는 끊임없는 자아성찰을 통하여 관조하는 수양이 필요하다.

(3) 윤리·도덕·공정성

윤리란 도덕적 규범이 되는 원리이다. 도덕이란 인간에게 있어 인격을 드러내는 모든 힘으로써 인간에 내재한 일반적, 안정적 성향을 말하며, 이러한 성향에 대치되는 욕망·충동·관심을 금지·통제시키고 이를 수정시킴으로써 일반적·안정적 성향에 일치시키는 역할을 한다. 이와 같은 윤리·도덕이 결여한 경영자가 의사결정을 수행하는 때에는 장기적으로 보아 기업에 반하는 방향으로 잘못된 길을 잡을 수도 있고, 이러한 형태는 장기적으로 사회 가치관에 위배되는 의사결정을 수행한 결과 사회적 반발을 야기해 기업의 존속마저도 위태롭게 할 위험을 갖는다.

한편 경영관리의 요체는 인사의 공평성에 있다. 인적자원의 평가는 그 사람의 인격, 능력, 업적 등의 평가요인에 의해 이루어진다. 인적자원에 대한 평가에 있어서는 다양한 요인들이 고려되어 미리 규정되고 있으나, 인격, 능력 등이 주관적 요소에 어느 정도는 개입됨을 부정할 수 없다. 이와 같은 주관적 판단으로 인사의 공평성이라는 도덕성이 배제되어서는 안 된다. 타인에 대한 지나친 감정을 자제하는 내적 강제 없이는 도덕성을 겸비한 공평한 인사를 시행할 수 없고, 그 결과는 사람들로부터의 신뢰를 상실하여 통솔력을 잃어버리게 된다.

4) 시간의 유효이용·계수감각

(1) 시간의 유효이용

경영자에 있어서 최상의 제약 요인은 시간이다. 경영자에게 있어 시간의 낭비는

주로 예측의 결여, 불완전한 정보, 인원의 과잉 등에 기인한다. 그러나 시간낭비의 최대 요인으로는 경영자의 문제의식의 부족을 들 수 있다. 일정 시간 내에 보다 큰 전체 시스템을 고려하기 위해서는 먼저 문제의식을 분명히 하는 일이 필요하다.

회의시간, 신문을 보는 때, 누구와 대화하는 때에 기업경영과 관련한 문제의식을 명확히 함으로써 손에 넣은 정보를 취사·선택하도록 한다. 이와 같이 하는 것이 시간을 유효적절하게 이용하는데 필요한 기본적 태도가 된다.

(2) 계수감각

경영자의 계수감각이란 기업경영의 어느 부분의 계수가 중요한 의미를 갖는지를 파악하고, 그 부문의 대략적 수치를 파악하는 능력을 뜻한다. 중요한 국면이 어느 곳인지도 모른 채 단순히 이런저런 수치만을 자세히 수치적으로 파악한다고 해서 이를 두고 계수감각이 높다고 말할 수는 없다.

기업경영에서 중요한 국면은 주요 제품의 수요크기, 시장점유율, 매출신장율, 매출이익률, 손익분기점, 금융비용, 인건비용 등을 예로 들 수 있을 것이다. 특히 이 가운데 기업 전체 구조의 움직임을 파악하기 위해서는 손익분기점에 대한 파악이 중요하게 된다.

수치파악이라 하는 것은 평균(또는 기대치)과 분산 값에 대한 대략적 파악으로써 예컨대 주력 제품의 매출액을 예측하는 때에 평균치(기대치)와 낙관치와 비관치 등을 파악하는 것을 뜻한다. 이와 같은 계수 감각은 의사결정이나 경영관리에 있어 대단히 중요한 역할을 하게 된다.

5) 건강

경영자의 중요 기능으로 장래 구상과 전략적 의사결정을 말한 바 있다. 이에 필요한 능력으로 통찰력·판단력·결단력에 대하여도 이미 언급하였다.

그런데 통찰·결단을 적절히 행사하기 위해서는 자신의 건강이 중시된다. 체력이 뒤따르지 아니하고서는 장기적 관점·광범위한 시야에서 생각하는 일이 불가능하여 허약한 의사결정이 이루어질 가능성이 높으며, 연속적 긴장, 불연속적 긴장에 대처하는 능력 또한 뒤떨어지게 된다. 건강은 이와 같이 모든 경영자에게 있어 정신적 능력 발휘를 위

한 큰 전제가 됨을 잊어서는 안 될 것이다.

이상과 같이 경영자에게 요구되는 능력 이외에도 관리자적 정신에 포함되는 능력으로는 통솔력·리더십·책임감·긴장에 대한 지구력과 지식과 남다른 호기심이 요구된다고 할 수 있다.

핵심요약 1 - 국내 기업에서 개발한 경영자의 조건과 특성

애 정 (Humanity)	성품 (Character)	자신감 (Self-Confidence)	두둑한 뱃심과 신념, 낙관적인 자세를 가지면서, 환경이 변할 때 적극적이고 도덕적인 자세를 가진 사람
		책임감 (Responsibility)	맡은 일에 최선을 다하고 근면하며 자신의 과오에 대해서도 마음을 열고 잘못을 인정할 줄 아는 사람
	능 력 (Ability)	전문성 (Expertise)	전문적인 지식을 가지고 자신이 아는 것을 부하직원에게 알려주어 전문가를 육성할 수 있는 사람
		통찰력 (Insight)	복잡한 문제 상황을 논리적으로 해석하고 미래를 꿰뚫어 볼 수 있는 창조적 직관력을 가진 사람
	가 치 (Value)	성취지향 (Achievement)	목적을 달성하려는 정열이 있는 사람
		공익지향 (Social Benefit)	사회에 봉사하고 아픔을 나눌 수 있는 사람

펀 리더, 펀 경영

"자신의 감정을 직설적으로 표현하면 상대방은 물론 그걸 지켜보는 수많은 사람들로부터 리더십의 손상을 가져 온다".

IBM의 창설자인 톰 왓슨이 회장으로 있을 때 한 간부가 위험 부담이 큰 사업을 벌였다가 1,000만 달러가 넘는 엄청난 손실을 냈다. 왓슨에게 불려 들어온 간부가 의기소침한 표정으로 물었다. "물론 제 사표를 원하시겠죠?" 그러자 왓슨이 당치도 않다는 표정을 지으며 말했다. "지금 농담하는 건가? IBM은 자네의 교육비로 무려 1,000만 달러를 투자했다는 말일세." 충격적 보고를 받은 왓슨은 여러 가지 선택을 할 수 있었다. 그가 선택한 건 분노나 허탈이 아닌 유머였다. 유머를 통해 고통 속에서도 희망을 품고 그 희망은 훗날 손해 본 수 배 이상의 성장과 이익으로 돌아왔다. 유머형 리더들은 본능적으로 유머가 자신의 감정을 충분히 표출하면서도 후유증이 없는 효과적인 스피치 도구란 걸 안다.

최근 대인 관계나 스피치 수준에 머무르던 유머가 조직 경영의 중요한 화두로 떠오르고 있다. 세계적 기업 카운슬러인 데브라 밴턴은 최고경영자(CEO)들의 성공 비결을 분석한 'CEO처럼 생각하는 법(How to think like a CEO)'에서 '유머가 있다'는 것과 '이야기를 재미있게 한다'는 것을 성공하는CEO등의 공통된 특징으로 꼽았다.

유쾌한 사람은 생산적인 노동력을 만들어내고 시무룩하거나 뚱한 사람은 비생산적인 노동력을 만들어낸다는 것이다. 경영자의 권위란 현실에 대한 판단과 미래에 대한 비전, 그리고 과감한 결단력 등 경영적인 요소에 의해 확보되는 것이지 단순히 엄숙한 표정이나 행동을 보인다고 해서 생겨나는 것은 아니다.

펀 경영을 이론화한 이는 로버트 레버팅 박사다. 그는 "기업의 가장 중요한 자산은 바로 종업원"이라는 가치를 확산시키며 유머 경영의 중요성을 알렸다. '훌륭한 일터'란 상사와 경영진을 신뢰(trust)하고 일에 자부심(pride)을 갖고 재미(fun)를 느낄 수 있는 기업을 말한다. 미국발 펀 경영은 우리나라에도 영향을 미쳤다. 포스코 포항제철소의 '칭찬의 비타민'도 비슷한 프로그램이다. 업무와 관련된 것은 물론 동료의 남모르는 선행이나 자기 계발 노력도 칭찬할 수 있다. 칭찬 포인트가 쌓이면 꽃이나 상품권 등 다양한 선물이 해당 사원에게 전달된다. 말 그대로 일터의 활력소, 비타민이다. 현대택배는 수시로 웃음 사진 콘테스트를 열어 소중한 추억이 담긴 사진을 공유하고 칭찬하며 활기찬 직장 분위기를 만든다.

펀 경영은 단순한 웃음 추구 그 이상의 결과를 가져온다. 이직률이 낮아지고 근무에 대한 몰입이 향상된다. 상사의 눈치를 보며 마지못해 시간을 때우는 지겨운 일터가 아니라 소속감과 자아실현의 장으로서의 직장으로 변한다. 이러한 변화는 고객 측면에서도 일어난다. 과거 고객들이 단순히 상품이나 용역을 제공받았다면 이젠 즐거움까지도 받는다.

<출처: 한경 Business, 김진배, 2009.09.28. p.104. 요약.>

핵심 Key 1 애플 신화 아이콘 '스티브 잡스 10계명'

▶ 채찍보다 당근을, 매몰찬 잡스도 동기부여 중시
판단은 냉혹하게, 포기할 것은 과감하게 버려야

스티브 잡스 10계명

1. 완벽하게 업무를 챙겨라
2. 전문가를 최대한 활용하라
3. 냉혹하게 판단하라
4. 외부 소리만을 믿지 마라
5. 끊임없이 연구하라
6. 결론은 간결하게 정리하라
7. 비밀을 지켜라
8. 작은 팀 위주로 운영하라
9. 채찍보다 당근을 주어라
10. 견본품에 최선을 다해라

IT세계 패러다임을 바꾼 스티브 잡스 신화는 여전히 유효하다. 그의 혁신 코드는 미래산업의 성전으로 통한다. 최대 경쟁자인 에릭 슈밋 구글 회장도 "잡스는 지난 100년을 통틀어 최고 CEO"라는 찬사를 아끼지 않는다. 사주간지 뉴스위크가 애플 성공 신화를 창조해낸 '잡스 10계명'(The 10 Commandments of Steve)을 소개하면 다음과 같다.

10계명 중 첫째는 '완벽하라'다. 한 번은 애플이 아이팟을 출시하기 하루 전 모든 애플 직원이 밤을 새워야 했다. 그 이유는 조그마한 부품 결함 때문이었다. 잡스가 "아이팟 연결 부분 느낌이 완벽하지 못한데…"라고 말했다. 결국 직원들은 이어폰 잭 부분을 전부 교체해야 했다. 잡스의 두 번째 계명은 '전문가를 활용하라'. 잡스는 컴퓨터 시스템 '넥스트(NeXT)' 로고 디자인을 위해 중국계 미국인 I M 페이를 고용했다. 페이는 모더니즘 건축의 대가로 정평이 나 있다. 애플스토어를 출범하기 전에는 의류소매 체인 갭(Gap)의 미키 드렉슬러 CEO를 영입했다. 드렉슬러 CEO는 쇼핑 패턴과 히트상품을 잘 예측해 미국 소매업계에서 유명한 인물이다. 다음은 '냉혹한 판단을 내려라'. 잡스는 냉철한 이성을 바탕으로 과감한 결단력을 보였다. 포켓용 컴퓨터 '팜 파일럿' 개발이 한창 진행될 때 잡스는 휴대폰이 PDA를 대체할 것이라는 판단을 내렸다. 이에 애플 엔지니어들은 팜 파일럿을 과감하게 포기하고 아이팟

개발에만 몰두할 수 있었다. 넷째 계명은 '외부 전문가에게만 의존하지 말라'다. 잡스는 "우리가 보여주기 전까지 사람들은 자신이 원하는 것을 알지 못한다"고 말했다. 잡스는 외부 전문가에게만 제품 성공 가능성을 의존하지 않았다. 스스로 견본품을 설계하고 몇 개월 간 시제품에 몰두했다. 다섯째 계명은 '연구를 멈추지 말라'다. 잡스가 애플 브로슈어를 제작할 때 일이다. 그는 소니가 사용했던 브로슈어를 참고했다. 소니 브로슈어에 사용한 폰트, 배치, 심지어 종이 무게까지 연구했다. 잡스의 끊임없는 연구 자세가 결국 세계적인 명품을 만든 셈이다. 다음으로 잡스는 '간결하라'는 계명을 꼽는다. 잡스의 디자인 철학은 간결함이다. 그는 초기 아이팟 시제품에서 전원 버튼을 포함한 모든 버튼을 없애라고 지시했다. 이에 대해 디자인팀은 항의했다. 그러나 이를 계기로 대표적인 아이팟 상징인 원형 스크롤이 개발됐다. 일째 계명은 '비밀을 지켜라'다. 애플 직원들은 비밀을 말하고 다니지 않는다. 철저한 비밀 유지가 애플 성공 신화의 밑거름이 됐다. 조직론에서는 '팀을 작게 운영하라'는 계명을 제시한다. 초기 매킨토시 개발팀은 고작 100명이었다. 101번째로 고용이 됐다면 누군가는 나가야 했다. 잡스는 이들 100명의 이름을 외우고 있었다. 상벌에 있어서 잡스는 '채찍보다 당근을 앞세우라'고 당부한다. 잡스는 매몰차기로 유명하다. 그러나 그의 이러한 카리스마는 조직원들에게 좋은 동기 부여로 작용했다. 매킨토시 개발팀은 3년 간 일주일에 90시간의 노력을 수행했다. 이런 열정은 당시 최고 찬사를 받았다. 마지막 계명은 '견본품을 최선을 다해 만들라'다. 잡스는 하드웨어, 소프트웨어는 물론이고 애플스토어까지 최상의 상품을 공개한다는 마음으로 만들었다고 한다. 애플 본사 근처의 비밀 물류센터에서 1년 이상 지내면서 스토어 제품을 만들었다. 그리고 진행 상황은 오로지 잡스에게만 보고됐다.

<출처: 매일경제. 김덕식, 2011.9.6.>

3 경영자의 리더십

1) 리더십의 정의와 중요성

현대사회에서의 리더십의 문제는 하부감독자를 포함한 전문경영자에게 거대한 초점을 모으고 있는데, 이는 일반적으로 다음과 같이 정의되고 있다. 즉 리더십이란 "집단을 하나의 총체로 종합하고, 그로 하여금 조직목표를 향하여 적합한 동기를 부여하는 인적요소

(human factor)"라고 집약할 수 있다. 이는 조직의 구성원을 심리적으로 자극하여 그들의 잠재능력(potentiality)은 물론 조직목표의 효율적인 달성을 위하여 활동능력을 개발하는 것을 말한다. 많은 학자들이 리더십이 무엇인가에 대한 정의를 내리기 위하여 많은 노력을 기울여 왔으며 몇 가지 정의를 예로 들면 다음과 같다.

- 리더십은 특정한 목적을 달성하기 위하여 조직화된 집단구성원의 활동을 지휘하고 협조 시키기 위하여 사용하는 비강제적인 영향활동이다.
- 리더십이란 조직목적을 달성하기 위한 방향으로 개인 또는 집단의 활동에 영향을 미치는 기법이다.
- 리더십은 조직목표를 달성하는 방향으로 타인 또는 집단의 행동에 영향을 미치는 과정이다.

기타 많은 다른 문헌들을 검토해 보면, 대부분의 학자들은 리더십이란 어떤 주어진 상황 속에서 어떤 목표를 달성하기 위해 인간 또는 집단의 활동에 영향을 미치는 과정으로서, 리더십에 관한 이와 같은 정의에서 필연적으로 나오는 결론은 리더십 과정이란 리더(leader), 추종자(follower) 및 기타 다른 상황변인(situational variables)들의 함수관계, 즉 L=f(l, f, s)라는 견해에 일치된다.

이러한 관점에서 현대 경영관리상 리더십의 중요성은 경영자의 관리능력의 효율성을 기하는 데 절대적이며 필수적인 요건으로 등장하게 되었다. 리더십에 대한 연구결과에 따르면 조직원들의 직무만족 여부를 결정하는 가장 중요한 요소가 리더십이며, 이 리더십에 따른 직무만족이 조직의 성패를 좌우한다고 한다.

2) 리더십의 기초이론

리더십의 이론은 전통적인 조직이론과 근대적 조직이론의 교량역할을 수행한 버나드(C.I.Barnard)를 비롯한 인간관계론자에 의해 개발되었다. 이 과정에서 기초적인 리더십 이론을 연구하는 방법으로는 자질론(trait approaches)과 상황이론(situational appro-aches)으로 대별해서 설명하는 것이 일반적인 견해이다. 이를 체계적으로 분석·검토하여 보면 다음과 같다.

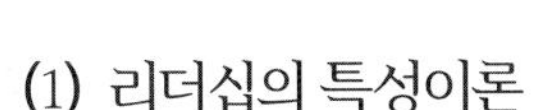

(1) 리더십의 특성이론

특성이론은 자질론 이라고도 부르며, 이 이론은 리더의 개인적 자질과 특성이 리더십의 지위와 기능에 영향을 준다고 간주하고 그 특성을 해명하는 이론이다. 이 자질론에 관해 스미스와 크루거(H.L. Smith and L.M. Krueger)는 리더의 특성을 개인적 특성과 사회적 특성으로 구분해서 설명하고 있다. 즉, 개인적 특성으로는 ① 지식, ② 육체적 및 정신적 정력, ③ 정열, ④ 독창성, ⑤ 진취성, ⑥ 상상력, ⑦ 목적의식, ⑧ 지속성, ⑨ 의사결정의 속도 등을 열거하고 있으며, 사회적 특성으로는 ① 요령, ② 조화, ③ 신뢰와 자제, ④ 권위, ⑤ 지배와 복종, ⑥ 신체적 특성(신장, 체중, 기타 외관상의 매력) 등을 들고 있다.[2]

한편 티드(O. Tead)[3]는 이상적인 리더의 자질로 ① 체력과 지구력, ② 목적의식과 지도력, ③ 열의, ④ 사교성, ⑤ 성실, ⑥ 기술적 숙련, ⑦ 결단력, ⑧ 지능, ⑨ 교습기술, ⑩ 신념 등을 들고 있으며, 버나드는 ① 활동력과 지구력, ② 결단력, ③ 설득력, ④ 책임감, ⑤ 지적·기술적 능력을 주장하고 있다.

그런데 특정한 자질을 갖춘 리더가 특정집단이나 조직을 대상으로 효과적 목표 달성을 이룩하였다고 해도 집단과 조직의 상황요소가 변동한다면 리더십의 효과도 증대될 수 있다고 보기는 어렵다. 따라서 리더십의 특성은 리더에게는 필요한 요소이지 충분요소는 아니므로 개인적 특성보다는 상황적 변동요소에 더 많은 비중을 두고 연구·개발에 이론적 보완의 필요성이 대두되는 것이다.

(2) 상황이론

상황이론[4]은 리더십을 형성하는 결정적인 요소가 리더의 개인적 특성에 기초를 둔 것이 아니고 리더가 처해있는 조직이나 집단의 상황과 환경요인에 있다고 주장하는 이론으로서, 이를 환경론이라고도 부른다. 따라서 이 이론은 추상적인 분석대상으로서 리더

---

2 H.L. Smith & L.M. Krueger, "A Brief Summary of Literature on Leadership', Bulletin of the School of Education Vol, 9, No.4(Bloomington: Indiana University, 1933), pp.3~80.

3 Tead,O. The Art of Leadership (New York: McGraw-Hill, 1935), p.82.

4 상황이론의 기본 가정은 어떤 상황에서도 가장 바람직하고 효과적일 수 있는 리더십 유형은 없다고 보는 것이다. 즉 독재형 리더십도 효과적일 수 있는 상황이 존재한다는 것이다.

십에 영향을 주는 상황적 요인에 대하여 루던즈(F.Luthans)[5]는 일반적으로 다음과 같이 요약·정리하고 있다.

① 주요한 조직의 연혁과 지도자의 경험 및 재임기간
② 조직이 활동하고 있는 지역사회(community)
③ 집단이 필요한 특수작업
④ 집단의 심리적 풍토
⑤ 지도자의 직무유형
⑥ 지도하는 조직의 규모
⑦ 구성원의 협동이 요구되는 정도
⑧ 부하의 문화적 기대
⑨ 구성원의 퍼스낼리티
⑩ 의사결정에 허용될 수 있는 시간

이러한 상황적 요인은 매우 복잡하고 광범위하다는 점을 이해할 수 있고 동시에 상황이 변화할 때마다 당연히 리더십의 내용도 달라진다는 사실을 알 수 있다. 예를 들면, 상황이론에 따르면 리더의 행동은 리더가 속해 있는 집단의 상황이 평상시와 비상시에 따라 각각 상이하게 나타난다는 사실이다.

3) 리더십의 기술요소

이러한 리더십을 경영활동 측면에서 원활히 활용하기 위해서는 경영관리에 관한 몇 가지 기술이 필요하다. 물론 여기서 말하는 기술이란 인간이 자신의 지식(knowledge)을 행동(action)화 할 수 있는 능력의 정도를 말한다. 리더십을 성공적으로 발휘할 수 있는가의 여부는 이 같은 리더십 기술(leadership skill)의 소지여하에 달려 있으며, 또 이를 여하히 활용할 수 있느냐에 의존된다고 하겠다.

바실 지오고포울러스(Basil Georgopoulos)와 프로이드 만(Floyd Mann)은 이와 같은 리더십의 기술

5 Lurhans, F. Organizational Behavior(McGraw-Hill, Kogakusha, Tokyo: 1973), p.500. See also Alan C. Filley and Robert J. House, Managerial Process and Organizational Behavior (Scott, Foreman and Company, Glenview, Ill.:1969), p.409.

을 ① 경영기술(administrative skill)과 ② 인간기술(human skill) 및 ③ 전문기술(technical skill) 등 셋으로 구분하고 있다.[6] 이들에 의하면 경영기술이란 지도자가 자신의 사고(thought)와 행동을 총체적인 조직체계라는 측면에서 행하며, 경제적·사회적 목표의 달성을 위하여 생각하고 행동하는 능력을 의미하는데 이를 개념적 기술(conceptual skill)이라고 부르기도 한다.

한편 인간기술이란 조직 내에서 종업원과 함께 또는 종업원을 통하여 작업하고 과업을 수행하는 지식과 방법을 말하여, 이는 인간행동에 대한 일반적인 이해, 특히 인간의 상호 관계, 동기부여(motivation) 및 노동력활용과 인간관계의 원활화 등에 관련된 능력을 포함시키고 있다. 또 전문기술은 특정과업과 활동의 효율적인 달성을 위하여 종합적으로 필요한 지식·방법·기술 및 능력 등을 의미하는 것이라고 말하고 있다.

오늘날 경영자들은 다음과 같은 방향으로 조직을 이끌어 나가야 한다.

1. 비전에 대해서 함께 이야기하고 그에 관계된 사람들을 모아들여, 리더는 직원들의 관심을 좀더 끌 수 있고, 그들에게 책임감을 줄 수 있다. 또한, 그들의 믿음을 얻어내야 한다.
2. 공동의 가치를 세워야 한다. 직원들, 고객들의 관심을 포함해야 하며, 회사 상품의 품질을 위한 가치이어야 한다. 오늘날 회사가 그들의 사업목적을 세우게 되면, 그들은 회사의 가치들도 정의를 내려야 한다.

핵심요약 2 - 리더십의 두 원천

[지위권력]
- CEO, 부서장, 지역영업 담당자 등 간판에서 나오는 힘
- 위계에 의한 지명을 통해 얻어지며, 사람들에게 영향을 끼치게 되는 출발점이다.

[인적권력]
- 부하들로부터 진정한 인정을 받는 것으로, 단순한 순응을 진정한 협력으로 바꾸어 놓는다.

6 Davis, K. Human Relations in Business (New York: McGraw-Hill Book Co., Inc., 1959), p.159. 참고: 경영기술(administrative skill)=개념기술(conceptual skill).

핵심요약 3 - 인적 권력을 얻을 수 있는 방법

- 미래의 전망과 비전[7]을 가져야 한다.
- 자신의 능력에 대한 내적인 믿음과 자기확신이 필요하다.
- 지식과 기술, 증명된 경험 증 전문적인 기술이 필요하다.
- 쉽게 대화할 수 있는 친화력과 감동을 줄 수 있어야 한다.

③ 공동의 윤리의식을 높여야 한다. 정직과 공정성을 지켜야 한다. 오늘날 많은 비즈니스맨들이 선행에 많은 돈을 투자하고 있고, 자신들의 직원들과 다른 사람들에게 사회적 관심을 쏟고 있다.

④ 변화를 수용해야 한다. 리더들이 해야 할 가장 중요한 일은 회사를 좀더 효과적이고 효율적으로 변하도록 만드는 것이다.

4) 리더십 스타일

경영학 분야에서는 위대한 리더의 특징들과 행동들, 스타일 등에 대해 많이 연구해왔다. 수많은 연구를 통해 리더십이 가지는 특징이 바로 리더를 평범한 사람들과는 다르다는 것을 가르쳐 주었다. 그럼에도 불구하고 성공적인 리더십의 스타일을 파악하기는 어렵다. 사실 성공적인 리더를 가장 잘 묘사할 수 있는 확정된 특징이 있는 것은 아니다. 또한 모든 상황에서 가장 좋은 리더십 스타일이 있는 것도 아니다. 가장 일반적으로 인식되는 리더십 스타일을 살펴보고 그것들이 어떻게 효과적인지를 살펴볼 필요가 있다.

① 독재적 리더십은 다른 사람들과 상의하지 않고 경영의사결정을 하는 것을 특징으로 한다. 그런 스타일은 긴급한 상황에는 효과적이고 절대적 복종을 필요로 한

7 효과적인 비전의 특징: 미래의 회사를 상상할 수 있고, 모든 구성원들이 원해야 하고, 목표를 실행할 수 있고, 구체적이면서 명료해야 하며, 환경 변화에 적응할 수 있는 융통성이 있어야 하고, 쉽게 알아들을 수 있고 전파되어야 한다(J.Kotter: Leading Change).

다. 예를 들면 화재를 진압하는 경우와 같은 때이다. 독재적 리더십은 또한 명확한 지시와 안내를 필요로 하는 새롭고 비교적 덜 숙련된 직원들에게는 때때로 효과적이다. 필 잭슨 코치는 2000년 NBA 챔피언십에 LA 레이커스에 독재적 리더십 스타일을 적용했다. 그의 리더십에 따라 고도로 숙련된 선수들은 팀을 승리로 이끌었다.

② 참여적(민주적)리더십은 의사결정을 함께 하는 경영자와 직원들로 구성되어 있다. 조사에 의하면 의사결정에 직원들의 참여는 항상 효과적이지는 않을지 모르나 대개는 직무만족을 증가시키는 경향이 있다는 사실이 밝혀졌다. 많은 새롭고 진보적인 조직에서는 유연성, 좋은 청취 기술, 공감 등과 같은 특징을 갖고 있는

표 3-2_ 리더십 유형과 주창자

구 분	리더십 유형(leadership style)							통합유형
리더십 유형(종류)	독재형(autho cratic)	구조주도(과업 지향형; task oriented)	행동형(proac tive)	카리스마형(chari smatic)	전문가형(expert)	개척적인 권위형(ex ploitive authoritative)	과업형(task-ori ented)	종업원 중심적; 배려; 일반적; 민주 및 참가적
				상징형(symbolic)	조정가형(coordi nation)	자선적인 권위형(benevolent auth oritative)	인기형(popular -oriented)	
	민주형(demo cratic)			예우자(headman)	문제 해결형(problem -solving)			
		배려형(종업원 지향형; 인간중심형; emplo yee orien ted)	비행동형(reactive)	전문가(expert) 행정형(admini strator)	인간 주의형(human -oriented)	자문적 권위형(consulta tiveauthori tative)	타협형(compro mise-ori ented)	생산 중심적; 주도; 밀착적; 독재적
	방임형(laisser-faire)			선동형(agitator, reformer) 강압형(coercive)	목표 추구형(goal-ori ented)	참가적 집단형(participa tive group)	이상형(ideal-or iented)	
주창자	Morse, Reimer	오하이오 주립대		Sargent	Uris	Likert	Blake, Mouton	

민주적 리더십 스타일을 사용하고 있다. Cisco사의 John Chambers가 그렇고, Wal-Mart, Fed Ex, IBM, AT&T 등도 여기에 해당된다. 이런 회사에서는 회의를 할 때, 직원들이 경영자들과 이슈에 대해 토의하고 그 이슈를 민주적인 방법으로 함께 해결한다.

③ 자유방임형 리더십은 관리자들이 목표를 설정하고 직원들로 하여금 그 목표를 이루는데 비교적 자유롭게 행동하도록 하는 것을 말한다. 관리자들이 회사, 엔지니어, 혹은 다른 전문가들을 다루는 특별한 조직에서 가장 성공적인 리더십 스타일은 자유방임형이다. 그런 조직의 관리자들에게 필요한 특징은 따뜻함, 친근함, 이해성 등이다. 대부분의 회사들은 적어도 직원들 중 일부는 이러한 리더십 스타일을 지닌 사람을 채용하고 있다.

어떤 리더십 스타일이 가장 좋은 것인가? 연구에 따르면 성공적인 리더십은 주로 누가 어떤 상황에 이르느냐에 달려 있다고 설명되어 있다. 또한 독재적 리더십에서부터 자유방임형 리더십에 이르기까지 어떤 리더십 스타일이든 사람과 상황에 따라 성공적일 수 있다는 원칙도 포함되어 있다. 사실, 경영자들은 주어진 상황에 따라 다양한 리더십 스타일을 이용할 수 있다. 모든 상황에서 효율적이거나 항상 최적으로 작용하는 리더십 스타일이 있는 것은 아니다. 진정으로 성공적인 리더는 상황과 종업원들에 따라 가장 적절한 리더십 스타일을 사용할 줄 아는 능력을 가지고 있어야 한다.

리더십의 12가지 중요한 법칙

① 좋은 예를 들어라. 당신의 부하들은 당신으로부터 단서를 얻을 것이다. 만약 당신의 업무 습관이 좋다면 그들의 업무 습관 역시 좋을 것이다.

② 당신의 부하들에게 목표를 주고 방향을 설정해 주라. 좋은 부하들은 매일매일 목적 없이 일하지 않을 것이다. 그들은 그들이 무엇을 하고 있는지에 관해서 뿐만 아니라 왜 그것을 하고 있는지까지도 알기를 원한다.

③ 당신의 부하들이 회사의 새로운 발전과 그것이 그들에게 어떤 영향을 미치는지 알도록 해주어라. 부하들로 하여금 그들이 당신과 함께 어디쯤에 위치하고 있는지를 알게 해주어라. 당신의 계획에 도움이 되는 사람들과 함께 하라. 그들에게

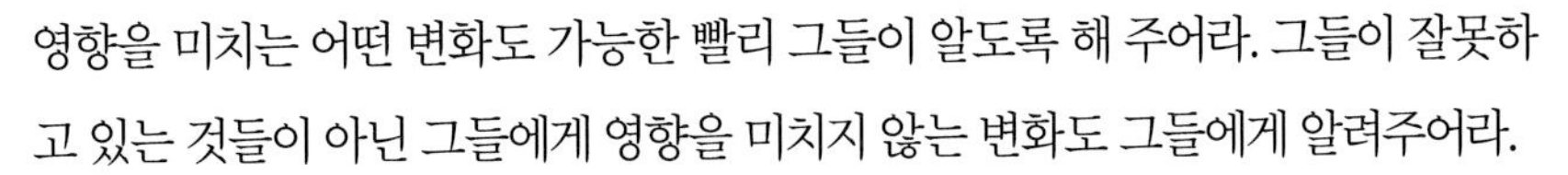

영향을 미치는 어떤 변화도 가능한 빨리 그들이 알도록 해 주어라. 그들이 잘못하고 있는 것들이 아닌 그들에게 영향을 미치지 않는 변화도 그들에게 알려주어라.

④ 당신의 사람들에게 조언을 요구하라. 그들이 당신의 결정에 언제라도 한마디 정도 할수 있다는 것을 알려주어라. 그들 자신의 문제이기도 하다는 것을 느끼도록 해라. 개인적인 생각도 권장하라.

⑤ 당신의 사람들이 당신이 그들을 보좌하고 있다는 것을 알도록 해주어라. 부하들의 야망에 화를 내는 보스만큼 나쁜 것은 없다.

⑥ 명령하지 마라. 제안하고 지시하고 요청하라.

⑦ 규칙이 아니라 스킬을 강조하라. 방법이 아닌 결과를 판단하라. 사람들에게 할 일을 주고 그것을 하도록 하여라. 직원들이 자신들의 업무 방법을 향상시킬 수 있도록 해 주어라.

⑧ 믿음과 신용을 주어라. 잘 수행된 업무에 대해 감사하는 것은 가장 좋은 특별 보너스다.

⑨ 공개적으로 칭찬하라. 이것은 어디를 가나 가장 좋은 것이다.

⑩ 사적으로 비판하라.

⑪ 건설적으로 비평하라. 비난이 아니라 옳음에 대해 집중해라. 직원들이 품위를 유지하도록 해주어라. 실수가 재발하지 않도록 특별한 단계를 제안하라. 실수에 관대하고 원하는 결과를 얻을 수 있도록 격려하라.

⑫ 당신이 새로운 아이디어를 환영한다는 것을 알려라. 들어보고 고려해 볼 만하지 않은 아이디어는 없다. 당신과 아이디어에 관해 이야기하는 것이 쉽도록 하라. 그들의 아이디어를 고려해 보라.

리더십의 7가지 금기사항들

반면에 아래 항목들은 리더가 확립하려고 노력해야 하는 긍정적 이미지를 해칠 수 있다.

① 존경받기보다는 좋아해 주기를 바라는 것. 부하들로부터 호의를 받아들이지 말라. 좋아해주기를 바라며 특별한 호의를 꿰뚫지 말라. 인기를 위한 결정을 내리지 말라. 원칙에 관해 유연하지 말라. 유머감각을 가져라. 포기하지 말라.

② 부하들에게 충고와 도움을 요구하는데 실패하는 것

③ 부하들의 책임감을 개발시키는데 실패하는 것. 표현의 자유를 허락하라. 더 우수한 일에 관해 알 기회를 주라. 책임을 줄 때는 권위도 주어야 한다. 결과에 대해 설명할 수 있도록 하라.

④ 스킬보다는 규칙을 강조하는 것.

⑤ 건설적인 비평을 유지하는데 실패하는 것. 일이 잘못되어질 때 누구의 잘못인지

핵심요약 4 - 새리더십 모델의 6가지 특징

- 신바람나게 하라.
- 기억할 만한 비전을 창조하라.
- 어떻게 도달할 것인가가 아니라 어디로 가야 하는가를 결정하라.
- 직원들과 가까이 지내라.
- 조직전반을 통해 리더십을 강화하라.
- 흥미를 일으키라.

핵심요약 5 - 소크라테스형 리더가 키워야 할 3가지 기술

인간은 불완전한 존재다. 신이 아니다. 경영자·리더도 인간이기에 모든 업무를 잘할 수는 없다. 리더는 자신이 해야 할 일과 그렇지 않은 일을 구분해야 한다. 자기 자신을 제대로 알고 있는 '소크라테스 리더'에게는 그 같은 구분이 어렵지 않다. 자기 직위가 무엇이며 그 직위가 요구하는 업무가 무엇인지 파악하고 있기 때문이다.

1. 창조적 무능을 활용하라

조직 내 리더는 숱한 업무에 시달린다. 그 가운데 상당수 업무는 중요도가 떨어진다. 부하 직원에게 넘기려고 하니 부하 직원도 더욱 중요한 다른 업무를 진행하고 있을 때가 많아 이런 경우 어떻게 해야 할까? 로버트 서튼 미국 스탠퍼드대 경영대학원 교수는 '창조적 무능(Creative Incompetence)을 활용하라'고 조언한다. 사소한 업무 처리에는 무능함을 보이는 게 창조적이라는 뜻이다. 실제로 중요성이 떨어지는 업무는 아예 무시하거나 대충 넘기는 게 현명할 때가 많다. 그래야만 가치 있는 일에 역량을 집중할 수 있기 때문이다.

2. 책임감 중독에서 벗어나라

마음 착한 리더 가운데 '책임감 중독'에 빠져 있는 리더들이 있다. 그러나 책임감 중독 상태에서 지속적으로 성과를 올릴 수 있는 리더는 없다. 인간은 신이 아니기 때문에 '책임감 과잉'이라는 스트레스 상황을 버티는 데는 한계가 있기 때문이다. 책임감 중독에 빠진 리더일수록 실패를 경험하게 되면 걷잡을 수 없이 책임 회피형 인간으로 돌변한다고 로저 마틴 캐나다 토론토대 경영대학장은 말한다. 론토대 경영대학장은 말한다. 남과 책임을 나눠 팀원 간 책임의 균형을 이뤄내는 리더야말로 훌륭한 리더다. 책임감 강한 팀원이 남의 성과를 빼앗으려는 하이에나형 직원의 먹잇감으로 전락하지 않도록 막는 것도 중요하다.

3. 강인한 감성의지를 배워라

리더는 고통스러운 결정을 내려야 하는 자리다. 구조조정으로 팀원들에게 해고를 통보하는 악역도 맡아야 한다. 잘못을 저지른 직원은 냉정하게 벌을 내려야 할 때도 있다. 고통스러운 결정을 실행에 옮기기란 쉽지가 않다. 마음 속 한편이 편치 않고 부하 직원들의 차가운 시선을 받아야 할 때도 있다. 이 때문에 감성적·정서적으로 나약해져 고통스럽다. 하지만 꼭 필요한 결정들을 차일피일 미루는 리더들이 꽤 있다. 리더 스스로 조직의 성과를 떨어뜨리는 원인이 된다. 리더는 정서적·감정적으로 강인해지는 '감성 의지(emotional fortitude)'를 키워야 한다. 거울 속 자신을 들여다보라. 마음이 약해져 꼭 필요한 결정을 내리지 못하는 잘못을 범하고 있지는 않는지 말이다.

<출처: 매일경제, 김인수, 2010.02.03.>

핵심요약 6 - 성격유형에 따른 리더의 관리 방법 모델의 6가지 특성

- 동기부여하기
- 칭찬하기
- 진실한 상담하기
- 잘못된 것을 정정하기
- 업무나 권한 위임하기
- 개인의 잠재력이나 재능을 개발하기

따지려 들지는 않는가? 처음에 모든 사실을 위해 스스로 최선을 다 하는가? 화를 잘 통제하는가? 비판하기 전에 칭찬은 하는가? 이야기를 다른 편에서 들어보지는 않는가?

⑥ 부하들을 통제하고 비판하는데 주의를 기울이지 않는 것. 당신에게 다가오는 것이 쉽도록 하라. 불만사항들을 설명하라. 항상 경청하라. 끈기를 길러라. 부하들이 원하는 것이 무엇인지를 들어 보아라. 서두르거나 편향된 판단을 하지 말라. 모든 것을 받아들여라. 불평하는 사람들에게 당신의 결정에 관해 알도록 하여라. 결과를 두 번 체크하라. 관심을 가져라.

⑦ 사람들에게 알리는 데 실패하는 것.

최근 주목받는 리더십 4가지

리더십에도 트렌드가 있다. 시대 흐름에 맞게 적절한 리더십의 유형도 변한다는 뜻이다. 조앤 마르케스 미국 캘리포니아 우드베리대(Woodbury University) 교수는 변화된 리더십의 지형을 파악하기 위해 2005년부터 2014년까지의 리더십과 관련된 논문 및 심층인터뷰 자료 72건을 분석했다. 이를 통해 최근 대두되고 있는 리더십 유형(Recent style) 4가지를 뽑아냈다. 최근 중요성이 부각되고 있는 리더십은 진성 리더십(Authentic leadership), 공감 리더십(Empathetic leadership), 깨어 있는 리더십(Awakened leadership), 공명 리더십(Resonant leadership) 등이다.

진성 리더십은 리더가 언제나 부하들에게 도덕적으로 모범적인 모습을 보이는 것이다. 공감 리더십은 리더의 '역지사지'를 부각시키는 리더십이다. 공감 리더십이 주목받는 이유는 부하들이 기본적으로 조직에서 본인의 역할과 존재감을 리더에게 알리고 공감해 주길 원하는 데 있다. 이를 위해서는 리더가 무엇보다 작업 현장에서 부하들과 함께 경험해 보고 소통하려는 리더십이 절실히 요구된다. 깨어 있는 리더십 역시 최근 그 중요성이 부각되고 있다. 깨어 있는 리더십은 리더의 지속적인 자아 성찰을 전제로 하며 각성을 통한 새로운 교훈의 습득을 목표로 한다. 마지막으로, 공명 리더십은 리더가 보유하고 있는 정서적 지능을 조직 구성원들에게 십분 활용해 그들의 자발적 반향과 영감을 불러일으켜 내적 모티베이션 수준을 높인다. 또한 구성원 개개인의 성과 향상을 위해 그들의 감성적 부분을 어루만지고, 어려움과 기쁨을 함께 공유하며, 이를 통해 리더가 가고자 하는 방향대로 이끈다. 마르케스 교수는 특히 공명 리더십이 앞서 제시한 몇 가지 리더십 유형들을 대부분 포함하는 리더십 유형이라고 주장했다.

리더는 직면한 상황을 정확히 이해하고 그 상황에 맞는 리더십을 구사해야 한다. 마르케스 교수는 연구를 통해 새롭게 부각되고 있는 4가지 리더십 유형들로부터 하나의 공통된 화두를 우리에게 던져주고 있다. 효율적 리더십은 시대에 따라 변천해 왔음에도 불구하고 시대를 거슬러도 여전히 유효한 리더십은 바로 자발적 성과 창출을 위한 인간관계 중심의 리더십이라는 것이다.

<출처: 김창희, 동아일보 2016. 02. 19.>

핵심 Key 2 카리스마는 가라… 미래 리더는 소통 - 공감하는 양치기형"

100인이 말하는 10년 뒤 한국
차세대 지도자 제1요건은 '관계'
'소통능력 – 감성지능'최우선 꼽아, 카리스마'는 1.5% 그쳐 최하위

'그는 리더란 양치기 같은 것이라고 말했다.' 고(故) 넬슨 만델라 전 남아프리카공화국 대통령의 자서전 '자유를 향한 머나먼 길(Long Way to Freedom)'에 나오는 말이다.

리더십 전문가들은 언제나 조직 구성원들을 지켜주면서도, 무리 뒤에서 권한을 위임해 자유롭고 창의적인 분위기를 만드는 '양치기형'리더를 미래형 지도자의 본보기로 꼽는다. 양치기형 리더는 강압적인 카리스마를 가진 구시대의 리더와 대치되는 개념이다.

'10년 뒤 한국을 빛낼 100인'을 대상으로 한 설문에서는 우리 사회가 바라는 리더십 유형이 양치기형으로 바뀌고 있다는 사실이 드러났다. 100인은 '제대로 소통할 수 있으며 도덕성과 창의성도 갖춘 리더'를 바람직한 지도자상으로 꼽았다. 100인이 자문위원들이 제시한 리더의 역량 중에서 가장 중요한 요소로 선택한 것은 '소통 능력'이었다. 반면 '카리스마'로 대표되는 강압적 리더십의 시대는 저물고 있는 것으로 드러났다. 또 100인은 10년 뒤 한국 사회가 문화와 과학기술에선 발전할 것으로 내다봤지만, 정치·교육 분야에서는 정체를 면치 못할 것으로 예상했다. 경제 분야에서는 '발전할 것'이라고 답한 응답자가 대다수였지만 이전과 달리 정체 가능성을 점치는 사람이 적지 않았다.

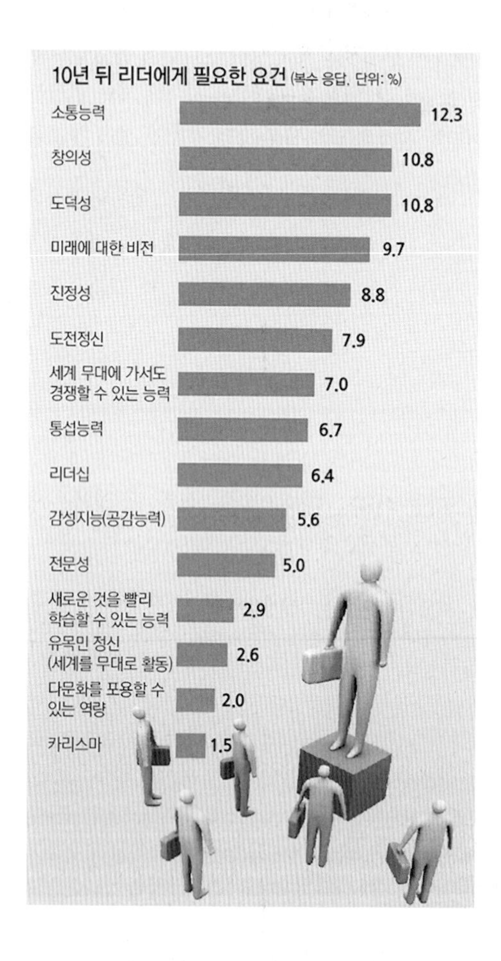

○ '소통의 리더십' 뜨고 카리스마 지고

동아일보는 100인을 대상으로 10년 뒤 한국의 리더들에게 가장 필요한 능력은 무엇인가'라는 질문(복수 응답)에서는 소통능력(12.3%)이 가장 많은 지지를 받았다. 이와 일맥상통하는 감성지능(공감능력 5.6%)까지 합치면 응답률이 20% 가까이 됐다.

100인은 미래 리더의 조건으로 '관계'에 주목했다. 개인의 능력이 아무리 뛰어나도 타인과의 상호작용이 원활하지 않으면 좋은 리더가 되기 어렵다는 뜻이다. 이런 관계지향 리더십은 특히 사회·경제적 환경이 매우 복잡해져 개인보다는 팀의 역량이 필요한 21세기에 중요한 개념이다. 100인 기획에서 리더십 관련 조언을 맡은 고준 러셀레이놀즈 상무는 "업무의 당위성을 설명하고 공감을 이끌어내 사람을 움직이게 하는 요소의 99%는 진정성과 감성"이라며 "이런 차원에서 100인은 소통 능력과 진정성에 비중을 둔 것"이라고 해석했다. 소통능력 다음으로는 창의성(10.8%)과 도덕성(10.8%)이 많은 선택을 받았다. 리더는 전통적 사고의 틀을 벗어나 새로운 아이디어로 미래를 개척해야 하며, 도덕성은 필수 요소라는 의미다.

반면 카리스마'를 바람직한 리더의 자질이라고 본 응답은 1.5%에 불과했다. 조선경 딜로이트컨설팅 리더십코칭센터장은 "지금까지 한국의 리더들은 카리스마의 긍정적 측면을 보여주지 못했다"며 "우리 사회에서 카리스마는 제왕적 리더의 폭력적 모습으로 인식되고 있다"고 설명했다.

현재 리더들에게 부족한 자질(복수 응답)로는 소통능력(14.6%), 도덕성(11.8%), 창의성(11.5%)이 많이 지적됐다. 이는 현재 리더들에겐 미래 리더에게 필요한 '바람직한 자질'이 부족하다는 뜻이다.

<출처: 동아일보, 2014. 04. 03.>

이멀트 리더십

"최고의 리더는 6만피트(18km) 상공에서 지상까지 15분 만에 내려올 수 있는 사람입니다." 리더십 철학을 들려 달라는 질문에 제프리 이멀트 회장이 내놓은 답이다. "리더가 구름 속에 너무 오래 머물러 있으면 지금 무슨 일이 일어나는지 알 수 없고, 그냥 지상에만 있으면 다음에 무엇이 올지 알 수 없습니다. 좋은 리더는 비즈니스를 내부에서 보는 시각과 밖에서 보는 시각 사이에 균형을 찾을 수 있어야 합니다." 리더는 비즈니스를 내부자 시각으로도 볼 수 있고, 외부자 시각으로도 볼 수 있어야 한다는 뜻이다. 동시에 15분이라는 짧은 시간에 외부자 시선을 내부자 시선으로 바꿀 수도 있어야 한다는 얘기다. 그래야만 현실을 바탕으로 미래를 준비할 수 있기 때문이다. 그렇다면 이멀트 회장이 말하는 최고 리더가 되려면 어떻게 해야 할까.

이멀트 회장은 21세기 위대한 리더에게는 다섯 가지 자질이 필요하다고 말한다. 그는 리더는 무엇보다 훌륭한 청취자라야 한다고 강조한다. "답하기보다는 질문하려고 합니다. 반대와 토론을 환영합니다. 다른 사람 의견을 변화의 촉매로 활용합니다." 이멀트 회장은 하버드 비즈니스 리뷰에 기고한 'GE는 어떻게 스스로를 파괴 하는가'라는 글에서 다음과 같이 밝히고 있다. "이멀트 회장은 1년에 두 차례 인도와 중국을 방문한다. 한번은 아난드 마힌드라 마힌드라그룹 부회장이 (미국 트랙터 업체인) 존디어를 비참하게 만든 경험을 이야기했다. 존디어보다 절반 가격에 트랙터를 팔면서 엄청나게 이윤을 남겼다는 것이다. 이런 대화를 통해 이멀트 회장은 올바른 비즈니스 모델만 찾는다면 인도에서 큰 수익을 얻을 수 있다는 결론을 얻었다.

이멀트 회장은 중국에서는 정부 고위 관계자들을 만났다. 원자바오 중국 총리는 모든 중국인이 의료서비스 혜택을 누릴 수 있도록 하는 계획을 설명했다. 이런 대화를 통해 중국에서 어떤 기회가 있는지 알 수 있게 됐다." 훌륭한 청취자에 이은 리더 요건은 무엇일까. "둘째, 리더는 모호함에 익숙해져야 합니다. 셋째, 리더는 비전과 행동으로 직원들에게 영감을 불어넣어야 합니다. 직원의 헌신을 이끌어낼 수 있도록 감정적으로 직원들과 연결돼 있어야 한다는 뜻이죠. 넷째, 리더는 역량을 갖고 스피드 있게 움직여야 합니다. 다섯째, 리더는 사람들을 존경하고 사회와 연결돼 있어야 합니다."

<출처: 매일경제, 2011.3.26-27일자, 김인수, 황미리.>

5) 현대적 리더십의 특질과 역할[8]

전통적으로 리더십은 특별한 재능을 가진 사람들이 추종자들에게 영향력을 행사해서 조직적·사회적인 목표를 성취해 내는 행동이라고 생각되었다. 그러나 이러한 리더십은 산업사회에서 통용되던 개념이며 정보사회, 지식사회에서의 리더십은 리더들이 영향력을 발휘해서 조직원들의 잠재력을 최대한으로 이끌어 개인의 발전과 조직의 발전을 성취하는 과정이라고 새롭게 정의되고 있다.

따라서 급변하는 환경 속에서의 리더십을 바르게 이해하고 발휘하고자 하는 지도자들은 권력이나 지위로 '나를 따르라!' 식의 일방적인 명령이나 지시를 내리는 것이 아니라 상대방이 스스로 행동할 수 있도록 영향을 주고자 의도적으로 노력을 해야 할 것이다.

리더의 영향을 미치는 6C

상대방에게 영향을 미치고자 할 때는 리더는 다음과 같은 6C요소를 통하여 신뢰를 줄 수 있어야 한다.

- 신념(conviction): 개인이 자신의 비전에 대해 가지는 정열과 성실성
- 성품(character): 지속적으로 보여지는 성실성, 정직성, 존경심 그리고 신뢰
- 관심(care): 다른 사람의 개인적, 직업적 안정과 발전을 위한 관심
- 용기(courage): 자신의 신념을 고수하고, 도전하며, 잘못을 인정할 줄 알고, 필요할 때에는 자신의 행동을 바꿀 수 있는 용기
- 침착성(composure): 힘든 위기상황에서 당황하지 않고 적절한 감정적 반응을 유지할수 있는 능력
- 역량(competence): 기술적·기능적·전문적 기술과 같은 업무관련 능력과 대인관계, 커뮤니케이션, 팀, 조직화 능력

알 켈리(Al Kelly)는 유능한 리더의 특질을 용기, 자신감, 스트레스 하에서의 침착성, 부하직원의 능력발휘 지원, 모든 조직차원의 의사소통, 목표 지향적/결과 중심적을 들고 있다.

8 최애경, 성공적인 커리어를 위한 인간관계의 이해와 실천, 무역경영사, 2002. pp.119~127의 일부내용.

현대적 리더의 특질과 함께 그 역할도 급변하는 사회 환경에 맞춰 변해왔음을 알 수 있다. 패런과 케이(Caela Farren & Beverly Kaye)는 끊임없이 변화하는 현대조직에 있어서의 리더의 역할을 지원자, 평가자, 예측자, 조언자, 격려자의 5가지로 분류하고 있다.

① 지원자(facilitaor)

- 부하직원들이 직업(career)의 가치와 아울러 일에 대한 관심 그리고 경쟁력 있는 기술을 개발할 수 있도록 도와준다.
- 부하직원들이 장기적인 경력개발계획의 중요성을 깨달을 수 있도록 도와준다.
- 직원들이 자신의 경력개발과 관련된 문제를 상의하러 올 수 있는 개방적이고 수용적인 분위기를 만든다.
- 직원들이 각자의 직무에서 원하는 것이 무엇인지 이해하고 이를 명확히 표현할 수 있도록 도와준다.

② 평가자(evaluator)

- 팀원들에게 그들의 작업수행과 평판에 관한 솔직한 피드백을 제공한다.
- 직원들의 작업수행평가 기준과 기대치를 명확히 한다.
- 현재 직업에서 중요하게 생각하는 점과 개선점 및 방법을 찾아내기 위해 직원들의 말을 경청한다.
- 작업수행평가 그리고 커리어상의 최종목표 사이의 관계를 지적해 준다.
- 직원들이 그들의 작업수행과 그에 대한 평가를 개선하기 위해 할 수 있는 구체적인 행동을 제시해 준다.

③ 예측자(predictor)

- 기업, 직업 그리고 해당산업에 대한 정보를 제공한다.
- 직원들이 부가적인 정보의 원천을 찾아서 이용할 수 있도록 도와준다.
- 직원들의 경력개발·전망을 위한 새로운 추세와 발전 내용을 지적해 준다.
- 직원들이 기업의 문화적·정치적 현실을 이해할 수 있도록 도와준다.
- 기업의 전략적 방향을 충분히 설명해 준다.

④ 조언자(advisor)

- 직원들의 잠재의식 속에 가지고 있는 커리어 목표를 찾도록 도와준다.
- 그 중에서 현실적인 커리어 목표를 택할 수 있도록 도움을 준다.
- 잠재되어 있는 커리어 목표를 비즈니스의 요구와 기업의 전략적 요구에 연결시켜 준다.

핵심요약 7 - 좋은 상사의 특성

- 사람의 가장 우수한 부분을 이끌어 낸다.
- 새로운 관점에서 사물을 생각하는 통찰력이 있다.
- 변화를 초래하는 것에 적극 참여한다.
- 위험을 감수하는 용기를 가진다.
- 실패로부터 학습한다.
- 비판에 귀를 기울인다.
- 학습기회를 추구한다.
- 문화의 차이를 받아들인다.
- 광범위한 사업지식을 추구한다.
- 성실하게 행동한다.

핵심요약 8 - 부하의 의욕을 죽이는 상사유형 특성

- 부하의 의견을 듣지 않는 사람
- 토론을 통해 함께 결정한 것을 아무런 설명없이 실행 직전에 바꿔 버리는 상사
- 결정하거나 행동하지 않고, 시간벌기만 하는 상사
- '뭐든지 하라'고 하지만 초점이 없는 상사
- 100% 완벽주의적인 태도
- 업적 부진자나 팀워크 파괴자, 무기력자에게 아무런 조치도 취하지 않는 상사
- 모두가 있는 데서 꾸짖는 상사
- 안보는 데서 험담하는 상사
- 불공정하고 편애하는 상사
- 정보를 왜곡하고 거짓말하는 상사

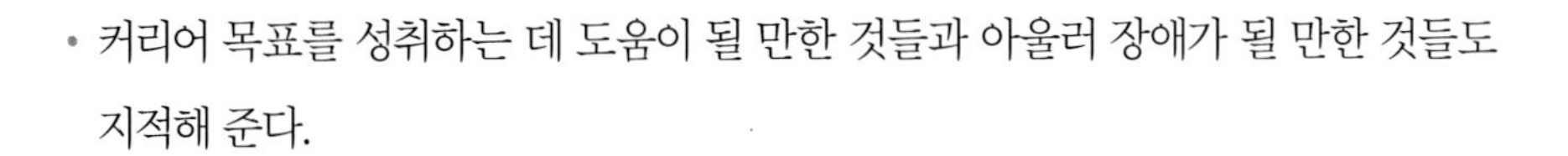

- 커리어 목표를 성취하는 데 도움이 될 만한 것들과 아울러 장애가 될 만한 것들도 지적해 준다.

⑤ 격려자(encourager)

- 직원들이 경력개발을 위한 행동계획을 이행하는 데 필요한 자원을 연계시켜 준다.
- 직원들을 키워 줄 수 있는 지위와 능력이 있는 사람들에게 직원들의 재능과 '경력개발(career)' 목표를 알려준다.

(1) 셀프리더십

셀프리더십은 모든 종류의 일을 수행함에 있어서 자신이 주도적으로 수행하며 결과에 책임을 지는 태도를 의미한다.

데니스 웨이클리(D. Waitley)는 『성공을 부르는 14가지 셀프리더십』에서 과거와 비교하였을 때 현재 일어나는 변화를 다음과 같이 열거하면서 이러한 변화에 따라 리더십도 변화되어야 한다고 역설하고 있다.

리더가 잘 다루어야 할 부하직원 4가지 유형

내가 제일 잘나가~~ 질주형	천상천하 유아독존 독불장군형	계획도 없고 왜 이리 낙천적인지 느긋형	우리 회사가 그럼 그렇지 불평불만형

일 잘하고 인정받는 직원에겐 따끔한 충고와 담금질로 더 강하게 만들어라.	고독한 늑대를 닮은 직원. 세상은 혼자 못 산다. 짝 지어 주고 프로젝트를 맡겨라.	계획을 세워 주고 직원이 귀찮아 스스로 할 때까지 계속 점검 또 점검	역지사지를 통해 배우게 끔 만들어라. "너 한번 리더 해봐."

<출처: 한경비지니스, 조범상, 2016.06.23.>

핵심 Key 3 감성지능의 5가지 요소

관리자들에 가져야 할 '소프트 스킬'은 무엇일까? 심리학자 대니얼 골먼에 따르면 감성지능[9] (emotional intelligence)에는 다섯 가지 요소가 있다.
첫째, 자기 인식(self-awareness)이다. 나는 이 요소가 가장 중요하다고 생각한다. 자기 자신을 알고, 자신이 갖고 있는 편견을 깨닫고, 어떠한 일에 대한 본인 반응을 예측하고, 본인의 장단점을 이해하는 것은 타인과 '건강한' 교류를 하는 데 기초가 된다. 다음으로 자기 조절(self-regulation)이다. 각기 다른 상황에서 자신의 반응을 '관리'하는 것이다. 자기 자신의 성격과 행동을 알고 이를 컨트롤함으로써 나오는 결과가 바로 세 번째와 네 번째 요소인 공감능력(empathy)과 사회성(social skills)이다. 마지막으로 동기(motivation)가 있다. 이기고 맥락에서 사람들의 동기는 일이다. 자신의 직업을 단순히 돈을 버는 활동이라 생각하지 않으면 더 긍정적인 태도로 일을 할 수 있다. 덧붙여 성공하고 싶은 욕망도 커진다. 그렇지만 '동기'는 우리가 가장 컨트롤하기 힘든 요소다. 모든 직업에서 일의 의미를 날마다 찾을 수도 없다. 감성지능은 배우고 습득하기 힘들다. 적어도 전통적인 교육을 통해선 어렵다. 물론 태생적으로 감성지능이 뛰어난 사람이 있지만, 그들은 사업을 하지 않는 경향이 있다. 공학이나 경제학 같이 '하드'한 분야를 전공한 사람들은 본인의 감성에 대한 자각을 하지 않는다.

<출처: 매일경제, 윤선영, 2015. 12. 18.>

1. 과거에는 천연자원이 권력을 결정하였지만 이제는 지식이 권력을 결정한다.
2. 과거에는 계급이 모델이었지만 오늘날에는 조직들의 시너지효과가 매우 중요하다.
3. 과거의 리더는 명령하고 통제했지만 오늘의 리더는 권력을 위임하고 지도한다.
4. 과거의 리더는 정복자였지만 오늘의 리더는 일을 촉진시키고 쉽게 만드는 사람이다.
5. 과거의 리더는 존경을 요구했지만 오늘의 리더는 자기 스스로를 북돋우고 격려한다.
6. 과거에는 주주가 우선이었지만 이제는 고객이 우선이다.

---

9 감성지능(intelligence quotient: EQ)은 마음의 지능지수로 리더가 가지고 있는 감성지능은 적절 상황에서도 개인을 동기화시키고 자신을 지켜낼 수 있게 하고, 충동을 통제하게 하고 기분 상태나 스트레스로 인해 합리적인 사고를 억누르지 않고, 타인에 대한 공감과 희망을 버리지 않는 능력이다(Goleman, 1998).

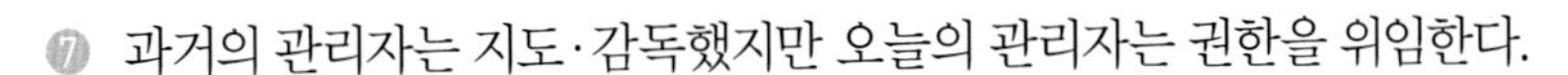

⑦ 과거의 관리자는 지도·감독했지만 오늘의 관리자는 권한을 위임한다.

⑧ 과거에는 감독이 중요했지만 이제는 감독이 사라지고 있다.

⑨ 과거에는 근로자들이 명령을 받았지만 이제는 팀이 결정을 내린다.

⑩ 과거에는 선임자가 중요한 결정을 내렸지만 이제는 창의성이 과정을 이끌어간다.

⑪ 과거에는 생산이 유용성을 결정했지만 이제는 품질이 수요를 결정한다.

⑫ 과거에는 가치가 부가적인 것이었지만 이제는 가치야말로 모든 것이다.

⑬ 과거에는 모든 사람이 경쟁자였지만 오늘날에는 모든 사람이 고객이다.

⑭ 과거에는 편법을 통해 이익을 얻었지만 이제는 정직하게 이익을 내야 한다.

위에서 살펴본 바와 같이 권력의 원천은 자본에서 인간자원으로, 천연자원에서 지식자원으로, 지위나 직책에서 관계의 과정으로, 주주의 영향력에서 고객의 요구 쪽으로 이동하고 있다. 새로운 리더들은 조직구성원 개개인에게 지식과 권한을 부여할 수 있는 사람이다.

(2) 봉사적 리더십

포춘지 선정 500대 기업 중 서비스부문 1위로 선정된 기업인 서비스 마스터사의 대표인 윌리엄 폴러드(Eilliam Pollard)는 리더를 사장이나 대표이사 같은 높은 직급의 사람이 아니라 부하직원들에게 본보기가 되는 사람, 월급이 가장 많은 사람이 아니라 어떠한 위험이라도 기꺼이 감수할 사람, 가장 큰 집이나 가장 비싼 차를 가진 사람이 아니라 하인처럼 봉사하겠다는 마음을 가진 사람, 스스로의 진급에만 관심이 있는 것이 아니라 다른 사람의 승진과 발전에도 관심을 기울여 주는 사람, 규칙에 얽매이는 행정가가 아니라 창조적인 사람, 받기만 하는 사람이 아니라 베풀 줄 아는 사람, 자기 말만 하는 사람이 아니라 남의 말을 경청할 줄 아는 사람이라고 하였다.

봉사자로서의 리더는 가치 중심적이어야 하며, 업무 지향적이어야 한다. 리더는 책임을 수행함에 있어서 무엇이 옳고 그른지 늘 염두에 두어야만 한다. 또한 사람들이 올바른 방법으로 올바른 일을 할 수 있도록 이끌어 주어야만 한다. 리더의 역할은 단순히 직원들에게 업무를 지시하는 것 이상이다. 완전한 리더가 되기 위한 과정에 조언자 및 협력자로 참여하여야 하며, 업무환경이 이런 과정에 기여하고 있는지 관심을 기울여야 한다. 이는 단순히 도구의 올바른 사용법을 가르쳐 준다거나 지정된 기일 내에 업무를 마치도록 지시하는 것 이상의 의미를 갖는다. 직원들이 맡은 업무와 그들 자신에 대해 어떻게 생각하고 느끼는지 그리고 직장이나 가정에서 어떤 인간관계를 형성해 나가는지도 고려해야만 한다.

봉사자로서의 리더는 부하들의 말을 경청하며 부하들로부터 배울 자세가 되어 있는 사람이다. 그리고 기업 내 모든 계층의 사람들과 항상 대화를 나누며, 다른 사람의 역할을 기꺼이 맡을 준비가 되어 있기도 하다.

봉사자로서의 리더는 사람들의 각기 다른 특성이 조직을 강화시켜 준다는 것을 알고 있으므로, 조직 내 다양성을 장려할 줄 아는 사람이다. 그들은 차이점을 수용하는 법을 배우고 다양한 사람들이 전체 속의 일부로서 조직을 위해 기여할 수 있는 환경을 제공하려고 노력한다.

핵심요약 9 - 조직을 성공시키는 리더의 4가지 역할

- Modeling: 스스로 남의 모범이 되는 것
- Pathfinding: 고객과 조직원의 요구사항을 항상 염두해 두는 것
- Alignment: 방향에 맞게 조직과 시스템 프로세스를 배열하는 것
- Empowering: 권한을 위임하고 부여하는 것

1. 모델되기(Modeling)

리더십은 사람들에게 무엇을 해야 하는지 말해주는 것만은 아니다. 리더십은 다른 사람들이 당신을 신뢰하고 따를 수 있도록 신뢰성을 구축하는 것을 말한다. 모델 되기란 원칙에 따라 살고, 원칙에 의거해 통솔하는 것을 의미한다.

2. 방향설정(Pathfinding)

방향설정이란 나와 고객의 욕구를 연결하는 것이다. 즉 우리의 조직이 진정으로 전달하고자 하는 것과 이해 당사자들이 진정으로 얻고 싶어 하는 것을 연결하는 길을 개척하는 것이다.

3. 정렬(Alignment)

방향설정으로 찾은 길을 포장하는 것이 정렬이다. 조직이 지속적인 성과를 내려면 그에 맞는 구조와 시스템을 갖추어야 한다. 따라서 리더로서 자신이 원하는 성과에 맞춰 정렬할 필요가 있다. 예를 들어 사람들에게 협력을 해달라고 하면서 보상체계는 경쟁적으로 하면 안 된다. 창의적으로 하라면서 규칙에 따르는 사람에게만 혜택을 주는 보상체계를 하면 되겠는가. 언젠가 GE

의 책 웰치 전(前)회장에게 『어떻게 5년 만에 회사 가치를 12배로 불려놓았느냐』고 물었다. 답은 『보상체계를 조직의 가치관과 맞게 배열했다』는 것이다. 보상체계에 따라 조직문화는 바뀔 수 있다.

4. 권한위임(Empowerment)

임파워먼트는 사람들이 길을 따라 여행할 수 있도록 그들이 갖고 있는 창의성, 재능, 가능성을 계발하고, 발휘하도록 여건을 조성하는 것을 말한다. 사람들이 최대로 기여할 수 있는 환경이 아니면 사람들이 최대로 노력하기를 기대할 수 없다.

핵심 Key 4 감성리더십 3대 키워드

① 내부소통… 업무시간 대부분 직원들과 만나
② 포용人事… 껄끄러운 거물 삼고초려해 영입
③ 약자배려… 물가안정 넘어 빈부격차도 고민

미국 최초의 여성 중앙은행 수장에 오른 재닛 옐런 연방준비제도(연준·Fed) 의장이 취임 직후 파이낸셜타임스가 「"옐런 의장을 아는 모든 사람이 한 가지 동의하는 것은 그가 특이할 정도로 상냥하고 품위 있다는 점"」이라고 평한 대로 그는 학창 시절부터 남보다 뛰어났지만 자신을 드러내거나 과시하는 스타일이 아니라는 게 중평이다. 옐런 리더십을 키워드로 뽑으면 '내부소통', '포용인사', '약자배려'로 압축할 수 있다. 우선 그는 업무를 볼 때 일대일 전화나 대면 보고를 선호했다. 옐런 의장은 업무 중 가장 많은 시간을 직원회의에 쓴다. 이런 행보는 재임 중 '제왕적 리더십'이란 평을 들었던 앨런 그린스펀 전전 의장이나 내부보다 '시장(市場)과의 소통'을 중시했던 벤 버냉키 전 의장과는 사뭇 다른 것이다.

「옐런 의장이 내부 스킨십에 주력한 것은 나름대로 배경이 있다. 미 경제 호황기에 19년간 의장을 지낸 그린스펀과 금융위기라는 전대미문의 사건을 겪은 버냉키는 외부 상황이 너무 좋거나 너무 나빠서 의사결정에 별 장애물이 없었지만 옐런이 취임했을 때는 달랐다. 경제가 회복할 수 있을지에 대한 전망이 천차만별이었던 것은 물론이고 '돈 풀기'(양적완화) 정책을 언제 끝내야 할지, 금리 인상은 언제부터 시작해야 할지에 대해 갑론을박이 많았다.」「실제로 지난해 연준 산하 금리결정 기구인 연방공개시장위원회(FOMC) 위원 12명 중 찰스 플로서 필라델피아 연준 총재와 리처드 피셔 댈러스 연준 총재는 통화 긴축과 물가 안정을 주장하는 대표적 매파(강경파)여서 비둘기파(온건파) 옐런을 포함한 여타 임원들과 마찰을 빚었다.」

「옐런은 이런 상황을 파격적인 인사로 뚫고 나갔다. 자신의 위치를 위협할 수도 있는 거물을 삼고초려해 모신 것이다」. 연준 부의장에 지명된 스탠리 피셔(72)는 옐런보다 세 살이 많고 한때 연준 의장 후보였으며 이스라엘 중앙은행 총재, 국제통화기금(IMF) 수석부총재, 씨티그룹 부회장, 매사추세츠공대(MIT) 교수를 지낸 국제 금융계의 거물이었다. 「옐런 의장은 자신의 자리를 위협할 수도 있

는 사람을 2인자 자리에 앉힘으로써 학계와 연준 경력으로만 한정된 스스로의 약점을 보완했다는 평을 듣는다.」 당초 부의장 자리에 난색을 표했던 피셔도 옐런의 거듭된 설득에 수락했다는 후문이다. 「미 정치전문지 폴리티코는 "두 사람은 지난 반 년간 '드림팀'의 면모를 보였다"며 "피셔가 옐런에게 부족한 민간 금융회사 경험 및 국제 감각을 잘 보완했다"고 평가했다.」

「옐런 의장이 빈부격차 문제에 관심을 표한 것도 눈길을 끈다. 그는 취임 직후였던 2014년 3월 기자회견에서 "저소득층의 목소리에 귀를 기울이겠다"고 했다. 2014년 10월에는 "빈부격차가 100년 만에 최악으로 벌어져 '기회의 평등'이란 미국의 전통적 가치가 위협받고 있다"며 정치적인 발언까지 했다.」 「그가 버클리 캘리포니아대 교수(UC버클리) 시절 노동시장과 실업 문제를 연구하면서 소득 불평등에 관심이 많다는 것은 잘 알려진 사실이나 연준 의장이 '양극화' 문제를 꺼내든 것은 이례적인 행보였다.」 여기에는 시대 상황에 맞춰 중앙은행도 변해야 한다는 옐런 의장의 철학이 담겨 있기도 하다.

<출처: 동아일보, 2015. 02. 03. 하정민>

제2절 기업가 정신과 창업자질

 기업가 정신과 창업자질

기업가 정신을 어떤 사람에게는 있고, 무엇이 기업가 정신이라고 그 범주를 명확히 구분하기가 힘들지만, 대개는 기업가 정신(Entreprener)을 설명하면서 기업가는 발명적이고, 박력 있고, 모험적이고, 창의력이 있고, 성장 지향적인 자질이 있고, 새로운 투기적인 사업을 시작해서 운영하는 것을 기꺼이 수행하는 자로 표현하면서 이와 같은 정신을 가지는 것을 기업가 정신이라 말하고 있다. 기업가 정신의 특징을 살펴보면 다음과 같다.[10]

10 오종근 외, 디지털 시대의 창업 가이드, 대경, 2002, p.29.

❶ 기회에 초점을 둔 전략적 성향(Strategic Orientation)

→ 현재 보유하고 있는 자원보다 기회와 인식을 중시함

❷ 포착한 기회의 과감한 추구(Commitment to Opportunity)

→ 신속하고 과감한 행동을 중시함

❸ 다단계에 걸친 자원 확보 방식(Commitment of Resources)

→ 꼭 필요한 만큼을 필요한 시기에 자원을 확보하는 것을 중시함

❹ 활용을 중시하는 자원관리 방식(Control of Resources)

→ 필요한 자원을 소유하기보다 임차 등을 통한 활용을 중시함

❺ 비공식 네트워크를 활용하는 수평적 관리 방식(Management Structure)

→ 공식적인 조직의 위계질서에 의존하기보다는 비공식 네트워크를 통하여 전문가 그룹을 적극적으로 활용하는 것을 중시함

❻ 가치창조 중심의 보상 체계(Reward Philosophy)

→ 가치창조에 따른 기여도와 팀워크에 따른 보상을 중시함

이러한 기업가 정신을 가지고 새로운 사업에 도전하는 것에는 상당한 위험이 따른다. Nancy Flexman과 Thomas Scanlan은 「Runing Your Business」라는 자신들의 저서에서 사업가들은 적당하면서도 계획된 위험을 수용하는 사람이라고 소개하고 있다. 기업가들은 단지 도박을 하고 있는 것이 아니라 새로운 목표의 성취를 위해 도전하는 정신을 가져야 한다. 따라서 창업을 하여 기업체를 경영하려는 사람은 무엇보다도 뚜렷한 창업 철학을 가지고 있어야 성공할 수 있다.

창업은 경제의 씨앗을 심고 가꾸는 일과 같다. 경제의 씨앗이 발아를 하여 성장하기 위해서는 주변의 모든 여건 중 관련이 없는 것은 하나도 없다. 그러므로 창업자는 기업과 관련 있는 경쟁자를 포함한 모든 이해관계자들과의 관계를 조정하는 다양한 역할이 요구되고 있다. 또한 시대적 요구에도 부응해야 한다. 경제구조가 급변하고 있는 오늘날 창업자가 창업을 성공적으로 이끌기 위해서 갖추어야 할 철학에는 나만 사는 방법

이 아니라 경쟁자와 소비자 및 종업원의 이해까지도 포함하는 부가가치의 창조, 즉 고도의 전략이 필요하다.

기업가로서 성공하기 위해 갖추어야 할 자질들을 제시해 보면 다음과 같다.

① 자발성: 기업가는 여유가 있고 자기 자신을 철저하게 통제할 수 있는 능력을 지니고 있어야 한다. 또한 기업가는 자신이 일한 결과에 대해 책임을 질 줄 알아야 한다.

② 확신: 기업가는 자신이 가진 열의나 아이디어를 다른 사람들이 도와주거나 지지하지않더라도 그것에 대해 확신을 가지고 있어야 한다. Walt Disney가 백설 공주 원작을 재현한 장편 만화영화를 제작할 것을 제안했을 때 영화업계의 반응은 냉소적이었다. 그러나 그의 확신과 열정은 미국중앙은행의 도움으로 이 과업을 성공적으로 마치게 만들었다.

③ 성취욕구: 훌륭한 사업 아이디어를 발견하는 것은 쉬운 일이 아니다. 따라서 가장 중요한 점은 자신이 가진 꿈을 현실에서 실현하고 구체화 할 수 있는 강렬한 정열이다.

④ 높은 활동 수준: 기업가는 자신의 사업을 열심히 그리고 끈기 있게 유지해 나갈 수 있는 능력이 있어야 한다. Papa John's Pizza의 설립자인 John Schnatter는 하루에 17시간 이상을 사업에 투자하였다.

⑤ 확실성에 대한 인내심: 성공적인 사업가는 단지 예상되는 위험만을 감수하는 것이 아니라 불확실한 상황 하에서 언제 생겨날지 모르는 상당한 위험도 극복해 나갈 수 있는 능력을 갖추고 있어야 한다.

이상 창업자가 지녀야 할 자질은 여러 가지가 있지만 특히 자금조달 능력, 영업 능력, 진취적인 개척정신, 신용과 신뢰감 및 원만한 대인관계 등이 꼭 필요하다. 실패한 제품에는 제품의 하자보다는 성공을 위해 발 벗고 나선 정열적인 리더 즉, 정열지수(Enthus-iasm Quotient)가 높은 경영자나 담당자가 없었기 때문이다.

성공한 창업자의 대부분은 다음과 같은 기업가 정신과 선천적, 후천적 자질을 가지고 있는 경우가 많았다.[11]

---

11 상게서, p.24.

1) 성공한 기업가의 특징

❶ 개인적 속성: 높은 성취욕구, 독립성, 자신감, 미래지향성, 자기희생
❷ 행동적 특성: 기술적 능력, 대인관계 능력, 의사결정 능력

2) 선천적 자질

❶ 새로운 것에 도전하는 모험심이 강한 사람
❷ 가능성에 대한 집념이 강한 사람
❸ 스케일이 크고 큰일을 잘 해내는 사람
❹ 사람을 잘 리더 하는 사람
❺ 쉽게 좌절하지 않고 의지력이 강한 사람

3) 후천적 자질

❶ 본인의 창업 관련 분야에서의 경험이 있는 사람
❷ 지금까지 배워서 얻은 학문과 지식이 있는 사람
❸ 본인의 성격, 체질, 체력적인 소질이 있는 사람
❹ 자격, 사회적 지위, 전 직장에서의 신용이 있는 사람
❺ 창업환경을 둘러싼 인간관계가 좋은 사람
❻ 인간관계에 있어서 교제 인물의 폭과 깊이가 있는 사람

핵심요약 10 - 성공한 기업가와 실패한 기업가의 차이

- 성취와 성정에 대한 열망
- 주도적이고 강한 책임감
- 사업에 대한 몰입도와 결단력
- 기회지향적 및 목표지향적
- 불확실성에 대한 수용과 인내심
- 끈질긴 문제 해결능력
- 상황에 대한 긍정적 사고와 여유
- 개방적 사고와 feedback의 활용
- 계산된 위험감수와 실패관리 능력
- 지위와 권력에 대한 낮은 욕구
- 정직과 신뢰감 및 성과의 공유
- 신속한 결단력과 강력한 추진력
- 사교적, 설득력, 인화력
- 팀의 구축자이자 영웅 메이커
- 외부자원의 활용능력

- 지나친 욕심
- 책임 전가형
- 자신에게 실패는 없다는 불사조형
- 작은 것에 목숨거는 편집증형
- 지시나 간섭은 마라는 독불장군형
- 상황과 기분에 따라 즉흥적인 형
- 성공과 실패를 운으로 돌리는 형
- 대인적 안목의 부족
- 지나친 완벽주의형
- 자기가 다 안다는 안하무인형
- 나 아니면 안된다는 불신형
- 사업지식의 결여
- 남에게 신세 안 진다는 형
- 내부정보 은폐형
- 시류에 부응하지 못하는 형

주요 국가별 창업기업 생존율과 업종별 폐업체 비율

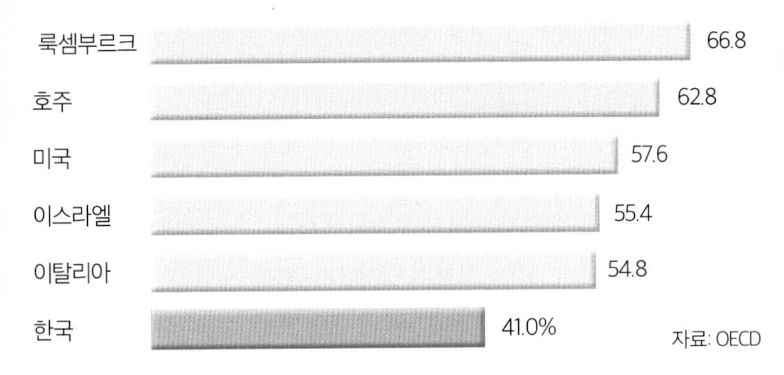

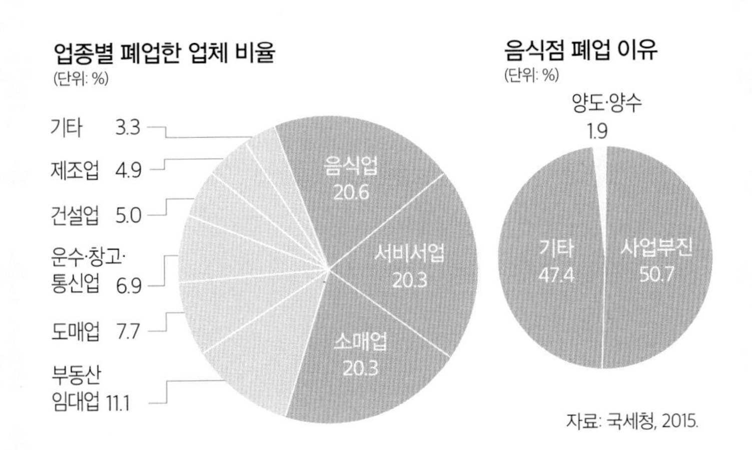

창업자 능력 자가 진단표

※ 다음은 예비창업자가 자신의 창업 준비 및 창업능력을 검증하기 위한 자가 진단 설문지이다. 물론 이 설문지는 예비창업자의 능력을 검증하기 위한 완벽한 것은 아니다. 다만 뜬구름을 향한 무모한 창업 시도 또는 본인 스스로 전혀 능력이 결여되었는가의 여부는 판단할 수 있을 것이다.

▶ 창업능력 자가 진단표 ◀

☞ 아래의 12설문 문항은 예비창업자로서 창업능력을 검증하기 위한 질문이다. 자신에게 적절한 답을 선택하여 점수를 합산하여 본다.

1. 창업을 하려는 동기 또는 목적은?

① 돈을 많이 벌어 부를 축적하기 위해　② 내가 좋아하는 일을 하기 위해
③ 상사의 속박으로부터 벗어나기 위해　④ 불가피한 퇴직으로 인하여
⑤ 다른 사람의 창업성공에 자극을 받아

2. 창업에 성공한 다음에는 무엇을 하고 싶은가?

① 집 또는 별장을 마련하는데 투자　② 해외여행
③ 회사를 다른 사람에게 맡기고 정말 하고 싶은 분야의 일에 헌신
④ 가능성 있는 다른 예비창업자를 위해 투자
⑤ 벌어들인 재산을 사회사업에 투자

3. 창업을 최초로 꿈꾼 시기는?

① 어린 시절　② 최종학교를 졸업한 뒤
③ 직장생활을 하면서　④ 최근

4. 현재 귀하의 나이는?

① 30~35세　② 36~43세　③ 20대 후반　④ 기타

5. 창업자금이 1억 원이라고 할 때 귀하가 부담할 수 있는 자금액은?

① 90% 이상　② 70% 이상　③ 50% 이상　④ 49% 미만

6. 진출하고자하는 사업 분야에 대한 귀하의 경험과 지식은?

① 관련 업종에 종사한 경험이 있다　② 상품에 대한 지식이 있다.
③ 영업 감각이 있다.　④ 그 방면에 인맥이 있다.

7. 창업핵심 멤버를 확보하고 이끌어갈 능력은?

① 아주 뛰어나다. ② 약간 있다.
③ 취약하지만 자신감은 있다. ④ 부족한 편이다.

8. 평소 귀하의 업무 추진 속도는?

① 매우 신속한 편이다. ② 약간 빠른 편이다.
③ 보통이다. ④ 느린 편이다.

9. 사업성공의 요체는 마케팅이라고 한다. 다음 중 귀하의 사업에 어떤 마케팅전략이 필요하다고 생각하는가?

① 광고전략 ② 이벤트전략
③ 고객서비스 ④ 새로운 상품전략

10. 시장변화를 파악하는데 어떤 노력을 기울여 왔는가?

① 경제지 탐독
② 유통업체 탐방
③ 새로운 업종과 상품에 대한 정보 수집
④ 현재 각광받는 상품 도입을 위한 노하우 연구

11. 귀하의 리더십 수준은?

① 매우 뛰어나다. ② 약간 뛰어난 편이다.
③ 보통이다. ④ 부족한 편이다.

12. 창업을 앞둔 지금 귀하의 신용정도는?

① 매우 좋다. ② 약간 좋다.
③ 보통이다. ④ 별로 안 좋은 편이다.

▶ 채점방법

- 1번 문항: ① 5점, ② 4점, ④ 3점, ③⑤ 2점
- 2번 문항: ① 1점, ② 2점, ③ 3점, ⑤ 4점, ④ 5점
- 3·4·5·7·11·12번 문항: ① 4점, ② 3점, ③ 2점, ④ 1점
- 나머지 문항(6, 8, 9, 10) 각 항목 1점

▶ 결론: 위 설문에 대한 총 점수는 50점이다.

- 총점이 40점 이상인 사람은 뛰어난 사업능력과 능력을 갖추었으므로 바로 창업에 나서도 큰 무리가 없을 것이다.
- 33~39점을 얻으면 사업이 무엇인지를 잘 파악하고 있으므로 부족한 부분을 보완하면 성공할 확률이 높다.
- 28~32점대에 속한 사람은 사업 감각은 충분하지만 여건이 성숙되지 않았거나, 여건은 좋으나 사업 감각이 부족한 편이다. 따라서 적절한 준비 과정을 거쳐 창업을 시도하는 것이 바람직하다.
- 27점 이하는 현업이 있다면 가능한 한 현재의 자리를 지키는 것이 옳고, 현재 사업을 준비 중이라면 다른 방법을 강구하는 것이 좋을 것이다.

창업 조건 및 자질 체크 리스트

창업할 수 있는 개인의 조건과 자질에 관한 20가지 체크 리스트

1. 다른 사람과 경쟁 속에서 희열을 느낀다. (   )
2. 보상이 없어도 경쟁이 즐겁다. (   )
3. 신중히 경쟁하지만 때로는 허세를 부린다. (   )
4. 앞날을 생각해 위험을 각오한다. (   )
5. 업무를 잘 처리해 확실히 성취감을 맛본다. (   )
6. 일단 하기로 결심한 일이면 뭐든지 최고가 되고 싶다. (   )
7. 전통에 연연하기 싫다. (   )
8. 일단 일을 시작하고 나중에 상의하곤 한다. (   )
9. 칭찬을 받기 위해서라기보다 업무 자체를 중요하게 생각한다. (   )
10. 남의 의견에 연연하지 않고 내 스타일대로 한다. (   )
11. 나의 잘못이나 패배를 인정하지 않는다. (   )
12. 남의 말에 의존하지 않는다. (   )
13. 웬만해서는 좌절하지 않는다. (   )
14. 문제가 발생했을 때 직접 해결책을 모색한다. (   )

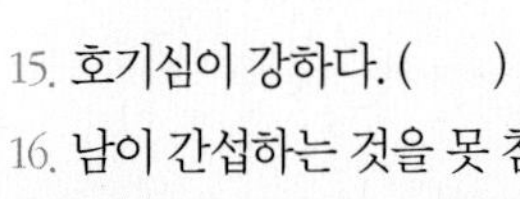

15. 호기심이 강하다. (　　)
16. 남이 간섭하는 것을 못 참는다. (　　)
17. 남의 지시를 듣기 싫어한다. (　　)
18. 비판을 받고도 참을 수 있다. (　　)
19. 일이 완성되는 것을 꼭 봐야 한다. (　　)
20. 동료나 후배가 나처럼 열심히 일하기 바란다. (　　)
21. 사업지식을 넓히기 위해 독서를 한다. (　　)

- 각 항목에 "그렇다"고 생각할 때는 3점, "간혹 그렇다"는 2점, "그렇지 않다"는 1점을 주고 점수를 합산한다.
- 판정기준
  - 총계가 63점 이상: 완벽한 창업자 자질
  - 52~62점: 창업자로서 좋은 자질
  - 42~51점: 창업자로서 보통자질
  - 41점 이하: 창업자 자질 구비 후 창업해야
  - 51점 이하인 경우 전반적으로 창업자 자질이 부족하다고 판단함

핵심요약 11 - 창업 10계명

1. 히트업종을 따라 한다고 성공하는 것은 아니다.
2. 감각적이고 유행에 민감한 업종은 피한다.
3. 검증되지 않는 비즈니스는 '돈 먹는 하마'일 수 있다.
4. 관리가 까다롭고 직원에게 전적으로 의지해야 할 사업은 피한다.
5. 투자금이 크다고 큰 돈을 버는 것이 아니며, 투자금 회수기간이 긴 사업은 피한다.
6. 입지가 좋다고 장사가 잘 되는 것은 아니다.
7. 권리금이 붙어있는 점포를 계약할 때는 반드시 전문가와 상의한다.
8. 프랜차이즈 본사와의 마찰에 대비하여야 한다.
9. 신세대를 겨냥한 사업은 자녀들의 도움을 받는다.
10. 광고만 믿고 투자해서는 안된다.

CHAPTER

04 창업의 기본

Understanding of Management & Foundation

CHAPTER 04 창업의 기본

제1절 창업의 기본 요소와 절차

1 창업자의 자세와 조건[1]

1) 창업자의 자세

통상 자영업을 택한 사람들의 약 20%는 '남에게 간섭을 받지 않기 위해서'라고 이야기한다. 이는 역설적으로 '남으로부터 간섭을 받지 않아도 될 만큼의 자신을 다스릴 줄 아는 사람이 사업의 자격이 있지 않을까?'라고 얘기할 수 있다. 우리는 성공한 사람의 결과를 보고 평가하는 누를 범하기 쉽다. 하지만 그만한 결과를 얻기 위해 노력한 면을 간과해서는 안 된다. 창업하려는 사람도 성공하기 위해 기본적으로 갖추어야 할 자세가 있는데 대표적인 사항은 다음과 같다.

(1) 창업자의 인생철학

경영자의 3가지 마인드는 무엇을 위해 일하는가, 함께 일하는 사람에 대한 이해심, 그들을 위한 목표달성의 정립이다. 돈을 벌기 위해 또는 살기 위해 하는 것은 목적을 달성하기 위한 수단이지 목적은 아니다(행복추구, 봉사 등의 인생철학이 있어야 한다).

1 김이태, 창업경영전략, OK Press, 2002, pp.42~46.

(2) 뚜렷한 목표와 계획

창업자의 목표설정이 명확해야 목표 달성의 길이 열린다. 그리고 목표를 향해 도전해 가는 정신이 중요하다. 사업 목표와 계획은 건축물에서의 설계도와 같다. 사업을 시작하기 전 예상되는 매출과 목표매출 그리고 매출증대를 꾀하기 위한 홍보방법까지 생각을 하고 어느 정도의 기간에 걸쳐 계획을 목표에 접근시켜 나가는 마음가짐이 필요하다.

(3) 분석능력

판매업이나 외식업이나 고객들은 나름대로의 취향을 가지고 있으며 진심으로 판매물건이나 음식의 맛을 평가하고 조언해주는 사람이 있다. 또한 내점객을 상대로 손님들의 취향을 파악하여 영업상의 매출로 이어지도록 분석, 평가하여야 한다. 물건을 파는 사람의 입장에서 보는 시각과 물건을 사는 사람의 입장에서 느끼는 시각은 커다란 차이를 보인다.

(4) 우수한 점포 방문, 끊임없이 배우기

사업초기에는 우수한 점포를 방문 또는 정보를 획득하여 자기 점포의 미비점을 보완하여야 하지만 어느 정도의 기간이 지나고 익숙해지면 현실에 안주하려는 경향이 있다. 이것은 절대 금물이다. 영업이 잘되는 점포로부터 끊임없이 배워야 한다.

(5) 종업원은 가족

이는 내부고객인 종업원을 먼저 내 사람으로 만들어야 외부고객에게 친절하게 대할 수 있으며 매장을 내 집같이 관리한다는 것이다. 고객을 가장 많이 접하는 사람은 종업원이다. 주인이 아무리 친절하더라도 고객과 제1선에서 마주 대하는 종업원이 불친절하면 그 고객은 다시 찾지 않는다.

(6) 장기적인 안목의 고객관

매장을 찾은 손님에게 어떠한 물건이나 음식을 권해줄 때 당장의 마진만 고려하여 물건

을 추천해서는 안 된다. 고객의 스타일에 맞는 물건, 고객의 입장에서 생각하는 마음으로 추천해야 주인에 대한 신뢰를 갖고 다시 찾아오는 영원한 고객이 될 수 있다.

2) 창업자가 갖추어야 할 조건

창업자의 조건으로 필요하다고 인정되는 자질과 특성은 다음과 같다.

(1) 개인적 자질

❶ 건강상태

- 육체적 건강: 창업자는 무엇보다도 육체적으로 건강해야 한다. 왜냐하면 창업 그 자체가 힘든 일이기 때문에 이를 견딜 수 있는 체력이 필요하기 때문이다.
- 정신적 건강: 창업을 하려고 하는 사람에게 있어서는 물론 육체적 건강이 가장 중요하지만 정신적 건강도 중요하게 된다. 왜냐하면 제 아무리 건강한 사람일지라도 정신적으로 병들어 있다면 바른 평가와 판단을 필요로 하는 일들을 제대로 할 수 없기 때문이다.

❷ 개인특성

- 지능지수: 창업자는 자신의 창업과 관련된 많은 문제들에 대하여 명확하고 간결하게 사고하고 판단할 수 있는 능력이 있어야 한다.
- 지식수준: 창업자는 당연히 자신이 하려는 해당 사업분야나 관련분야에 대한 전문지식을 가지고 있어야 한다.
- 창조성: 사업성공의 중요 원천 중의 하나는 창조성이다. 왜냐하면 창조적인 제품활동을 통해서 고객을 만족시킬 수 있기 때문이다. 고객의 지지를 얻지 못하는 점포가 살아남을 수 없음은 자명한 일이다.
- 모험심: 창업행위는 그 자체가 하나의 모험이다. 창업을 시작하려는 사람에게는 그것이 제아무리 안전한 사업일지라도 크고 작은 여러 위험이 수반되므로 어려운 결단이 요구되는 것이다. 따라서 과감하게 위험을 무릅쓰고 모험적인 성격의 소유자일수록 그러한 결정을 쉽게 내릴 수 있다.

- 책임감: 사업의 주체로서 창업가에게는 남다른 책임감이 요구된다. 왜냐하면 창업가는 혼자서 많은 역할을 수행하게 되며 그러한 역할의 영향이 사업과 관련된 많은 이해관계자들에게 미치기 때문이다.
- 성실성: 창업가는 모든 면에서 성실해야 한다. 창업가는 자신의 사업과 관계된 일을 처리하는데 있어서나 자신의 가정 및 사생활에 이르기까지 항상 최선을 다하는 성실한 자세를 유지해야 한다.
- 자신감: 창업가는 모든 일에서 자신감을 가져야 한다. 해낼 수 있다는 자신감이 없는 사람은 창업을 할 수 없다. 어떤 일을 시작하려는 단계에서는 일을 할 수 있는 능력보다도 자신감이 더 중요하다.
- 결단력: 창업을 하는 데는 어려운 의사결정을 수시로 해야 하기 때문에 창업가는 결단력이 뛰어나야 한다. 이러한 결단력은 분석된 정보에 토대를 둔 것이어야 하기 때문에 어느 정도까지는 직관이나 순발력에 의해서 영향을 받기도 하지만 궁극적으로는 자신감과 모험심에 의해 좌우된다.
- 승부욕: 창업하려는 사람은 남에게 쉽사리 승복하지 않는 강인한 승부욕을 가져야 한다. 오늘날의 경영환경은 경쟁을 더욱 격화시키고 있기 때문에 경쟁에서 이길 수 있는 전략대안이 관건이기도 하지만 경쟁에서 이기려 하는 강인한 승부근성도 중요하다.
- 지구력: 창업을 하려는 사람에게 있어서 인내력과 지구력은 중요하다. 창업가는 기본적으로 강인한 승부욕과 결단력을 가져야 하지만 일단 시작한 일에 대해서는 인내하며 최선을 다하는 근성이 있어야 한다.
- 인간적 매력: 창업자는 사람들의 관심을 끄는 인간적인 매력을 갖고 있어야 한다.

(2) 관리적 자질

- 경영방침: 이는 항상 경영자가 생각하고 있는 바를 점포의 경영방침으로 내세우는 것이 좋다. 경영방침은 주인이 종업원에게만 주지시키는 것이 아니라, 같이 실천해 나갈 때 실효가 있다.
- 경영윤리관: 인간의 행위에 대한 판단기준을 윤리 또는 도덕이라 하는데, 우리는 이를 통해서 인간행위의 옳고 그름을 판단할 수 있는 것이다. 창업자는 바람직한 경

영윤리관을 신조로 삼아 이를 실천함으로써 사회적 책임을 다하겠다는 확고한 철학을 가지고 있어야 한다.

(3) 관리능력

- 분석력: 창업가에게 요구되는 관리능력에는 여러 내용이 있지만 현대와 같이 불확실한 경영환경에서는 특히 분석력이 요구된다. 새로운 사업계획을 세우거나 성과를 개선시키기 위해서는 분석된 양질의 정보가 필요하기 때문이다.
- 예측력: 미래를 잘 예측할 수 있는 남다른 직관력을 갖고 있는 창업가의 사업계획이 성공할 가능성이 크다.
- 기획력: 창업가에게 남다른 기획능력이 요구되는 이유는 창업단계에서는 모든 사업과 업무계획을 새롭게 세워야 하기 때문이다.
- 조직력: 조직화가 잘된 점포일수록 모든 일이 효율적으로 이루어진다. 창업가는 조직의 창조자이다. 따라서 조직능력이 우수한 점포를 창조할 것이라 볼 수 있다.
- 추진력: 일반적으로 창업가는 일에 대한 강력한 추진 능력을 가지고 있어야 한다.
- 설득력: 설득능력을 가급적 작은 보상으로 확실한 동기를 부여하는 능력이다. 이러한 설득능력이 뛰어난 경영자는 종업원, 소비자를 잘 설득시켜 자신이 의도한 일을 쉽게 해결할 수 있다.
- 포용력: 유능한 경영자는 일과 관련된 종업원의 실수를 관대하게 용서해 주는 포용력을 가지고 있어야 한다.

창업자 은퇴후 고전한 홈디포…'창업자 정신' 살려 다시 일어나

베인앤드컴퍼니가 말하는 창업자 정신
① 반역자적 사명 ② 강한 주인의식 ③ 현장직원 우대

소니, 파나소닉, 샤프는 1980년대 초반 일본의 제조업 전성기를 주도했다. 그러나 이들뿐만 아니라 많은 일본 기업은 현재 한국의 삼성전자, LG전자에 밀려 존재감을 드러내기 힘든 상태다. 모든 기업은 지속적 흑자 성장을 최고의 목표로 표방하나 통계에 따르면 지난 10년간 이를 달성한 기업은 전체의 10%밖에 되지 않는다. 같은 노력을 하는데도 대부분 지속적인 성장을 달성하지 못하는 이유에 대해 베인의 연구에 따르면 이러한 질문에 대해 경영자들의 85%는 실패 원인이 외부적 요인보다는 내부적 요인에 있다고 답했다. 외부적 요인은 경쟁 격화, 기술 진보, 정책 변화 등 시장의 여건 변화다. 내부적 요인은 조직의 주인의식 약화, 복잡성 증대에 따른 의사결정 지연, 현장과의 괴리 등이다. 기업은 성장을 지속하며 규모의 경제에서 생기는 효과를 누리지만 동시에 조직의 복잡성도 증가한다. 그 결과 혁신적 조직문화, 주인의식, 현장 중시의 철학은 약해지고 성장이 정체된다. 성장이 오히려 성장을 저해하는 성장의 역설(paradox of growth)에 빠지는 것이다.

베인은 지난 10년간 40여 개국의 다양한 기업을 연구해 성장에 따른 기업의 주요 위기 증상을 정리하고 그 해법으로 창업자 정신(founder's mentality)의 강화를 제시해 왔다. 성장에 따른 기업 위기의 주요 증상을 단계적으로 보면, 첫째는 '과부화(overload)' 위기다. 이는 신생 기업이 주로 겪는 내부적 기능 장애로 급속한 사업 확장 후에 생긴다. 둘째는 '속도 저하(stall-out)' 위기다. 이는 기업 규모가 커져 조직의 복잡성이 증가하고 초창기 조직을 이끌었던 창업자의 명확한 철학이 희미해지며 생기는 성장 둔화 현상이다. 셋째는 '자유 낙하(free fall)' 위기다. 창업자 정신을 상실한 대기업들이 시장 변화로 인해 사업 경쟁력을 잃고 자신의 핵심 시장에서 성장이 완전히 정체되는 현상이다.

이러한 위기를 극복하고 지속적인 흑자 성장을 달성한 기업들을 보면 대부분 창업자 정신을 바탕으로 몇 가지 공통적인 조치를 일관되게 유지했음을 알 수 있다. 구체적으로 첫째, 이들 기업은 모든 직원이 '반역자(insurgent)적 사명'을 명확히 이해하고 이를 실행 가능한 전략으로 구체화했다. 반역자적 사명이란 만족스러운 서비스를 원하는 고객을 위해 기존의 표준적 관행을 혁신하거나 새로운 사업 모델을 창출하는 사명을 말한다. 둘째, 반역자적 사명에 따라 운영되는 기업은 최고 임원부터 현장 말단 직원까지 강한 주인의식을 갖고 있었다. 셋째, 창업자 정신이 살아 있는 기업들은 전략 실행에 방해가 되는 복잡성을 의식적으로 회피하며 고객과 직접 접촉하는 일선 현장의 직원들을 대우하고 있었다. 결국 창업자 정신의 특성은 반역자적 사명, 주인의식, 철저한 현장주의로 요약된다. 문제는 기업 규모가 커지면서 너무 쉽게 그리고 빈번히 창업자 정신을 상실한다는 점이다. 미국의 건설 자재 전문 카테고리 킬러인 홈디포는 성장을 지속하면서 이러한 위기에 빠졌으나 창업자 정신을 되살려 재도약에 나설 수 있었다.

홈디포: 창업자 정신의 부활로 재도약

1978년 창업한 미국의 홈디포는 애틀랜타에서 대형 창고형 DIY 홈인테리어 매장을 오픈한 뒤 이 분야 세계 최대 기업으로 성장했다. '필요한 것은 무엇이든!'이라는 모토처럼 홈디포는 사업 초기부터 우수한 고객 서비스를 사명으로 삼았다. 직매입을 통해 재고 원가를 절감하고 제품 구색을 다양화했다. 매장에는 경험이 풍부한 직원들을 배치해 고객을 직접 응대할 수 있게 했다. 매장 매니저에게는 자율권을 부여해 제품 구색을 지역별로 맞춤화하고 주인의식을 갖도록 했다. 그러나 2000년까지 매년 두 배씩 성장했던 홈디포는 2000년 창립자인 아서 블랭크가 은퇴하고 GE 출신인 로버트 나델리가 그의 뒤를 이으면서 위기를 경험한다. 매출은 감소하고 시가총액은 절반으로 쪼그라들었다. 새로운 경영진은 기존 원칙에서 벗어나 매장 매니저 권한을 축소하고 인건비를 감소하기 위해 경험이 풍부한 직원을 비정규직 직원으로 교체하면서 고객 경험이 훼손됐다. "직접 만들어 보세요(Do it yourself)"는 "직접 찾으세요(Find it yourself)"로 변질되었다는 자조적인 반응까지 나왔다. 회사는 위기를 극복하기 위해 2007년 홈디포 출신인 프랭크 블레이크를 새로운 최고경영자(CEO)로 영입했다. 새로운 CEO는 취임 첫날부터 고객 경험, 현장 중시와 같은 홈디포의 창업자 정신을 강조했다. 구체적으로 우수한 고객 서비스와 직원 중시 철학을 강조하기 위해 고객, 점포 직원이 상단에 위치하는 역피라미드 조직도를 만들었다. 또한 점포 직원을 전문가로 육성하기 위한 교육을 강화하고 경험이 풍부한 직원을 신규 채용했다. 직원들의 주인의식을 고취하기 위해 정규와 비정규 직원 모두를 대상으로 판매 성과에 기반한 보상 체계를 도입하고 점포 부매니저 이상 직급에는 스톡옵션을 부여했다. 그 결과 홈디포는 성장의 위기를 극복할 수 있었으며 위기 이전에 비해 기업 가치는 갑절로 증가했다.

<출처: 조영서, 매일경제, 2016.11.25.>

2 창업절차

사업의 성공과 실패는 사전에 창업에 대한 정보와 지식에 달려 있다. 창업은 여러 가지로 치밀한 계획과 전략 아래서 이루어질 때만 성공할 수 있다. 따라서 성공적으로 사업을 이룩하기 위해서 창업하기 전 먼저 확인할 사항으로는 다음과 같다.

❶ 확고한 신념과 철저한 준비

안정적인 샐러리맨 봉급자의 생활을 청산하고 하나부터 모든 것을 자기가 해야 하는 사업은 마음만큼 쉽지가 않다. 창업을 준비한다면 준비는 철저하게 하고, 행동은 신속하게 해야 한다. 치밀하게 준비한다는 것은 다양한 정보의 수집과 현장 파악 등을 통해 구체적인 영업사항들을 미리 확인하는 것을 말하고, 신속하게 행동한다는 것은 목표 달성을 위한 실행력을 갖추는 것을 말한다. 목표가 정확하지 않거나 준비가 미흡하다면 실행도 어려울 것이다. 또한 실패할 경우에 다시 재기하기란 더더욱 힘들기 때문에 확고한 강한 신념을 가지고 창업을 해야 성공할 수 있다.

❷ 적성과 사업환경에 맞는 신중한 업종선택

남들이 쉽게 돈을 번다고 대충 사업을 시작한다든지 주변의 감언이설에 동요되어

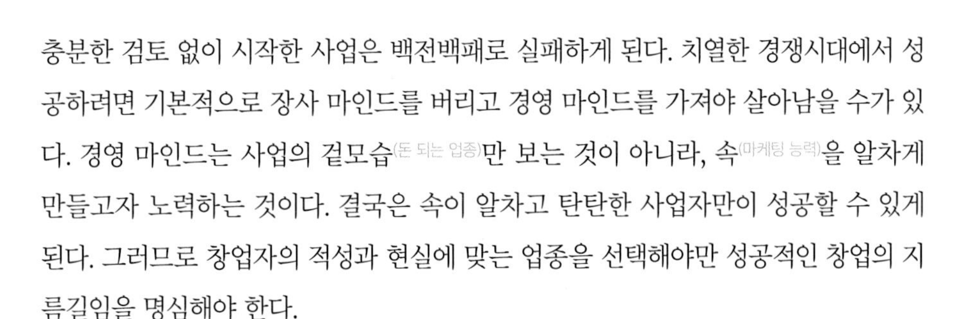
충분한 검토 없이 시작한 사업은 백전백패로 실패하게 된다. 치열한 경쟁시대에서 성공하려면 기본적으로 장사 마인드를 버리고 경영 마인드를 가져야 살아남을 수가 있다. 경영 마인드는 사업의 겉모습(돈 되는 업종)만 보는 것이 아니라, 속(마케팅 능력)을 알차게 만들고자 노력하는 것이다. 결국은 속이 알차고 탄탄한 사업자만이 성공할 수 있게 된다. 그러므로 창업자의 적성과 현실에 맞는 업종을 선택해야만 성공적인 창업의 지름길임을 명심해야 한다.

❸ 자금규모에 맞는 창업

초기에 투자규모는 자기자본을 생각하여 시작해야 한다. 자금규모계획을 잘 세웠다고 하더라도 생각하지도 못한 곳에서 자금을 더 필요하게 되는 것이 사업이므로 과도한 자금을 요구하는 업종은 피해야 한다. 안정적인 경영을 위해 최소한 50% 정도의 자기자본 확보가 필요하다.

❹ 사업 성공에 대한 확신

사업은 계획대로 되지 않을 때가 발생하게 된다. 혼자 직접 현장을 뛰지 않으면 어느 누구도 대신해 주지 않는다. 기업경영이 어려운 것이 현실이다. 그러므로 모든 업무에 만능이 되어야만 한다. 아무리 어렵고 힘든다 할지라도 이겨낼 수 있는 의욕과 집념, 부단한 자기개발을 통하여 해쳐 나가는 성실성이 필요하다.

창업의 3요소

창업의 3요소는 창업자, 창업자금, 사업아이템으로 구성된다.

1. 창업자

창업의 주체이며 능동적인 조직가로서 사업아이템과 자본을 결합하여 회사를 새로이 설립하는 주체이다.

창업자의 자기평가 항목

- 창업준비 및 동기
- 창업에 따른 기대와 희생
- 업무수행에 필요한 능력과 자질
- 창업자의 특기 및 경영능력
- 인간관계

2. 창업자금

창업자가 의도하는 회사를 설립하는데 필요한 인력, 설비, 기술, 원자재 등 투입요소를 동원하기 위한 재화이다.

- 창업자금 조달방법: 자기자본, 타인자본
- 창업자본의 원천
  - 창업준비 단계의 자금(seed money): 본인 및 동업자, 친척, 친구, 과거의 고용주, 미래의 고객 등
  - 창업단계의 자금(start-up money): 자기자본, 개인투자가, 기관투자가 등
  - 사업초기 단계의 자금: 자기자본, 타인자본, 은행 또는 기타 금융 차입 등

3. 사업아이템(아이디어)

회사라는 시스템의 산출요소를 정의하는 것, 즉 회사경영의 결과로 나타나는 재화와 용역을 말한다.

3 창업의 기본절차

창업절차를 효율적으로 수행하는 경우와 그렇지 못한 경우에는 창업 수행기간과 비용 면에서 상당한 차이가 난다. 창업절차를 효율적으로 수행하지 못한 경우 창업과정에서 불필요한 고생을 하게 되며, 창업기간이 연장되어 창업비용이 증가하게 된다. 반면 창업절차를 잘 숙지하여 효율적으로 수행했을 때 창업기간이 단축되어 창업비용의 절감은 물론 사업성공을 보장하여 준다. 요즈음 소호창업이나 벤처창업을 하려는 예비창업자들이 고민하는 문제 중의 하나가 바로 어떻게 창업[2]을 해야 하는가 하는 문제이다. 창업의 기본적인 절차는 다음과 같다.

❶ 창업에 대한 다양한 정보 습득

요즈음 주로 어떤 창업아이템이 인기를 끌고 있으며, 향후에는 어떤 아이템이 유망한지에 대한 정보를 수집하는 단계이다. 이를 위해서는 PC통신이나 인터넷을 이용하여 창업정보를 전문적으로 제공하는 사이트를 방문하여 필요한 정보를 얻을 수 있다. 또한 요즈음에는 전국의 주요 신문이나 방송에서도 다양한 창업정보를 제공하고 있는 실정이다.

❷ 관심 있는 창업아이템 선정

창업아이템들을 선정하기 위해서는 지방자치단체나 각종 전시업체들이 개최하는 창업박람회나 창업설명회장을 찾아가면 많은 정보를 얻을 수 있다. 전시업체들이 제공하는 자료들을 수집하고, 가맹조건과 창업자금 규모를 파악하고, 자신에게 적합한 아이템들을 3~5가지로 요약해야 한다.

❸ 창업상담

일단 3~5가지의 창업아이템을 정리하고 난 후에는 창업컨설팅업체나 중소기업청, 소

2 창업의 10계명: ① 히트 업종만 따라하지 마라. ② 유행에 민감한 업종은 피하라 ③ 검증되지 않는 업종은 위험하다 ④ 직원에게 의존되는 관리 업종은 피하라 ⑤ 투자금 회수기간이 긴 사업은 피하라 ⑥ 입지가 좋다고 장사가 잘 되는 것은 아니다 ⑦ 권리금이 많은 상가는 전문가와 상담하라 ⑧ 프랜차이즈 업종은 본사선정을 잘 하라 ⑨ 신세대를 겨냥한 사업은 자녀의 도움을 받아라 ⑩ 광고만 믿고 투자해서는 안된다.

상공인 지원센터 등 전문적인 창업지원센터를 찾아가서 구체적인 상담을 받아보는 것이 필요하다. 창업컨설팅업체의 상담료는 보통 5만~10만원선이며, 중소기업청 소상공인 지원센터나 지방자치단체가 운영하는 곳은 무료이다.

❹ 현장 확인

일단 창업아이템이 결정되면 실제로 동종업종이나 비슷한 업종을 창업하고 있는 현장을 직접 방문하여 확인하는 것이 필요하다. 특히 창업할 경우 발생하는 문제점이나 창업 전에 준비해야 할 사항들을 확인해두는 것이 반드시 필요하다.

❺ 회사설립

창업아이템에 대한 확신이 있고, 동종업종이나 유사업종의 운영실태 또한 만족스러우면, 사업개시 20일 이내에 관할 세무서에 사업자 등록을 접수하면 된다. 회사설립 절차는 크게 개인사업자와 법인으로 나눌 수 있다. 개인사업자 등록은 주로 소자본 창업에 나서려는 사람에게 필요한 사항이다.

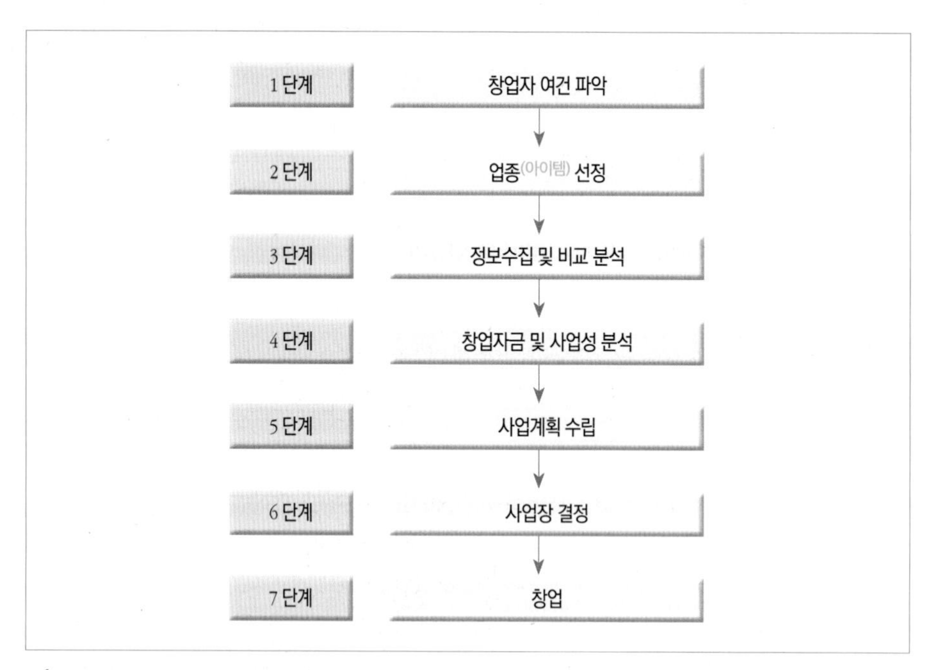

그림 4-1_ 장업의 단계별 절차 1

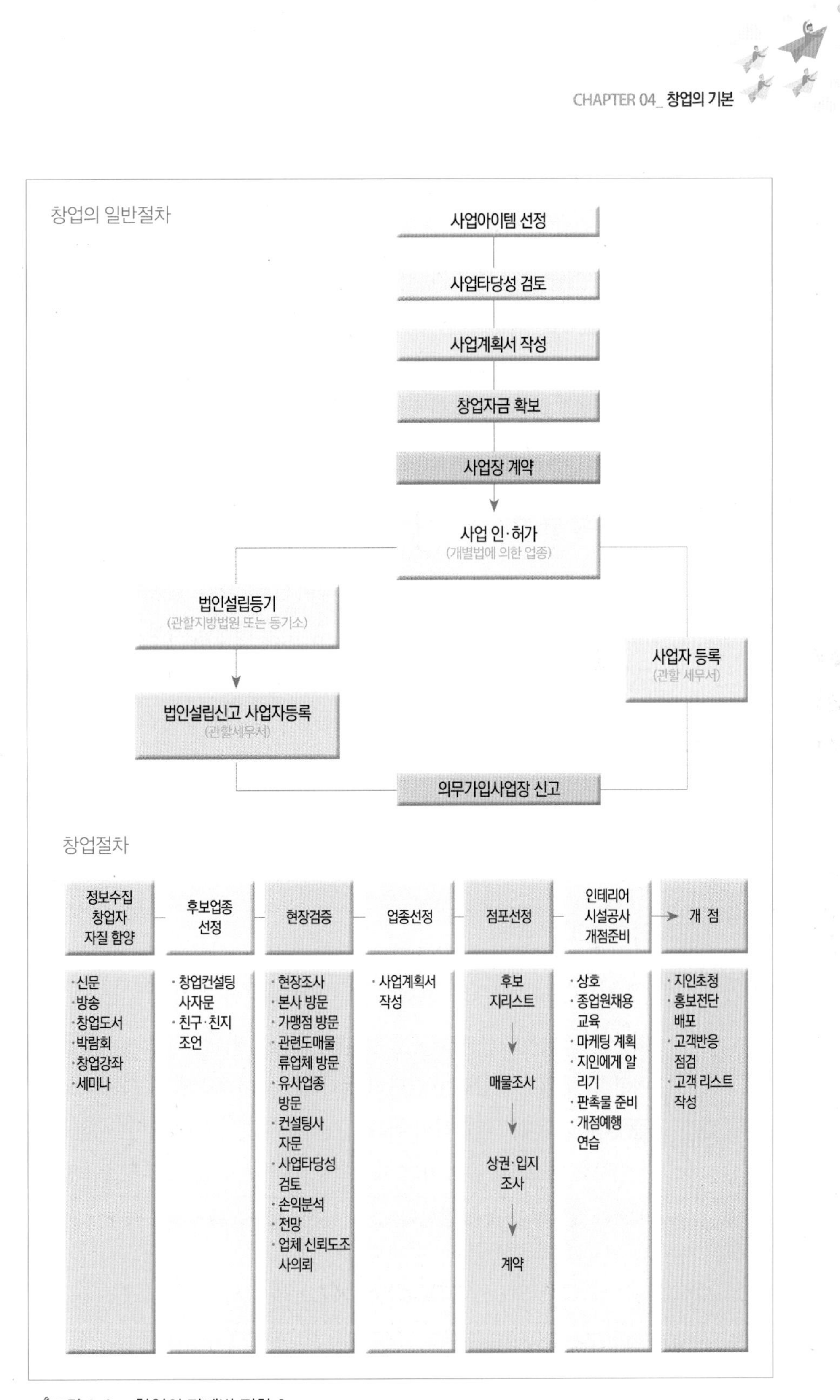

그림 4-2_ 창업의 단계별 절차 2

개인사업자등록은 부가가치세법에 의해 법으로 규정돼 있는데, 사업자등록신청서, 주민등록등본, 사업허가증 사본을 구비해서 관할세무서에 신청하면 된다. 법인을 설립할 경우에는 크게 두 가지 작업을 병행해야 한다. 우선 상법에 따라 해당 구비서류를 구비하여, 관할 법원장이나 등기소에 법인 등기를 신청해야 한다. 또 법인세법에 따라 해당서류를 첨부하여, 관할 세무서에 법인설립을 신고해야 한다. 이를 종합하여 그림으로 제시하면 [그림 4-1], [그림 4-2]와 같다.

4 창업의 유형

창업은 기준에 따라 여러 가지로 분류할 수 있다. 업종에 따라 제조업, 도·소매업, 서비스업 창업으로 구분할 수 있고, 동기 및 배경에 따라 생활보장형 창업과 사업개발형 창업으로 구분할 수 있으며, 또한 연령에 따라서도 창업유형을 분류할 수 있는데 모험창업, 선택창업, 기반창업, 전문창업, 안전창업 등으로 구분할 수 있다. 사업을 분류할 수 있는 기준으로는 새로움 정도, 경영의 독립성, 소유자의 수 등이 있다. 여기에서는 이들 기준을 근거로 하여 중소기업의 창업에 도움이 되는 분류와 그 특징을 간단히 설명하고자 한다.[3]

1) 업종에 따른 분류

산업분류에서 흔히 사용되는 기준으로 제조업, 음식 및 서비스업, 유통업의 분류가 있다. 제조업 창업은 원료를 투입하여 새로운 제품을 만드는 사업을 말한다. 서비스업이란 그 형태가 다양하여 간단히 정의하기가 어려운데, 한 가지 특징은 제공된 서비스를 원래 상태대로 환원하기 어려운 것이라 하겠다. 이와 같은 서비스업 분야의 창업은 산업사회가 고도화됨에 따라 그 비중이 증가하고 있다. 유통업의 창업이란 도매 및 소매점을 창업하는 것을 말한다.

3 상게서, pp.30~34.

2) 독립사업과 프랜차이즈 가맹사업

프랜차이즈 가맹점(franchisee)이란 프랜차이즈 본부(franchiser)로부터 상품, 관리 등에 대한 지원을 받는 대신 사업경쟁에 있어서 체결한 계약에 따라 제약을 받게 된다. 예를 들면, 롯데리아 햄버거점은 롯데리아 라는 상호를 사용하고, 원자재를 공급받고 경영기술을 지도 받는 대신 경영에 있어서 본부와 약속한 바를 지켜야 한다. 즉, 햄버거의 종류, 크기, 가격, 서비스 방법 등에 있어서 점포주인이 자의로 결정하지 못하고 본부와 약속한 대로만 해야 한다.

한편, 음식을 제공하는 요식업을 보면, 이들은 개별 점포마다 독자적인 상호를 사용하며, 원자재 구입, 제공하는 음식과 서비스의 종류에 있어서 독립적인 의사결정을 한다. 이와 같은 경우 프랜차이즈 가맹사업에 대비하여 독립점이라고 칭한다.

3) 혁신적 창업과 모방창업

창업기업은 혁신성 정도에 따라 혁신적 창업기업과 모방창업기업으로 나누어 볼 수 있다. 혁신적 창업이란 기술, 경영, 제품 등에 있어서 기존 사업과는 크게 다른 형태의 창업을 의미한다. 예를 들면, 발명품의 사업화는 혁신적 창업이라고 할 수 있다. 발명품은 아니더라도 새로운 정도가 큰 제품을 생산하고자 하는 창업은 혁신적 창업이라고 할 수 있다. 또, 경영방식에 있어서 혁신적인 방법을 이용하여 효율이 높은 새로운 기업을 창업한다면 혁신적 창업이라고 할 수 있다.

한편, 우리 주변에서는 기존의 기업과 거의 같거나 매우 유사한 형태의 기업이 창업되는 것을 흔히 볼 수 있다. 예를 들면, 프랜차이즈 가맹점사업을 시작하는 경우에 흔히 볼 수 있는 소매점, 서비스사업체, 음식점처럼 제품, 기술, 경영기법 등에 있어서 기존의 사업체와 크게 다르지 않은 창업을 모방창업이라고 할 수 있다.

4) 개인중심 창업과 팀 중심 창업

개인이 창업을 주도하여 제품의 결정, 자금조달, 경영 등을 주도하는 경우를 개인중심 창업이라고 할 수 있다. 한편, 이와는 달리 2명 이상의 사람이 공동으로 창업을 주도하는 경우를 팀 중심 창업이라 한다. 개인중심 창업은 책임과 권한의 소재가 분명하고,

의사결정이 신속하다는 장점을 가지지만, 자본과 경영기술 등에 있어서 한 개인에게 의존함으로써 한계를 가질 수 있다. 팀 중심 창업은 구성원들의 견해차가 생길 때 이로 인해 의사결정속도가 느리고 책임소재가 애매하게 되는 단점이 있지만 신중성, 전문화 등의 장점을 가질 수 있다.

5) 무점포 창업

점포나 공장이 거의 없거나 거주지의 공간을 이용하여 격식을 갖춘 공간이 없이도 창업할 수 있는 경우의 창업을 무점포 창업이라고 한다. 무점포 창업은 점포를 확보하는데 자금이 소요되지 않으므로, 자금 면에서 매우 효율적인 창업이 될 수 있다. 예를 들면 정보제공업, 번역사업, 소규모의 통신판매사업 등은 점포가 없이도 창업할 수 있는 사업들이다.

6) 기업합병·매수(M&A)

사업에 투신하는 방법 중의 하나는 이미 설립된 기업을 합병·매수하여 사업을 시작하는 것이다. 사업을 한다는 것은 창업 그 자체가 목적이기보다는 창업을 통하여 이윤을 실현하고자 하는 것이므로 기업매입을 통하여 사업에 투신하는 것도 창업과 관련하여 고려할 만한 대안이다. 기업을 매입하는 경우에는 사업이 안전단계에까지 이르는 기간이 단축되는 장점이 있으나 초기 투자가 직접 창업하는 경우보다 크게 될 가능성과 전사업자의 나쁜 평판이 지속될 가능성이 크다는 단점 등이 있다.

7) 동기 및 배경에 따른 창업

○○ 때문에, ◇◇을 위하여 라고 하는 이유 또는 목적으로 창업을 하는 경우와, □□으로 또는 △△을 가지고 라는 배경으로 창업을 하는 형태로 구분할 수 있다.

동기중심의 창업이 대부분 [생활보장형 창업]이라고 한다면 배경중심의 창업은 [사업개발형 창업]으로 일컬을 수 있다. 동기 또는 목적과 배경이 함께 하는 [사업개발형 창업]은 아이디어나 전문적인 기술과 창업에 대한 의지가 높아 성공할 확률이 높지만

표 4-1_ 동기 및 배경에 따른 창업유형

구분	유형	내용
동기중심의 창업	생 계 형	가족의 생계 및 생활보장을 위한 창업
	부 업 형	소득의 증대 및 여유생활을 위한 창업
	탈 출 형	미취업, 실업을 벗어나기 위한 도피 창업
	기 회 형	상속 또는 세입자 미입주로 인한 창업
	동 업 형	주변 요청에 의한 도움을 위한 창업
	전 환 형	사업 부진에 따른 업종의 전환 창업
배경중심의 창업	아이디어형	아이디어를 구체화하기 위한 창업
	기 술 형	기술을 기반으로 한 창업
	경 력 형	경력을 기반으로 한 창업
	취 미 형	취미 또는 동호회를 발전시킬 창업

특별한 지식과 기술 및 준비가 없는 상태에서 창업에 대한 본인의 의지가 다소 약한 [생활보장형 창업]의 경우에는 창업에 실패할 위험이 훨씬 높다고 할 수 있다.

8) 연령에 따른 창업

일반적으로 창업을 하는데 있어서 연령 대에 따라 모험창업, 선택창업, 기반창업, 전문창업, 안전창업 등으로 구분할 수 있는데, 각 유형에 따른 연령 및 판단기준은 다음과 같다.[4]

첫째, 20대는 자기의 전공이나 직업과 관계없이 어떤 분야를 선택하여 창업하더라도 성패의 결과는 크게 달라지지 않고, 실패하더라도 재기의 가능성이 높다. 따라서 20대에는 패기와 자신감을 밑천으로 삼아 모험 창업을 꾀하는 것이 좋다. 20대의 장점은 체력과 기력이 왕성하며 독특한 아이디어가 나올 소지가 많다. 그러므로 자신만의 아이디어를 잘 살리는 것이 중요하며 특히 컴퓨터 등 새로운 분야의 사업으로 진출할 수 있다. 그러나 사회적 경험이 적기 때문에 사업에 대한 준비나 계획이 완전하지 못

4 박주관, 창업은 도전이다, 기은개발금융(주), 1996. 4.

하면 다른 사람에게 속기 쉽다.

둘째, 31세부터 40세까지의 연령층은 21세기 유망 사업 분야를 겨냥한 선택창업과 기반창업, 즉, 자신의 적성에 맞는 분야를 찾아서 사회생활 및 일정분야에서 자기가 닦아 놓은 자기의 기반을 최대 활용해 창업을 하며, 자기 적성과 업무와의 상관관계를 고려하여 사업아이템을 발굴한다. 이 연령층은 책임이 다음 연령층보다 무거우며, 운신의 폭이 신중하다. 장점은 사회경험이 어느 정도 있으며, 그 동안에 쌓아둔 인맥으로부터 어느 정도 도움도 받을 수 있고, 사업을 예측할 수 있는 능력도 있다. 또 활동력이 풍부하며 자신의 전문분야에서 쌓은 실력이 뒷받침된다. 그러나 자신의 능력을 과신할 경우 독선적인 사업운영으로 실패할 가능성이 크다.

셋째, 41세에서 50세까지의 연령층은 전문창업, 즉 학력을 불문하고 자기의 업무분야에서는 최고의 실무전문가인 점을 십분 활용하여 자기의 전문분야를 최대한 살려 창업을 해야 한다. 40대 창업의 장점으로는 사람을 다룰 줄 알며 판단력도 갖추고 있으며, 인맥, 자금, 지식이 충분하다는 점이다. 그러나 이 연령층은 조직 내의 위치가 안정되어 있으므로 독립 시 신중해야 하며 실패할 땐 다시 취직하기가 어렵다. 창업 이전까지 누리던 직위는 통용되지 않는다는 점도 명심해야 한다. 그러므로 40대에는 직장에서 쌓은 전문성을 살리는 전문창업이 바람직하다.

마지막으로, 50대에는 노후의 안락한 생활을 염두에 두고 저축과 안정된 수입원을 선호하는 시기이다. 건강에 대한 높은 관심, 편리성 추구, 안정성 희구 등이 이 연령층의 대체적인 특성이며 사회경륜과 전문지식은 풍부하나 많은 지식이 오히려 행동보다 생각을 깊게 하는 원인이 되기 때문에 새로운 경력을 개발하는 기회가 다양하지 못하다. 그러므로 51세 이상의 연령층은 안정적인 사업 아이템을 택해 안전 창업을 모색하는 것이 좋다. 안전창업유형 즉, 모험성이 전혀 없는 안전한 사업 분야를 선택하여 사업을 해야 성공확률이 높다. 장점으로는 오랜 세월에 걸쳐 쌓은 사회 및 직장 경험이 힘을 발휘할 수 있는 연령이며 경륜과 삶에 대한 지혜, 여유와 관대함을 접목할 수 있다. 주의할 점으로는 사업 실패 시 재기하기가 어려우므로 만일을 대비해 어느 정도의 생활자금을 남겨야 하며, 체력과 기력의 한계를 고려한 여유 있는 사업 계획을 세워야 한다.

핵심요약 1 - 100만 명 가게 열고 80만 명 폐업

자영업자 6년 새 100만 명 늘어… 583만 명 중 50대 32% 최다
치킨집 등 생계형창업 급증세

은퇴 후 창업에 뛰어드는 '베이비부머'(1955~1963년생)가 늘면서 국내 개인사업자 수가 최근 5년 8개월간 100만 명 가까이 늘어난 것으로 나타났다. 국세청의 전국 사업자 통계에 따르면 2015년 8월 말 현재 개인사업자는 582만 9,000명으로 2009년 말(487만 4,000명)과 비교해 95만 5,000명(19.6%) 증가했다. 이 통계는 표본조사를 토대로 관련 수치를 내는 통계청 조사와 달리 국세청에 실제로 세금 신고를 한 사업자를 대상으로 조사한 결과다.

국세청 관계자는 "매년 편차가 있지만 평균 96만 명이 신규 사업자로 신고를 하고 약 80만 명이 폐업 신고를 한다"고 설명했다.

개인사 업에 뛰어드는 사람이 이렇게 늘어난 것은 정년퇴직을 하거나 구조조정을 통해 회사 밖으로 나온 사람들이 대거 창업 전선에 나서기 때문으로 풀이된다. 개인사업자는 연령대별로 50대(32.1%), 40대(28.5%), 60대(16.1%)의 순으로 많았다. 특히 60대 사업자(105만 9,000명)가 2014년보다 12.4% 증가하면서 사상 처음으로 100만 명을 돌파했다. 노후 소득을 위해 창업을 하는 노년층이 늘었다는 뜻이다.

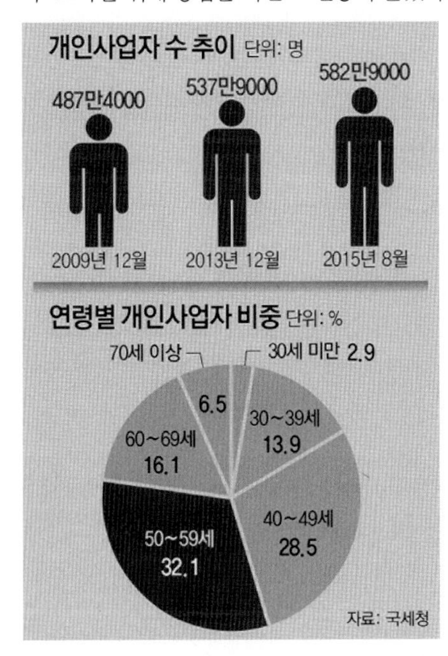

업종별로 보면 지난해 같은 달과 비교해 패스트푸드점(12.6%)과 실내 장식 가게(12.2%), 편의점(10.0%), 부동산중개업(7.9%) 등의 사업자가 많이 늘었다. 이른바 '치킨·피자집 창업'으로 대표되는 생계형 창업이 부쩍 늘었다는 것이다. 음식업 전체 사업자는 70만 1,000명으로 1년 전보다 10.6% 증가했다.

최근에는 건물을 소유하면서 임대 수익을 거두는 부동산임대업 사업자가 크게 늘어난 것이 개인사업자 증가에 한몫했다. 부동산임대업 사업자는 141만 명으로 1년 전보다 7.3%(9만 5,000명) 증가했다. 문제는 자영업이 몰리는 업종의 근로여건이 좀처럼 나아지지 않는다는 데 있다. 통계청이 이날 발표한 '2015년 상반기(1~6월) 지역별 고용조사'에 따르면 자영업이 주를 이루는 음식·숙박업에서 월급이 100만 원 미만인 근로자 비중이 32.1%, 100만~200만 원 미만이 52.2%인 것으로 나타났다. 이들 업종 종사자 10명 중 8명은 월 소득이 200만 원에 못 미치는 셈이다.

임금 수준과 근로여건이 떨어지는데도 구직자들은 이들 업종에 몰리고 있다. 2015년 상반기 말 현재 음식·숙박업 종사자는 211만 명으로 1년 전보다 2.7% 증가했고, 특히 15~29세 근로자 중 12.0%가 음식·주점업에 몰렸다. 통계청 관계자는 "취업이 어려운 청년들이나 생활비를 마련하려는 장년층들이 진입장벽이 낮은 음식·숙박 업종에 몰려 나타난 현상으로 보인다"고 분석했다.

<출처: 동아일보, 2015. 10. 29.>

제2절 사업자의 의무사항과 사업자 등록증

1 사업자의 필수의무사항

사업자의 필수의무사항으로는 사업자등록, 장부의 기장의무가 있다.[5]

1) 사업자 등록

(1) 사업자등록

신규사업 개시자는 사업장마다 사업 개시 일부터 20일 내에 관할 세무서에 등록을 하여야 한다. 그리고 사업개시 전에도 등록이 허용된다.

5 미래와 경영연구소, 창업세금 지식 쌓기, 미래와 경영, 2001. pp.63~66.

(2) 폐업시 신고

폐업 시 사업자는 지체 없이 관할세무서에 신고하고 관할 세무서는 그 등록을 말소한다. 참고로 폐업 시에 사업자가 알아두어야 할 사항 몇 가지를 살펴보면 다음과 같다.

① 사업자가 사업을 그만두거나 사업개시 전에 사업자등록을 한 후 사실상 사업을 하지 않는 때에는 지체 없이 사업자등록증을 붙여 관할세무서장에게 "폐업신고서"를 내야 한다. 이 경우 사업자가 "부가가치세 확정 신고서"에 폐업연월일 및 사유를 기재하고 사업자등록증을 첨부하여 제출하는 경우에는 "폐업신고서"를 제출한 것으로 본다.

② 폐업 일로부터 25일 안에 폐업 일까지의 사업실적에 대한 부가가치세 확정 신고 납부를 하여야 한다.

③ 사업자가 팔고 남은 상품이나 제품 그리고 건물이나 기계장치에 대해서도 부가가치세가 과세된다는 점을 유의해야 한다. 이때 상품이나 제품은 시가로, 건물이나 기계장치와 같은 감가상각자산은 세법에서 정한 평가방법으로 값을 평가하여 과세하게 된다.

미등록자에 대한 조치사항

사업자등록을 하지 않은 경우에는 다음과 같은 불이익이 있다.

① 미등록의 경우 사업자는 매입세액 공제 불가

② 가산세

가. 개인: 공급가 액의 1/100을 가산세로 징수

나. 법인: 공급가 액의 2/100을 가산세로 징수

③ 미등록에 대한 처벌: 등록을 하지 아니한 때 50만원 이하의 벌금

2) 장부의 기장의무

법인사업자뿐만 아니라 개인사업자도 장부를 작성하고, 이를 비치하여야 한다. 따라서 소규모로 영세하게 사업을 하는 경우도 간편 장부를 작성하여야만 세무 상 불이익을 당하지 않는다.

① 사업자는 납부세액 또는 환급세액과 관계되는 거래사실을 장부에 기록하고 사업장에 비치
② 과세되는 사업과 면세되는 사업을 겸업시 구분기장
③ 장부와 세금계산서는 5년간 보관
④ 기장을 하지 아니한 때 50만원 이하의 벌금

(1) 세금계산서의 중요성

재화나 용역의 매입시 세금계산서를 발급받아야 부가가치세 매입세액을 공제받을 수 있다. 다만 다음의 경우에는 부가가치세 매입세액을 공제받을 수 없다.

① 세금계산서를 발급받지 않거나, 필요적 기재사항이 누락 또는 사실과 다르게 기재된 세금계산서인 경우
② 매입처별 세금계산서합계표를 제출하지 않거나 부실기재한 경우
③ 사업과 직접 관련이 없는 매입세액
④ 비영업용 소형승용차의 구입과 임차 및 유지에 관련된 매입세액
⑤ 접대비지출 관련 매입세액
⑥ 면세관련 매입세액 및 토지관련 매입세액
⑦ 사업자등록전 매입세액(다만, 등록신청일로부터 역산하여 20일 이내의 것은 공제가능)

(2) 세금계산서를 주고 받을 때 유의사항

세금계산서를 발급받은 때에는 거래상대방의 사업자등록 상태(휴·폐업자인지 여부), 과세유형(일반과세자인지 여부)과 아래의 필요적 기재사항이 정확히 기재되었는지 확인하여야 한다.

❶ 공급자의 등록번호, 성명 또는 명칭
❷ 공급받는자의 등록번호
❸ 공급가액과 부가가치세액
❹ 작성연월일

국세청 홈텍스(www.hometax.go.kr)에서 상대방 사업자등록번호를 입력하여 "과세유형 및 휴·폐업상태"를, 상대방 주민등록번호를 입력하여 "사업자등록유무"를 조회할 수 있고, 국세청 홈페이지(www.nts.go.kr)에서 본인의 사업자등록번호와 상대방 사업자등록번호를 입력하면 "사업자과세유형 및 휴·폐업조회"를 할 수 있다.

세금계산서 양식

■ 부가가치세법 시행규칙 [별지 제14호서식] (적색) <개정 2021. 10. 28.>

세금계산서(공급자보관용)

책 번 호 | 권 | 호

일 련 번 호 | - |

공급자	등록번호	- -			공급받는자	등록번호			
	상호(법인명)		성 명 (대표자)			상호(법인명)		성 명 (대표자)	
	사업장 주소					사업장 주소			
	업 태		종 목			업 태		종 목	

작성				공급가액													세액												비고
연	월	일	빈칸 수	조	천	백	십	억	천	백	십	만	천	백	십	일	천	백	십	억	천	백	십	만	천	백	십	일	

월	일	품 목	규 격	수 량	단 가	공급가액	세 액	비 고

합계금액	현 금	수 표	어 음	외상 미수금	이 금액을 영수/청구 함

210㎜×148.5㎜ (인쇄용지(특급) 34g/㎡)

■ 부가가치세법 시행규칙 [별지 제14호서식] (청색) <개정 2021. 10. 28.>

세금계산서(공급받는 자 보관용)

책 번 호 | 권 | 호

일 련 번 호 | - |

공급자	등록번호	- -			공급받는자	등록번호			
	상호(법인명)		성 명 (대표자)			상호(법인명)		성 명 (대표자)	
	사업장 주소					사업장 주소			
	업 태		종 목			업 태		종 목	

작성				공급가액													세액												비고
연	월	일	빈칸 수	조	천	백	십	억	천	백	십	만	천	백	십	일	천	백	십	억	천	백	십	만	천	백	십	일	

월	일	품 목	규 격	수 량	단 가	공급가액	세 액	비 고

합계금액	현 금	수 표	어 음	외상 미수금	이 금액을 영수/청구 함

210㎜×148.5㎜ (인쇄용지(특급) 34g/㎡)

(3) 매입자 발행 세금계산서 제도

공급자(일반과세자)가 세금계산서를 발급하지 않는 경우, 공급받은 사업자(매입자)가 관할 세무서장에게 "거래사실확인신청"을 하고, 공급자 관할세무서장의 확인을 받아 세금계산서를 발급할 수 있는 제도이다. 일반과세자로부터 재화·용역을 공급받은 모든 사업자(면세사업자를 포함)는 매입자발행세금계산서를 발급할 수 있다. 거래사실 확인을 신청하는 경우 다음과 같은 제한이 있다.

1. 세금계산서 발급 시기로부터 3개월 이내에 신청해야 한다.
2. 거래건별 금액이 10만원 이상이어야 한다.
3. 실거래를 입증할 수 있는 영수증 등 증거자료를 제출해야 한다.

신청인이 매입자발행세금계산서를 발행하고, 부가가치세 신고 또는 경정청구를 할 때 매입자발행세금계산서합계표를 제출하는 경우 매입세액으로 공제받을 수 있다. 공급자가 세금계산서를 발급하지 않는 경우에는 2%의 세금계산서 관련 가산세를 물게 되며, 징역형 또는 무거운 벌금형에 처할 수도 있다.

(4) 차명·가짜 세금계산서를 주고 받는 경우의 불이익

차명세금계산서란 실지 공급자가 아닌 다른 사람 명의로 발급한 세금계산서를 말하고 가짜 세금계산서란 실물거래 없이 발급한 세금계산서를 말한다. 차명·가짜세금계산서를 발급받은 경우에는 매입세액을 공제받을 수 없으며, 공급가액의 2%에 상당하는 세금계산서 관련 가산세, 신고불성실가산세 및 납부불성실가산세를 물어야 한다. 또한 소득금액 계산시 비용으로 인정받지 못하며, 징역형 또는 무거운 벌금형에 처할 수도 있다. 차명·가짜세금계산서를 발행한 경우에는 공급가액의 2%에 상당하는 세금계산서 관련 가산세를 물고 징역형 또는 무거운 벌금형에 처할 수도 있다.

(5) 영수증의 작성

영수증이란 세금계산서의 필요적 기재사항 중 공급받는 자와 부가가치세를 별도로 기재하지 아니한 계산서를 말하는 것으로, 부가가치세법상 간이과세자와 다음에 기재하는 사업을 영위하는 일반과세사업자는 영수증을 교부한다.

① 소매업
② 음식점업(다과점 업을 포함)
③ 숙박업
④ 목욕·이발·미용업
⑤ 여객운송업
⑥ 입장권을 발행하여 영위하는 사업
⑦ 도정업, 제분업 중 떡방아간
⑧ 양복점업·양장점업·양화점업
⑨ 건축물 자영건설업 중 주택건설업
⑩ 운수업 및 주차장 운영업
⑪ 부동산중개업
⑫ 간이과세자가 배제되는 전문자격사업 및 행정사업
⑬ 가사서비스업
⑭ 전기통신사업법에 의한 전기통신사업 중 사업자가 아닌 일반소비자에게 전기통신 용역을 제공하는 사업
⑮ 임시사업장 개설사업자가 그 임시사업장에서 사업자가 아닌 소비자에게 재화 또는 용역을 공급하는 경우와 전기사업법에 의한 산업용이 아닌 전력을 공급하는 사업. 이 경우에 있어서 위 '①' 내지, '③'·'⑤'(전세의 경우에 한한다), '②~⑮'의 경우에 공급을 받는 사업자가 사업자등록증을 제시하고 세금계산서의 교부를 요구하는 때에는 영수증을 교부하지 아니하고 세금계산서를 교부하여야 한다. 영수증은 지출내역의 증명일 뿐 부가가치세 신고 시 매입세액에서 공제받지 못한다.

2 사업자등록증 신청과 작성방법

1) 사업자 등록 신청과 관련사항

개인기업은 법인체의 설립과 달리 그 절차가 매우 간편하며, 개인기업을 영위하고자 하는 사업자는 사업장 소재지의 관할 세무서에 사업자등록 신청을 함으로써 사업을 개

시할 수 있다. 또한 간단한 서식에 의한 신고만으로도 기업이 설립될 수 있다. 관계기관의 인·허가를 필요로 하지 않는 사업이라면 사업개시일 20일 이내에 사업자등록 신청서를 관할 세무서장에게 제출함으로써 사업을 할 수가 있다. 따라서 개인기업의 사업자등록신청 과정을 통해 개인기업 설립절차를 살펴보면 다음과 같다.

법인과 같이 사업자등록을 신청하는데 있어서 매우 중요한 사항은 상호의 결정이다. 사용코자 하는 상호가 이미 등록되어 있거나, 상호로써 등록이 제한되는 경우가 있으므로 이를 사전에 확인 한 후 결정하는 것이 바람직하다. 사업자등록은 사업을 시작한 날로부터 20일 내에 구비서류를 갖추어 관할세무서 민원봉사실에 신청하면 된다. 민원봉사실에서는 신청서를 선별하여 외판업, 중기, 화물, 용달, 택시사업자와 대리, 중개, 주선업 등의 사업자에 대하여는 즉시 발급해 준다. 기타 사업자에 대하여는 해당과에서 신청사항을 확인한 후 발급하여 민원봉사실에서 우송 또는 직접 신청인에게 교부한다.

(1) 필요서류

① 사업자등록 신청서 1부(세무서 민원봉사실에 비치)

② 사업허가증사본 1부(허가를 받아야 하는 사업의 경우)

③ 사업허가 전에 등록을 하고자 하는 경우에는 사업허가신청서 사본이나 사업계획서

④ 법인설립등기 전 또는 사업허가 전에 등록을 하고자 하는 경우에는 법인설립을 위한 발기인의 주민등록등본 또는 사업허가신청서 사본이나 사업계획서를 첨부하면 된다.

⑤ 2인 이상이 공동으로 사업을 하는 경우 공동사업자 전원의 주민등록등본과 공동 사업 사실을 증명할 수 있는 서류(동업계약서 등)

⑥ 임대차계약서(임대차계약서 원본에 1만원의 수입인지 첨부·소인한 후 복사)

- 사업자등록 신청서 2부 (소정양식), 주민등록등본 2부
- 임대차계약서 사본 1부
- 사업허가증 사본 1부: 관계기관의 인허가 또는 등록을 해야 하는 사업

(2) 변경신고

사업자가 등록사항에 변동이 발생한 경우에는 지체 없이 그 사실을 관할세무서장에게 신고하여 사업자등록증의 기재사항을 정정하여 재교부 받아야 한다.

사업자등록 정정사유

① 상호를 변경하는 때
② 사업자의 주소 또는 거주지를 이전하는 때
③ 기업의 대표자를 변경하는 때
④ 사업의 종류에 변경이 있는 때
- 사업의 종류를 완전히 다른 종류로 변경한 때
- 새로운 사업의 종류를 추가하거나 사업의 종류 중 일부를 폐지한 때
⑤ 사업장을 이전하는 때
⑥ 상속으로 인하여 사업자의 명의가 변경되는 때
⑦ 공동사업자의 구성원 또는 출자지분의 변경이 있는 때

(3) 폐업 신고

「사업을 폐업하면 지체 없이 세무서 민원봉사실에 비치된 폐업신고서 1부를 작성하여 사업자등록증과 함께 사업장을 관할하는 세무서에 제출하면 된다.」 폐업신고서를 제출하는 경우 부가가치세 확정신고도 같이 하는 것이 절차가 간편하고 유리하다. 이때 부가가치세 확정신고서에 폐업연월일 및 사유를 기재하고 사업자등록증을 첨부하여 제출하면 폐업신고서를 제출한 것으로 본다.

사업을 그만두는 사업자의 마지막 신고기간은 그 폐업일일 속하는 과세기간의 개시일로부터 폐업일까지이며, 모든 사업자는 폐업 일로부터 25일 이내에 확정신고 납부를 하여야 한다.

핵심 Key 3 사업자 등록 시 유의사항

사업개시 일이란 사업장별로 재화의 제조를 개시한 날(제조업) 또는 광물의 채취·채광을 개시한 날(광업) 또는 재화와 용역의 공급을 개시한 날(기타사업)을 말한다.

- 사업자등록은 사업장 소재지 관할세무서 민원 봉사실에 신청을 하고, 민원 봉사실에서는 신청서를 선별하여 외판업, 중기, 화물, 용달, 택시사업자와 대리, 중개 주선업 등의 사업자에 대해서는 즉시 발급한다.
- 기타 사업자에 대하여는 해당 과에서 신청사항을 확인한 후 발급하여 민원 봉사실에서 우송 또는 직접 교부하게 된다.
- 사업자등록을 하면 사업자등록번호가 나오게 되는데, 이 사업자 등록번호는 모든 상거래에 있어 그 사업체를 거래 시마다 표시하며 사용되는 고유번호이다.

1. 사업을 시작하기 전에 등록을 할 수 있음

모든 사업자는 사업개시 일로부터 20일 이내에 사업자등록을 하여야 하며 등록 시 부여받은 사업자등록번호를 사용하여 세금계산서를 주고받아 납부 또는 환급세액의 계산도 하게 된다. 그러나, 사업자가 사업을 개시하기 전에 상품을 구입하거나 시설투자를 하고자 하는 경우 상품 매입 시 부담한 부가가치세를 환급 받으려면 사업을 개시하기 전에 사업자등록을 하여 매입 계산서를 교부받는 것이 유리하다. 이때에는 사업을 개시한 것이 객관적으로 확인되어야 사업자등록증이 교부된다.

2. 사업자등록은 사업장마다 하여야 함

사업장이라 함은 사업자 또는 그 사용인이 상시 주재하여 거래의 전부 또는 일부를 행하는 장소를 말한다. 법인의 경우 법인의 본점, 지점 모두 사업자등록을 하여야 하고, 개인도 사업장이 2개 이상 있는 때에는 사업장마다 사업자등록을 하여야 하며 직매장도 사업자등록을 하여야 한다.

3. 다음의 경우에는 사업자등록을 하지 않아도 된다.

- 보관, 관리시설만 갖춘 하차장을 설치하고, 그 날로부터 10일 이내에 하차장 관할 세무서에 하차장 설치 신고서를 제출한 경우
- 기존사업장이 있는 사업자가 각종 경기대회, 박람회, 국제회의 등이 개최되는 장소에 임시사업장을 개설하는 경우나 임시로 기존사업장과는 다른 장소에 단기간 판

매장을 개설하는 경우로서 사업 개시일 20일전에 임시사업장 관할 세무서에 임시 사업장 개설 신고서를 제출한 경우

4. 여러 가지 사업을 겸업할 때의 사업자등록

부가가치세의 과세사업과 부가가치세가 면세되는 사업을 겸업할 때에는 부가가치세법에 의한 사업자등록만을 하면 된다. 부가가치세가 면세되는 사업만을 하는 경우 소득세법(법인의 경우 법인세법)에 의한 사업자등록을 하여야 한다.

5. 공동사업자의 경우 사업자 등록하는 방법

2인 이상의 사업자가 공동으로 사업을 하는 경우 사업자등록신청은 공동사업자중 1인을 대표자로 하고 공동사업자 전원의 주민등록등본을 붙여 대표자 명의로 신청하여야 한다. 이 경우에는 공동으로 사업을 하는 사실을 증명할 수 있는 동업계약서 등의 서류(공동계약서 등)를 함께 제출하여야 한다.

6. 사업자등록을 발급 받지 못하는 경우

남의 명의로 사업자등록을 신청하거나, 법령에 의하여 허가를 받아야 하는 업종의 사업자가 허가증사본을 붙이지 아니한 경우, 신청내용이 실제사업과 다른 경우에는 사업자등록증을 발급 받을 수 없다. 이러한 경우에는 등록신청을 정정하거나 보완하여 신청하여야 하며, 신청한 내용이 세무서에서 조사한 사실과 다른 경우에는 그 조사한 사실에 따라 사업자등록증이 교부되며 이 경우 교부기간은 7일에 한하여 연장된다.

7. 사업자등록을 하지 않은 경우의 불이익

사업자등록을 하지 않고 사업을 하면 사업개시 일로부터 등록한 날이 속하는 예정신고기간 (예정신고기간이 지난 경우에는 그 과세기간)까지의 공급가액에 대하여 개인은 100분의 1(과세특례자는 1,000분의 5), 법인은 100분의 2에 해당하는 금액을 가산세로 물게 된다. 또한, 구입한 상품에 대한 세금계산서를 교부받을 수 없어 물건을 사지 못하거나 구입 시 부담한 세금을 공제 받지 못하게 되며, 결과적으로 성실한 납세자에게 주는 각종 혜택을 전혀 받지 못하는 등의 불이익을 입게 된다.

8. 사업자등록증을 훼손하거나 분실한 경우

사업자등록증의 훼손·분실로 인하여 사업자등록증을 재교부 받고자 하는 때에는 다음의 서류를 제출하여 재교부를 받으면 된다.

① 사업자등록증 재교부신청서 1부

② 사업자등록증 원본(사업자등록증 훼손시에 한함)

2) 사업자등록신청서 작성 요령

사업자등록신청서는 다음의 작성요령에 의하여 한글과 아라비아 숫자로 정확하게 기재하면 된다.[6]

(1) 인적사항

상호와 대표자 성명, 주민등록번호, 전화번호를 기재하며 사업장소재지는 번지수와 아파트·공동건물일 경우에는 반드시 동·호수까지 기재한다. 또한 E-mail과 비밀번호는 전자민원서비스를 받을 때 필요한 것으로 비밀번호는 반드시 기억하도록 한다.

(2) 사업장현황

1. 사업의 종류: 영위할 사업의 업종을 주업태·주종목란에 기재하며 겸업(예: 도·소매, 제조·서비스 등)일 경우에는 주업종외에 겸하는 업종을 부업태·부종목란에 기재하되 주(부)업종 코드 란은 기재하지 않는다.
2. 개업일: 제조업은 제조장별로 재화의 제조를 개시하는 날, 광업은 사업장별로 광물의 채취·채광을 개시하는 날, 기타의 사업에 있어서는 재화 또는 용역의 거래를 개시하는 날을 기재한다.
3. 종업원 수: 고용계약에 의하여 근로를 제공하고 보수를 받는 자로서 상시 근무하는 인원을 기재한다.
4. 사업장구분 및 사업장을 빌려준 사람: 해당란에 "○" 표시하고 임대인의 성명·주민등록번호를 반드시 기재하되, 임대인이 법인인 경우에는 법인명·법인 사업자등록번호를 반드시 기재하여야 하며 자가인 경우에는 기재하지 않는다.
5. 사업장 사용료: 전세금·임대보증금과 월세를 구분하여 기재한다.
6. 사업자금내역: 전세금 또는 임대보증금을 포함하여 사업과 관련한 자금을 기재하되 은행 대출금·사채 등은 타인 자금란에 기재한다.
7. 사업장면적: 사업을 영위하는 장소의 면적을 "평(㎡)" 단위로 기재한다.

---

6 상게서, pp.73~77.

⑧ 특별소비세: 해당란에 "○" 표시한다.

(3) 공동사업자명세

출자금은 사업을 하기 위한 투자금액총액을, 성립액은 사업개시일을 기재하되 개시일 이전에 등록하는 경우에는 등록신청일을, 지분율은 백분율(%)로, 관계란은 주된 사업자(대표자)와의 관계를 각각 기재한다.

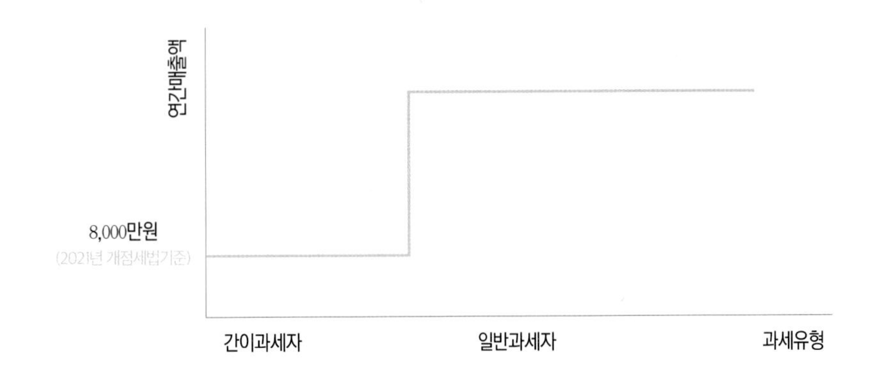

사업자등록신청서 작성 시 유의사항

특별소비세나 교통세 납세의무가 있는 사업자가 관련법에 따라 개업이나 휴업, 변경신고를 할 때에는 부가가치세법에 따른 신고는 별도로 필요치 않다. 또한 유흥음식업소나 식품잡화점 등 주류 판매점을 해야 하는 사업자가 주류 판매사실을 적어 사업자등록증을 교부받은 경우엔 주류 판매사실을 재차 신고할 필요가 없다. 그리고 다른 사람의 명의로 사업자등록을 신청하거나 허가증 사본을 붙이지 않은 경우엔 사업자등록증을 받을 수 없다.

한편 사업자 등록번호를 한번 부여받으면 특별한 경우를 제외하고는 평생 사용하게 된다. 다만, 회사이름이나 업태·종목이 바뀌거나 사업장 이전, 법인대표자 변경, 사업자 명의변경, 공동사업자 구성원 또는 출자지분 변경 등의 사유가 발생하면 지체 없이 정정신고를 해야 한다.

❶ 해당하는 사업자의 유형을 미리 파악한다.

부가가치세가 과세되는 사업자의 유형은 매출액의 규모에 따라 일반과세자, 간이과세자로 구분된다.

❷ 본인명의로 사업자등록을 한다.

남의 명의로 사업자등록을 신청하거나 허가를 받아야 하는 사람이 허가증 사본을 붙이지 아니한 경우 또는 신청내용이 실제 사업과 다른 경우에는 처리기간 내에 사업자등록증을 받을 수 없다.

일반적으로 사업자등록증은 당일 즉시 교부되지만, 사업장시설이나 사업현황 등을 확인하기 위하여 필요한 경우에는 교부기간을 7일에 한하여 연장하고 조사한 사실에 따라 사업자등록증을 교부할 수 있다.

사업자등록신청서 작성시 유의사항

■ 부가가치세법 시행규칙 [별지 제4호서식] <개정 2022. 3. 18.>

홈택스(www.hometax.go.kr)에서도 신청할 수 있습니다.

사업자등록 신청서(개인사업자용)
(법인이 아닌 단체의 고유번호 신청서)

※ 사업자등록의 신청 내용은 영구히 관리되며, 납세 성실도를 검증하는 기초자료로 활용됩니다.
아래 해당 사항을 사실대로 작성하시기 바라며, 신청서에 본인이 자필로 서명해 주시기 바랍니다.
※ [ ]에는 해당하는 곳에 √표를 합니다.

(앞쪽)

접수번호	처리기간	2일(보정 기간은 불산입)

1. 인적사항

상호(단체명)	연락처	(사업장 전화번호)
성명(대표자)		(주소지 전화번호)
주민등록번호		**(휴대전화번호)**
		(FAX 번호)
사업장(단체) 소재지		층 호
사업장이 주소지인 경우 주소지 이전 시 사업장 소재지 자동 정정 신청		([ ]여, [ ]부)

2. 사업장 현황

업 종	주업태		주종목		주생산 요소		주업종 코드		**개업일**	종업원 수
	부업태		부종목		부생산 요소		부업종 코드			
사이버몰 명칭			사이버몰 도메인							
사업장 구분	자가 면적	타가 면적	사업장을 빌려준 사람 (임대인)			임대차 명세				
			성 명 (법인명)	사업자 등록번호	주민(법인) 등록번호	임대차 계약기간	(전세) 보증금	월세(차임)		
	㎡	㎡				. . . ~ . . .	원	원		
허가 등 사업 여부	[ ]신고 [ ]등록 [ ]허가 [ ]해당 없음			주류면허		면허번호	면허신청 [ ]여 [ ]부			
개별소비세 해당 여부	[ ]제조 [ ]판매 [ ]입장 [ ]유흥			사업자 단위 과세 적용 신고 여부		[ ]여 [ ]부				
사업자금 명세 (전세보증금 포함)	자기자금	원		타인자금		원				
간이과세 적용 신고 여부	[ ]여 [ ]부			간이과세 포기 신고 여부		[ ]여 [ ]부				
전자우편주소			국세청이 제공하는 국세정보 수신동의			[ ]문자(SMS) 수신에 동의함(선택) [ ]전자우편 수신에 동의함(선택)				
그 밖의 신청사항	확정일자 신청 여부	공동사업자 신청 여부	사업장소 외 송달장소 신청 여부	양도자의 사업자등록번호 (사업양수의 경우에만 해당함)						
	[ ]여 [ ]부	[ ]여 [ ]부	[ ]여 [ ]부							
신탁재산 여부	[ ]여 [ ]부	신탁재산의 등기부상 소재지 또는 등록부상 등록지								

210mm×297mm[백상지(80g/㎡) 또는 중질지(80g/㎡)]

(뒤쪽)

3. 사업자등록 신청 및 사업 시 유의사항 (아래 사항을 반드시 읽고 확인하시기 바랍니다)

가. 다른 사람에게 사업자명의를 빌려주는 경우 사업과 관련된 각종 세금이 명의를 빌려준 사람에게 나오게 되어 다음과 같은 불이익이 있을 수 있습니다.

1) 조세의 회피 및 강제집행의 면탈을 목적으로 자신의 성명을 사용하여 타인에게 사업자등록을 할 것을 허락하거나 자신 명의의 사업자등록을 타인이 이용하여 사업을 영위하도록 한 자는 「조세범 처벌법」 제11조제2항에 따라 1년 이하의 징역 또는 1천만원 이하의 벌금에 처해집니다.

2) 소득이 늘어나 국민연금과 건강보험료를 더 낼 수 있습니다.

3) 명의를 빌려간 사람이 세금을 못 내게 되면 체납자가 되어 소유재산의 압류·공매처분, 체납명세의 금융회사 등 통보, 출국규제 등의 불이익을 받을 수 있습니다.

나. 다른 사람의 명의로 사업자등록을 하고 실제 사업을 하는 것으로 확인되는 경우 다음과 같은 불이익이 있을 수 있습니다.

1) 조세의 회피 또는 강제집행의 면탈을 목적으로 타인의 성명을 사용하여 사업자등록을 하거나 타인 명의의 사업자등록을 이용하여 사업을 영위한 자는 「조세범 처벌법」 제11조제1항에 따라 2년 이하의 징역 또는 2천만원 이하의 벌금에 처해집니다.

2) 「부가가치세법」 제60조제1항제2호에 따라 사업 개시일부터 실제 사업을 하는 것으로 확인되는 날의 직전일까지의 공급가액 합계액의 1%에 해당하는 금액을 납부세액에 더하여 납부해야 합니다.

3) 「주민등록법」 제37조제10호에 따라 다른 사람의 주민등록번호를 부정하게 사용한 자는 3년 이하의 징역 또는 3천만원 이하의 벌금에 처해집니다.

다. 귀하가 재화 또는 용역을 공급하지 않거나 공급받지 않고 세금계산서 또는 계산서를 발급하거나 발급받은 경우 또는 이와 같은 행위를 알선·중개한 경우에는 「조세범 처벌법」 제10조제3항 또는 제4항에 따라 3년 이하의 징역 또는 공급가액에 부가가치세의 세율을 적용하여 계산한 세액의 3배 이하에 상당하는 벌금에 처해집니다.

라. 신용카드 가맹 및 이용은 반드시 사업자 본인 명의로 해야 하며 사업상 결제목적 외의 용도로 신용카드를 이용할 경우 「여신전문금융업법」 제70조제3항제2호부터 제6호까지의 규정에 따라 3년 이하의 징역 또는 2천만원 이하의 벌금에 처해집니다.

창업자 멘토링 서비스	신청 여부	[ ]여 [ ]부

※ 세무대리인을 선임하지 못한 경우 신청 가능하며, 서비스 제공 요건을 충족하지 못한 경우 서비스가 제공되지 않을 수 있음

대리인이 사업자등록신청을 하는 경우에는 아래의 **위임장을 작성하시기 바랍니다.**

위 임 장	본인은 사업자등록 신청과 관련한 모든 사항을 아래의 대리인에게 위임합니다. 본 인: (서명 또는 인)		
대리인 인적사항	성명	주민등록번호	전화번호	신청인과의 관계

위에서 작성한 내용과 실제 사업자 및 사업내용 등이 일치함을 확인하며, 「부가가치세법」 제8조제1항·제3항, 제61조제3항, 같은 법 시행령 제11조제1항·제2항, 제109조제4항, 같은 법 시행규칙 제9조제1항·제2항 및 「상가건물 임대차보호법」 제5조제2항에 따라 사업자등록 ([ ]일반과세자[ ]간이과세자[ ]면세사업자[ ]그 밖의 단체) 및 확정일자를 신청합니다.

년 월 일

신청인: (서명 또는 인)

위 대리인: (서명 또는 인)

세무서장 귀하

신고인 제출서류	1. 사업허가증 사본, 사업등록증 사본 또는 신고확인증 사본 중 1부(법령에 따라 허가를 받거나 등록 또는 신고를 해야 하는 사업의 경우에만 제출합니다) 2. 임대차계약서 사본 1부(사업장을 임차한 경우에만 제출합니다) 3. 「상가건물 임대차보호법」이 적용되는 상가건물의 일부분을 임차한 경우에는 해당 부분의 도면 1부 4. 자금출처명세서 1부(금지금 도매·소매업, 과세유흥장소에서의 영업, 액체연료 및 관련제품 도매업, 기체연료 및 관련제품 도매업, 차량용 주유소 운영업, 차량용 가스 충전업, 가정용 액체연료 소매업, 가정용 가스연료 소매업, 재생용 재료 수집 및 판매업을 하려는 경우에만 제출합니다) 5. 신탁계약서 1부 6. 주택임대사업을 하려는 경우 「소득세법 시행규칙」 별지 제106호서식의 임대주택 명세서 1부 또는 임대주택 명세서를 갈음하여 「민간임대주택에 관한 특별법 시행령」 제4조제5항에 따른 임대사업자 등록증 사본 1부	수수료 없음

유의사항

사업자등록을 신청할 때 다음 각 호의 사유에 해당하는 경우에는 붙임의 서식 부표에 추가로 적습니다.

1. 공동사업자가 있는 경우
2. 사업장 외의 장소에서 서류를 송달받으려는 경우
3. 사업자 단위 과세 적용을 신청하려는 경우(2010년 이후부터 적용)

210mm×297mm[백상지(80g/㎡) 또는 중질지(80g/㎡)]

■ 법인세법 시행규칙 [별지 제73호서식] <개정 2022. 3. 18.>

홈택스(www.hometax.go.kr)에서도 신고할 수 있습니다. (앞쪽)

접수번호	[ ] 법인설립신고 및 사업자등록신청서 [ ] 국내사업장설치신고서(외국법인)	처리기간
		2일 (보정기간은 불산입)

귀 법인의 사업자등록신청서상의 내용은 사업내용을 정확하게 파악하여 근거과세의 실현 및 사업자등록 관리업무의 효율화를 위한 자료로 활용됩니다. 아래의 사항에 대하여 사실대로 작성하시기 바라며 신청서에 서명 또는 인감(직인)날인하시기 바랍니다

1. 인적사항

법 인 명(단체명)		승인법인고유번호 (폐업당시 사업자등록번호)	
대 표 자		주민등록번호	-
사업장(단체)소재지		층 호	
전 화 번 호	(사업장)	(휴대전화)	

2. 법인현황

법인등록번호	-	자본금	원	사업연도	월 일 ~ 월 일

법 인 성 격 (해당란에 ○표)

내 국 법 인							외 국 법 인			지점(내국법인의 경우)			분할신설법인	
영리일반	영리외투	신탁재산	비영리	국가지방자치	법인으로 보는 단체		지점(국내사업장)	연 락 사무소	기타	여	부	본점 사업자 등록번호	분할전 사업자등록 번호	분할연월일
					승인법인	기타								

조합법인 해당 여부		사업자 단위 과세 여부		법인과세 신탁재산		공 익 법 인						외국·외투 법인	국 적	투자비율
여	부	여	부	여	부	해당여부		사업유형	주무부처명	출연자산여부				
						여	부			여	부			

3. 법인과세 신탁재산의 수탁자(법인과세 신탁재산의 설립에 한함)

법 인 명(상호)		사 업 자 등 록 번 호	
대 표 자		주 민 등 록 번 호	
사 업 장 소 재 지			

4. 외국법인 내용 및 관리책임자 (외국법인에 한함)

외 국 법 인 내 용

본점	상 호	대 표 자	설 치 년 월 일	소 재 지

관 리 책 임 자

성 명 (상 호)	주민등록번호 (사업자등록번호)	주 소 (사업장소재지)	전 화 번 호

5. 사업장현황

사 업 의 종 류						사업(수익사업) 개 시 일
주업태	주 종 목	주업종코드	부업태	부 종 목	부업종코드	
						년 월 일

사이버몰 명칭		사이버몰 도메인	

사업장 구분 및 면적		도면첨부		사업장을 빌려준 사람(임대인)			
자가	타가	여	부	성 명(법인명)	사업자등록번호	주민(법인)등록번호	전화번호
㎡	㎡						

임 대 차 계 약 기 간	(전세)보증금	월 세(부가세 포함)
20 . . . ~ 20 . . .	원	원

개 별 소 비 세				주 류 면 허		부가가치세 과세사업		인·허가 사업 여부			
제 조	판 매	장 소	유흥	면 허 번 호	면 허 신 청	여	부	신고	등록	인·허가	기타
					여 부						

설립등기일 현재 기본 재무상황 등

자산 계	유동자산	비유동자산	부채 계	유동부채	비유동부채	종업원수
천원	천원	천원	천원	천원	천원	명

전자우편주소		국세청이 제공하는 국세정보 수신동의 여부	[ ] 문자(SMS) 수신에 동의함(선택) [ ] 이메일 수신에 동의함(선택)

210mm×297mm[백상지 80g/㎡ 또는 중질지 80g/㎡]

(뒤쪽)

6. 사업자등록신청 및 사업 시 유의사항(아래 사항을 반드시 읽고 확인하시기 바랍니다)

가. 사업자등록 **명의를 빌려주는 경우 해당** 법인에게 부과되는 각종 세금과 과세자료에 대하여 소명 등을 해야 하며, 부과된 세금의 체납 시 **소유재산의 압류·공매처분, 체납내역 금융회사 통보, 여권발급제한, 출국규제 등**의 불이익을 받을 수 있습니다.

나. 내국법인은 주주(사원)명부를 작성하여 비치해야 합니다. 주주(사원)명부는 사업자등록신청 및 법인세 신고 시 제출되어 지속적으로 관리되므로 사실대로 작성해야 하며, 주주명의를 대여하는 경우에는 **양도소득세 또는 증여세**가 과세될 수 있습니다.

다. 사업자등록 후 정당한 사유 없이 **6개월이 경과할 때까지 사업을 개시**하지 아니하거나 **부가가치세 및 법인세를 신고하지 아니하거나 사업장을 무단 이전**하여 실지사업여부의 확인이 어려울 경우에는 **사업자등록이 직권으로 말소**될 수 있습니다.

라. **실물거래 없이 세금계산서 또는 계산서를 발급하거나 수취하는 경우** 「조세범처벌법」 제10조제3항 또는 제4항에 따라 해당 법인 및 대표자 또는 관련인은 **3년 이하의 징역 또는 공급가액 및 그 부가가치세액의 3배 이하에 상당하는 벌금에 처하는 처벌**을 받을 수 있습니다.

마. 신용카드 가맹 및 이용은 반드시 사업자 본인 명의로 해야 하며 **사업상 결제목적 이외의 용도로 신용카드를 이용할 경우** 「여신전문금융업법」 제70조제2항에 따라 **3년 이하의 징역 또는 2천만원 이하의 벌금에 처하는 처벌을 받을 수 있습니다.**

바. 공익법인의 경우 공익법인에 해당하게 된 날부터 **3개월 이내**에 **전용계좌를 개설**하여 **신고**해야 하며, **공익목적사업과 관련한 수입과 지출금액**은 반드시 신고한 **전용계좌를 사용**해야 합니다.(미이행시 가산세가 부과될 수 있습니다.)

신청인의 위임을 받아 대리인이 사업자등록신청을 하는 경우 아래 사항을 적어 주시기 바랍니다.

대 리 인 인적사항	성 명		주민등록번호	
	주 소 지			
	전화 번호		신청인과의 관계	

신청 구분	[ ] 사업자등록만 신청 [ ] 사업자등록신청과 확정일자를 동시에 신청 [ ] 확정일자를 이미 받은 자로서 사업자등록신청 (확정일자 번호:)

신청서에 적은 내용과 실제 사업내용이 일치함을 확인하고, 「법인세법」 제75조의12제3항·제109조·제111조, 같은 법 시행령 제152조부터 제154조까지, 같은 법 시행규칙 제82조제7항제11호 및 「상가건물 임대차보호법」 제5조제2항에 따라 법인설립 및 국내사업장설치 신고와 사업자등록 및 확정일자를 신청합니다.

년 월 일

신 청 인 (인)

위 대 리 인 (서명 또는 인)

세무서장 귀하

첨부 서류	1. 정관 1부(외국법인만 해당합니다) 2. 임대차계약서 사본(사업장을 임차한 경우만 해당합니다) 1부 3. 「상가건물 임대차보호법」의 적용을 받는 상가건물의 일부를 임차한 경우에는 해당 부분의 도면 1부 4. 주주 또는 출자자명세서 1부 5. 사업허가·등록·신고필증 사본(해당 법인만 해당합니다) 또는 설립허가증사본(비영리법인만 해당합니다) 1부 6. 현물출자명세서(현물출자법인의 경우만 해당합니다) 1부 7. 자금출처명세서(금지금 도·소매업, 액체·기체연료 도·소매업, 재생용 재료 수집 및 판매업, 과세유흥장소에서 영업을 하려는 경우에만 제출합니다) 1부 8. 본점 등의 등기에 관한 서류(외국법인만 해당합니다) 1부 9. 국내사업장의 사업영위내용을 입증할 수 있는 서류(외국법인만 해당하며, 담당 공무원 확인사항에 의하여 확인할 수 없는 경우만 해당합니다) 1부 10. 신탁 계약서(법인과세 신탁재산의 경우만 해당합니다) 1부 11. 사업자단위과세 적용 신고자의 종된 사업장 명세서(법인사업자용)(사업자단위과세 적용을 신청한 경우만 해당합니다) 1부

작성방법

사업장을 임차한 경우 「상가건물 임대차보호법」의 적용을 받기 위해서는 사업장 소재지를 임대차계약서 및 건축물관리대장 등 공부상의 소재지와 일치되도록 구체적으로 적어야 합니다.
(작성 예) ○○동 ○○○○번지 ○○호 ○○상가(빌딩) ○○동 ○○층 ○○○○호

210mm×297mm[백상지 80g/㎡ 또는 중질지 80g/㎡]

신규 사업자가 내야 할 세금

사업을 하는 사람이 내야 하는 세금으로 상품의 거래나 서비스의 제공에 대하여 내는 부가가치세와 사업을 해서 얻는 소득에 대하여 내는 소득세로 크게 구분이 되어진다.

▶ 부가가치세[7]

사업을 하는 경우에는 원칙적으로 상품(재화)의 거래나 서비스의 제공에 대하여 부가가치세를 내야 한다. 그러나 다음과 같은 기초생활필수품의 판매나 의료·교육 문화 관련 용역의 제공은 부가가치세가 면제된다.

① 가공되지 아니한 식료품(쌀, 미가공 농·축·수산물 등)
② 병원, 의원(단, 성형목적의 의료시술은 과세됨)
③ 허가 또는 인가를 받은 학원, 강습소, 기타 비영리단체 등
④ 도서, 신문, 잡지(광고 제외)
⑤ 연탄, 무연탄, 복권의 판매
⑥ 토지의 공급 및 주택과 그 부수토지의 임대용역
⑦ 개인이 일의 성과에 따라 수당 또는 이와 유사한 성질의 대가를 받는 인적용역(직업강사, 번역 전문인) 등
⑧ 국민주택(전용면적 85㎡)이하의 공급 및 당해 주택의 건설용역

▶ 개별소비세

다음의 사업을 하는 사업자는 개별소비세를 별도로 납부하여야 한다. 그리고 개별소비세 신고는 부가가치세 신고와 별도로 매월 신고를 하여야 한다.

① 카바레, 나이트클럽, 요정, 살롱, 디스코클럽 등 과세유흥업소
② 귀금속 판매, 고급가구, 모피의류 등의 제조

▶ 종합소득세[8]

개인사업자는 사업을 해서 얻은 소득에 대하여 1년에 한번 소득세를 신고·납부하여야 한다. 종합소득세의 신고기간은 한해(1월1일~12월31일)의 소득에 대한 소득세를 다음해 5월 1일~5월 31일까지 주소지 관할세무서에 신고·납부하여야 한다.

---

7 부가가치세는 물건값에 부가가치세가 포함(매출가격의 10%)되어 있기 때문에 실제 세금은 소비자(물건을 구입하는 사람)가 부담하는 것이며, 사업자(부가가치세를 납부하는 사람)는 소비자가 부담한 세금을 잠시 보관했다가 국가에 내는 것에 지나지 않는다. 이렇게 실제 세금을 부담하는 사람과 납세의무자가 다른 세금을 간접세라 한다.

8 소득세는 사업결과 얻어진 수업에서 정당하게 사용된 비용을 공제한 후 남은 소득에서 내는 세금으로 사업상 결손이 나면 내지 않을 수도 있지만, 부가가치세는 결손이 날 경우에도 내야 되는 성격이 다른 세금이다.

▶ 법인세

법인사업자는 사업을 해서 얻은 소득에 대하여 1년에 한번 법인세를 신고·납부하여야 한다. 법인세의 신고기간은 사업연도(정관상에 기재된 사업연도 또는 관할세무서에 신고한 사업연도)의 소득에 대한 법인세를 사업연도 종료 후 3월 이내에 신고·납부하여야 한다.

일반과세자와 간이과세자의 차이 및 사업자유형 변경

▶ 일반과세자와 간이과세자 차이점

구 분	일반과세자	간이과세자
구분적용기준	1년간 매출액 8,000만원[1] 이상이거나, 간이과세 배제되는 업종·지역인 경우[2]	1년간 매출액 8,000만원 미만이고, 간이과세 배제되는 업종·지역이 아닌 경우[3]
과 세 기 간	제1기 1.1 ~ 06.30. 제2기 7.1~ 12.31.	1년 단위 1.1. ~ 12.31.
매 출 세 액	공급가액 X 10%	공급대가 × 10% × 업종별 부가가치율[4] (15~40%, 2021년 개정세법기준)
매입세액[5] 공제	매입세액전액공제(공제되지 아니하는 것으로 특정한 경우 제외)	세금계산서 등을 발급받은 매입액(공급대가) × 0.5%
세금계산서 발행	특정한 경우를 제외하고는 의무 발행	연매출 4,800만 원 이상 8,000만원 미만인 경우 발행 의무
환 급	공제대상 매입세액이 매출세액을 초과하는 경우 환급	공제 받을 수 있는 매입세액이 매출 세액을 초과하더라도 환급 받을 수 없음
의제매입세액[6]공제	모든 업종에 적용	적용 배제
부가가치세 회계처리	납부한 부가가치세는 필요경비에 산입하지 아니함.	공급대가(부가가치세 포함금액)를 수입금액으로 하고, 납부한 부가가치세는 필요경비('세금과공과금' 등)에 산입함

* 공급가액이란 부가가치세를 제외한 금액을 말하며,
 공급대가란 부가가치세를 포함한 금액을 말합니다.

<출처: 이진규, 세금개요 및 부가세·종합소득세 직접신고하기, 경영정보사, 2016:152 수정.>

1 부동산 임대업, 과세유흥장소의 경우 4,800만원

2 광업·제조업·도매업 및 상품중개업·부동산매매업, 전기·가스, 증기 및 수도사업, 건설업, 전문·과학·기술서비스업, 사업시설관리·사업지원 및 임대서비스업, 전문직 사업자·다른 일반과세 사업장을 이미 보유한 사업자·간이과세배제기준(종목·부동

▶ 사업자유형의 변경 가능

간이과세자에서 일반과세자로 변경되는 경우	일반과세자에서 간이 과세자로 변경되는 경우
<사업자의 신청에 의하여 변경하는 경우> • 일반과세자 적용을 받고자 하는 달의 전달 20일까지 '간이과세포기신고서'를 사업장 관할세무서장에게 제출 • 간이과세를 포기한 사업자는 3년간 다시 간이과세자의 적용을 받지 못한다.	사업자의 신청에 의해서는 변경 할 수 없다.
<법에 의하여 변경되는 경우> • 사업규모가 커져 연간 매출액이 8,000만원 이상이 되면 일반과세자로 변경된다. 이때는 관할세무서에서 과세유형이 바뀌기 20일 전에 그 사실을 사업자에게 통지하여 주게 된다.	연간매출액이 8,000만원 미만인 개인사업자는 다음해 7월 1일부터 1년간 간이과세 적용을 받는다(단, 임대사업자 및 과세유흥장소 사업자는 4,8000만원 미만)

<출처: 최재희, 소자본 창업 어떻게 할까요?, 중앙경제평론사, 2010, p.531. 수정>

산매매업·과세유흥장소·지역)에 해당하는 사업자 등은 간이과세 적용배제.
- 간이과세자로서 당해 과세기간(1.1~12.31.) 공급대가(매출액)가 4,800만원 미만인 경우 부가가치세 신고는 하고, 세금납부는 면제(단, 당해과세기간에 신규사업개시 사업자는 사업개시일부터 과세기간 종료일까지의 공급대가 합계액을 1년으로 환산한 금액이 4,800만원 미만인 경우 세금 납부가 면제 됨).

3 2021. 7. 1. 이후 재화 또는 용역을 공급하는 분부터 적용

4 ① 소매업, 재생용 재료 수집 및 판매업, 음식점업은 15%
② 제조업, 농·임·어업, 소화물 전문 운송업은 20%
③ 숙박업은 25%
④ 건설업, 운수·창고업(소화물 전문 운송업은 제외), 정보통신업은 30%
⑤ 금융 및 보험관련업, 전문·과학 및 기술 서비스업(인물사진 및 행사용 영상 촬영업 제외), 사업시설관리, 사업지원 및 임대서비스업, 부동산 관련 서비스업, 부동산임대업은 40%
⑥ 그 밖의 서비스업은 30%

5 매입세액: 사업자가 공급받은 재화나 용역에 대한 공급자가 징수하는 부가가치세액

6 의제매입세액: 부가가치세가 면제되는 재화를 구입하여 매입세액이 없는 경우에도 일정한 요건에 해당되면, 매입가액 중 일정한 매입세액이 포함되어 있는 것으로 간주해 일정액을 매출세액에서 공제하는 세액

제3절 사업자가 알아야 할 절세상식

1 소규모 사업자가 알아야 할 기본적인 절세상식

신규사업자가 알아야 할 기본적인 절세상식은 다음과 같다.[9]

1) 동일인의 채권 · 채무에 대한 대손충당금

대손충당금[10]은 당기 말 현재 채권을 그 이후에 받지 못할 가능성에 대비하여 설정하는 것을 말하는 것으로 당해연도의 소득금액의 계산에 있어서 필요경비에 산입한다. 대손충당금은 채권잔액의 1% 또는 채권잔액에 대한 대손실적률을 곱하여 계산한 금액 중 큰 금액으로 설정할 수 있다.

직전연도의 대손실적율 = 당해 과세기간의 대손금/직전 과세기간 종료일 현재의 채권 잔액

하지만 다음의 경우와 같은 외상매출금은 대손충당금을 설정할 수 없다.

1. 지급보증금
2. 대여금(금융업은 예외)
3. 공사진행률에 의하여 계상한 공시미수금
4. 수익에 직접적인 관련이 없는 선급금 및 미수금
5. 할인어음 및 배서어음
6. 수수료를 수입하는 수탁판매업의 수탁물 판매대금 미수금

9 상게서, pp. 85~91.

10 대손충당금(allowance for bad debts): 어떤 이유로 채권의 일부 또는 전부를 회수할 수 없게 되는 경우를 대손이라 하고, 대손이 발생한 해당 대금을 대손금이라 한다. 기업에서는 채권이 발생하면 대손이 발생하는 것을 예상하고 일정비율만큼의 대손충당금을 설정하게 된다.

그런데 사업자가 동일인에 대하여 매출채권과 매입채무가 동시에 있는 경우에도 이를 상계하지 아니하고 대손충당금을 설정할 수 있다. 그러나 당사자의 약정에 의하여 상계하기로 한때에는 그러하지 아니하다. 따라서 사업상의 꼭 필요한 경우가 아니면 약정을 맺을 필요가 없고, 그때그때 필요시마다 채권과 채무를 합의에 의하여 상계시키면 된다.

2) 벌금·과료·과태료

벌금, 과료(통고처분에 의한 벌금 또는 과료에 상당한 금액), 과태료 등은 법을 위반하거나 지켜야 할 사항들을 지키지 아니한 때에 부과되는 것으로서, 법질서의 확립을 위하여 부과되는 것들이다. 따라서 세법에서도 이와 같은 지출에 대해서는 비용으로 인정하지 아니하고 있다. 그러나 다음과 같은 지출은 필요경비로서 인정을 해주고 있다.

① 사계약상의 의무불이행으로 인하여 과하는 지체상금
② 보세구역에 장치되어 있는 수출용원자재가 관세법상의 장치기간 경과로 국고귀속이 확정된 자산의 가액
③ 철도화차사용료의 미납액에 대하여 가산되는 연체이자
④ 산업재해보상보험법에 의한 제71조 규정에 의한 산재보험료의 연체금 및 동법 제26 조의 2에 의한 보험급여액징수금
⑤ 국유지 사용료의 납부지연으로 인한 연체료
⑥ 전기요금의 납부지연으로 인한 연체가산금
⑦ 건강보험법 제71조의 규정에 의한 건강보험료의 가산금

3) 감가상각비

감가상각비[11]는 유형자산의 투자금액을 그 내용연수에 걸쳐 비용화 하는 것으로서 그 단위금액이 큰 것이 보통이므로 상각방법의 결정에 따라 소득금액에 큰 영향을 줄

11 감가상각비(depreciation cost): 시간의 지남에 따라 공장이나 기계설비와 같은 고정자산은 노후화로 인해 물리·경제적 가치가 하락하게 됨으로 그 감소가치를 비용으로 해당연도에 부담시키는 회계 상의 처리나 절차를 감가상각이라 하며, 감가상각에 의해 계산된 비용으로 특정연도의 비용이 되는 고정자산의 가치가 감소되는 금액을 감가상각비라 한다.

수도 있다. 감가상각비의 4대 요소는 취득가액, 잔존가액, 내용연수, 상각방법인데 이 중에서 취득가액과 잔존가액을 제외한 내용연수와 상각방법을 어떻게 결정하느냐에 따라 감가상각비가 큰 차이가 나게 된다.

(1) 내용연수

세법에서는 구조 또는 자산별, 업종별로 기준내용연수를 정하여 놓고 있으며, 사업자의 선택에 따라 기준내용연수의 25/100를 가감한 범위 내에서 조정하여 납세지 관할 세무서장에게 신고 후 그 신고내용연수를 적용할 수 있도록 하고 있다. 또 일정한 요건에 해당하는 경우에는 기준내용연수에 기준내용연수의 50/100을 가감한 범위 내에서 조정하여 납세지 관할지방 국세청장의 승인을 얻어 내용연수를 적용할 수 있도록 하고 있다. 따라서 취득한 유형자산의 내용연수를 결정시에는 설비의 물리적 내용연수뿐만 아니라 경제적 내용연수도 고려하여 설비의 대체시기가 언제쯤 도래할 것인가를 예측하고, 세법에 따라 기준내용연수의 조정범위 안에서 결정하여야 한다.

(2) 상각방법

건축물 이외 상각방법은 정액법 또는 정률법을 선택하여 적용하도록 하고 있다. 정액법의 경우에는 내용연수기간에 걸쳐 상각비가 균등하게 발생하지만, 정률법의 경우에는 내용연수 후기보다 초기에 더 많은 상각비가 발생하게 하는 상각방법이다. 상각방법의 결정에 있어서 무조건 정액법이 좋다 혹은 정률법이 좋다고 일률적으로 말할 수는 없다. 그것은 투자된 설비에서 수익의 실현이 초기에 많이 될 것인지 또는 수익의 회임기간이 길어 일정기간이 경과된 후에 실현되는 것인지를 수익예측에 따라 상각방법을 결정하여야 한다.

4) 접대비

접대비는 사업을 운영하는 데 있어서 필요불가결하게 발생하는 비용이다. 그러나 정부에서는 그 발생금액을 무조건 비용으로서 인정하는 것이 아니라 일정한 범위 내에서 인정하고 있다. 특히 접대비의 지출처에 대한 과세소득의 양성화를 위하여 지출금액 중 일정비율에 해당하는 금액은 신용카드로 하여야 하며, 그 일정 비율에 미달 시에는 필요경비로 인정하지 아니한다. 따라서 접대비 지출 시에는 가능하면 신용카드로 결제하는 것이 좋으며 그 영수증으로 비용정리를 하여야 할 것이다.

또한 법인의 경우는 1회 지출한 접대비가 5만원 초과인 경우 신용카드(직불카드 포함)를 사용하여야 하며, 세금계산서 또는 계산서를 교부받아야 한다.

접대비 한도액 = ① + ②

① 1,200만원(중소기업은 2,400만원) × 당해 과세기간의 월수 / 12
② 당해 사업에 대한 당해 과세기간의 수입금액 × 적용률(100억 이하 × 2/1000)

5) 이월결손금이 있는 사업자가 수증이익, 면세이익이 발생한 경우

이월결손금[12]이 있는 거주자가 무상으로 받은 자산의 가액과 거주자의 채무의 면제 또는 소멸로 인한 부채의 감소액 중 발생연도부터 5년이 경과되지 않은 이월결손금의 보전에 충당된 금액은 소득금액 계산시 총 수익금액에 산입하지 아니한다. 따라서 이월결손금이 있는 사업자가 타인으로부터의 자산수증 이익 또는 채무면제이익이 발생하는 경우, 이를 이월결손금의 보전에 충당하여야만 과세를 당하지 아니한다.

6) 사업주의 배우자 또는 부양가족의 급여

개인기업체의 사업주에 대한 급여는 소득금액계산상 필요경비로 인정되지 아니한다. 그러나 사업주의 배우자 또는 부양가족이 오로지 그 거주자의 사업에 직접 종사하고 있는 경우에는 사용인으로 보아 당해 사용인에 대한 급여는 필요경비로 인정이 된다. 따라서 사업주의 배우자 또는 부양가족이 사업주의 사업장에서 근로를 제공하고 있다면 당해 사용인에 대한 급여는 필요경비로 보아 소득금액계산시 공제될 수 있다.

12 이월결손금(Loss Forwarded): 당해사업년도 이전에 생긴 결손금으로서 전년도부터 이월된 결손금을 말한다.

7) 투자준비금[13]의 적립

사업을 영위하고 있는 사업자들은 누구나 예외 없이 자기의 사업이 번창해 나가길 바랄 것이다. 사업이 번창해 나가기 위해서는 계속적인 투자가 이루어져야 한다. 그러나 투자는 엄격한 준비와 계획에 의하여 이루어져야 하며, 즉흥적으로 이루어져서는 안 된다.

세법에서는 중소기업에 대하여 투자를 지원하기 위하여 준비금을 적립할 수 있도록 하고 있다. 중소기업이 사업용 자산의 개체 또는 신규취득에 소요되는 자금에 충당하기 위하여 투자준비금의 손금을 계산한 때에는 당해 과세연도 종료 현재의 사업용 자산가액에 20/100을 곱하여 산출한 금액의 범위 안에서 소득금액 계산 시 필요경비로서 공제하여 준다. 이 투자준비금은 설정연도부터 3년 이내에 사용되어야 한다. 따라서 정확한 투자계획을 세워 적정한 시기에 준비금을 적립하여야 한다.

8) 중소기업 투자세액공제

중소기업을 영위하는 사업자가 사업용 자산 및 판매시점 정보관리시스템 설비를 새로이 취득하여 투자(중고품에 의한 투자를 제외)한 경우에는 당해 투자금액의 3/100에 상당하는 금액을 그 투자를 완료한 날이 속하는 과세연도의 소득세 또는 법인세에서 공제하여 준다.

위의 규정에 따라 세액 공제를 받고자 하는 사업자는 반드시 세액공제 신청서를 제출하여야 하며, 투자가 2개 이상의 과세연도에 걸쳐 이루어지는 경우에는 각 과세연도마다 당해 과세연도에 투자한 금액에 대하여 세액공제를 받을 수 있다.

9) 법인으로의 전환검토

사업을 영위하는데 있어서 개인사업자로 할 것인가 혹은 법인으로 전환하여 할 것인

---

13 투자준비금(Reserve Fund for Investment): 영업년도 말에 회사가 보유하는 순 재산액 가운데 자본액을 초과하는 금액에서 주주에게 배당하지 않고 투자를 위해 사내에 적립하는 금액이다.

가를 결정하는 것은 매우 어려운 측면이 있다. 사업의 규모가 일정규모 이상이 되면 절세의 측면에서만 본다면 법인의 형태가 유리할 수도 있지만 반드시 유리한 면만 있다고 말할 수는 없다. 그리고 사업형태를 법인으로 전환하고자 할 때에는 절세의 측면에서만 결정하는 것이 아니라 기타 여러 가지 상황을 종합적으로 고려하여 결정하여야 한다.

즉, 개인사업자의 경우에는 사업용 자산의 모든 것이 개인소유가 되기 때문에 처분 등에 제한이 없지만, 법인의 경우에는 자산 및 부채의 권리 의무의 주체가 법인이 되어 개인의 경우에는 주주로서의 지위밖에 행사할 수가 없다. 그러나 개인사업자의 경우보다는 법인사업자에게 사업상 여러 가지 제약이 덜 따르고, 세제상 혜택도 법인사업자에게 더욱 많기 때문에 사업의 규모가 커질수록 법인이 더욱 유리해진다. 정부에서도 중소기업을 발전적으로 육성하기 위하여 세제상의 혜택을 부여하는 등의 방법으로 개인기업을 법인기업으로 전환할 것을 유도하고 있다.

제4절 개인기업과 법인기업

1 개인기업과 법인기업

기업의 법률적 형태에 있어서 중요한 것은 개인기업과 회사형태의 기업이다. 개인기업은 기업이 완전한 법인격이 없으므로 소유자에게 종속되는 기업이고 회사형태의 기업은 완전한 법인격을 가지고 스스로의 권리와 의무의 주체가 되며 기업의 소유자로부터 분리되어 영속성을 존재 할 수 있는 기업이다.

표 4-2_ 개인기업과 법인기업의 장단점

구분	장점	단점
개인기업	• 전이윤의 독립성 • 창업용이 • 창업비저렴 • 경영활동의 자유와 신속성 • 유리한 대인접촉 • 기밀의 유지성 • 신용상태의 밀집성	• 무한책임성 • 非永續性 • 자본조달능력의 한정성 • 1인에 의한 경영능력의 한계성 • 납세상의 불이익
법인기업	• 주주의 유한책임 • 자본의 증권화[14] • 대외 신용도 유리 • 소유와 경영의 분리 • 자본조달용이 • 절세효과	• 법정요식행위의 의무 - 주주총회, 이사회 - 임원임기 - 복식부기 기장의무 • 번거로운 업무절차 • 회사자산과 경영자 자산분리

14 자본의 증권화: 예를 들어 300억 자본이 필요한데, 투자할 사람을 찾기 어려워 수백만장의 증권으로 만들어서 쪼개 대규모 자본을 조달하는 것

표 4-3_ 개인기업과 법인의 주요 차이점

구분	개인기업	법인기업
설립절차	설립절차나 설립등기가 필요없이 사업자등록만으로도 사업을 개시 할 수 있다(절차 단순).	법인설립등기가 필요하고, 폐업 시 별도의 청산절차를 거쳐야 하는 등 복잡하다
소득세와 법인세	6~45%까지의 8단계 초과누진 세율로서, 소득이 많은 경우에는 소득세가 법인세보다 많게 된다.	법인기업은 9~24%의 4단계 초과누진율로서, 소득이 많은 경우에는 법인세가 소득세보다 작게 된다. (2022년 12월 세법 개정안)
기업자금의 개인적인 사용	대표자에 의한 기업자금의 개인적인 사용이 자유롭고, 거의 불이익이 없다.	대표자가 기업자금을 개인 용도로 사용하면 회사는 대표자로부터 이자를 받아야 하는 등 세제상의 각종 불이익이 있다.
책임의 한계	대표자는 기업 채무자에 대하여 무한 책임을 진다.	대표자는 회사 운영과 관련하여 일정한 책임을 지며, 주주는 주금납입액을 한도로 채무자에 대하여 유한 책임을 진다
기업의 계속성	대표자가 바뀌는 경우에는 폐업을 하고 신규로 사업자등록을 해야 하므로 기업의 계속성이 단절된다.	주식양도에 의해 사업의 양도가 가능하므로 기업주는 바뀌어도 기업의 계속성이 유지된다.
사업양도시의 세금	양도된 영업권 또는 부동산에 대하여 높은 세율의 양도소득세가 부과된다.	주식을 양도하면 되고, 주식양도에 대하여 원칙적으로 낮은 세율의 양도소득세가 부과된다. 또한 주식을 상장 또는 장외등록후에 양도하면 세금이 없다.
사업승계	• 증여서 과세 특례 적용불가 • 대표자 변경 절차가 복잡하다	• 증여세 과세 특례 적용 • 대표자 변경이 수월하다
요 약	일정 규모 이상으로 성장하지 않는 소규모의 소호회사 사업에 적합하다.	일정 규모이상으로 성장 가능한 중소기업의 경우에 적합하다.

일반적으로 기업의 영속성·성장성 측면에서 주식회사 형태의 기업을 창업하는 것이 유리하다. 주식회사는 개인기업보다 대외공신력과 신용도가 높기 때문에 신주 및 회사채 발행을 통한 자금조달이 용이하고, 영업수행에 있어서도 기업의 이미지가 제고되어 유리한 점이 많다. 특히, 벤처기업을 창업하는 경우에는 개인기업보다는 주식회사의 형태로 하는 것이 더욱 유리하다고 할 수 있다.

개인기업은 소득세법의 적용을 받으므로 과세기간은 매년 1월 1일부터 12월 31일까지이며, 과세소득은 총수입에서 필요경비를 공제한 금액이 되며, 대차대조표 공고의무가 없다. 이에 반해, 법인은 법인세법의 적용을 받고, 그 과세기간은 정관과 규칙에서 정하는 회계기간에 따라 달라지며 과세소득은 익금 총액에서 손금총액을 공제한 금액이다. 대차대조표의 공고의무가 있으나, 세 부담은 여러 가지 상황에 따라 차이가 있을 수 있다. 세율측면에 있어서는 개인기업(6%~40%로 누진)보다 법인기업(10%~25%)이 유리하다.

표 4-4_ 개인기업과 법인기업의 세제상의 특징 1

구분	유 형(내 용)	
	개인기업	법인기업
과세근거	소득세법	법인세법
과세기간	매년 1월 1일부터 12월 31일까지	정관에 의한 회계기간
과세소득	총수입금액-필요경비	익금의 총액-손금의 총액
과세범위	원천징수만으로 분리과세	분리과세 없음
세율구조	세율: 6~45%로 누진과세 주민세: 소득세의 10%	세율: 9~24%(2022년 12월 세법 개정안) 주민세: 법인세의 10%
납세지	개인기업의 주소지	법인 등 기부상의 본점 소재지
기장의무	간편장부 또는 복식부기 기장 (전문직 일정규모이상 자)	복식부기기장
외부감사제도	적용되지 않음	자산총액이 120억원 이상 공인회계사 감사
결산공고	공고의무 없음	재무상태표[15] 등을 일간신문에 공고

15 재무상태표(Statement of Financial Position): 특정 시점의 기업이 소유하고 있는 자산, 부채, 자본의 잔액을 알려주는 표로, 기업의 재무구조, 유동성과 지급능력, 영업환경 변화에 대한 적응능력을 평가하는 데 필요한 정보를 제공해준다. 기존에 대차대조표(Balance Sheet)라고 불렀다.

표 4-5_ 개인기업의 주요세무업무

신고일자	신고내용
매월 10일	갑종근로소득세 및 원천징수액 신고 납부기한
매월말일	특별소비세 신고납부기한
매년 1월 10일	연말정산 신고납부기한
매년 5월 31일	종합소득세 신고(5.1~31)
4월, 10월의 25일	부가가치세 분기 예정신고 납부기한(4.1~25, 10.1~25)
1월, 7월의 25일	부가가치세 분기 확정신고 납부기한(1.1~25, 7.1~25)

1) 개인기업으로 창업하는 경우

① 개인사업자로 창업하는 경우에는 별도의 회사설립절차 없이 사업장 관할 세무서장에게 사업자등록을 신청하면 된다.

② 창업하고자 하는 해당사업이 인허가 대상사업인 경우에는 준비 서류의 종류와 인허가 승인절차를 미리 숙지하여 관할 관청에 신청하여야 한다.

③ 보통 사업 인 허가 신청인이 시·군·구청의 민원실에 비치된 인허가 신청양식에내용을 기재하고 관련 서류를 첨부하여 신청하면 된다.

④ 관할 관청은 인·허가 여부를 현장실사 또는 서류심사 등을 통해 결정하고 이를 신청인에게 통지하여 준다.

⑤ 사업 인허가 통지를 받은 개인사업자는 사업 개시 일로부터 20일 이내 사업장을 관할하는 세무서에 사업장등록을 신청하여야 한다.

2) 법인기업으로 창업

우리나라에서는 보통 법인을 주식회사로 이해하는 경우가 많다. 그 이유는 법인을 설립한다고 하면 대부분 주식회사를 설립하기 때문일 것이다. 통상적으로 법인이 개인기업보다 유리한 점이 많기 때문에 최근에는 주식회사를 설립하는 경향이 높다. 주식회사 설립절차가 복잡한 것 같아도 사업소 소재지 법무사와 상의하여 설립을 진행한다면 실무 면에서 그리 어렵지 않다.

종합소득세율과 법인세율

<table>
<tr><th colspan="2">종합소득세</th><th colspan="2">법인세[16]</th></tr>
<tr><th>과세표준</th><th>세율</th><th>과세표준</th><th>세율</th></tr>
<tr><td>1,400만원 이하</td><td>6%</td><td rowspan="2">2억원 이하</td><td rowspan="2">9%</td></tr>
<tr><td>1,400만원 이상~
5,000만원 이하</td><td>15%</td></tr>
<tr><td>5,000만원 이상~
8,800만원 이하</td><td>24%</td><td rowspan="2">2억~200억원 이하</td><td rowspan="2">19%</td></tr>
<tr><td>8,800만원 이상~
1억 5천만원 이하</td><td>35%</td></tr>
<tr><td>1억5천만원 이상~
3억원 이하</td><td>38%</td><td rowspan="2">200억~
3000억원 이하</td><td rowspan="2">21%</td></tr>
<tr><td>3억원~5억원</td><td>40%</td></tr>
<tr><td>5억원~10억원 이하</td><td>42%</td><td rowspan="2">3000억원 초과</td><td rowspan="2">24%</td></tr>
<tr><td>10억원 초과</td><td>45%</td></tr>
</table>

법인기업 중 대표적인 회사형태인 주식회사의 설립절차에 대하여 알아보면 주식회사의 설립절차는 크게 3단계로 나눌 수 있는데, 그 단계는 다음과 같다.

❶ 회사의 조직과 활동에 관한 기본규칙인 정관의 작성단계이며

❷ 주주확정, 자본모집, 회사기관 구성 등 회사의 실체를 형성하는 절차이고,

❸ 회사가 법인격을 부여받기 위한 설립등기 절차로 나눌 수 있다.

16 2022년 12월 세법 개정안

(1) 정관의 필요적 기재사항

① 사업의 목적
② 상호
③ 회사가 발행할 주식의 총수
④ 1주의 금액
⑤ 회사가 설립시 발행하는 주식의 총수
⑥ 본점소재지
⑦ 회사의 공고방법
⑧ 발기인성명과 주소

정관의 기재사항은 반드시 기재하지 않으면 정관 자체의 효력을 무효화시키는 필요적 기재사항과 정관에 기재하지 않아도 정관 자체의 효력에는 영향이 없지만 이를 정관에 기재하지 않으면 그 효력이 발생하지 않는 상대적 기재사항과 회사의 필요에 의하여 기재하는 임의적 기재사항으로 구성된다.

(2) 주주확정 및 출자이행

① 발기설립의 경우

회사를 설립 시 발행주식과 발행가액이 결정되면 이를 인수할 사람을 결정하여 주식을 배정하게 된다. 발기인이 발행주식 총수를 서면에 의해 인수하여야 하는데, 각 발기인은 반드시 1주 이상의 금액을 인수하여야 한다. 인수 시기는 제한이 없으나 주금의 납입 전까지 인수하여야 한다. 각 발기인은 발행하는 주식을 서면에 의하여 전부 인수하고 지체 없이 발기인조합(발기인)에서 지정한 납입은행 기타 금융기관의 납입장소에 그 인수금액 전액을 납입하여야 한다.

현물출자의 경우에도 현금출자와 마찬가지로 납일 기일 내에 출자의 목적물인 재산을 인도하고, 등기, 등록 기타권리의 설정 또는 이전이 필요한 경우에는 이에 대한 서류도 함께 교부해야 한다. 현물출자시 무가치한 재산의 출자 또는 출자재산이 과다하게 평가될 경우, 회사설립 후, 자본충실을 해할 우려가 있기 때문에 현행 상법에서는 현물출자를 정관의 상대적 기재사항(변태설립)으로 하고 검사인의 검사를 받도록 하고 있다.

② 현물출자

현물출자란 금전이외의 재산을 출자하는 것을 말하며, 현물출자의 대상은 대차대조표상의 자산의 부에 계상 할 수 있는 것으로서 동산, 부동산, 유가증권, 특허권, 광

업권, 상호 및 영업상의 비결 등 재산적 가치가 있는 사실관계와 영업의 일부 또는 전부도 가능하다.

현물출자절차

1. 현물의 가치평가의뢰: 공인된 감정인(감정평가기관)에게 평가를 의뢰
2. 현물의 평가액 결정 및 통보: 공인된 감정평가 기관 또는 기술평가기관에서 현물출자의 대상물을 평가하여 그 가액을 신청인에게 통보한다.
3. 정관에 기재: 현물출자를 하는 자의 성명과 그 목적인 재산의 종류, 수량, 가격과 이에 대하여 부여할 주식의 종류와 수를 정관에 기재한다.
4. 현물출자이행: 현물출자를 하는 발기인은 납입기일에 지체 없이 출자의 목적인 재산을 인도하고 등기, 등록 기타 권리의 설정 또는 이전을 요할 경우에는 이에 관한서류를 완납하여 교부해야 한다.
5. 이사와 감사 선임: 현물출자의 이행(주금납입포함)이 완료되면 발기인은 지체 없이 의결권의 과반수로 이사와 감사를 선임한다. 이사는 취임 후 관할소재지의 지방법원에 검사인의 선임을 청구하여야 한다.
6. 검사인 조사 보고: 검사인의 변태설립 사항과 납입 및 현물출자의 이행사항에 대하여 조사를 실시하고 조사보고서 등본을 각 발기인에게 교부해야 한다(검사인의 조사보고 소요기간: 통상 15일 이상 소요). 검사인의 조사보고서에서 사실과 상이한 사항이 있는 때에는 발기인은 이에 대한 설명서를 법원에 제출할 수 있다.
7. 모집설립의 경우에는 출자자로서 발기인 이외에 모집인이 따로 있기 때문에 회사설립시 발행할 총 주식수중 발기인이 일부를 인수하고 별도의 주주를 모집하여 나머지를 인수하도록 한다.

(3) 회사설립 방법

1. 발기설립: 발기인이 발행주식 총수를 인수하는 방법으로 설립절차가 간단함
2. 모집설립: 발기인이 주식의 일부를 인수하고 나머지 주식은 주주를 모집하여 인수케 하는 방법으로 설립되는 것으로서 모집설립에는 연고모집과 공개모집이 있음

   ㉠ 공개모집: 불특정 다수인을 대상으로 주주를 모집하는 방법으로, 불특정다수

인 50인 이상에게 주식청약을 하는 경우 금감위에 법인등록과 모집금액이 10억원 이상인 경우 금감위에 신고 등의 절차로 인하여 창업 설립 시에 공개모집을 기피하는경향이 있다.

㉡ 연고모집: 발기인조합이 가까운 소수의 지인을 주주로 모집한다.

3) 개인기업의 법인전환

개인기업을 법인전환 할 것인지에 대한 고려사항은 기업의 규모, 조직, 사업성격, 장래발전성 등 기업 환경을 고려하여야 하며, 조세지원을 받는 사업양도·양수로 법인전환 후 2년 이내 자산을 처분하는 경우에는 감면 받은 취득세, 등록세를 추징하므로 처분계획이 있는 경우에는 법인 전환 시기 및 전환방법을 고려하여야 한다. 또한, 조세특례제한법상 제 준비금(투자, 수출손실, 기술개발 등)을 법인전환년도 즉 개인기업 폐업년도에 전액 환입하여야 하므로 개인기업 소득세 부담을 고려하여 전환 시기를 결정해야 하고, 법인전환 시 소득 세법상 이월 결손금이 있는 경우 전액 소멸되므로 법인전환시기를 함께 고려해야 한다.

(1) 법인전환유형의 선택

법인전환을 하고자 하는 개인기업의 대표는 법인전환 방법 중에서 조세감면이 유리하고, 시간과 금전비용이 적게 드는 경제적인 방법을 선택하면 된다. 법인전환유형을 선택할 때에는 개인사업자가 부동산을 소유하고 있느냐, 소유하고 있다면 이를 법인에 승계 할 의사가 있느냐가 중요한 결정요소가 된다. 부동산을 소유하고 있지 않은 개인기업의 법인전환방법은 일반사업양도·양수에 의한 법인전환방법이 좋지만, 부동산을 소유하고 있는 경우는 부동산의 법인승계여부, 업종, 사용기간에 따라 법인전환유형이 달라진다.

부동산을 법인에 승계하지 않고 개인 소유하면서 법인에 임대하는 경우는 사업양도·양수의 방법이 좋을 것이나, 이때는 전환관련 세금과 경비 산출시 임대소득에 대한 소득세 등도 고려하여야 한다. 또한 부동산을 법인에 승계하지 않는 경우에는 법인의 재무구조가 취약하여지고 금융기관에 대한 담보제공이 곤란한 점을 감안해야 한다. 그리고 사업의 업종이 제조업 등 조세감면이 되는 업종이 아닌 경우, 또는 당해 사업용

으로 1년 이상 사용하지 못한 경우에는 면세의 혜택이 없으므로 일반 사업양도, 양수의 방법이 간단하다.

(2) 법인전환유형

❶ 현물출자에 의한 법인전환(조세특례제한법(제32조)

개인기업 대표가 자기의 사업용 자산 및 부채를 포괄적으로 현물 출자하여 법인을 설립하는 방법이다. 현물출자는 발기인에 한하므로 개인기업 대표는 반드시 법인설립의 발기인이 되어야 한다.

❷ 세 감면 사업양수, 양도에 의한 법인전환(조세특례제한법(제32조)

개인기업 대표가 발기인이 되어 먼저 법인을 설립한 후 동 법인이 개인기업의 사업용 자산 및 부채를 포괄적으로 인수함으로써 법인전환을 하는 방법이다. 이 때 동 법인설립시의 출자는 현물이 아닌 현금으로 한다.

❸ 사업양수, 양도 방법에는 조세지원을 받는 세 감면 사업양수, 양도에 의한 법인전환이 있고, 또한 조세지원을 받지 못하는 일반 사업양수, 양도에 의한 법인전환이 있다.

㉠ 일반 사업양수, 양도에 의한 법인전환

이 방법은 조세감면규제법상의 조세지원혜택을 받을 수 없고, 단지 상법의 규정에 의하여 법인 앞으로 개인기업을 양도, 양수함으로써 법인전환을 하는 조세지원은 없으나 가장 쉽고 간단한 방법이다.

실무상 임차공장과 도·소매업 등과 같이 조세지원은 받지 못하는 경우의 법인전환에는 개인기업주가 발기인이 되어 현금출자에 의한 법인설립 후 개인기업을 신설법인에 양도, 양수하는 이 방법이 주로 사용된다.

㉡ 중소기업간 통합에 의한 법인전환 (조세특례제한법(제31조)

개인기업과 개인기업간 또는 중소기업인 개인기업과 법인기업간의 통합에 의하여 법인을 신규로 설립하거나 기존법인이 흡수 통합하는 방법이다.

개인중소기업 간의 통합은 신설될 법인에 각각 개인기업의 사업용 자산 및 부채를 포괄적으로 현물 출자하여 통합하는 방식이고, 개인중소기업과 법인중소기업 간의 통합은 개인기업을 신설될 법인 또는 종전의 법인기업에 흡수시켜 통합하는 방식이다. 일반적으로 법인과 법인간의 통합은 합병이라고 하는데 조세감면규제법에서는 이와 구별하기 위해서 통합이라는 용어를 쓰고 있다.

④ 법인전환의 의사결정상 유의사항

조세감면규제법 상 조세지원을 받기 위해서는 양도 또는 현물 출자하는 자산이 개인기업에서 1년 이상 사용한 사업용 자산이어야 하므로 이에 해당하지 아니할 때는 1년 이상이 되는 시기를 기다려야 한다. 또한 다음 사항들을 충분히 고려하여 법인전환시기를 정해야 세금부담을 적게 할 수 있고 업무가 편리하게 된다.

㉠ 이월결손금 소멸이후

소득세법상의 이월결손금은 발생 년도 이후 5년 간 그 후 사업 년도의 소득에서 공제할 수 있으나, 법인으로 전환하는 경우에는 이 결손금이 전액 소멸되어 공제받지 못하게 되므로 이를 감안하여 법인전환시기를 결정해야 절세를 기할 수 있게 된다.

㉡ 조세특례제한법상 제 준비금의 일시환입 감안

투자준비금, 기술개발준비금 등 조세감면규제법상의 각종 준비금은 개인기업의 법인전환 실시년도에 전액 환입 되어야 하므로 법인전환 하는 당해연도에 일시적으로 많은 소득세를 부담하게 된다. 따라서 제 준비금의 설정액이 많은 경우에는 유의를 요한다.

표 4-6_ 법인전환 시 장단점

구 분	현물출자	세감면 사업양수·도	중소기업간 통합	일반사업양수·도
세금부담	유리	유리	유리	불리
소요비용	가장유리	유리	가장유리	불리
소요기간	장기	단기	장기	단기
절차	복잡	단순	복잡	단순

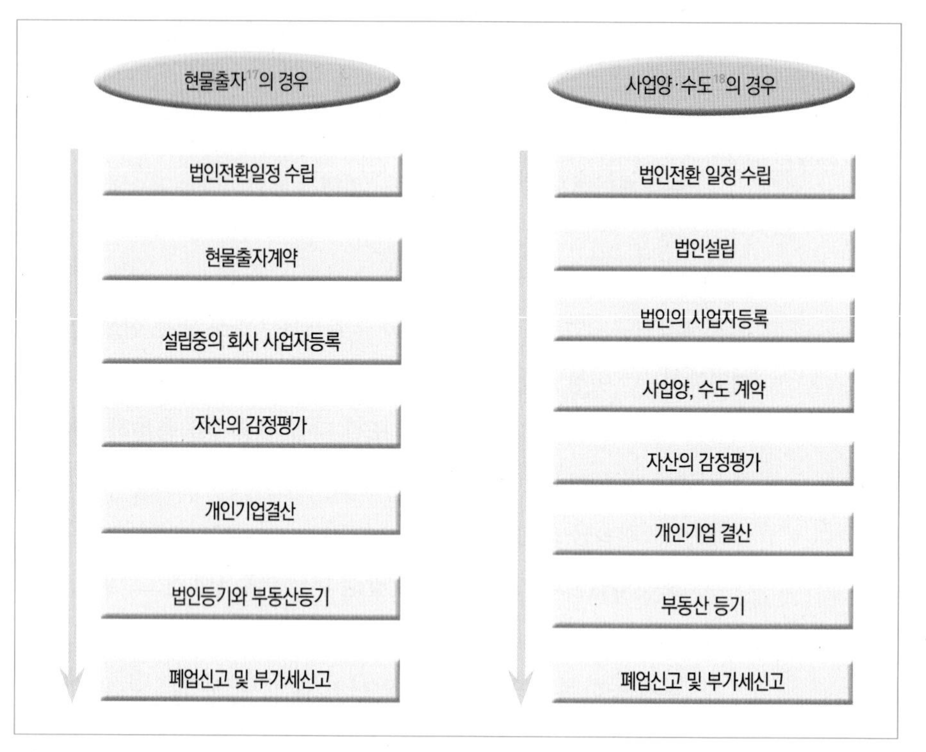

그림 4-3_ 개인기업의 법인전환의 절차

㉢ 영업 및 자금상황 감안

법인으로 전환하는 시기는 영업상 문제를 야기 시키지 않는 시기를 택하되, 자금수지상 기업에 무리가 없는 시기를 예측하여 실시해야 할 것이다. 즉, 개인기업이 영업상 여러 가지 복잡한 상황이 얽혀 있을 경우라든지, 자금상의 문제가 있으면 법인으로 급히 전환할 수가 없다. 따라서 영업상황이 안정된 후에 법인으로 전환해야 한다.

㉣ 업무가 편리한 시기 선택

법인전환일과 부가가치세 신고 기준 일을 일치시키면 한번의 신고로 통상의 부가가치세 신고와 폐업에 따른 부가가치세 신고를 마칠 수 있어 편리하다. 연도말은 통상 바쁜 시기이므로 연도 중이 편리하고, 또한 소득세와 법인세의 세율구

17 현물출자: 회사 설립 시에 금전 이외의 재산, 즉. 동산, 부동산, 고객관계, 영업상의 비결 등으로 출자하는 방식.

18 사업양수도: 사업자가 해당 사업에 관한 일체의 권리, 의무를 타사업자에게 승계하는 것

조상 연도 중에 법인전환을 하는 것이 세 부담을 약간 줄일 수가 있다.

2 법인설립등기 및 신고

법인 설립등기는 회사의 설립절차에 있어서 최후의 단계에 속한다. 회사는 설립등기에 의해서 성립하며 법인으로서 존재하게 된다. 창립 총회가 종결된 날로부터 2주 내에 이사의 공동신청에 의하여 법원(본점 소재지관할)에 설립등기를 하여야 한다.

구체적인 법인설립 등기업무는 법무사에게 의뢰하여 신청한다.

(1) 구비서류

- 등기 신청서 / 정관 / 발기인 총회 의사록(이사 및 감사의 선임)
- 주식발행사항 동의서 / 주식인수증 / 주금납입·보관증명서
- 이사·감사의 조사보고서(또는 내부 검사인의 조사보고서)
- 주식청약서(모집설립의 경우) / 창립총회 의사록(모집설립의 경우)
- 승낙서(이사·감사·대표이사의 피선에 대한 승낙) / 이사회 의사록(대표이사 선임)
- 인감증명서 / 법인설립등기 등록세납부 영수증 / 국민주택채권 매입필증

(2) 처리기관: 관할지방법원 / 등기소

1) 법인의 설립신고

설립등기가 완료되면 등기를 한 날로부터 30일 이내에 관할세무서(법인세과)에 법인설립 신고를 하여야 한다.

(1) 구비서류

- 개시 대차대조표 / 설립시의 재산목록
- 정관 / 설립등기의 등기부등본
- 주주명부 / 임원명부
- 주주의 출자확인서(자필 서명날인) / 주주의 인감증명서(주주 확인용)
- 주주의 주민등록등본 / 대표이사와 주주의 호적등본

2) 사업자등록신청

신설법인의 사업자등록신청은 법인설립신고와 병행하여야 하는데, 관할세무서(법인세과)에 사업자등록을 하여야 한다. 다만, 당해 법인의 설립등기 전 또는 사업허가 전에 등록을 하는 때에는 법인설립을 위한 발기인의 주민등록등본 또는 사업허가신청서 사본이나 사업계획서로 이에 갈음할 수 있다. 사업자등록 신청기한은 사업개시 일부터 20일이다. 사업 개시일의 기준은 다음과 같다.

- 제조업에 있어서는 제조장별로 재화의 제조를 개시하는 날
- 광업에 있어서는 사업장별로
- 광물을 채취, 채광을 개시하는 날
- 기타의 사업에 있어서는 재화 또는 용역의 공급을 개시하는 날

(1) 구비서류

- 사업자등록신청서 / 법인등기부등본 / 대표자의 주민등록등본
- 주주명부 / 재산세 납부실적증명서(대표이사와 과점주주19) / 법인의 인감증명서
- 사업계획서 / 사업 인·허가증 사본 / 부동산 임대차계약서 사본 / 본점소재지 약도

(2) 처리기관: 관할세무서 법인세과

표 4-7_ 사업자등록 신청시 첨부서류

개인사업자	법인사업자
• 개인사업자등록 신청서 1부(세무서 민원봉사실에 비치) • 사업인허가증 사본 1부(약국, 음식점, 개인택시) 등 허가나 등록을 해야 하는 사업에 한함 • 동업계약서 사본 1부(자기 집에서 창업하는 소호회사는 필요 없음) • 임대차 계약서 사본 1부	• 법인 및 사업자등록신청서 • 대표자 신분증 • 법인등기부등본 1부 • 정관 사본 1부 • 사업인허가증 사본 1부(해당자에 한함) • 주주 또는 출자명세서 1부 • 법인도장 • 임대차 계약서 사본 1부

19 주주1인과 특수관계에 있는 사람의 지분의 합계가 전체지분의 51%이상인 경우, 그 해당 주주 1인과 특수관계에 있는 모든 사람을 말한다.

인 · 허가 및 신고가 필요한 업종

창업자는 업종을 선정하고자 할 때 자신이 창업하려는 업종이 관련법에 의해 허가, 등록 또는 신고가 필요한 업종인지 여부를 파악하여 창업 준비를 해야 한다. 인·허가를 받아야 하는 업종은 인·허가 처리기관 및 처리 절차, 소요기간 및 경비, 시설기준 및 자격요건과 구비서류를 정확히 파악하여 소정의 절차에 따라 허가를 취득하여야 함은 물론 점포입지를 선정하는 데 있어서도 점포용도를 확인하여 업종의 영업활동이 가능한 점포를 선정하여야 한다. 인·허가가 필요 없는 경우는 사업자등록을 함으로써 영업할 수 있다.

사업명	인·허가 분류	처리기관	근거법령
부동산중개업	허가업종	시·군·구	부동산중개업법 제4조
숙박업	허가업종	시·군·구	공중위생법 제4조
식품접객업	허가업종	시·군·구	식품위생법 제22조
용역경비업	허가업종	지방경찰청	용역경비업법 제4조
유기장업	허가업종	시·군·구	공중위생법 제19조
유로노인복지시설	허가업종	시·군·구	노인복지법 제19조
유료직업소개사업	허가업종	시·군·구	직업안정법 제19조
유선방송사업	허가업종	정보통신부	유선방송관리법 제5조

사업명	인·허가 분류	처리기관	근거법령
전당포업	허가업종	경찰서	전당포영업법 제2조
폐기물처리업	허가업종	시·도, 지방환경청	폐기물관리법 제26조
석유판매· 주유소	허가업종	시·도	석유사업법 제12조
의약품 도매업	허가업종	시·군·구	약사법 제35조
중고자동차매매업	허가업종	시·군·구	자동차관리법 제49조
건설기계대여업	허가업종	시·군·구	건설기계관리법 제21조
결혼상담업	지정업종	시·군·구	가정의례에 관한법 제5조
교습소	허가업종	지방교육청	학원의설립·운영에 관한법 제14조
노래연습장업	지정업종	경찰서	풍속영업의 규제에 관한법 제5조
만화대여업	지정업종	경찰서	풍속영업의 규제에 관한법 제5조
목욕장업	허가업종	시·군·구	공중위생법 제4조
세탁업	허가업종	시·군·구	공중위생법 제4조

옥외광고업	허가업종	시·군·구	옥외광고물 관리법 제11조
위생관리용역업	허가업종	시·군·구	공중위생법 제4조
이·미용업	허가업종	시·군·구	공중위생법 제4조
체육시설업	허가업종	시·군·구	체육시설의 설치이용에 관한법 제21조
장례식장업	허가업종	시·군·구	가정의례에 관한법 제5조
혼인예식장업	지정업종	시·군·구	가정의례에 관한법 제5조
비디오물감상실업	등록업종	시·군·구	음반 및 비디오물에 관한법 제7조
비디오물대여업	등록업종	시·군·구	음반 및 비디오물에 관한법 제7조
안경업소	등록업종	시·군·구	의료기사 등에 관한법 제 12조
약국	등록업종	시·군·구	약사법 제 16조
여행업	등록업종	시·군·구 문화체육부	관광진흥법 시행령 제 32조
자동차운송알선업	등록업종	시·도	자동차운수사업법 제 49조
전문서비스업	등록업종	시·군· 구	행정사법 제 8조
중소기업상담회사	등록업종	중소기업청	중소기업창업지원법 제 12조
창고업	등록업종	시·군·구·지방해 운항만청	화물유통촉진법 제39조
학원	등록업종	지방교육청	학원의설립· 운영에 관한법 제6조
음반판매업	등록업종	시·군·구	음반 및 비디오물에 관한법 제6조
제조담배 판매업	등록업종	재정경제원, 시· 도	담배사업법 제13조
농약 판매업	등록업종	시·군·구	농약관리법 제10조
비료 판매업	등록업종	시·군·구	비료관리법 제13조
다단계 판매업	등록업종	시·도	방문판매 등에 의한 법 제28조
주류 판매업	면허업종	세무서	주세법 제8조
제조담배 소매업	지정업종	산업자원부	담배사업법 제16조
건강보조식품 판매업	신고업종	시·군·구	식품위생법 제22조
건설기계매매업	신고업종	시·도	건설기계관리법 제21조
무역대리업	지정업종	한국무역 대리점협회, 한국수출 구매업협회	대외무역법 제 14조
양곡 매매업	지정업종	시·군·구	양곡관리법 제 18조
종묘 판매업	지정업종	시·군·구	종묘관리법 제 3조

<출처: 최재희, 소자본 창업 어떻게 할까요?, 중앙경제평론사, 2010, pp.562~564.>

4가지 법인회사의 종류

종류	주식회사	유한회사	합명회사	합자회사
개념	주식의 인수를 통해 출자하거나 발행된 주식을 취득함으로써 주주가 되고, 주식의 인수가액의 한도에서 유한책임을 질뿐 회사의 채무에 대하여 직접 책임을 지지 않는 영리를 목적으로 설립하는 회사	신뢰를 가지고 있는 비교적 소수의 인원이 주식회사의 특징인 유한책임제도를 이용하여 영리를 목적으로 설립 하는 회사. 비공개/폐쇄성을 띠며, 조직이 단순하고 설립 절차가 간단함.	회사의 재산으로 회사의 채무를 변제할 수 없을때 각 사원이 직접 연대·무한책임을 부담하는 무한책임사원으로만 조직된 회사	무한책임사원과 유한책임사원 각1인 이상으로 구성된 회사. 무한 책임사원은 합명회사와 같이 회사채무에 무한책임을 부담하지만 유한책임사원은 연대책임을 부담하나 출자액을 한도로 함.
최소 자본금	100원~	100원 ~	100원~	100원~
최소 구성원	사내이사 1인 지분없는 감사(이사)	대표이사 1인 이사 1인	대표사원 1인 사원 1인	무한책임사원 1인 유한책임사원 1인
대표	대표이사	대표이사	무한책임사원	무한책임사원
의사 결정/ 집행기관	주주총회/이사회	사원총회	무한책임사원	무한책임사원
감사 기관	자본금10억미만 발기설립시 지분없는 감사 필요(10억 이상 시 이사 3인 및 감사 1인이상)	감사(임의기관)	없음	없음 유한책임사원 (감시권)
장점	주식을 자유롭게 양도 가능	주식회사에 비해 재무 상태에 대한 공개의무 없음.	개개인이 회사의 업무를 집행하고 대표	투자금액, 지분률에 관계없이 협회에 따라 이익 배분 가능
단점	규제가 많음	지분을 증권화할수 없음	법적, 금전적 무한책임	구성원간 분쟁의 여지가 많음

■ 부가가치세법 시행규칙 [별지 제7호서식(1)] <개정 2014.3.14>

사 업 자 등 록 증

(　　　　　　　　　　)

등록번호 :

① 상 호 :　　　　　　　　　　② 성 명 :

③ 개 업 연 월 일 :　　년　　월　　일　④ 생년월일 :

⑤ 사업장 소재지:

⑥ 사 업 의 종 류:　업태　　종목　　생산요소

⑦ 발 급 사 유:

⑧ 공 동 사 업 자:

⑨ 주류판매신고번호:

⑩ 사업자 단위 과세 적용사업자 여부: 여( ) 부( )

⑪ 전자세금계산서 전용 전자우편주소:

년　　월　　일

○○세무서장　직인

210㎜×297㎜[백상지 120g/㎡]

■ 부가가치세법 시행규칙 [별지 제7호서식(2)] <개정 2014.3.14>

사 업 자 등 록 증

(　　　　　　　　)

등록번호:

① 법 인 명(단 체 명):

② 대 표 자:

③ 개 업 연 월 일: 　년 　월 　일　　④ 법인등록번호:

⑤ 사업장 소재지:

⑥ 본점 소 재 지 :

⑦ 사 업 의 종 류: 업태 　　종목 　　생산요소

⑧ 발 급 사 유:

⑨ 주류판매신고번호:

⑩ 사업자 단위 과세 적용사업자 여부: 여( ) 부( )

⑪ 전자세금계산서 전용 전자우편주소:

년 　월 　일

○○세무서장 직인

210mm×297mm[백상지 120g/㎡]

휴업·폐업 신고서

■ 부가가치세법 시행규칙 [별지 제9호서식] <개정 2022. 3. 18.>

홈택스(www.hometax.go.kr)에서도 신청할 수 있습니다.

[ ] 휴업 [ ] 폐업 신고서

접수번호	접수일	처리기간 즉시

인적사항	상호(법인명)	사업자등록번호
	성명(대표자)	전화번호
	사업장 소재지	

구분	항목	내용
신고내용	휴업기간	년 월 일부터 년 월 일까지(일간)
	폐 업 일	년 월 일

휴업·폐업 사유					
	사업부진	행정처분	계절사업	법인전환	면세포기
	1	2	3	4	5
	면세적용	해산(합병)	양도·양수	기타	
	6	7	8	9	

사업 양도 내용 (포괄양도·양수의 경우만 적음)	양수인 사업자등록번호(또는 주민등록번호)

송달받을 장소 신고 (「국세기본법」 제9조에 따라 서류를 송달받을 장소를 신고하는 경우만 적음)	신고(변경) 후 장소
	1. 대표자 주민등록상 주소 □ 2. 기타 □ (주소: ,전화번호:)
	주민등록상 주소가 이전하는 때에 송달장소도 변경되는 것에 동의 여부 □ 동의함 □ 동의하지 않음 "주민등록상 주소"를 선택하고, 위의 동의함에 체크한 경우 대표자의 주민등록상 주소를 이전하는 때에 자동으로 송달장소가 변경됩니다(「국세기본법 시행령」 제5조제2항)

폐업자 멘토링 서비스	신청 여부	[ ]여 [ ]부

※ 세무대리인을 선임하지 못한 경우 신청 가능하며, 서비스 제공 요건을 충족하지 못한 경우 서비스가 제공되지 않을 수 있음

납세자의 위임을 받아 **대리인이** 휴업·폐업 신고를 하는 경우에는 아래의 **위임장을 작성하시기 바랍니다.**

위 임 장	본인은 [ ]휴업,[ ]폐업신고와 관련한 모든 사항을 아래의 대리인에게 위임합니다. 본인 : (서명 또는 인)		
대리인 인적사항			
성명	주민등록번호	전화번호	신고인과의 관계

「부가가치세법」 제8조제8항 및 같은 법 시행령 제13조제1항·제2항에 따라 위와 같이([ ]휴업, [ ]폐업)하였음을 신고합니다.

년 월 일

신고인 (서명 또는 인)

세무서장 귀하

구분	서류	수수료
신고인(대표자) 제출서류	1. 사업자등록증 원본(폐업신고를 한 경우에만 제출합니다) 2. 사업양도·양수계약서 사본(포괄 양도·양수한 경우에만 제출합니다)	수수료 없음
담당 공무원 확인사항	사업자등록증	

행정정보 공동이용 동의서

본인은 이 건 업무처리와 관련하여 담당 공무원이 「전자정부법」 제36조에 따른 행정정보의 공동이용을 통해 위의 담당 공무원 확인 사항을 확인하는 것에 동의합니다. *동의하지 않는 경우에는 신고인이 직접 관련 서류를 제출해야 합니다.

신고인 (서명 또는 인)

참고 및 유의사항

※ 참고사항

관련 법령에 따라 허가·등록·신고 등이 필요한 사업으로서 주무관청에 제출해야 하는 해당 법령상의 신고서(예: 폐업신고서)를 함께 제출할 수 있습니다. 이 경우 세무서장은 해당 신고서를 주무관청에 보냅니다.

※ 유의사항

1. 휴업기간 중에도 제세신고 기한이 도래하면, 부가가치세 등 확정신고·납부를 해야 합니다.
2. 폐업하는 사업자는 과세기간 개시일부터 폐업일까지의 사업실적과 잔존 재화에 대해 **폐업일이 속한 달의 말일부터 25일 이내**에 부가가치세 확정신고·납부를 해야 합니다.

210mm×297mm[백상지 (80g/㎡) 또는 중질지 (80g/㎡)]

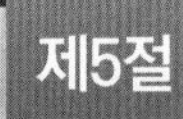

제5절 업종별 창업절차와 의무신고사항

1 도·소매업창업절차

도·소매업은 제조업에 비해서 창업절차가 상당히 간단하다. 우선 공장설립에 따른 복잡한 절차가 필요 없으며, 일반적으로 소규모로 사업을 시작하기 때문에 법인설립절차도 필요 없는 경우가 많다. 또한 창업 준비 절차도 제조업에 비해서 매우 단조롭다. 그 대신에 도소매업의 경우에는 상점입지가 매우 중요한 문제로 대두된다. 점포입지 즉 점포가 어디에 위치하는가에 따라 사업성패가 좌우되기 때문에 각별한 신경을 쓰지 않으면 안 된다. 도·소매업 중요절차는 크게 나누어 ① 창업예비절차, ② 점포입지 선정절차, ③ 개업 준비 절차로 나누어 볼 수 있다.

1) 창업예비절차

도소매업의 창업예비절차로써 준비해야 할 사항으로는 먼저 어떤 업종을 선택할 것인지를 위한 사업구상과 구체적인 사항의 사업핵심요소결정, 상권 및 시장분석, 자본규모, 사업형태결정 등이 있다.

❶ 유망업종선택: 도·소매업에 선택 가능한 업종은 많다. 이중 시대의 흐름에 맞고, 기본적인 시장이 존재하고 수익성이 높은 상품을 유망업종이라 할 수 있다. 업종을 선택할 때 먼저 고려해야 할 사항은 ㉠ 시장성, ㉡ 자신의 적성과 능력에 맞는 업종 및 사업아이템, ㉢ 유망업종의 라이프 사이클 분석, ㉣ 재고부담이 적고 수익성이 높은 업종선택 등이 있다.

❷ 사업핵심요소결정: 사업의 성공핵심은 좋은 입지의 선정, 수익성 높은 취급업종선정, 취급업종의 인·허가 및 점포용도 확인 자본조달계획, 사업형태 결정 등이 있을 것이다.

❸ 인·허가 및 점포용도 확인: 창업자는 창업업종이 인허가가 필요한 업종인지 여부를 확인하여야 하며, 인·허가를 받아야 하는 업종을 인·허가 처리기관 및 처리

절차, 소요기간 및 경비, 시설기준 및 자격요건과 구비서류를 정확히 파악하여 소정의 절차에 따라 인 허가를 취득하여야 하여, 인·허가가 필요 없는 업종의 경우는 사업자 등록을 함으로서 영업활동을 할 수 있다. 또한 창업자는 점포입지를 선정하는데 있어서 점포용도를 확인하여 창업업종의 영업활동이 가능한 점포를 선정하여야 한다.

④ 상권 및 시장분석: 도·소매업의 창업자는 자신에게 적합한 업종을 선정할 때 그 업종에 맞는 상권을 설정하여야 한다. 상권이란 상점 또는 집단에 관계된 고객이 분포하고 있는 지리적 범위로서 구체적으로는 당해 상점가가 고객 흡인력이 있고, 취급하는 상품에 대해 상시로 당해 상점가에서 구입하는 고객이 분포하고 있는 지역을 말한다. 신설 점포의 입지선정과 기존 상권을 선택할 것인가 아니면 스스로 독자적인 상권을 개발할 것인가의 문제에 부딪히는데 그 결심여하에 따라 경영전략이 근본적으로 달라진다.

⑤ 자본조달계획: 자금조달 운용계획은 구체적으로 실현가능성이 확실해야 한다. 창업자 자신이 조달 가능한 현금과 예금 및 담보 등에 의한 조달금액이 구체화되어 공급자 또는 조력자 등의 제3자에게 자금조달 능력의 신뢰성을 인식시킨다. 또한 자금조달 범위 내에서 정확한 소요자금사정이 명시되어야 한다. 계획사업에 잠재되어 있는 문제점과 향후 발생 가능한 위험요소를 심층 분석하고, 예기치 못한 사정으로 창업이 지연되거나 불가능하게 되지 않도록 다각도에 걸친 점검이 필요하다.

⑥ 사업형태결정: 사업형태를 도매업으로 할 것이냐, 소매업으로 할 것이냐, 아니면 대리점 형식으로 할 것이냐 등의 문제도 역시 창업자의 능력범위 내에서 결정해야 할 사항이다.

2) 상권의 차별성에 따른 경영전략

독자적 상권을 개척하기로 결심하게 되면 점포 신설 지역에서 창업 품목이나 업종에 대해 새로운 경영환경을 창조하고 고객층을 새로 형성시키기 위한 공격적 마케팅 전략을 수립하여 확장 위주의 경영계획을 추진하여야 한다.

기존상권에 진입하는 경우는 이미 형성되어 있는 상권의 분위기에 적절히 대응하고 고객의 기호와 요구에 적응하기 위한 마케팅을 통해 기존 고객을 신설점포로 수렴해 들이는 전략이 중심이 되므로 신설 점포의 차별성을 부각시키기 위한 점포의 면적, 점포 간 거리는 물론 광고, 홍보 전략도 달라져야 한다. 상권 및 시장을 분석하는데 창업자가 참고할 사항은 다음과 같다.

1. 창업업종에 맞는 적절한 상권을 선택하기 위하여, 주 수요층, 유동인구, 도로상황, 경쟁점 유무 등을 분석한다.
2. 창업업종의 매출성장가능성 및 지역개발 가능성 등 상권에 영향을 줄 수 있는 요인들을 파악하여 장기적인 안목을 가지고 상권을 선택한다.
3. 이미 시장상권이 형성된 곳이나 동종업종이 모여 있는 상권, 업종 특색에 적합하고 시장개척 가능성이 높은 상권을 선정한다.

3) 점포입지선정

도·소매업의 기본적인 특성은 소비자와의 직접적인 접촉, 즉 소비자가 점포에 직접 찾아오지 않으면 상품을 팔 수 없으므로 입지선정이 사업성공의 70~80%를 점한다고 할 수 있다. 점포의 입지는 상권 내에 소비 대상인구가 많고 장래에도 인구가 증가할 것이 예상되며, 소득수준 및 소비성향이 높고 구매력이 왕성한 연령층의 거주자, 즉 계획 업종 및 업체에 적합한 소비자가 다수 존재하는 곳을 선택하여야 한다. 또한 도로, 지하철, 버스, 노선 등 교통체계를 비롯하여 다수의 소비자를 유인할 수 있는 시설이 주변에 존재하고 기존 상권이 형성되어 있는 곳이 경험이 적은 창업자에게는 유리하며 도매업인 경우 유사업종 상권이 형성된 곳을 선정하여야 한다. 최근에 번창하고 있는 인터넷 판매나 통신판매 같은 경우는 사무실만 확보하고 별도 점포를 갖추지 않는 것이 일반적이다.

4) 개업 준비 절차

도·소매업 창업절차가 모두 끝나고 영업을 하기 위한 개업 준비로서는 직원채용, 상품수급계약, 매장 내부 장식, 상품매입진열, 개업안내문 배포, 그리고 사업자등록 신청을 하면 개업 준비가 모두 끝나 영업을 개시할 수 있다.

① 직원채용: 판매노동의 특성은 고용의 정착성이 낮아서 직원의 이직률이 높고, 시간제근무가 가능하며, 성수에는 임시직을 파트타임으로 활용할 수 있다는 점이다. 따라서 창업점포는 가급적 직원의 수를 최소화하고 경우에 따라 가족경영형태를 취하며, 시간제 파트타임 직원을 최대한 활용하도록 하고, 특별히 경험 있는 종업원이 필요하다고 판단될 때는 사전에 채용조건을 결정하여 확보하여야 한다.

도·소매업에서는 특히 종업원의 의식구조와 능력은 판매액에 직접적인 영향을 끼치므로 신뢰를 바탕으로 인간적인 유대관계가 형성, 유지되도록 해야 한다. 특히 직원의 능률을 높이기 위해 창업자는 적절한 목표를 수립하고, 직원의 능력에 확신을 가지며, 권한을 위임하고, 긍정적으로 생각하도록 애쓰며, 유머감각을 가지고 직원의 말을 경청하며, 인간중심이 되도록 노력하여야 한다.

② 상품수급계약: 상품을 약정된 품질수준으로 적정가격에 안정적으로 공급받도록 문서로 계약하되, 주문방법, 납품방법, 가격, 발주 후 입고까지의 시간, 하자 및 진열유무, 선수금, 하자 반품조건, 결제 방법, 재고품의 반품방법, 유사상품을 취급할 때의 계약조건, 계약기간, 수급해약조건, 위약금 등을 계약서에 명시하여 책임소재를 명확히 하고, 자금조달 범위 내에서 적정한 상품종류와 적정 구매량을 발주한다. 판매계획에 따라 투자액과 예상목표 이익액을 비교하여 판매목표액을 결정하고 판매액 달성을 위한 상품구색 또는 상품 구성을 결정한다.

③ 매장공사: 개업에 앞서 매장 시설공사와 실내 인테리어 및 내부 장식은 투자계획에 따라 예상투자비가 초과하지 않는 범위 내에서 추진하되 매장시설은 전문업체와 일괄계약이 유리(허가관련 처리가 용이)하며, 체인점이나 대리점인 경우는 본사에 직접 의뢰하거나 본사에서 제공하는 설계에 따라야 한다.

점포의 외관 디자인은 고객이 노력하지 않고도 쉽게 발견할 수 있게 구성하고, 고객흡인형 점포는 고객이 외부에서 점포내의 분위기를 느낄 수 있도록 설계하여 고객흡인기능을 중시하여야 하고, 고객선별형 점포는 목표고객만이 점포 내로 들어오도록 점포성격을 알릴 수 있는 외관설계에 치중하여야 한다.

내부 디자인은 고객의 구매 욕구를 높이기 위해 점포내의 분위기를 즐겁게, 상품을 보다 매력적으로 느낄 수 있도록 설계하며, 내부면적의 배분은 매장 및 비매

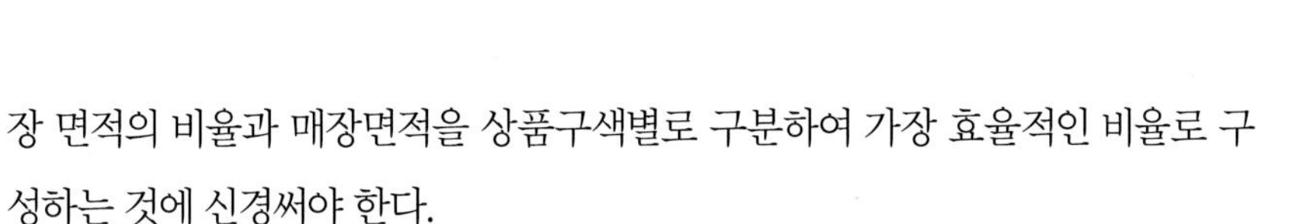

장 면적의 비율과 매장면적을 상품구색별로 구분하여 가장 효율적인 비율로 구성하는 것에 신경써야 한다.

④ 상품매입 및 진열: 상품매입은 고객을 만족시킬 수 있는 상품을 구매하는 것으로 찾아온 고객이 원하는 상품을 위주로 하는 상품구색과 재고수량을 감안하여 상품매입을 결정하고, 관련품목을 중점 취급하는 상품매입처를 다수 확보하되 상품매입처는 상품과 판매 자세 및 기업자체의 경영적 배경을 검토하여 평가한다.

⑤ 상품의 배치, 진열 , 재고관리: 상품진열은 고객의 눈에 구매하고자 하는 상품이 가장 잘 보이도록 진열하는 것이 원칙이다. 따라서 상품진열의 구성요소인 상품(무엇을), 진열량과 수(얼마만큼), 진열면 중에 어느 면을 고객에게, 진열의 위치, 진열의 형태를 신중히 검토하여 선택하여야 한다. 상품판매량에 정비례하는 진열방식은 상품 회전율을 높이고 많이 팔리는 상품의 품절 방지와 비인기 상품의 재고 감소 효과를 주게 되며, 또한 고객이 즐겁게 가격수준을 비교하여 구매할 수 있게 동일 상품 당 가격 라인의 수는 3~5개로 제한하여 진열하는 것이 좋다.

고객이 원하는 상품의 구색을 충분히 갖추고 적정 수준의 재고를 유지하기 위해서는 재고관리를 계획하지 않으면 아니된다. 특히 기초재고, 상품구색 재고, 신규재고를 적정선에서 유지하려면 매장과 창고에 있는 상품수량, 상품별 판매 빈도, 주문해야 할 상품의 유형과 수량에 대한 정확한 데이터가 확보되어야 하며, 재고부족의 원인이 되는 부정확한 판매예측, 매입처로부터의 상품공급 지연, 매입자금의 부족, 예상치 못한 고객 수요 등에 대한 대응책도 아울러 마련되어야 한다.

⑥ 개업 안내문 배포: 점포 개업을 전후하여 광고, 홍보, 인적 판매 등 판매촉진 활동을 추진하여야 한다.

⑦ 사업자등록 신청: 인·허가가 필요한 업종의 경우는 개별법에 의하여 시설 및 자격요건을 갖추어 해당관청에서 사업 인·허가를 받은 후 관할 세무서(민원봉사실)에 사업자등록을 신청하며, 인·허가가 필요 없는 업종인 경우는 사업개시 일로부터 20일 이내에 관할세무서(민원봉사실)에 사업자등록만 하면 된다.

⑧ 영업개시: 개업 날 매장을 다시 한번 정리, 정돈, 청소하고, 종업원외모가 청결하도록 하며, 종업원 마음가짐(진절, 예절)을 영업 전략으로 웃는 얼굴, 소문난 영업방식 등의 전략을 실행하도록 한다.

2 서비스업 창업절차

서비스업도 도소매업과 마찬가지로 제조업에 비해서 창업절차가 매우 간단하다. 서비스업은 크게 나누어 개인 서비스업과 사업서비스업으로 나누어진다. 개인서비스업이란 일반개인을 고객으로 하여 각종 서비스 용역을 하는 것을 말하며, 부동산관련서비스업, 여행알선업, 수리업, 음식점업 등이 이에 속한다. 반면 사업서비스업은 주로 사업체를 주 고객대상으로 하여 각종 서비스용역을 제공하는 사업을 말한다.

규모 면에서 개인서비스업보다 사업서비스업이 더 크며, 업무자체도 전문적이고 복잡하다. 따라서 사업서비스업은 법인형태로 설립되는 경우가 많기 때문에 제조업에서와 똑같은 법인설립절차가 필요하며, 고객 왕래가 쉬운 곳 등 사무실 입지가 비교적 중요하다.

서비스업 분야의 창업은 여러가지 특징을 갖고 있는데 비교적 창업이 쉬운 반면, 창업시 고려해야 할 사항도 적지 않다. 주된 특징으로는

① 창업자와 가장 밀착된 산업이다.

창업자의 지식, 경험, 노하우 등이 직접 사업에 적용되고, 이들 요소가 사업 수익력의 원천이 된다. 따라서 서비스업 창업자는 해당 분야에 대한 전문지식이 없이는 창업이 불가능하다.

② 인간이 중시되는 산업이다.

서비스업에 있어서는 임직원의 지식을 바탕으로 하여 운영되며, 종업원의 능력에 의해 사업이 번창한다. 따라서 서비스업 창업에 있어서는 창업자가 그 분야에서 정통하지 않고서는 창업자체를 생각 할 수 없는 것이다.

③ 무형의 재화를 생산하므로 서비스업이 사업으로 성립하기 위해서는 이용자(소비자)의 동의가 필수요건이다. 보이지 않는 무형의 재산을 상품화하기 위해서는 이용자가 그 무형의 재산 가치를 인정해주어야 하며, 그 가치도 생산자가 제시하는 조건과 일치되어야만 거래가 성립된다.

④ 창업에 소요되는 자금은 여타산업에 비해 적다.

사무실개설비만 필요할 뿐이며 그 후 관리업무비도 유지관리비와 인건비가 대부분이다. 또한 쉽게 창업과 폐업을 할 수 있다.

⑤ 경제여건, 경영환경 등에 민감하다.

서비스업은 직·간접적으로 기업경영과 연관되기 때문에 불경기에도 어느 정도 적응력이 있도록 대비할 필요가 있다.

⑥ 창업초기 영업 기반 확보까지 다소 긴 시간이 소요된다.

우선 영업내용을 홍보하고 이를 이용자가 인식하기까지는 상당한 기간이 필요하며, 종업원의 사무능력 및 업무추진능력 향상에 많은 시간이 소요되기 때문에 초기영업기반 확충시까지는 자금력이 뒷받침이 되어야만 성공 할 수 있다는 제약이 있다.

따라서 성공적인 서비스업의 창업을 위해서는 창업 전에 충분한 준비가 선행되어야 하며, 창업 후에도 경제 및 경영환경변화에 적응 할 수 있도록 신축성 있는 경영전략이 요구된다. 서비스업 창업절차의 중요절차를 살펴보면 창업예비절차, 회사설립절차, 사무실입지 선정절차, 개업 준비 절차로 구분할 수 있다.

1) 창업예비절차

서비스업의 사업구상의 단계로 사업핵심요소를 결정하고 사업타당성분석의 절차가 필요하다.

(1) 사업의 핵심요소결정

서비스업은 기계시설보다는 주로 인력에 의하여 서비스가 제공될 뿐만 아니라 생산과 동시에 소비되어 버리는 특성을 가지고 있으므로 서비스를 구입하는 고객은 일반 제품을 구입할 경우보다 서비스품질의 파악이 어렵기 때문에 불확실한 입장에 처하게 되므로 서비스내용을 충분히 설명하여야 한다.

서비스업은 창업자나 종업원의 경험, 지식을 토대로 하여 소비자에게 서비스를 제공하는 것임으로 양질의 서비스를 제공하기 위해서는 종업원에 대한 교육을 지속적으로 실시하여야 하며, 서비스질의 향상을 위하여 창업자는 창업 업종의 특징을 파악하여 차별화된 전략을 수립하여야 한다. 서비스업은 서비스수준을 관리하여야 한다.

소비자가 서비스의 품질을 평가하는 요소는 서비스의 종류에 따라 다를 수 있지만 일반적으로 다음과 같은 내용의 질문에 대하여는 긍정적인 답변이 나올 수 있도록 하여야 한다.

(2) 결정요소 내용

- 경쟁업체와 비교하여 서비스는 차별화 되어 있는가 (서비스의 차별화)
- 고객이 서비스의 품질을 신뢰할 수 있는가 (서비스의 신뢰성)
- 종업원이 서비스를 수행할 능력이 있으며, 능동적으로 서비스를 제공하는가 (종업원의 능력과 태도)
- 고객이 서비스를 쉽게 항상 이용할 수 있는가 (접근의 용이성)
- 서비스는 친절하게 제공 되는가 (예의성)
- 고객에게 서비스에 대한 적절한 정보가 제공 되는가 (서비스 정보제공)
- 서비스의 하자나 의심되는 점이 없는가 (서비스의 완전성)
- 고객행동의 변화를 파악하고 있는가 (고객행동의 변화파악)
- 사후서비스는 적시에 제공 되는가 (사후서비스(A/S))

2) 회사설립절차

사업타당성과 사업계획이 완료된 후 회사설립준비단계에 들어가게 된다. 그 절차로 사업인허가가 필요할 시는 사업인허가 및 신고, 법인사업자로 할 경우 법인설립등기, 법인설립신고 및 사업자등록의 절차가 필요하다.

(1) 사업인허가 및 신고

서비스업은 도소매업과 마찬가지로 업종의 특성상 인·허가사항이 적으며, 창업절차가 간단하기 때문에 일반적으로 사무실을 확보하고 사업자등록을 마치면 사업을 영위할 수 있지만 공중위생과 관련이 있는 업종, 사행행위 등 행정규제가 필요한 업종, 전문적 지식이 요구되는 서비스업 등에 대하여는 개별 법령에서 시설기준 및 자격요건 등을 규정하여 국민생활을 보고하고 있다.그러므로 창업자는 자신이 창업하려는 업종이 관련법에 의해 허가, 등록 또는 신고가 필요한 업종인지 여부를 파악하여 창업 준비를 하여야 한다.

(2) 법인설립등기, 법인설립신고 및 사업자등록신청: 4장 참조

3) 사무실 입지선정 절차

사무실의 입지를 결정할 때는 계획하고 있는 입지가 창업할 업종 및 업태와의 적합성 여부를 먼저 확인하고 충분히 검토하여야 한다. 그 순서는 입지타당성분석, 사무실입지결정, 사무실 계약 조건 및 하자 확인으로 크게 나눌 수 있을 것이다.

(1) 입지타당성분석

서비스업에서 입지조건은 고객들이 얼마나 편하게 그 회사와 거래할 수 있는가를 결정하는 핵심적 요인이다. 고객은 보통 가장 가까운 곳에서의 서비스 업체를 이용하므로 창업자는 경쟁사가 이미 지위를 확립한 지역을 회피하는 것이 바람직하다. 하지만 꼭 그런 것은 아니다. 경우에 따라서는 이와 반대로 경쟁사 근처에 위치하는 것이 유리할 수도 있다. 또한, 새로운 입지가 창업자 자신의 능력에 적합한가를 사전에 확인하여야 한다. 즉 사무실 보증금 및 권리금, 사무실 임대기간 연장 가능성과 임대료인상률, 창업자의 거주지와의 통근거리 등이 확인의 대상이다.

(2) 사무실입지결정

제반 고려사항을 검토한 결과 사무실 후보지를 확정하게 되면 계약에 앞서 사무실의 상태와 소유주의 의도를 파악하는 것이 중요하다. 사무실을 완전히 사서 입주하는 경우는 창업자의 의사에 따라 입주 후의 개선이나, 준비절차를 자유롭게 추진할 수 있으나, 전세 또는 월세로 임차하여 입주하는 경우는 사무실소유자가 권리금 상쇄를

위한 일시적 임대인지 아니면 인근에 대형사무실을 신축하기 위한 확장이전 인지를 확인하여야 한다. 또한 사무실의 상태 즉, 전력, 용수, 배수시설, 누수나 침수, 환기, 쓰레기 등도 확인의 대상이다.

(3) 사무실계약조건 및 하자확인

점포입지에 대한 계약과정에서 창업자는 점포매매 또는 임차를 위한 조건과 하자의 내용을 확인하여야 한다.

① 해당 대지와 건물에 대한 법적 주인과 계약 체결자와의 관계근저당, 가등기 및 가압류 여부는 등기부등본을 발급 받아 확인하고,

② 도시계획에 따른 용도는 도시 계획 확인원 토지대장, 건축물대장을 발급 받아 무허가나 가건물인지의 여부와 함께 도시계획상의 철거대상인지 아닌지를 확인한다.

③ 창업자는 계약조건에 대해서도 철저히 확인하여야 한다. 즉 임차보증금의 조건, 월세액, 각종 공과금 및 세금납부유무 등이 계약서 상 명시되어야 하며, 계약할 때 인수할 물품과 비품 목록, 계약기간, 명도일, 계약기간 만료 후 재연장조건, 향후 사업성패에 따른 업종변경 할 때의 제약조건 여부, 월세금 지불방법, 연체시의 이자, 해약조건, 하자보수 등도 명시하지 않으면 안 된다. 계약금중도금, 잔금, 중개료의 액수 및 지급일 그리고 권리금, 보증금 등을 일괄 인수할 때 권리승계 및 인증 유무를 명시하고 매도인, 매수인, 중개인의 이름, 주소, 연락처, 날인상태를 확인하여야 한다.

④ 마지막으로 등기부상의 법률상 주인과 바르게 계약한 것인지 주민등록증을 상호 보여 줌으로써 본인 여부를 확인하는 것이 바람직하다.

4) 개업 준비 절차

사무실계약 등 제반회사설립절차가 끝나면 영업을 위한 개업 준비의 단계로 접어들게 된다. 개업 준비로서는 인력충원 및 연수, 사규, 제 장표, 서식을 만들고, 경영전략을 세워 사업개시에 임해야 한다.

① 인력충원 및 연수: 개업 준비절차에서는 본격적인 영업에 돌입하기 위해 필요한 관리, 영업 직원을 충원하고 훈련하는 일에서부터 체계적인 조직의 구성으로 이어진다. 각 부서별로 업무협조가 순조롭게 진행되도록 조정하고, 종업원 상호간에도 이제 한 식구임을 강조함과 아울러 회사에 근무하는 한 그 기업의 경영방침을 전 구성원이 동감하고 실천을 할 수 있도록 분위기 조성에 힘써야 한다.

② 사규, 제 장표, 및 서식제정: 기업의 전통도 창업 초기에 수립되는 것이다. 그러므로 사풍의 확립도 중요한 일이다. 또한 각종 사규나 장부, 서식 등을 만들 때에도 초창기에 잘 만들어야 일의 능률도 오르고 경영의 생산성도 높아질 수 있기 때문에 사규 및 제도의 도입 시에는 전 직원의 공감대 형성과 더불어 적극적인 토론이 바람직하다. 대외기관에 신고해야 할 각종 사규, 즉 취업규칙신고, 사업장 설치계획신고, 고용보험, 그리고 기타 대외기관 신고 등을 이행해야 한다.

③ 경영전략수립: 최근까지도 서비스업종은 제조업보다는 마케팅을 활용하는 데 있어 뒤쳐져 있다. 서비스업종은 너무 규모가 작거나, 마케팅비용이 너무 많이 든다거나, 필요성을 느끼지 못한다고 생각하기 때문이다. 기존의 제조업에서 활용해오던 마케팅을 서비스업에 적용하는 경우도 있으나 서비스라는 제품은 제조업의 제품과 달리 추가적인 마케팅 접근방법이 필요하다. 이러한 접근방법은 서비스의 대상이 되는 고객과 효과적으로 상호 작용 하여 서비스가 제공되는 동안에 월등한 가치를 창출할 수 있다. 이러한 방법은 종업원의 기술에 좌우되며 이들 종업원의 업무를 지원하는 서비스의 생산 및 지원과정에 따라서도 좌우된다. 서비스업종의 기업은 서비스와 이윤 즉, 서비스 기업이 획득하는 이윤과 구성원 및 고객의 만족을 연결하는 고리를 이해해야 한다.

3 사업자 등록 후 공통 의무신고 사항

사업자등록이 끝나면 법적으로 사업을 시작할 수 있는 절차가 완료되나 기타 행정절차를 요하는 경우에는 신고를 하여야 한다. 등기소를 비롯하여 노동부 지방사무소, 의료보험조합 등에 등기 또는 4대 보험을 의무신고 할 사항이 있다. 4대 보험이란 국민연

금과 건강보험, 고용보험과 산재보험을 의미하는데, 4대 보험은 개인사업자일 경우에는 직원이 1인 이상 사업자라면 4대 보험가입은 의무가 된다. 4대 보험과 관련하여 근로자를 정규직, 일용직, 단기직 근로자로 구분할 수 있는데, 정규직은 4대 보험에 의무적으로 가입되고, 일용직은 보통 계약 기간이 30일 미만인 근로자를 말하며, 단기간 근로자는 보통 근로 기간이 짧은, 예를 들어 아르바이트생을 말한다.

(1) 근로자명부와 임금대장

근로기준법 제40조 및 제47조의 규정에 의하여 상시근로자가 5인 이상인 경우 근로자명부와 임금대장을 작성하여야 한다. 사업자는 근로기준법 시행규칙 제19조에서 정하는 서식에 각 사업장별로 근로자의 성명, 생년월일, 이력 등을 기재한 근로자 명부(별지 제25호 서식)와 임금과 가족수당 계산의 기초가 되는 사항, 임금액 등을 기재한 임금대장(별지 제26호 서식)을 작성하여 보존하여야 한다.

(2) 고용보험신고

고용보험은 실업의 예방, 고용의 촉진 및 근로자의 직업능력의 개발, 향상을 도모하기 위하여 실시하는 것으로서 고용보험 적용대상 사업장이 1인 이상 모든 사업장으로 확대됨에 따라 사업주는 당해 보험관계가 성립한 날로부터 14일 이내에 관할 지방노동청 (사무소)에 신고하여야 한다.

신규로 사업을 개시하는 사업자는 당해 사업장이 보험관계가 성립된 날(당해 사업이 개시된 날 또는 고용보험 적용요건에 해당하게 된 날)부터 14일 이내에 고용보험관계 성립신고서(별지 제3호 서식)와 피보험자자격취득신고서(별지 제14호 서식)를 함께 지방노동청(사무소)에 제출하여야 한다.

고용보험적용제외근로자(고용보험법제8조)

- 만 65세부터 가입 제외
- 1개월간의 소정근로시간이 60시간 미만인 자(1주간 소정의 근무시간이 15시간 미만인 자를 포함)
- 국가공무원 및 지방공무원법에 의한 공무
- 사립학교교원연금법의 적용을 받는 자

- 외국인 근로자(다만, 외국인 근로자중 취업활동을 할 수 있는 체류자격을 가진 자로서 가입을 희망 하는 자 및 거주의 자격에 해당하는 자는 제외)

근무기간에 상관없이 상시근로자 및 일용근로자, 1개월 동안 60시간 이상 단기근로자일 경우 모두 가입 대상이다. 아르바이트 주간 학생, 가족인 요양보호사 등도 3개월 이상 계속 근로하는 경우 고용보험 당연 가입대상이다(고용보험법 시행령 제3조 단서조항개정: 시행일 2018. 7. 3).

(3) 국민연금 의무가입

대표이사 등 상근 임원과 종업원을 합해서 1인 이상인 회사(법인)를 설립한 때에는 당연적용 사업장이 되어 국민연금법 시행령 제19조의 규정에 의하여 국민연금에 의무적으로 가입하여야 한다. 국민연금에 가입하려면「당연적용사업장해당신고서」, 「사업장가입자자격취득신고서」를 법인의 사업소 소재지 관할 국민연금관리공단에 제출하여야 한다.

당연적용사업장이란?(국민연금법 시행령 제 19조)

국내에 거주하는 3개월을 초과하여 계속 사용되는 18세 이상 60세 미만의 근로자(외국인 포함)와 사용자의 수가 1인 이상 사업장이며, 월 근로일수 8일 이상 상시근로자 및 일용근로자, 1개월 동안 60시간 이상 단기근로자일 경우 의무적으로 가입해야 한다. 다만, 공무원연금법, 군인연금법, 사립학교교원연금법의 적용을 받는 자 및 일용근로자, 3월 이내의 기한부로 사용되는 근로자, 비상임이사, 시간제 근로자, 산업연수생인 외국인등은 제외(국민연금법 제6조 및 동법 시행령 제2조)

국민연금관련 신고 시기는?

1. 당연적용사업장신고, 사업장가입자자격취득신고, 가입자자격상실신고, 사업장 내역변경 신고는 그 원인 행위(당연적용사업장의 적용·변경, 자격의 취득·상실)를 한 날이 속하는 달의 다음달 7일 이내에 지역관할 국민연금관리공단에 신고한다.
2. 사업장가입자의 전년도중 소득월액 내역 신고는 매년 2월말까지 지역관할 국민연금관리 공단에 제출해야 한다.

(4) 건강보험 의무가입

상시근로자가 1인 이상을 사용하는 사업장의 사업자는 국민연금과 마찬가지로 당연 적용 사업장이 되어 의료보험에 의무적으로 가입하여야 한다.의료보험법 시행규칙 제2조의 규정에 의하여 사용자는 상시근로자가 1인 이상의 사업장으로 된 날로부터 14일 이내에「당연적용사업장해당신고서」 및「직장 피보험자 자격취득의 신고서를 사업장이 속한 지역을 관할하는 국민건강의료보험조합에 신고하여야 한다.

당연적용사업장이란? (의료보험법 시행령 제15조)

1개월을 초과하여 계속 사용되는 근로자의 수가 1인 이상 사업장 및 일용근로자로, 1개월 동안 60시간 이상 단기근로자일 경우에도 의무적으로 가입된다. 다만, 일용근로자(2개월을 초과하여 계속 근로하는 경우 제외), 3개월 이내의 기한부로 사용되는 근로자, 비상근고문, 시간제 근로자 등은 제외(의료보험법 시행령 제14조)

(5) 산업재해보험 의무가입

상시근로자가 1인 이상인 사업장(당연적용사업장)의 사업자는 의무적으로 산업재해보상보험에 가입하여야 하며, 당해 사업개시한 날로부터 14일 이내에 사업장 관할 근로복지공단에 보험관계 성립신고서를 제출하여야 한다. 또한, 사업의 폐지, 종료로 인하여 보험관계가 소멸한 때에는 소멸일로부터 14일 이내에 사업장 관할 근로복지공단에 보험관계 소멸신고서를 제출하여야 한다.

근로자는 근로기준법에 규정된 근로자를 말하며 이는 직업의 종류를 불문하고 사업 또는 사업장에서 임금을 목적으로 근로를 제공하는 자를 말한다. 98.1.1부터 현장실습을 하고 있는 학생 및 직업훈련생중 노동부장관이 정하는 현장실습생과 중소기업협동조합중앙회 및 대한건설협회가 추천하는 외국인산업기술연수생도 근로자로 해당되어 산재보험법의 적용을 받는다.

상시근로자가 1인 미만인 사업장(임의적용사업장)의 사업자는 산업재해보상보험을 임의로 가입할 수 있다. 사업자가 산재보험 가입을 원할 경우 보험가입신청서를 사업장 관할 근로복지공단에 제출하여야 하며 산업재해보상보험관계의 성립은 근로복지공단의 승

인을 얻은 날의 다음날부터 성립된다.

그러나 당연적용사업장이 사업규모, 사업종류의 변동 등으로 당연적용사업에서 임의적용사업이 된 경우, 별도의 신고절차 없이 그 날부터 임의가입의 보험관계가 자동으로 성립(의제가입사업)된 것으로 간주한다.

당연적용사업장이란? (산업재해보상보험법 제5조)

당연적용 사업장이라 함은 사업이 개시되거나 사업이 적용요건을 충족하게 되었을 때 사업주의 의사와는 관계없이 자동적으로 보험관계가 성립하는 사업을 말하며, 근무기간에 상관없이 모두 가입대상이다.

한국표준산업분류표를 기준으로 한 당연적용사업장 예시: 농업, 수렵업, 어업, 광업, 제조업, 전기, 가스 및 상수도 사업, 건설업, 도소매 및 소비자용품 수리업, 운수·창고 및 통신업, 숙박 및 음식점업, 부동산 임대 및 사업 서비스업, 교육서비스업, 보건 및 사회복지사업, 금융 및 보험업(98.7.1 신규 적용), 기타 공공·사회 및 개인서비스업(회원단체 제외)

임의적용 사업장이란? (산업재해보상보험법 시행령 제3조)

임의적용 사업장이라 함은 산업재해보상보험법의 적용을 받지 아니하는 사업으로서 산재보험 가입여부가 사업주의 자유의사에 일임되어 있는 사업

1. 임업 중 벌목업으로서 벌목 재적량이 800m² 미만인 사업
2. 국제 및 기타 외국기관, 기타 공공·사회 및 개인서비스업 중 회원단체
3. 국가 또는 지방자치단체에서 직접 행하는 사업
4. 선원법 및 사립학교연금법에 의하여 재해보상이 행하여지는 사업
5. 기간의 정함이 있는 사업(1의 벌목업, 6의 건설공사 제외) 또는 계절사업으로서 연간 연인원 1,350인 미만의 근로자를 사용하는 사업
6. 건설공사 중 총 공사금액이 2천만원 미만인 공사 또는 주택건설촉진법에 의한 주택사업자 기타 건설 산업기본법에 의한 건설업자가 아닌 자가 시공하는 공사로서 주거용 건축물은 연면적 661m² 이하인 건축 및 대수선에 관한 공사
7. 1~6외의 사업으로서 상시 5인 미만인 근로자를 사용하는 사업

보험료는 매 보험연도마다 그 1년 동안 모든 근로자에게 지급하는 임금총액에 동종 사업에 적용되는 보험요율을 곱한 금액이다. 산업재해보상보험의 보험료는 선납주의 원칙이므로 연말에 납부하는 것이 아니라, 보험연도 초에 개산보험료를 납부하고 보험연도 말일을 기준으로 하여 계산된 확정보험료에 의하여 초과납부액은 반환하고, 차액은 그 다음 년도 초일부터 70일 이내에 납부하는 등 개산보험료를 확정·정산한다.

가입신고를 하지 않았을 경우에는 과거보험료(최고 3년간)를 소급 징수함은 물론 연체금 및 가산금을 징수하고, 보험관계 성립신고를 태만히 한 기간중 발생한 재해는 그 보험금급여액의 50%를 징수하며, 사업개시 신고를 태만히 한 기간중 발생한 재해는 그 보험급여액의 5%를 징수하는 불이익이 있다.

(6) 취업규칙신고

상시근로자 10인 이상을 사용하는 사업자는 취업규칙을 작성하여 사업장을 관할하는 지방노동청(사무소)의 민원실에 신고하여야 한다. 변경하는 경우에도 변경신고를 하여야 한다.

표 4-8_ **4대 보험 종류와 보험료율(%)** (2023년 기준, 소득대비)

구 분	보험료율	근로자부담	기업부담
국민연금	9.00	4.50	4.50
건강보험 노인장기요양보험*	7.09 0.91	3.54 0.45	3.54 0.45
고용보험	1.80	0.90	0.90
산재보험	업종별상이	0	전액부담
4대보험합계	18.8 + α	9.4	9.4+a

* 노인장기요양보험: 국민연금, 건강보험, 고용보험, 산재보험에 이은 우리나라 제5의 사회보험으로 불리는 사회보장제도로 2008년 7월부터 시행되었으며, 치매, 중풍 등으로 거동이 불편한 65세 이상 노인 또는 65세 미만이나 노인성 질환을 가진 사람들을 요양시설에 모시거나 집으로 찾아가 돌보는 사회보험 서비스이다. 재원은 건강보험가입자의 추가 부담(60%)과 정부지원(20%), 본인부담(20%)으로 마련된다.

취업규칙에 포함되어야 하는 사항 (근로기준법 제96조)

- 시업·종업의 시각, 휴식시간, 휴일, 휴가 및 교대근로에 관한 사항
- 임금의 결정·계산·지급방법, 임금의 산정기간·지급시기 및 승급에 관한 사항
- 가족수당의 계산·지급방법에 관한 사항
- 퇴직에 관한 사항
- 퇴직금, 상여 및 최저임금에 관한 사항
- 근로자의 식비, 작업용품 등 부담에 관한 사항
- 근로자를 위한 교육시설에 관한 사항
- 안전과 보건에 관한 사항
- 업무상과 업무외의 재해부조에 관한 사항
- 표창과 직제에 관한 사항
- 기타 당해 사업 또는 사업자의 근로자 전체에 적용될 사항

사업자는 상기내용 포함하는 취업규칙을 작성하고, 근로자의 과반수로 조직된 노동조합이 있는 경우에는 그 노동조합 또는 노동조합이 없는 경우에는 근로자의 과반수의 의견을 들어야 한다. 사업자는 근로자의 의견수렴 후, 취업규칙신고서에 관할 지방노동청(사무소)에 제출하여야 한다.

사업자는 신고 된 취업규칙을 변경하는 경우에도 지방노동청(사무소)에 취업규칙 신고절차에 따라 신고하여야 한다. 만일, 취업을 근로자에게 불이익하게 변경하는 경우에는 근로자의 과반수를 대표하는 노동조합 또는 근로자의 과반수의 동의를 얻어야 한다.

핵심요약 2 - 창업단계 요약

성공적인 창업을 위해 무엇을 해야 하는가? 그것은 세계 최고봉에 등정하기를 바라는 등반가가 해야 하는 것과 조금도 다르지 않다. 많은 시간을 투입해서 철저하게 준비하고 끊임없이 훈련을 쌓아 목표에 도달할 수 있는 실력을 배양하는 것이다. 창업의 세계에서는 창업자가 지금까지 살아오면서 알고 있거나 겪어온 것들이 기반이 되고, 가지고 있거나 동원 가능한 모든 자원을 사용해야 하며 앞으로도 전력을 다해 분투해 나갈 때에만 성공을 가늠해 볼 수 있는 것이다. '시작만 하면 어떻게 되겠지' 하는 안이한 생각으로는 조그마한 성과도 기대할 수 없다. 이처럼

성공적인 창업을 위해서는 창업 준비, 사업아이템 설정, 사업계획수립, 입지선정, 창업자금 확보, 영업 준비, 개업에 이업에 이르는 일련의 창업과정을 효율적으로 관리하지 않으면 안 된다는 사실을 이해하는 것이 중요하다.

▶ 1단계: 창업 준비

창업환경을 이해하고 경영이념을 설정하라.

창업자는 사업 주체로서 사업 착수와 운영에 대한 책임과 리스크를 지고, 그에 상응하는 보상을 기대하며 가치 있는 새로운 것을 창조하는 사람이다. 창업을 결심했다면 첫 번째로 해야 할 일은 경영이념을 설정하는 것이다. 무엇 때문에 사업을 시작하려고 하는지와 어떻게 사회에 기여할 것인지를 검토함으로써 보다 의미 있는 출발점으로 삼는 것이다. 그런 다음에는 창업환경에 대한 이해가 필요하다. 이를 위해서는 외부적으로 어떤 기회요소와 위협요소가 있는지를 살펴보는 외부환경 분석과 창업자 자신의 장점과 약점을 검토해 보는 내부환경 분석을 해야 한다.

▶ 2단계: 업종선정

사업 타당성 높은 업종을 선정하라.

창업환경과 자신에 대한 객관적인 검토를 거쳐 시대의 흐름과 자신에게 맞는 업종을 찾아내는 것이다. 성공적인 업종선정을 위해서는 수익성, 안정성, 성장성 등을 갖추고 있어야 하고, 자금조달 범위 안에 있는 업종이어야 하는 등 여러 가지 조건을 충족해야 한다. 업종선정 기준을 충족하는 후보업종이 선정되었다면 그 업종이 과연 얼마나 사업적으로 타당한가를 구체적으로 검토해 볼 필요가 있다. 이를 위해서는 우선 시장조사를 통해 시장규모, 예상 시장점유율 및 매출액 등 유용한 데이터를 수집할 필요가 있다. 이들 자료를 기초로 사업타당성이 가장 높게 나타난 업종을 최종적으로 확보하면 된다.

▶ 3단계: 사업계획수립

사업의 개념과 구체적인 실행계획을 담아라.

사업성 분석을 통해 최종적으로 업종선정이 끝난 후에는 구체적으로 사업계획서를 작성해야 한다. 계획사업의 개념과 구체적인 실행계획을 담고 있는 사업계획서는 사업의 추진방향과 성공여부를 결정하는 매우 중요한 문서다. 사업계획서 중에서도 가장 중요한 부분은 시장에서 성공을 거두기 위해 효과적인 마케팅 전략을 수립하는 것이다. 우선 마케팅 목표를 설정하는 제품, 가격, 유통, 홍보 등 다양한 마케팅 수단을 활용해서 경쟁우위를 확보하지 않으면 안 된다.

▶ 4단계: 입지선정

주 고객층이 있는 곳에 입지를 선정하라

업종선정을 먼저 할 것인가, 아니면 입지선정을 먼저 할 것인가에 대한 논쟁은 의미가 없다. 창업자의 사정에 따라 적절하게 대응하면 된다. 업종을 먼저 선정했다면 선정한 업종의 주고객층이 많이 모여드는 곳에 입지를 정한 다음 상권분석 과정을 거치면 된다. 점포사업을 할 경우

상권분석은 사업의 성패가 걸릴 만큼 중대한 문제다. 상권분석의 핵심은 유동인구를 파악하는 것이다. 연령대별, 성별, 시간대별로 유동인구를 조사하고 해당 상권의 현재 상황뿐만 아니라 앞으로의 전망도 분석하는 것이 좋다.

▶ 5단계: 자금마련

자금의 50% 이상은 자기 자금으로 해야 한다.

창업자금의 50% 이상은 자기 자금으로 하는 것이 원칙이다. 외부에서 자금조달을 과다하게 하게 되면 창업초기부터 무리수를 두게 되는 경우가 많고 예측하지 못한 사태가 발생했을 때 대응능력이 저하된다. 사업을 벌이다 보면 뜻하지 않는 곳에 자금 수요가 발생하는 경우가 많기 때문에 사업을 시작하기 전부터 은행 등 금융기관의 자금, 정부지원자금에 대한 정보를 수집해 자금마련과 수지계획을 세워둬야 한다.

▶ 6단계: 개업 준비

철저한 준비만이 성공을 보장한다.

창업 준비를 잘해 여러 가지 과정을 원만히 처리했다고 하더라도 창업의 마무리 단계인 영업준비를 철저히 하지 않으면 헛수고를 한 결과가 된다. 이 단계에서는 판매할 상품을 준비하고, 종업원을 채용하고 훈련하는 일이 가장 중요하다. 그리고 영업허가나 신고 등 행정절차를 밟아야 한다.

▶ 7단계: 오픈

압도적인 경쟁력을 갖춰라.

창업과정의 마지막 단계는 실제로 사업을 착수함으로써 시장으로 나아가는 것이다.
이제부터는 도상연습이 아니라 실전에 투입되는 것이다. 그러므로 특정 시장을 놓고 다투는 경쟁자를 이겨내지 못하면 자신이 희생되는 냉엄한 현실을 직시해야 한다. 이제 처음부터 다시 시작하는 마음으로 새로운 목표에 도전해 나갈 시점이 되었다. 사회경험이나 자금이 부족하지만 자신이 잘할 수 있는 분야를 선택하고 부족한 것을 사업열정으로 보완한다면 남들보다 한발 앞서 원하는 미래를 향해 다가설 수 있다.

창업의 7단계 과정

창업 준비	→	업종 선정	→	사업계획 수립	→	입지 선정	→	자금 마련	→	개업 준비	→	오픈
· 정보수집 · 창업환경 분석		· 업종조사 · 사업성 분석		· 사업계획 서작성		· 상권조사 · 입지선정 · 시설공사		· 자금조달 · 수지계획 · 행정절차		· 상품준비 · 종업원의 채용과 훈련		· 오픈행사 · 마케팅

<자료: 한경 Business, 2003/02/17, pp.30~31.>

핵심 Key 4 창업 前 최소 6개월~1년 준비 필수… '몰빵' 하지 마라

1) 예비창업자 십계명

베이비부머 창업 십계명

1. 창업 전 최소 6개월은 준비하고 시작
2. 업종을 고를 때는 안전성에 중점
3. 무리한 투자는 금물
4. 자신의 직장 경력, 경험, 지식 등을 최대한 살려야
5. 체면치레는 버리고 서비스 정신으로 무장
6. '인생역전' 하겠다는 환상을 금물
7. 프랜차이즈 창업을 한다면 우량 본사를 선택
8. 남의 말만 듣지말고 발품을 팔아 눈으로 확인
9. 퇴직금을 올인하는 것은 위험
10. 가족의 격려, 지원, 노동력이 큰 자산

자영업 시장에 신규 진입하는 예비창업자의 주류는 베이비부머(1955~1963년생)들이다. 예비창업자가 명심해야 할 성공 십계명의 첫 번째는 철저한 사전 준비다. 퇴직하자마자 쫓기듯 창업부터 하고 보는 것은 실패의 지름길이다. 사전 준비는 창업에 나서기 전 6개월~1년의 시간을 투자해야 하는 게 기본이다. 이 기간에 업종 선정, 시장조사, 사업 타당성 검토, 상권 및 입지 분석 등의 작업을 진행해야 한다.

자기 사업을 하기 위해 필수로 갖춰야 할 세무·법률 지식도 이 기간에 습득해야 한다. 소상공인시장진흥공단 등 공공기관에서 제대로 된 창업 교육을 받는 것도 좋다. 가급적 관심 있는 분야에서 직접 일해 보면서 실무 경험을 쌓는 것도 이 단계에서 해야 할 일이다.

업종을 고를 때는 안정성을 최우선해야 한다. 업종의 수명 주기가 길고 시장에서 검증된 아이템을 고르는 게 바람직하다. 하나부터 열까지 자신이 모든 것을 챙겨야 하는 개인 독립점포를 내기보다는 프랜차이즈 가맹점 형태로 창업하는 게 쉬운 방법이 될 수 있다. 단 제대로 된 우량 가맹본부를 찾는 게 관건이다. 우량 가맹본부를 검증하는 것은 그다지 어렵지 않다. 공정거래위원회가 운영하는 정보공개서에는 본사를 검증할 수 있는 다양한 정보가 실려 있다.

창업자금 전략을 세울 때 가장 중요한 것은 '몰빵'해서는 안 된다는 점이다. 욕심을 부리지 말고 5000만~1억 원 정도의 창업비용이 드는 소규모 자영업으로 시작했다가 나중에 사업 규모를 더 키워 나가라.

<출처: 한국경제, 강창동, 2014. 10. 4.>

사례와 실무 중심의
경영의 이해와 창업

CHAPTER 05

사업계획서 · 아이템 · 타당성 분석

Understanding of Management & Foundation

CHAPTER 05 사업계획서·아이템·타당성 분석

제1절 사업계획서 작성

1 의 의

사업계획서(Business Plan)란 사업을 계획하는 데 있어서의 제반사항 즉, 하고자 하는 사업의 시장구조, 고객의 특성, 시장확보 전략, 투자규모, 자금의 조달계획 및 마케팅 계획 등 일련의 사항들을 합리적이고 객관적인 관점에서 기술해 놓은 일종의 계획서이다. 따라서 사업계획서는 사업을 개시하기 전에 사업에 대한 전반적인 구상을 설정하여야 한다. 구체적으로 사업체 연혁, 창업동기 및 사업의 기대효과, 회사개요, 사업전개 방안과 향후계획 및 재무계획 등 회사조직과 운용에 대한 전반적인 내용을 서술하여 이를 실현하기 위한 지침서로 활용하여야 한다.

2 필요성

창업과정에 있어서 사업계획서의 작성은 계획하고 있는 사업에 관련된 제반사항들을 객관적, 체계적으로 이끌어 나가는 데 아주 중요한 자료이다. 즉, 사업계획서는 창업자 자신이 창업 및 발전전략을 설계해 보는 기회이기도 하며, 외부로부터 자금조달이 필요한 경우 외부투자가에게 체계적이고 구체적으로 설명하기 위한 수단이 되기도 한다. 따라서 사업계획서의 작성을 통하여 주관적인 사업구상이 아니라 객관적이고 체계적인 사업타당성 검토를 할 수 있으며, 창업에 필요한 제반요소를 점검하고 부족한 부분을 파악함으로써 효율적으로 창업과정을 수행하고 창업성공률을 높일 수 있다. 사업계획서는 다음과 같은 역할을 한다.

① 사업계획서는 창업자 자신이 창업 및 발전전략을 설계해 보는 기회가 된다.
- 주관적인 사업구상이 아니라, 객관적이고 체계적으로 사업타당성을 검토할 수 있다.
- 창업에 필요한 제반 요소를 점검하고 부족한 부분을 파악함으로써 효율적으로 창업 과정을 수행하고 창업 성공률을 높인다.
- 창업과정에서 어떠한 전략을 취할 것인가를 분석하여 결정할 수 있다.

② 창업자가 외부로부터 자금조달을 원하는 경우, 창업자가 자신의 "기회"를 외부투자가 (엔젤, 벤처캐피탈)에게 체계적으로 설명하기 위해서도 사업계획서가 필요하다.
- 특히 창업자가 외부투자가를 찾고 있는 경우에는 잘 구성된 사업계획서가 필요하다.

3 유의사항

① 사업계획서는 충분성과 자신감을 바탕으로 작성되어야 한다.
② 사업계획서는 객관성이 결여되어서는 안 된다.
③ 계획사업의 핵심내용을 강조하여 부각시켜야 한다.
④ 제품 및 기술성 분석에 대한 내용은 전문적인 용어의 사용을 피하고, 단순하고도 보편적인 내용으로 구성한다.
⑤ 자금 조달 운용계획은 정확하고 어느 정도 실현 가능성이 있어야 한다.
⑥ 계획사업에 잠재되어 있는 문제점과 향후 발생 가능한 위험요소를 심층 분석하고, 예기치 못한 사정으로 인하여 창업이 지연되거나 불가능하게 되지 않도록 다각도에 걸친 점검이 요구된다.

4 사업계획서 작성순서와 원칙

사업계획서를 작성하는 순서를 간략히 살펴보면 다음과 같다.[1]

① 사업계획서 목적에 따라 기본방향을 설정하는 일이다.

② 사업계획서 작성목적 및 제출기관에 따라 소정양식이 있는지 미리 알아본다.

③ 사업계획서 작성계획의 수립이다. 대부분의 사업계획서는 사업계획 추진일정상 일정기한 안에 작성해야 할 필요성이 있는 경우가 많다. 자금조달을 하는 경우나 공장 입지를 위한 경우든 관련기관에 제출하기 위해서는 빠른 기간 내에 작성하지 않으면 안 되기 때문이다.

④ 사업계획서 작성에 필요한 자료와 첨부서류 등을 철저히 준비하는 일이다. 자료를 철저히 수집하지 않으면 불충분한 자료로 인하여 재차 자료를 수집해야 하는 사태가 벌어질 수 있으므로 미리미리 자료를 철저히 준비해 두어야 한다.

⑤ 작성해야 할 사업계획서의 폼을 구성해야 한다. 특정기관의 소정양식이 있는 경우에도 그 양식에 의거 미리 작성해야 할 사업 계획서의 폼을 구성할 필요가 있다.

⑥ 실제 사업계획서를 작성한다. 제출기관에 따라 사업계획서 작성방법을 간단히 설명하고 있는 경우도 있지만, 그것만으로는 충분하지 못하다. 사업계획서 작성자는 사업계획서 작성요령을 미리 숙지하여 둘 필요가 있다.

⑦ 편집 및 제출이다. 사업계획서는 내용도 중요하지만 그 내용을 포괄하고 있는 표지 등 편집도 대단히 중요하다. 정성을 다하고, 모양을 새롭게 하여 제출기관으로부터 좋은 인상을 받도록 최후까지 신경을 쓸 필요가 있다.

사업계획서는 내용도 중요하지만 그 내용을 포괄하고 있는 표지 등 편집도 중요하다. 이상적인 사업계획서가 되기 위해서는 다음과 같은 몇 가지 원칙들이 사업계획서 안에 담겨 있어야 한다.

① 목적적합성 사업계획서는 사용용도(경영관리, 금융지원, 사업승인 등)에 따라 그 목적에 적합하도록 작성이 되어야 한다.

[1] 상게서, pp.51~52.

② 일관성 사업계획서는 첫 장에서 마지막장까지 그 내용이나 수치에 있어서 일관성을 유지하여야 한다.

③ 객관성 사업계획서는 비논리적인 추정을 피하고 확실한 근거와 함께 사실에 접근하여야 한다.

④ 충분명료성 사업계획서는 각 사업운영 부문별로 충분히 다루어 주면서 그 내용을 명료히 나타내어야 한다.

⑤ 탄력성 사업계획서는 계획사업에 내재되어 있는 문제점과 사업의 Risk를 인식하고 이에 대안을 가지고 있어야 한다.

⑥ 설득성 사업계획서는 이해관계인(자본투자자, 사업승인자)에게 신뢰감을 줄 수 있도록 설득력 있게 작성되어야 한다.

⑦ 검증가능성 사업계획서는 추정재무제표와 재무분석을 통하여 계획사업의 적정수익성이 검증되어야 한다.

5 사업계획서 작성내용

일반적으로 사업계획서는 계획사업이 어떤 방향으로 나아가고 있고 어떻게 목표에 도달할 수 있는지에 대해 설득력 있게 설명하는 문서라 말할 수 있다. 하지만, 기본적으로 사업계획서를 작성하는 것은 두 가지 이유에서다. 첫째, 사업계획서를 작성해 봄으로써 창업자가 자신이 하고자 하는 사업을 완벽하게 이해하고 있으며, 그에 따른 실천계획을 짜 본다는데 그 의의가 있다. 일반적인 사업계획서의 작성의 주요내용을 살펴보면 <표 5-1>과 같다. 둘째, 현실적으로 사업계획서는 벤처 캐피탈 혹은 엔젤 투자자들에게 자금조달을 목적으로 그들을 설득시키기 위해 작성하는 경우다. 이 때는 특히, 재무계획에 있어 단지 수치만 제시하는 것이 아니라 그들이 납득할 만한 재무계획을 말해 주어야 한다.

표 5-1_ 사업계획서의 주요 내용

목차	주요내용
1. 일반현황 (1) 창업자(대표자 현황) (2) 회사의 일반적 상황	창업자의 인적사항과 계획하고 있는 사업의 형태와 전개방향에 대하여 개괄적으로 설명을 한다.
2. 계획사업의 개요 (1) 개발동기 (2) 사업내용 (3) 판매하는 제품의 특성 (4) 기대효과	사업의 내용과 생산하고자 하는 제품의 특성 등 기존제품과의 차이점, 향후 기대효과에 대하여 기록을 한다.
3. 시장현황 (1) 동종업종 현황 (2) 시장의 규모와 전망 (3) 시장점유율과 경쟁관계 (4) 판매제품의 침투가능성	현재 생산 및 판매되고 있는 동종업계의 동향과 해당업종에 대한 국내외 성장가능성에 대하여 기술함.
4. 판매현황 (1) 판매전략 및 형태-국내외 (2) 가격정책 (3) 서비스가 필요한 경우 서비스 계획	경쟁업체의 판매형태와 전략을 비교 평가하여 고유의 판매전략, 가격정책 등 마케팅전략을 수립한다.
5. 생산계획 (1) 생산흐름도(계획표) (2) 자체 또는 외주공정의 계획	판매계획과 자금조달, 생산일정에 따른 생산(서비스)계획을 수립한다.
6. 설비투자계획 (1) 제조설비내역 (2) 구입처, 규격, 수량, 가격	판매계획과 자금조달능력에 따른 직접설비투자계획을 수립한 후 국내구입과 수입으로 구분하여 구입처와 수량, 가격 등을 기술한다.
7. 인원 및 조직계획 (1) 조직도 (2) 직무별, 직위별, 소요인원	경력에 맞는 임원진의 구성과 해당기업에 적정인원의 산출근거를 제시하고, 해당업종의 특성 또는 회사의 특성에 부합되는 조직도를 그리도록 한다.
8. 원·부자재 조달계획 (1) 국내조달 계획 (2) 수입자재 조달계획	국·내외 원자재 공급처의 가격과 납품조건, 납기, 최소주문량 등을 조사하여 생산계획에 따른 재고량을 감안한 조달계획표를 작성한다.

9. 대차대조표 (1) 추정 재무상태표 (2) 추정 손익계산서[2] (3) 현금흐름표재무계획 (4) 손익분기점 분석	객관적이고 상세한 근거자료에 의하여 기업회계 기준에 따른 3~5년 정도의 추정 재무제표를 작성하고 손익분기점을 분석한다.
10. 자금계획 (1) 총소요자금 내역 (2) 자금의 조달계획	연도별 총 소요자금을 산출한 후 자체 보유자금과 비교하여 부족분에 대하여는 그 조달방안 중의 몇 가지 방안을 기술한다. 자금의 조달방안과 관련하여서는 어음 거래시에는 어음의 만기일, 외환거래를 하는 경우에는 환율의 변동 등을 충분히 감안하여 자금계획을 수립한다.
11. 사업추진계획	사업의 시작과 관련하여 사무실, 공장 등의 입지와 인·허가 등 법률적인 문제의 해결 등 각 부문별 추진일정계획표를 작성한다.
12. 기타자료의 첨부 (1) 제조원가명세서 (2) 인건비명세서 (3) 감가상각비명세서 (4) 경영진의 이력서 (5) 제품의 설명서 (6) 특허권, 실용신안권 등이 있는 경우 그 사본 (7) 제공가능 담보물 내용 (8) 연구기관 추천서 (9) 시험성적서 (10) 시제품 사진, 카달로그 등 (11) 사업장 확보서류	사업계획서상에 나타낼 수 없는 내용 중에서 사업계획의 승인에 유리하게 작용할 수 있는 부속서류가 있으면 그 부속명세서를 첨부하는 것이 유리하다.

<자료: 미래와 경영연구소, 창업세금 지식쌓기, 미래와 경영, 2001, pp.552~553.>

2 손익계산서(Profit and Loss Account): 기업이 한 회계기간 동안 경영활동으로 획득한 수익에서 각종 비용을 공제하고 얼마의 이익을 획득하였는가를 설명하는 지표로, 기업경영성과에 관한 여러 유용한 정보를 제공한다. 매출총이익. 영업이익. 단기순이익 등을 나타낸다.

핵심요약 1 - 사업계획서의 내용 요약

사업계획서

순서	내 용
1. 요 약	한 페이지에 중요한 사항을 요약해 넣는다. 제품, 창업 팀, 자본 유입계획, 시장 전망 등에 관해 간단명료하게 적는다. 특히 투자자의 자본회수 방법, 예상 수익 등을 소개한다.
2. 현 단계 소개	현재까지 창업자들이 준비한 내용을 소개한다. 시제품이 나와 있으면 이를 소개하고 회사가 출범했다면 그 상태를 서술한다.
3. 목 적	사업의 목적을 소개한다. 새로운 기술이나 서비스 등 아이디어를 이용해 새로운 시장을 개척한다는 등의 내용을 포함한다.
4. 창 업	창업자들의 프로필을 소개한다. 단순한 학력, 경력이 아니라 그 동안의 활동영역, 성공과 실패 경험, 그리고 이것이 사업에 어떻게 도움이 되는지 서술한다.
5. 제 품	제품과 서비스의 특징을 알기 쉽게 서술한다. 특히 기존 제품과 비교해 차이점과 장단점 등을 상세히 분석해 첨부한다.
6. 시장분석	대상 소비자, 경쟁자, 위험 요소에 대해 서술한다. 연차별 시장 규모예측과 이 회사의 예상 시장 점유율 특히 경쟁사와의 싸움에서 이길 수 있다는 가능성을 부각시킨다.
7. 시장전략	신제품 판매 방법, 신시장개척 방법, 시장 경쟁 전략 등을 서술한다.
8. 생산	필요한 생산 설비와 예산, 그리고 생산 기술을 적는다. 생산에 종사할 근로자들의 확보 방안과 교육 훈련 계획도 포함시킨다.
9. 재무	향후 3~5년간 예상되는 재무상태표, 손익계산서, 현금흐름도, 예산, 외부 자본유입 계획 등을 쓴다.
10. 투자회수 전략	투자자가 자본을 회수해 갈 수 있는 방법을 제시한다. 그리고 몇년동안 몇배의 이익을 낼 수 있는지 예측한다. 일반적으로 창업 투자 회사는 8~10년 사이에 10~20배의 이익을 원한다.

사업성 분석 사례

사업성 분석

항 목		내 용	비 고
월매출액		1일 예상매출 영업일수(30일 기준) = 월매출액	
한계마진율		외식업(65%)·판매업(35%)·서비스업(90%)·음료판매업(85%)	
매출이익		월매출액×업종별 한계마진율 = 매출이익	
경상비용		임대료 + 관리비 + 인건비 = 경상비(감가상각비 제외)	
	임대료	월임대료(점포 임대차계약서 기준)	
경상비	관리비	점포임대 평수 × 2만원 = 월관리비(전기·수도·광열비 등)	
	인건비	정직원수 × 100만원 = 월인건비	
월 순이익		매출이익 – 경상비 = 월순이익	
세금 및 손실		부가세 등 각종 세금	
월 당기순이익		월 순이익 – 세금 및 손실 = 월 당기순이익	
종합의견		사업성 분석은 점포형의 경우 3개월을 기점으로 작성	

사업성 분석 사례

항 목	금 액	비 고
목표이익	300만원	1억원 × 3부 이자(본인 인건비 포함)
경상비용[3]	180만 원	임대료 + 관리비 + 인건비 = 180만원
매출이익	480만 원	이익목표 + 경상비 = 480만 원
마진율	35%	
영업목표	740만 원	480 ÷ (1 – 0.35)
1일 매출목표	29만 6천 원	740만 원 ÷ 25일 = 29만 6천 원
객단가	2,000원	
1일 고객수	148명	29만 6천원 ÷ 2,000원 = 148
종합의견		

<출처: 최재희, 소자본 창업 어떻게 할까요?, 중앙경제평론사, 2010:274~275.>

3 경상비(Current Expense): 매 회계연도마다 영속적으로 반복 지출되는 경비로, 인건비, 급여, 임대료, 재화나 서비스 구입비, 광고비, 수수료 등을 말한다.

6 사업계획서 작성할 때 주의할 점

① 창업의 목적이 개인적인 이익을 추구하는 것이 아니고 공공의 이익을 위한 것이어야 한다.

② 사업 내용이 차별화 되도록 노력한다. 특징이 없으면 성공할 수 없다.

③ 틈새시장[4]을 집중적으로 공격할 전략을 제시한다.

④ 구체적인 숫자의 예측으로부터 사업이 성공할 것이라는 객관적인 자료를 보인다.

⑤ 제품의 가격, 이윤, 판매량, 시장점유율 등을 예측할 때는 지나치게 낙관적인 자세로 임하지 않는다.

⑥ 유능한 사람들이 모여 균형 잡힌 경영진이 되도록 인력을 구성한다.

⑦ 회사의 소요자본이나 운영비를 너무 적게 예측하지 않는다.

⑧ 예상되는 경쟁관계를 과소평가하지 않는다.

⑨ 일회용 히트 기술로는 회사가 지속될 수 없다. 지속적인 기술진보와 제품향상이 이루어질 수 있는 것이어야 한다.

⑩ 투자자를 찾을 때는 어떤 형태(경영에 관여할 사람 또는 단순히 투자에만 관심이 있는 전문 투자자)의 투자자를 원하는지 명확히 정의하여야 한다.

손익분기점분석

손익분기점이란 총매출액과 총비용이 일치되는 매출액, 즉 일정기간의 매출액이 그 기간에 지출된 비용과 같아서 이익도 손실도 발생하지 않는 시점으로, 손익분기점(P) 계산식은 다음과 같이 산정한다.

P=F/1-(V/S). (F: 고정비, V: 변동비, S: 매출액)

손익분기점=고정비/1-(변동비/매출액)

손익분기점=고정비/(1-변동비율)

4 틈새시장(niche market): 유사한 기존 상품은 많지만 수요자가 요구하는 상품이 없어서 공급이 틈새처럼 비어있는 시장(김치냉장고, 아기전용세탁기, 하겐다즈 고급아이스크림, 카놀라유, 바나나 우유 등)으로 "남이 모르는 좋은 낚시터"라는 은유적 의미를 가지고 있다.

▶ 손익분기점 분석 사례

명예퇴직을 한 박씨는 스타벅스 커피전문점을 개점하기로 하고(예정) 서석동에 1층 점포를 임차했다. 점포의 임차기간은 2년이며, 임차보증금은 3,000만원에 월 임차료 100만원, 권리금은 6,000만원을 주었다. 그리고 점포의 시설 및 인테리어 비용으로 2,400만원, 개점에 따른 기타 비용으로 600만원, 종업원 두명을 고용하여 인건비로 200만원, 수도전기광열비 등으로 60만원의 지출이 필요할 경우 박씨의 손익분기점 매출액은 얼마일까?

▶ 손익분기점 매출액 =

고정비(F)=560만원. 변동비율(V/S(변동비/매출액))=0.66(66.0%)

손익분기점=고정비/(1-변동비율)=5,600,000/(1-0.66)=16,470,588

따라서 박씨의 커피숍은 적어도 16,470,588원의 매출액을 올려야 손실 없이 점포를 운영할 수 있다. 이 경우 손익분기점 이후에 발생하는 초과 매출액을 전부 이익으로 보아서는 안 된다. 왜냐하면, 이익=매출액-[고정비+변동비]이기 때문이다.

고정비 및 변동비[5] 내역

고정비	매월금리	100만원
	인건비	200만원
	수도전기광열비	60만원
	매월 임차료	100만원
	감가상각비(2년)	100만원
	합계	560만원
변동비	상품원가율(커피)	60.0%
	소모품비율(크림, 설탕, 냅킨 등)	6.0%
	합계	66.0%

매월금리: (1억2000만원×10%) / 12개월 = 100만원
감가상각비: 시설인테리어 / 24개월 = 100만원
상품원가율: 커피의 마진율이 40%라면 상품원가율은 60%가 된다.
소모품비율: 평균소모품비 / 매출액

5 고정비와 변동비: 고정비는 일정한 생산설비를 전제로 하여 조업을 하게 될 때 생산량의 변화에 상관없이 고정적으로 지출되는 비용으로, 이자·건물·임대료·보험료·감가상각비·급료·재료·인건비 등의 모든 비용을 포함하며, 변동비는 직접 원재료비, 외주가공비, 판매원수수료, 여비, 교통비, 운송비 등이 포함된다.

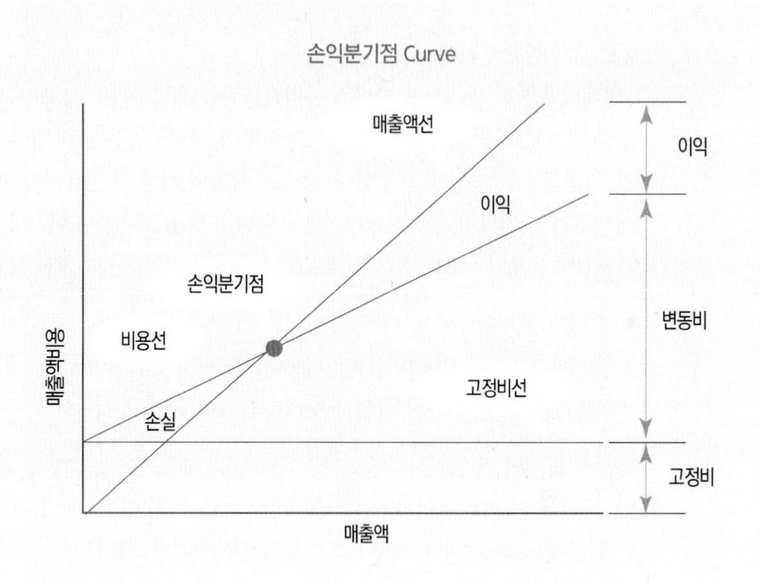

핵심 Key 1 사업의 각 임계점 마다 적시에, 확실하게 대응하라

사업에는 결정적인 임계점이 있다. 임계점이란 사업의 지속과 성장을 위한 분기점을 말한다(손익분기점을 넘어서는 지점). 사업의 생존과 지속적인 성장에는 특정 분기점들이 대단히 중요한 의미를 가지고 있다. 따라서 자기가 하고 있는 사업이 특정 분기점에 도달하였는지를 우선 정확히 파악해야 하며, 이런 분기점에 걸 맞는 성장전략을 사용해야 한다. 사업의 임계점과 관련해서 사장은 네 가지 포인트에 주목해야 한다. 첫째 사업 임계점의 중요성을 제대로 이해하고 있는가. 둘째 사업 임계점에 도달할 때까지 적절한 노력을 기울일 수 있는가. 셋째 사업 임계점의 시점이나 징후를 제대로 알아차릴 수 있는가. 넷째 임계점을 넘어선 다음 변화된 환경에 제대로 대처할 수 있는가이다.

1) 생과 사를 가르는 첫 번째 임계점, 빠른 시일에 손익 분기점을 넘어서라

첫번째 사업 임계점은 손익분기점을 넘어서는 지점이다. 사업을 시작한 다음 가급적 빠른 시간 안에 수입과 지출이 균형을 이루는 상태를 만들어내야 하는데, 사업을 계속

하기 위해선 손익분기점 매출을 정확히 파악하고 이를 달성하기 위해 혼신의 힘을 다해야 한다. 여기서 손익분기점 매출은 이익이 '제로'가 되는 매출액을 말한다. 손익분기점을 제대로 파악하려면 우선 비용부터 정확히 파악한다. 임차료, 각종 공과금 및 관리비, 직원 급여, 고정자산 감가상각비 등은 고객이 있으나 없으나 나가는 비용이므로 '고정비'라고 부른다. 반면 재료비, 연료비 등은 유동적이므로 '변동비'라고 부른다. 손익 분기점을 구하는 식은 다음과 같이 정리할 수 있다.

손익분기점 = 고정비÷(1-변동비율)
변동비율 = 변동비÷매출액

'조선가든'이라는 식당의 예를 들어보겠다. 종업원의 인건비가 1인당 200만 원에 6명이면 월 1,200만 원, 임대료와 관리비가 월 500만 원, 식당용 기기와 자동차 등과 같은 고정자산 감가상각비가 월 300만 원이라고 가정하자. 반면에 손님 1인당 평균 매출액(객단가)은 1만 원, 음식 재료비 및 연료비가 매출액의 49퍼센트, 기타 소소한 각종 비용이 100원 정도라고 가정하겠다.

고정비 = 1,200만 원 + 500만 원 + 300만 원 = 2,000만 원
손님 1인당 변동비 = 1만 원 × 0.49 + 100원 = 5,000원
변동비율 = 5,000원 ÷ 1만원 = 0.5
손익분기점 = 2,000만 원 ÷ (1-0.5) = 4,000 만 원

위의 식을 활용하면 이 식당은 최소한 한 달에 4,000만 원 이상의 매출액을 올려야 손익분기점을 넘길 수 있음을 알게 된다. 한 달에 평균 25일 동안 영업을 할 경우 하루에 최소한 160만 원의 매출을 올려야 한다는 결론이 나온다. 손익분기점을 계산하는 식을 참조하면, 고정비가 적을수록 그리고 변동비율이 클수록 손익 분기점에 도달하는 매출액은 적어지게 된다. 반대로 고정비가 크고 변동비율이 작으면 손익분기점을 돌파하기 위해 필요한 매출액은 커지게 된다. 다들 사업 초기에는 가급적이면 불필요한 비용을 줄이고 알뜰하게 사업을 시작하라고 말하는 이유 역시 고정비가 주는 부담이기 때문이다.

2) 고정비 지출에 주의하라

처음 사업을 시작 할 때는 다들 멋진 인테리어로 근사하게 꾸민 널찍한 사무실이나 가게를 꿈꾼다. 하지만 손익분기점을 넘기지 못하고 임대료 부담이 갈수록 늘어나 결국 문을 닫는 경우가 많다. 또 다른 방법은 리스크를 안고 완전히 새로운 장소를 찾아서 식당을 여는 경우다. 만일 성공한다면 다음 사람에게 가게를 넘길 때 권리금을 포함해

서 상당한 수익을 거둘 수 있겠지만, 장소 선정 등에 실패해서 손익분기점에 도달할 수 없으면, 임대료 부담을 견뎌내지 못하고 결국 도산하고 만다. 업종과 장소에 따라 임대료와 재료비의 비중이 달라지나 이익에 결정적인 영향을 주는 요인은 바로 고정비 가운데 가장 큰 몫을 차지하는 임대료이다.

3) 효과와 효율을 구분하여 경영하라

'CEO 가정교사'로 통하는 366비즈센터의 김형곤 사장은 사업의 첫 번째 임계점과 관련해서 재미있고 유익한 콘셉트를 제공한다. 그는 효과(効果, 결과의 크기가 어떤 기대치를 넘어선 상태를 말하며 투입의 크기와는 상관없음)와 효율(效率, 결과를 투입으로 나는 비율을 말하며, 결과와 투입의 크기에 따라 효율성이 달라짐)이란 두 가지 개념을 새롭게 재해석한다. 사업의 첫 번째 임계점을 넘어서지 못한 상태를 '효과를 기준으로 경영해야 할 때' 라고 부르고, 첫 번째 임계점을 넘어선 상태를 '효율을 기준으로 경영해야 할 때'로 부른다.

이 두 가지의 차이점을 간단히 설명하면 성장 궤도에 있는 기업이나 성공한 기업은 첫 번째 임계점을 이미 넘어선 상태이므로 '효율을 기준으로 경영해야 할 때'이고, 사업을 시작하는 경우에는 '효과를 기준으로 경영해야 할 때'라는 이야기다. 예를 들어 소비자를 상대로 하는 가게가 처음부터 규모의 경제를 추구한다는 목적 때문에 대형 매장에 멋진 인테리어를 갖추고 크게 시작했다면 이는 올바른 선택일까? 이런 방식은 사업이 손익분기점을 넘어섰을 때, 즉 효율을 추구하는 단계에 적합한 선택이다. 그러므로 고정비 부담을 최소화한 상태에서 일단 손익분기점에 도달한 이후에 규모를 늘리는 것이 올바른 판단이다.

사업을 시작한 처음부터 효율을 추구할 수 있다면야 더 이상 바랄 게 없겠지만, 효율은 효과의 단계를 지난 후에야 추구할 수 있음을 기억해야 한다. 대부분의 비즈니스에서 처음부터 효율을 추구하기란 거의 불가능하다. 효율을 얻기 위해선 일단 효과의 단계를 거쳐야 한다. 따라서 자신의 일에 있어서 효과의 포인트들을 미리 예상할 수 있어야 한다. 그리고 각 효과의 포인트를 넘을 수 있는 나름의 방법을 모색해야 한다. 새로운 아이디어가 아무리 많아도 그것을 비즈니스로 만들어내는 역량이 없다면, 실제로는 어떤 상황도 만들어 낼 수 없다. 먼저 효과를 얻을 수 있어야 비로소 효율을 추구하는 것이 가능하기 때문이다(자료: 김형곤, 「CEO 가정교사」, pp.54~55.).

<출처: 공병호, 공병호의 사장학, 해냄 출판사, 2009:59~65. 요약.>

핵심요약 2 - 사업계획 수립의 절차 및 체크 포인트 요약

▶ 사업계획 수립의 절차 및 체크 포인트 요약

1. 사업의 목적이 분명해야 한다.
   - 무엇을 성취 하려는가 등 대의명분이 먼저 앞서야 한다.
   - 사업을 수행하여 달성하려는 목적이 분명해야 한다.
   - 이를 추진함으로써 얻는 것과 잃는 것은 무엇인지 살펴보아야 한다.
2. 현황 파악을 정확히 해야 한다.
   - 누구와 같이 창업을 할 것인가를 정해야 한다.
   - 설비, 원재료, 상품, 소요자금, 조달방법, 자신의 능력에 대한 정확한 현황 파악이 이루어져야 한다.
3. 사실을 정확하게 분석해야 한다.
   - 사실의 정리, 평가를 게을리 해서는 안 된다.
   - 사실을 해석, 추리하고 새로운 사실을 발견할 수 있어야 한다.
4. 대안을 탐색하고 계획서를 작성할 수 있어야 한다.
   - 창조력을 가지고 작성하되 변화를 고려하여 몇 가지 안을 세우고 선택하는 것이 바람직하다.

▶ 사업계획 결정시 주의사항
- 목적이나 방침과 부합하는가?
- 정확성, 경제성, 신속성, 용이성, 안전성은?
- 너무 적극적이거나 소극적이 아닌가?
- 결단과 실행의 시기는 적절한가?

▶ 사업계획의 체크 포인트
- 무리인 줄 알면서 계획을 세우지 않았는가?
- 욕심만 내세워 현실을 무시하지 않았는가?
- 기초 자료는 부족하지 않았는가?
- 지나치게 낙관적이거나 비판적이지는 않았는가?

▶ 작성요령
- 사업계획서만 읽으면 누구나 사업의 내용을 알 수 있도록 구체적으로 작성한다.
- 실현 가능한 계획을 수립한다.
- 가급적이면 전문적인 용어를 피하고 단순하고도 보편적으로 설명한다.
- 근거가 불충분한 자료 또는 비논리적인 추정은 피한다.
- 잠재된 문제점, 발생 가능한 위험요소를 기술하고 대안을 제시하여 변화에 대한 대처능력을 표현한다.
- 창업의 목적이 개인적인 이익뿐만 아니라 공공의 이익도 추구한다는 것을 알린다.

<출처: 이정완, 소호, 창업과 경영 이렇게 하라, 새로운 제안, 2000, pp.90~91.>

제2절 사업아이템 분석

창업자는 사업아이템 선정을 시작으로 직접 기업을 경영하는 기업가의 길을 걷게 된다. 사업아이템 선정에 있어 무엇보다도 중요한 것은 창업자가 '어느 분야에서 경쟁력이 있는가?'하는 것이다. 사업아이템 선정에 있어 현재의 유행과 추세도 중요하지만 자기의 실력을 발휘하고 적성에 맞는 분야를 선택해야 한다. 성공의 지름길은 자기 자신이 객관적으로 봐서 경쟁력이 있는 아이템을 선택하는 일이다.

1 아이템 선정

1) 아이템 선정의 기본 원칙

사업아이템의 선정 시 기본적으로 검토를 거쳐 선정을 하되, 창업자 스스로 판단하면 실패의 위험성이 높다. 따라서 주변의 종사자가 있으면 필히 면담을 하거나 인터넷, 전문잡지를 통하여 정보 수집을 하여야 하며, 제3의 입장에서 객관적인 사업타당성 분석을 실시하여 최적의 사업아이템을 선정하여야 한다. 아이템을 선정할 때의 기본 원칙은 다음과 같다.

① 성장가능성이 있는가?
② 경험이나 특징을 활용할 수 있는가?
③ 실패의 위험이 적은가?
④ 공장을 설립해야 하는지 아니면 아웃소싱이 가능한가?
⑤ 대기업이 참여하기 곤란한가?
⑥ 수요와 시장성이 충분하지 또는 1~2년 이내에 수요가 형성될 수 있는가?
⑦ 자기자본 규모에 적당한가?
⑧ 투입비용에 대비하여 수익성은 높은가?
⑨ 일시적인 유행에 그치는 분야인가?

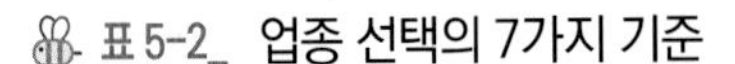
표 5-2_ 업종 선택의 7가지 기준

업종 선택기준 7가지
• 사회·경제적 변화와 경기변동사이클이 소비자의 요구와 일치해야 한다.
• 취미 특기 노하우 등 자신의 적성과 맞고 흥미유발이 되는지 따져본다.
• 성숙기나 쇠퇴기가 아닌 도입기나 성장기업종이어야 한다.
• 투자비용이 아이템에 비해 너무 과다하거나 적은 사업은 성공가능성이 적다.
• 만약을 대비해 폐점이나 업종전환이 쉬워야 한다.
• 실제 경험이 있는 분야를 택하면 유리하다.
• 자신이 없으면 해당분야 종사자나 전문가와 반드시 상담한다.

2) 아이템 선정의 기본 순서

아이템 선정은 창업자의 자금동원 능력과 비례한다. 현실적으로 창업자는 자금동원 능력에 맞는 아이템을 선정할 수밖에 없기 때문이다. 만일 적은 자본으로 사업을 할 수 있다면 제1의 사업일 것이다. 그러나 이러한 업종은 누구나 뛰어들기 쉬우므로 그 분야에 독자적인 존재가 되어야 한다는 사실도 유념하여야 한다. 적은 자본으로 사업을 할 수 있는 업종을 살펴보고, 인터넷에서 각종 아이템 관련 정보를 참고하여 선정하는 것이 유리하다. 일반적으로 아이템 선정의 기본 순서는 다음과 같다.

① 창업하고자 하는 업종에 대한 정보수집
② 기존 기업, 체험자 또는 종사자와의 면담
③ 사업아이템에 대한 구체적 정보수집 및 정밀분석
④ 사업타당성 분석
⑤ 최적사업아이템 선정

(1) 소프트웨어 산업

최근의 경기침체에도 불구하고 향후 10년간 30% 이상 지속적으로 성장할 대표적인 미래형 지식산업이다. 이 분야는 아이디어가 가미된 무형의 상품이 시장의 수요를 창출하는 대표적인 분야이다. 최근의 히트상품은 품질이 아니라 아이디어가 가미된 디자인 분위기가 결정한다. 소프트웨어 산업은 모든 산업에 연관이 되어 있으므로 그 성장가능성도 높다고 할 수 있다.

(2) 정보통신 서비스산업

정보통신 산업 중 정보통신 서비스산업은 수요자 중심의 정보를 발굴하고 지속적인 업데이트를 할 수 있다면 적은 비용으로 성공할 수 있다. 즉, 정보가 팔리는 시대가 되었다는 사실이다. 현재 일반화된 정보통신 서비스산업 중의 하나는 부동산 정보가 있으며, 그 다음이 다이렉트 메일(DIRECT MAIL) 사업이다. 전문가, 즉 세무사의 명단, 고액 소득자의 명단, 심지어는 전국 골프회원의 명단에 이르기까지 상품 판매에 필수적인 것이므로 명단의 숫자에 따라 가격이 결정되는 상거래가 가능하게 되었다.

(3) 다품종 소량생산 산업

최근에는 대량생산보다 소량생산에 인기가 집중되고 있다. 자동차, 철강 같은 공업제품은 대량생산이 유리하나 요리 패션, 액세서리 등 취미와 관련된 분야는 대량생산이 인기를 끌지 못한다. 이런 분야는 캐릭터가 생명이다. 다품종 소량생산 분야는 대기업은 엄두를 못 내는 분야로 최근 다양화시대의 경향을 이루고 있어 대기업에게만 유리한 조건이 아닐뿐더러 오히려 중소기업에 유리한 방향으로 전개되고 있다. 특히 이런 분야는 생산원가 얼마인가보다는 소비자의 욕구를 충족시키고, 욕구를 유발시킬 수 있는가가 사업의 성패를 가늠한다.

(4) 연구개발 사업

전문지식과 기술로 가치를 창출하는 산업으로 전체의 경쟁력을 결정하는 산업이다. 즉, 창업자는 기획과 판매를 담당하고, 생산은 기존 사업에 외주를 주는 방법으로 아이디어가 가미된 캐릭터가 생명인 산업이다. 창업자는 기획, 기업은 생산, 판매는 유통업체와 협약 등을 통해 진출 가능한 분야이다.

(5) 기타 산업분야

적은 비용으로 창업 가능한 기타 분야로서 게임기 개발 등의 영상 컨텐츠 산업, 산후조리 도우미 등 가사대체 서비스산업 등도 있다. 특히 각 기관에서 제공하는 신산업정보에 창업자의 아이디어가 부가된다면 획기적일 수 있다.

핵심요약 3 - 자금 규모별·성격별 유망 사업 아이템

자금규모별 유망사업 아이템

투자규모 (임대비 제외)	사업 아이템
1천만원 미만	호떡전문점, 라면전문점, 목욕용품전문점, 건강용품전문점, 홈패션전문점, 액세서리 전문점, 컴퓨터미니숍, 경조사대행업, 책대여점, 향수전문점, 홈패션전문점, 유아교육사업, 길거리 종합간식 판매업, 가정식 김치배달전문점, 쇼핑대행업, 김밥 우동 배달 전문점, 옷수선 전문점, 맥반석 오징어구이판매점
1천만~2천만원	어린이 중고용품점, 재생사업, 인터넷영어학원, 생활용품할인점, 세탁편의점, 이동판매 비즈니스, 리사이클 숍, 비서대행업, 재고처리대행업, 간판청소대행업, 베이비시티파견업, 도배공사 전문점, 자동차 부분수선전문점, 건강식품전문점, 김밥전문점, 컴퓨터피아노학원, 아이디어상품전문점, 고객관리 대행업
3천만~5천만원	만화대여점, 1천원생활용품 만물상, 카페식 라면전문점, 중고컴퓨터 체인점, 장난감 대여점, 가정방문 컴퓨터 교육, 조기교육용품 전문점, CD롬 영어 학습교재 전문점, 구두 세탁소, 건강복합 판매점, 할인상품 구매대행업, 청소대행업, 신토불이 제과점, 중저가 호프전문점, 소매할인점, 영상독서실
5천만~1억원	축협전문점, 자동차보수 전문점, 체인형 미용실, 실내 서바이벌 게임장, 비즈니스 카페, 입시학원, 셀프세차장, 도서및 문구전문점, 편의방, 주류판매업, 내의전문점, 캐릭터상품 전문점, 편의점, 팬시전문점, 패션잡화점, 사무편의점, OA카페, DVD방

성격별 사업아이템

성격유형	아이템
사교성 있고 매사 적극적	• 외판업(자동차 보험용) • 창업이벤트업 • 웨딩이벤트업 • 광고업 • 인력공급 및 고용알선업 • 여행알선 및 여행 보조업

내향적이고 감정 풍부	• 아동의류 신발 할인판매업 • 완구 팬시 전문점 • 여성의류 판매점 • 꽃가게 • 신변 잡화 생활용품 판매업 • 실내 인테리어 장식업, 홈패션업 • 숙박업 - 전통찻집 • 정보제공업
모험 좋아하고 탐구력 왕성	• 정보통신업 • 과학모형기기 전문점 • 부가통신업 • 소프트웨어 개발 및 공급업
매우 침착하고 논리적	• 체인학원업 독서실 • 도서 CD 학습교재 대여점 • 어린이 놀이방 • 컴퓨터 학습방 • 컴퓨터 시스템 자문 • 창업 및 경영컨설팅업
우직하면서 끈기 은근	• IMF형 전문 음식점 • 단체급식 전문업 음식출장 조달 서비스업 • 채소 과일 택배업 • 자료 전산 처리업
자존심 강하고 원리원칙 강조	• 소규모 할부금융, 렌탈업 • 중고컴퓨터 가전제품 수리업 • 청소용역업 • 주택수리 개보수, 가구리프레싱업 • 자동차 수리 및 셀프세차업 • 통신판매업, 무역오퍼업
와일드하고 추진력 탁월	• 레포츠 센터 • 레저 오락이벤트업 • 주점업 • 이삿집 센터 • 실내사격연습장 • 운동 및 경기용품 판매업 • 전문건설업

핵심요약 4 - 여성 유망 직종 70선

구분	직종
보건 및 복지서비스직 (21개)	스포츠마사지, 영·유아관리사, 피부관리사, 경호원, 사회체육지도사, 이벤트기획인, 특수교육교사, 연예오락 이벤트 운영전문가, 메이크업아티스트, 사회보험노무사, 아동복지전문가, 개인이미지 컨설턴트, 행사도우미, 관광안내원, 웨딩설계전문가, 패션코디네이터, 노인복지사, 헬스케어전문가, 심리치료사, 음악치료사, 여가상담원
산업지원 서비스직 (13개)	애니메이터, 그래픽디자이너, 물류관리사, 디스플레이디자이너, 신용조사원, 캐릭터디자인, 국제선물거래사, 인테리어디자이너, 관광상품플래너, 일러스트레이터, 국제관광홍보가, 자동차전문 디자이너, 브랜드 메이커
정보 및 통신직 (15개)	웹디자이너, MCSE(마이크로소프트 공인시스템 엔지니어), 정보처리기능사, 정보검색원, 캐드리스트, 컴퓨터프로그래머, 웹서버운영자, 컴퓨터게임 시나리오 작가, 디지털영상 편집자, 게임프로그래머, 정보중개인, 인터넷 TV 영상디자이너, 멀티미디어 PD, 멀티미디어 프로그래머, 정보분석원
전문기능직 (15개)	수질관리사, 폐기물처리 기사, 환경영향측정기사, 컴퓨터닥터, 만화콘티작가, 전자출판 전문가, 컴퓨터조립 A/S, 컴퓨터속기사, 보석감정사, 귀금속가공기능사, 텔레마케터, 안경기능사, 분장사, 비디오아트 작가, 색채전문가
일반사무직 (6개)	전문비서, 경리회계 사무원, 워드프로세서 조작원, 국제경리사무원, 노무사무원, 세무사무원

핵심 Key 2 가족창업 5계명

가족 창업 5계명
1. 사랑과 신뢰를 잊지 마라. 성공에 대한 기대와 실패에 대한 두려움을 함께 공유해야 한다. 가족끼리 힘을 얻고 부담을 덜어야 한다. 가족간의 단합과 신뢰가 창업의 바탕이 돼야 한다. 2. 업무 분담으로 인건비를 최소화하라. 가족간의 역할 분담을 통해 불필요한 인건비를 줄이고, 업무에 대한 효율성을 높여야 한다. 가족 창업도 손발이 맞아야 성공할 수 있다. 3. 철저한 시장조사와 아이템 선정이 중요하다. 가족 창업은 서로가 사장이자 종업원이다. 따라서 가족이 함께 운영 가능한 아이템 선정이 중요하다. 수익성보다는 안정성 위주의 공통분모를 찾아야 한다. 4. 자기 관리를 철저히 하라. 가족 창업은 자칫 서로에게 일을 떠넘기는 상황으로 인해 마찰이 발생할 수 있다. 게으름을 피우거나, 창업 초기의 마음을 잃어버리는 경우도 많다. 효율적인 사업 운영을 하면서 인격적으로 배려하는 노력이 필요하다. 5. 매출·수익 극대화 전략을 세워라. 창업은 전쟁이다. 가족이 운영하는 점포와 상품을 고객에게 알리기 위한 전략이 필요하다. 부모와 자녀, 남매, 형제가 각각의 고객층에 적합한 홍보와 판매 전략을 세워야 한다.

<출처: 한경Business, 이상헌, 2007.1.8, p.53.>

2 유망업종의 타당성 분석

점포사업을 하려는 사람들은 대부분 업종 선정과 함께 입지 선정을 우선시하는 경향이 있다. 점포의 목이 좋으면 그 자리에서 어떤 장사를 하더라도 잘 된다는 것이 일반적인 생각이다.

그러나 주위를 둘러보면 점포의 목도 꽤 괜찮은데 업종이 수시로 바뀌는 곳이 있다. 기존 점포 주인들의 가장 큰 고민 중 하나가 바로 전업에 관한 것임을 볼 때, 무엇보다도 업종 선정이 중요하다는 것을 알 수 있다.

결국 점포사업의 성공은 입지 선정과 업종 선정이라는 두 가지 요인에 의해서 결정이 된다고 해도 과언이 아니다. 하루 이틀 장사할 것도 아니고 진정으로 점포사업으로 성공하기를 원한다면 업종 선택에 많은 시간과 노력을 투자해야 한다. 그렇게 업종 선택을 했다고 해도 다양한 측면에서 업종 선정의 타당성을 다시 한 번 점검하는 것이 필수이다.

1) 타당성 분석시 고려할 점

(1) 자신의 적성에 맞는 일

우리는 흔히 일이 적성에 안 맞는다. 적성에 맞지 않아서 회사를 그만두었다는 등의 이야기를 자주 듣는다. 사람은 자신의 적성에 맞는 일을 해야 만족을 느낄 수 있으며, 적성에 맞지 않는 일은 그만큼 하기가 어렵다는 뜻이다.

점포사업의 경우도 마찬가지이다. 사람은 나름대로 개성과 특성을 갖고 있기 때문에 적극적으로 돌아다녀야 하는 영업이 맞는 사람이 있고, 한곳에 자리 잡고 해야 하는 판매업이 적당한 사람이 있다. 자신의 성격이나 취향을 고려하지 않고 무조건 현재 잘 나가는 업종이라거나, 단지 수익률이 좋다는 이유로 업종을 선정하면 실패하기가 쉽다. 사업이라는 것은 하루 이틀에 끝나는 것이 아니기 때문이다. 처음부터 자신의 적성과 취향을 면밀히 고려해서 업종을 선택하기도 한다.

(2) 경험과 지식의 활용

요즘 창업을 희망하는 사람들은 유망업종, 새로운 업종 중독증에 걸려 있는 듯하다. 물론 새로운 업종은 경쟁상대가 없기 때문에 장사가 잘 될 가능성이 높다. 또한 유망업종은 장사가 잘 된다고 자타가 인정하는 업종이라서 점포사업을 하고자 하는 사람들이라면 귀가 솔깃해질 수밖에 없다.

그러나 구체적인 장점과 단점도 파악하지 않고 주위의 평만 듣고서 덜컥 사업을 시작했다가 나중에 운영의 곤란함이나 업종의 단점들이 부각되면 쉽게 포기해 버리는 경우가 많다. 아무래도 자신이 잘 알고 있는 업종은 장점보다는 단점이나 어려움이 먼저 눈에 띄고, 잘 알지 못하는 업종은 좋은 점만 눈에 들어오기 때문일 것이다.

점포사업을 성공적으로 운영하기 위해서는 먼저 자신이 잘 알고 있는 분야이거나, 아니면 도움을 받을 수 있는 인맥이 있어서 객관적으로 남보다 유리하다고 생각되는 업종을 택하는 것이 좋다. 그래야 자신 있게 운영해 나갈 수 있고 성공할 수 있는 확률도 더 크다.

(3) 운전자금[6]의 확보

업종은 자신의 자본 규모와 맞아야 하는데, 입지와의 연관성을 잘 판단해서 결정해야 한다. 같은 업종이라도 입지조건이나 점포의 규모에 따라서 투자되는 자본규모가 천차만별이기 때문이다.

자본 계획을 세울 때 유의해야 할 것은 창업자금 외에도 운영자금을 확보해야 한다는 것이다. 점포사업을 시작할 때는 이익을 내지 못하는 상태에서 적어도 6개월 정도는 버틸 수 있는 운영자금이 있어야 한다. 갖고 있는 자금을 창업하는 데 모두 투자해서 점포를 운영할 자금이 없다면 아무리 성실히 노력한다 해도 사업을 지속할 수 없다. 자본금은 창업에 소요되는 자금의 약 1.5배 이상을 확보하여 사업을 시작하는 것이 바람직하다.

(4) 상권과 업종의 일치

업종은 장사를 하고자 하는 입지의 특성에 맞는 것으로 정해야 한다. 지역의 특성을 알아볼 때는 먼저 배후지역 주민들의 나이와 직업, 성별 등을 조사해야 한다. 그리고 주변에 형성된 점포의 업종을 조사해서 자신이 하고자 하는 업종에 어떤 영향을 줄 수 있을 것인가를 예상해야 한다.

주위의 점포들과 서로 영향을 주고받으면서 영업을 해온 기존 점포들은 업종의 성격상 호혜업종, 보완업종과 경합업종으로 나눌 수 있다. 호혜업종이란 같은 업종이 같은

6 운전자금은 회사나 공장에서 임금의 지불, 원료의 구입 등에 필요로 하는 자금으로, 기업이 사업을 추진하는 데 있어서 필요불가결한 자금이다. 일반적으로 1년 이내에 회전하는 것으로 여겨지고 있어서 유동자산(현금, 당좌예금, 보통예금, 외상대출금, 원재료, 상품, 제품 등)에 포함된다. 경영자금이라고도 하며, 설비투자에 소요되는 설비자금과 구별된다. 일반적으로 운전자금은 자금의 지출에 의하여 생산된 생산물 또는 매입한 상품의 매출로써 회수된다. 설비자금의 회수가 고정적, 장기적인 것에 비해, 운전자금은 단기적인(일반적으로 1년 이내) 점이 특징이다. 일정기간이 지나면 회수할 수 있으나 특정시점을 기준으로 보면 잠겨 있는 자금이다. 일반적으로 매출채권과 재고자산의 합으로 나타낸다.

지역에 많으면 많을수록 서로 잘 되는 업종을 말하고, 보완업종이란 업종간의 관계가 바늘과 실 같은 관계인 업종을 말한다. 경합업종은 상대 업종의 존재를 철저히 부정하는 업종이다. 경합업종이 같은 지역에 있으면 어느 한쪽은 문을 닫아야 하므로 입지 및 업종을 선정할 때 가장 주의를 해야 한다. 따라서 업종을 선정할 경우에는 해당 입지의 특성을 면밀히 파악하여 입지특성에 맞는 업종을 정해야 한다.

(5) 성장 업종 선택

업종에는 환경 변화에 따라 성장하는 업종, 안정된 업종, 쇠퇴하는 업종과 같은 라이프 사이클이 있다. 따라서 업종을 선정할 때는 자신이 하고자 하는 업종이 어떤 사이클에 있는지 철저하게 분석해 보고 선택해야 한다. 업종을 선택할 때에는 장기적인 안목으로 신중하게 판단해야 한다. 즉, 사회 변화에 부응하고 소비시장이 더욱 확대될 수 있는 업종인가, 정부의 정책 변화에 큰 타격을 입을 업종은 아닌가, 대기업이나 대자본의 참여로 사라질 업종은 아닌가, 사회적으로 부도덕한 업종은 아닌가 등을 다각적인 측면에서 종합적으로 검토해야 한다. 새롭게 떠오르는 업종에 관심이 있다면 곧바로 투자를 결심하기보다는 추세를 지켜본 뒤 어느 정도 확신이 설 때 시작하는 것이 안정적인 방법이라고 할 수 있다.

2) 유망업종[7]을 판단하는 5가지 기준

(1) 업종의 성장성을 파악해야 한다.

- 사회적 흐름이나 소비자의 욕구와 일치하는가?
- 잠재소비시장이 광범위한가?
- 업종 성장곡선이 상향 곡선기에 있는가?
- 일반적으로 특정 업종이 도입되어 상향곡선을 그리고 있을 때 참여하는 것이 좋다. 초보자의 경우에는 미국이나 일본 등지에서 한창 유행하고 있는 업종이 도입

7 유망업종: 성장성과 발전성, 안전성, 수익성이 꾸준히 보장되는 업종(무인점포, 배달관련업종, 가정간편식, 디저트사업 등)
유행업종: 소비자들의 인기가 집중하다가 다시 썰물처럼 사라지는 반짝업종(치킨점, 아이스크림전문점, 초밥집 등)

되어 서울, 경기권을 중심으로 서너 개의 점포가 성공적으로 운영되고 있을 때 참여하는 것이 좋다.

(2) 실패할 경우 자금 회수율을 고려해야 한다.

- 시설투자 비용이 과도하지 않은가?
- 재고부담이 너무 크지 않은가?
- 임차비용의 경우 사업을 그만두었을 때 다시 되돌려 받을 수 있지만 노래방, 전자오락실, 비디오방, 고급 레스토랑 등과 같이 시설비가 많이 들어가는 업종은 점포를 폐점하거나 업종을 전환할 경우 거의 제값을 받을 수가 없어 자금 환수율이 상당히 낮아진다. 해당 업종을 아주 잘 알고 있거나 특별히 경영에 자신이 있는 경우를 제외하고는 시설비가 과도하게 들어가는 업종은 피하도록 한다.

(3) 업종의 수익성을 검토해야 한다.

- 총 투자비용에 대한 월 수익이 좋은가?
- 마진률[8]이 높은가 아니면 박리다매품(薄利多賣品)으로 적합한가?
- 일반적으로 수익성[9]이 높은 업종은 위험이 크거나 취급하는 물품이 전문품이거나 고가품일 경우가 많다. 수익성이 낮은 업종은 반대로 위험도가 낮고 일상적으로 사용하는 편의품이나 생활필수품인 경우가 많다. 수익성을 따질 때는 마진률보다 투자대비 월 수익을 계산하는 것이 현명한 방법이다. 수익성이 낮은 제품은 대량판매가 가능하고 고가품은 대량판매가 불가능하기 때문이다. 수익성에 대한 판단은 자신의 성격이나 취향, 또 경험과 능력을 종합적으로 고려해서 결정해야 한다.

---

8 마진율: 상품을 팔고 남은 수익 = (판매가격 - 공급가격)/판매가격 × 100%
예를 들어 1,500만 원짜리 노트를 2,000원에 팔았다면, 마진율 = (2,000 - 1,500)/2,000 × 100%=25%

9 수익률 = (순이익/매출액)×100%

(4) 업종의 자금 회전률을 고려해야 한다.

- 현금[10]장사인가?
- 외식장사라면 외상을 떼일 염려는 없는가?
- 자금 회전기간이 최대 6개월 이내인가?
- 자금 회전률이 높은 업종이란 기본적으로 현금으로 물건을 거래하고 상품 회전률도 높은 업종을 말한다. 점포사업의 경우에는 대부분 현금 거래가 보통이지만 업종에 따라 그렇지 않은 경우도 있다. 가구점, 건재상, 철물점, 고급용품점, 각종 중간도매상 등과 같은 자금회전과 상품회전이 느린 업종은 여유자금이 충분하거나 그 분야에 특별한 전문지식이 있는 경우를 제외하고는 피하는 것이 좋다.

(5) 업종의 경쟁상황을 예측해야 한다.

- 업종에 신규참여가 용이한가? (법적, 기술적)
- 시장에 비해 너무 과도한 경쟁이 있는 것은 아닌가?
- 노래방, 비디오방, 당구장처럼 시설만 갖춰 놓으면 누구나 할 수 있는 업종은 신규참여가 쉽기 때문에 순식간에 경쟁관계에 들어가게 된다. 조그만 판매점을 하더라도 가급적 남들과는 다른 영업 노하우를 익혀서 차별화시키는 것만이 살아남는 길이다.[11]

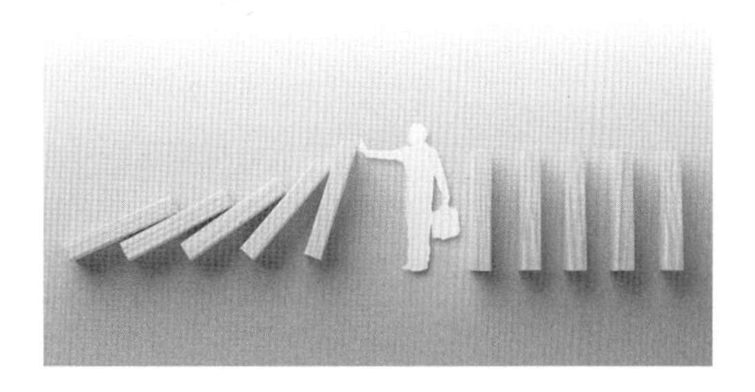

10 현금유동성: 영업, 투자, 재무활동 등의 활동을 통해 현금의 유입과 유출을 현금흐름(cash flow)이라 하는데, 현금은 뭐든 살 수 있는 가치가 있으므로 현금은 유동성이 100%로 높다고 한다.

11 이강원, 실전창업, 더난, pp.147~148. 수정.

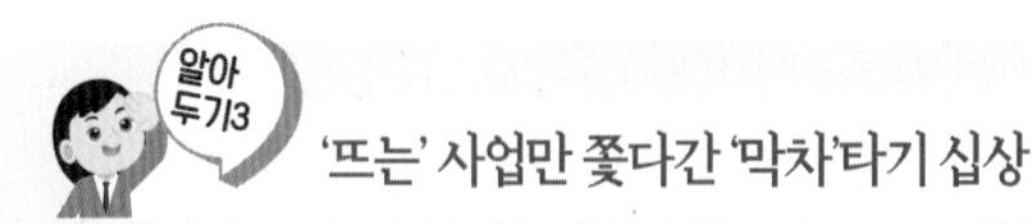

'뜨는' 사업만 쫓다간 '막차'타기 십상

인기 신종사업 생명 짧아 / 틈새시장 찾아야 성공한다

사업에 실패하는 사람 중엔 '막차를 탔다 낭패를 보는' 경우가 많다. 방송 등 언론매체의 발달로 어떤 업종이 좀 '뜬다' 싶으면 삽시간에 비슷한 점포가 우후죽순처럼 생겨나면서 전국이 유행병을 앓는다. 한 동네에 하나 정도의 점포가 생겨 돈을 좀 버는가 싶었는데 몇 달 지나지 않아 가까운 곳에 경쟁 점포가 생겨 제 살 깎아먹는 식의 영업에 돌입한다. 자연히 신종 사업의 생명이 짧아지고 그 사업에 뛰어든 사람이 함께 공멸 할 확률이 높아진다. 쇠고기 뷔페점이 그랬고 즉석탕수육점이 그랬다. 비디오 가게나 책 대여점도 마찬가지. 막차를 타는 창업자의 심리는 '편승심리' 또는 '횡재심리'다. 남이 잘 된다고 하니까 나도 그 업종만 창업하면 큰 어려움 없이 돈을 벌겠구나 하는 식이다. 막차를 탔다가 낭패를 당하지 않으려면 비어있는 시장에 눈을 돌려야 한다. 틈새마케팅(니치마케팅)이 바로 그것. '전문화된 특정분야'로 알려진 '니치'라는 말에는 '남이 모르는 목 좋은 낚시터'라는 의미도 있다. 잠재수요는 있는데 그 수요를 만족시켜주는 사업이 아직 없는 분야를 찾아서 창업을 한다면 성공할 확률이 크게 높아진다. 일반 방향제 시장에 '장소에 맞는 향기'라는 개념을 도입한 향기마케팅사업, 분유회사들이 독식하던 획일화된 이유식 시장에서 돌풍을 일으킨 맞춤 이유식사업, 개소주 흑염소 일색이던 건강원 사업에 민물고기 건강액 수요가 있다는 점을 발견한 민물고기 건강보즙액 사업 등이 좋은 예. 틈새 아이디어를 내는 것은 시장 선발업체를 인정해주고 선발업체가 보다 나은 노하우와 서비스로 시장을 개발해 나가도록 격려 해주는 의미도 있다. 숨어 있는 새로운 틈새를 발견하는 것, 그것은 과잉투자의 낭비를 없애고 새로운 사업영역을 개척하는 창업방식이다.

▶ 업종입지 '궁합'부터 따져라

창업하기에 앞서 평소 많은 관심을 기울이고 안목을 키워야 실패할 확률이 적다. '마땅한 창업 아이템이 없을까'하고 막연하게 고민하기보다는 주변의 창업 성공과 실패사례를 찬찬히 뜯어보는 것이 큰 도움이 된다. 김찬경(金贊經) 미래유통정보연구소소장이 지적하는 '창업 실패를 최소화하는 비결'은 다음과 같다.

1. 평소에 장사 안목을 기른다.

길거리의 간판, 상품의 포장에도 관심을 기울이고 일상적으로 만나는 점주들과 일부러 대화를 나누는 것도 바람직하다.

2. 업종과 입지의 '궁합'을 중시한다.
   입지는 창업성공의 70%를 좌우한다. 업종에 따라선 유사한 점포가 같은 상권에 집중되어 있는 것이 매출을 올리는데 유리한 경우도 많다.
3. 무조건 먼저 시작하는 게 능사가 아니다.
   1년 내에 비슷한 점포가 수천 개씩 생겨나는 업종은 곧 실패하게 마련.
4. 점포관리에 모범을 보인다.
   종업원의 업무태도는 점주의 행동양식에 달려 있다. 돈은 종업원들이 벌어 주는 것이란 인식을 가져야 한다. 특히 점포 매상과 개인지출을 엄격히 구분해야 신뢰가 쌓인다.
5. 업종전환을 두려워하지 말라.
   이미 개인점포를 가진 사람일수록 업종전환에 미온적이게 마련이다. 그러나 매상의 대부분을 유행성 아이템이 차지한다면 업종전환을 두려워할 이유가 없다.

<출처: 이창우, 인사관리의 허와 실, 조직혁신연구소, pp.43~48.>

제3절 사업타당성 분석

예비창업자가 사업계획서를 작성한 이후 고려해야 할 중요한 단계는 사업타당성 분석이다. 예비창업자는 사업타당성 분석을 통하여 잘못된 부분과 보완할 점들을 발견함으로써 사업계획서를 재수정·보완할 수 있는 기회를 갖게 되는 바, 이러한 일련의 피드백(feed back)이 수차례 실행됨으로써 완벽한 사업계획서를 작성할 수 있게 되는 것이다. 이때 사업타당성분석 시 중요시되는 것은 시장성, 제품성, 수익성 등이다.[12]

1 시장성 분석의 중요성

사업을 성공으로 이끄는 가장 큰 핵심은 제품이 '얼마나 팔리는가'이다. 아무리 아

12 이정완, 소호, 창업과 경영 이렇게 하라, 새로운 제안, 2000. pp.95~104.

이디어가 참신하고 품질이 우수하며, 고도의 첨단기술이라 할지라도 제품이 팔리지 않으면 아무런 소용이 없다. 따라서 시장분석은 제품이 팔릴 시장을 바라본다는 관점에서 어쩌면 제일 중요한 요소일지도 모른다. 그러므로 예비창업자가 시장분석을 통해 도출한 결과는 반드시 객관적인 근거와 실제 조사에 의하여야 한다. 일반적인 시장조사 방법은 1차적으로 통신이나 인터넷을 통해 폭넓은 자료를 수집할 수 있다. 이 방법은 자료수집이 용이하고 빠르며 다양한 정보를 수집할 수 있기 때문에 전체적인 동향이나 흐름, 세부적인 시장조사의 방향 설정 등에 많은 도움이 된다. 반면 정보의 깊이가 깊지 않고 필요한 정보로 재가공을 해야 하는 단점이 있으므로, 말 그대로 1차 자료수집에 적당한 방법이라고 할 수 있다.

1차 자료수집이 완료되면 2차적으로 세부적인 조사를 실시하는데, 여기에는 직접방문 혹은 컨설팅 회사의 도움을 받는 방법 등이 있다.

2 전반적인 시장동향의 파악

시장분석의 실질적인 단계 중 제1단계는 기존 상품과 유사경쟁 제품에 대한 전반적인 시장동향에 대해서 파악하는 것이다. 관련 단체·협회·학회·연구소 등에서 발행하는 업종별 시장성 분석 도서 등을 활용하거나 인터넷 및 PC통신 등을 통해 유용한 자료들을 수집할 수 있다.

표 5-3_ 전반적인 시장동향의 파악

구분	내용
유사제품을 포함한 전체 시장의 규모	• 국내 내수시장의 규모는 어떠한가? • 국내 생산규모는 어떠한가? • 해외 전체 시장규모는 어떠한가? • 수출입 규모는 어떠한가?
창업 아이템에 의해 창출되는 수요시장의 규모	• 해외시장 수요규모 • 국내시장 수요규모

시장의 특성과 구조분석	• 시장의 일반적인 특성은 어떠한가? • 주요 수요처는 어디인가? • 잠재고객은 누구인가? • 고객의 특성은 어떠한가? • 유통경로상의 특성은 어떠한가? • 동업계의 일반적인 판매조직은 어떠한가? (영업방식, 영업형태 등) • 동업계의 일반적인 판촉전략(광고방식·광고형태)은 무엇인가?
소비자 분석	• 소비자의 구성 분포는 어떠한가?(지역별, 연령별) 등 • 소비자의 변화추세는 어떠한가? (현재 성향 및 변화추세) • 제품의 소비단위는 무엇인가? • 구매가 발생하는 동기는 무엇인가? • 소비자의 수요자극 요소와 경향은 무엇인가?

3 목표시장 선정

이상에서 언급한 바와 같은 검토요소와 절차에 의하여 얻어진 관련 시장의 전체규모의 특성, 소비자 분석 등과 결과에 기초하여, 예비창업자는 목표시장을 선정하게 된다. 이러한 목표시장의 선정시 유의할 점과 절차는 다음과 같다.

① 시장의 세분화[13]

• 전체시장을 몇 개의 기준으로 나눈다.
• 각 기준에 의해 시장을 세분화한다.
• 세분화된 시장의 특성을 동질의 성격으로 규정지을 수 있는지 검토한다.
• 시장의 규모가 이익을 나눌 수 있을 만큼 큰가를 검토한다.

② 목표시장의 선정

• 목표시장에 대한 정의를 재정립한다.

13 시장세분화: 시장을 인구통계학적 변수, 즉 연령, 성별, 가족규모, 가족수명주기, 소득, 직업, 교육수준, 종교, 인종, 국적 등으로 나누는 것

- 재정립된 목표시장의 속성과 변화 추세를 재 파악한다.
- 시장의 세분화, 목표시장 선정 및 재정립의 과정에 대한 피드백 과정을 거쳐 목표시장을 명확히 정의하고 분석한다.
- 속성 분석을 통하여 시장진입 시기를 결정한다.
- 개괄적인 성장전략을 구상한다.

4 제품성 분석

시장성 분석 자체는 제품에 대한 시장의 내용, 특성, 수요영역 등의 분석이지만 제품 자체를 염두에 두지 않는다면 별 의미가 없다. 따라서 제품성은 기술성 분석 차원에서도 검토되지만 제품 자체의 강·약점, 라이프사이클, 보급률 등은 시장분석 차원에서 검토되어야 한다.

❶ 시장진입과 관련된 제품의 강·약점 분석

- 소비자에게 인식되는 제품의 기능에 있어서 타사 제품과의 강·약점을 분석한다.
- 제품의 특성과 기술성, 정교성 등에 있어서 타사 제품과의 강·약점을 분석한다.
- 브랜드 보유 여부에 있어서 타사 제품과의 강·약점을 분석한다.
- 기타 제품의 특성에 따른 타사 제품과의 강·약점을 분석한다.

❷ 제품의 라이프사이클과 보급률 분석

- 제품의 라이프사이클이 도입기, 성장기, 성숙기, 쇠퇴기 중 어디에 해당하는가를 분석한다.
- 기존 제품이 존재하는 시장에 신제품을 개발하여 참여하고자 하는 경우 제품의 보급률 분석을 함께 하는 것이 효율적이다.

5 수요예측

시장분석의 주된 내용은 기업의 입장에서 일정 기간에 소비자에게 판매되는 제품의 수량 또는 금액을 측정하는 것이다. 즉, 시장분석에 있어서 가장 중요한 항목은 수요예측이라고 할 수 있으며, 이것은 예상매출액으로서 수치화된다. 또한 판매계획과 생산계획, 자금운용계획이 바로 수요예측, 즉 예상매출액의 추정으로부터 출발하기 때문에 중요한 의미를 가진다. 이러한 수요예측을 수행하기 위한 절차는 다음과 같다.

- 수요예측에 필요한 객관적 기준을 마련한다.
- 수요를 결정짓는 중요한 요소가 무엇인지를 판단하고, 그 요소들에 대한 중요도를 결정한다(지역이나 시기, 판매방식, 종속관계 제품의 판매량, 고객특성 등).
- 판단기준 및 결정요소의 중요도를 고려하여 필요한 자료를 수집하고 분석, 평가를 실시한다.
- 합리적인 가정을 설정하고 각각의 중요도를 고려하여 시장에서의 점유율을 추정한다.
- 다시 발생 가능한 변수를 고려하여 예상치를 수정하는 작업을 거쳐 예상매출액을 정한다.

6 제품의 채산성 분석

제품에 대한 채산성 분석은 사업효과, 즉 수익성을 측정하는 하나의 기준이 된다. 따라서 제품원가, 마케팅비용, 생산비용, 소비자 판매가, 마진율 등을 고려하여야 한다.

❶ 제품원가를 산출한다.

- 인건비를 산출한다(기본급, 제수당, 상여금, 퇴직금 등을 고려함).
- 재료비를 산출한다.
- 제조경비를 산출한다(제조경비 항목별 산출방법 등을 고려함).
- 인건비, 재료비, 제조경비를 토대로 객관적 기준에 의거하여 제조원가를 산출한다.
- 위와 같은 방식으로 산출이 곤란할 경우에는 양식으로 한국은행·산업은행의 재무비율을 적용하여 총체적인 제품원가를 계산한다.

❷ 마진율을 분석해 본다.

- 마진율(마진=판매가 - 원가, 마진율=마진/판매가×100)은 매출액에 대한 수익률로서 표시된다(수익률은 매출액으로부터 제품·제조원가는 물론 판매비와 일반관리비, 영업과외비용, 특별비용 등을 제외하고 순수 이익이 되는 부분임).
- 목표마진을 설정하고 실제예상 마진율이 어느 정도 접근하는지를 파악한다.
- 실제예상 마진율이 목표 마진율과 차이가 있을 경우 그 원인을 파악하고 대책을 강구한다.

❸ 제품가격을 산정한다.

- 제품가격은 마케팅의 성공여부와 직결되는 것이며, 동시에 마케팅에 영향을 미치는 중요한 요소이다.
- 제품을 시장에 진입시키기 위한 가격정책을 수립한다(고가정책,중저가정책 등).
- 제품에 대한 시장에서의 유사제품의 가격동향을 살핀다.
- 가격정책을 고려하였을 경우 적정한 제품가격을 산정한다.
- 최근의 가격변화 추세와 함께 향후 가격변화 추세도 예측하여 제품가격을 산출한다.

7 시장·제품의 환경 분석

시장규모의 제품의 수요예측 등 내적인 요소에 대한 분석과 함께 시장 및 제품의 환경 분석을 실시해야 한다. 왜냐하면 시장·제품은 외적 요소에 의해서도 변동되므로 이에 대한 시장예측을 정확히 할 수 없기 때문이다.

❶ 자원 환경요인

- 인적자원 요소에 있어서 영업조직의 효율성을 분석한다.
- 인적자원 요소에 있어서 생산조직의 생산효율을 분석한다.
- 신제품의 개발능력을 분석한다.
- 원재료 수급의 용이성을 검토한다.

② 기술적 환경요인

- 경쟁사 제품에 대한 자사제품의 전반적인 기술수준을 측정한다.
- 기술측정치가 시장점유율 구성상 자사에 불리하게 작용하는지를 분석한다.
- 신기술·신제품 개발 능력과 그 전망에 대해서 사전에 분석해 둔다.

③ 마케팅 환경요인

- 경쟁사의 판매전략을 사전에 분석한다.
- 판매방법과 대금회수 방법 및 조건 등의 시장의 특성과 조화를 이루는지를 분석한다.
- 외상매출금과 외상매입금의 효율적인 관리방안에 대해서 사전에 검토한다.
- 어음·수표와 부실채권의 예방대책에 대한 사전 검토가 필요하다.

8 판매계획과 판매전략의 수립

① 판촉·광고전략

- 경쟁사들의 판촉·광고전략 정보를 수집하여 분석한다.
- 자사의 수준에 적합한 전략을 수립한다.
- 수립된 전략이 실제 판매량 증가에 어느 정도 효과가 있는지에 대한 효과예측도 함께 실시한다.

② 영업전략

- 영업조직의 활동범위를 어디까지 할 것인가를 검토한다.
- 영업조직의 권한과 책임한계는 어느 수준까지 허용할 것인가를 검토한다.
- 그러한 범위가 활동하는데 제약은 없으며, 판매량 증대에는 어느 정도 기여할 것인가를 사전에 검토한다.
- 경쟁회사와 비교하여 제도상 또는 영업사원에 대한 대우상 부족하지는 않은지를 검토한다.
- 영업사원의 이직 가능성과 이에 대한 대비책에 대해서도 충분한 사전 검토가 있어야 한다.

핵심 Key 3 매출이 아닌 수익을 따져라

사업에서 매출이 중요한 지표임에 틀림없지만 사장은 외형상의 성장보다 질적인 성장에 더 큰 비중을 두어야 한다. 가중치를 따진다면 질적인 성장에 70퍼센트, 양적인 성장에 30퍼센트 정도 비중을 두면 된다. 회사 경영에서 결정적인 지표는 순이익을 얼마나 남기고 있는가라는 점이다. 여기에서 자연히 이끌어낼 수 있는 것이 종업원 1인당 순이익, 즉 1인당 노동생산성이다. 1인당 노동 생산성은 자칫 매출액이 포함된 '가짜 실력'이 불러올 수 있는 위험도 사전에 대비할 수 있도록 도와준다. 1인당 노동생산성은 회사의 건강 상태를 나타내는 바로미터다. 1인당 노동생산성(노동생산성=부가가치÷종업원 수)을 예의주시하면 이를 끌어올릴 수 있는 구체적인 전략을 짤 수 있다. 먼저 분모에 해당하는 종업원 수를 보면 인적 규모를 최적화하는 방법을 알게 된다. 반드시 필요하지 않은 인력이 회사 내에 없는지 늘 스스로 체크하도록 유도할 뿐만 아니라, 회사 내부에서 진행하지 않아도 되는 업무의 외주화를 고민하게 만든다. 한마디로 조직 운영에 대한 긴장감을 조금도 늦출 수 없게 된다. 그리고 부자에 해당하는 부가가치를 예의주시하면 수익을 어떻게 끌어올릴 것인가와 자사 제품을 찾는 고객의 수를 늘리는 방안을 모색 할 수 있게 된다. 기업 경영의 기초는 이익에 있다. 따라서 사장은 늘 영업이익, 순이익, 1인당 노동생산성을 관심 있게 지켜봐야 한다. 가격을 높이거나 고객의 수를 늘리고 비용을 줄일 수 있다면 이들 숫자를 개선할 수 있다. 특히 비용 절감으로 생긴 돈은 고스란히 순이익이 된다. 숫자를 중심으로 사고하고 행동하면 의외의 수확을 얻을 수 있을 뿐만 아니라, 주관적인 감정이 배제된 상태에서 자신의 사업을 냉철하게 파악할 수 있다. 아울러 사업에 대한 개선과 혁신 아이디어를 끊임없이 만들어내는 것도 가능하다.

POINT

1. 규모가 아닌 내실이 중요하다.
2. 실속 있게 사업을 운영해 나가려면 1인당 노동생산성을 관심 있게 살펴보고 경쟁사와 비교해 보자.
3. 1인당 노동생산성, 영업이익, 순이익 등 숫자를 중심으로 사고하고 행동하면 자신의 사업을 냉철하게 파악할 수 있다.

<출처: 공병호, 공병호의 사장학, 해냄 출판사, 2009, pp.247~250. 요약.>

제4절 사업자의 휴업과 폐업

1 휴업이란?

휴업은 사업자가 일시적으로 주된 사업 활동을 정지하였으나 장래 사업 활동을 재개하고자 하는 의사를 가지고 사업시설의 유지·관리 또는 개량행위 등을 행하는 상태를 말한다. 반면 폐업은 사업자가 당해 사업을 계속할 의사가 없이 사업 활동을 영구적으로 종료하는 것이다. 따라서 휴업과 폐업의 구분은 사업자의 사업 활동을 재개의사의 유무, 사업장의 유지·관리상태, 기타 구체적인 사실관계 등을 파악하여야 한다.[14]

(1) 휴업을 할 경우 법적 절차

휴업을 하게 되면 부가세의 관련의무 이행이 불필요로 하며 납세의무도 없어지므로 가능한 한 빨리 하는 것이 유리하다. 따라서 사업자가 사업하던 중에 부득이한 사유로 휴업을 하여야 할 경우에는 지체 없이 관할세무서에 휴업(폐업)신고서와 사업자등록증을 제출하여야 한다. 사업자는 휴업신고서 작성 시에 사업자의 인적사항과 휴업월일 및 그 사유 등을 기재하면 된다. 또한 사업자등록을 하였지만 사실상 사업을 개시하지 아니하게 되는 때에도 지체 없이 신고하여야 한다.

(2) 휴업일의 기준

휴업일은 사업장별로 그 사업을 실질적으로 휴업하는 날을 기준으로 한다. 또한 계절적인 사업에 있어서는 그 계절이 아닌 기간을 휴업기간으로 한다. 그런데 휴업한 때가 명백하지 아니한 경우에는 사업자가 관할세무서에 휴업신고서의 접수 일을 휴업일로 한다.

14 전게서, 미래와 경영연구소, 2001. pp.256~261.

(3) 휴·폐업신고를 하지 않은 경우

휴·폐업신고를 하지 않은 경우 법상 가산세의 적용은 없으나 조세법처벌법상 신고 또는 고지에 있어 고의로 이를 태만, 허위 신고한 경우에는 50만원의 벌금 또는 과태료의 처분을 받는다.

2 사업자의 폐업

폐업이란 사업자가 당해 사업을 계속할 의사가 없이 사업 활동을 영구적으로 종료하는 것으로 개인사업자의 부도나 법인의 청산절차 등도 넓은 의미의 폐업에 해당된다.

사업자가 사업부진이나 업종전환 등으로 사업을 그만두는 경우는 반드시 폐업신고를 하여야 한다. 또한 법인인 사업자가 합병으로 인하여 소멸한 때에는 합병 후 존속하는 법인 또는 합병으로 인하여 설립된 법인은 신설 또는 존속법인·소멸법인의 인적사항, 합병연월일 등을 기재한 법인합병신고서에 사업자등록증을 첨부하여 합병 후 소멸한 법인의 폐업한 사실을 그 소멸한 법인의 관할세무서에 신고하여야 한다.

(1) 폐업일의 기준

폐업일이란 사업장별로 그 사업을 실질적으로 폐업하는 날을 말하는데, 폐업한 때가 명백하지 않으면 폐업신고서가 접수된 날을 폐업일로 본다. 다만, 해산으로 인하여 청산 중에 있는 내국법인이 사업을 실질적으로 폐업하는 날로부터 25일 안에 관할세무서장에게 신고하여 그 승인을 얻은 경우에는 잔여재산가액 확정 일을 폐업일로 할 수 있다.

이 경우 해산일로부터 365일이 되는 날까지 잔여재산가액이 확정되지 아니한 때에는 그 해산일로부터 365일이 되는 날을 폐업일로 보게 된다. 여기서 잔여재산가액 확정일이라 함은 해산일 현재의 잔여재산의 추심 또는 환가처분을 완료한 날 그리고 해산일 현재의 잔여재산을 그대로 분배하는 경우에는 그 분배를 마친 날을 말한다.

또한 사업개시일전에 등록한 자로서 등록한 날로부터 6개월이 되는 날까지 재화와 용역의 공급실적이 없는 자에 대하여는 그 6개월이 되는 날을 사업을 개시하지 아니하게 되는 날로 본다. 다만, 사업장의 설치기간이 6개월 이상이거나 기타 정당한 사유로 인하여 사업의 개시가 지연되는 경우에는 그러하지 않다.

위의 경우 외에 기타로 폐업일로 보는 경우는 다음과 같다.

① 해산등기 후 계속되는 사업은 실질적인 폐업일

② 휴업신고 후 결국 사업을 하지 않는 경우는 휴업신고일

③ 법원경매 등이 있는 경우 경매절차 후의 실제폐업일

④ 부도 발생 일에 사업이 중지된 경우는 부도발생일

⑤ 경낙자에게 인계된 날

(2) 폐업신고절차

사업을 시작할 때 사업자등록신청을 하는 등 각종 신청 및 신고를 하였듯이 사업을 그만두는 경우에는 그 종결절차를 거쳐야 하며, 그렇지 않은 때에 커다란 손해를 입는 경우가 있다.

사업자가 폐업할 때에는 곧바로 사업자의 인적사항, 폐업연월일 및 사유, 기타 참고사항을 적은 폐업신고서에 사업자등록을 붙여 관할세무서장에게 제출하여야 한다. 다만, 폐업한 사업자가 폐업한 과세기간에 대한 부가가치세 확정신고를 함에 있어서 부가가치세 확정신고서 상에 폐업연월일 및 폐업사유를 기재하고 사업자등록증을 확정신고서에 첨부하여 제출하면 별도로 폐업신고서를 제출하지 않아도 된다.

(3) 폐업시의 세무처리 유의사항

부도가 난 경우 유의해야 할 세금문제는 다음과 같다.

① 세금계산서에 따라 부가가치세 신고를 정확히 해야 한다. 부도가 난 경우에도 세금은 따라다니고 세금을 내지 않으면 다른 재산을 압류당할 수도 있다. 특히 법인의 경우 세금계산서가 불일치하면 법인세뿐만 아니라 법인 대표자가 매출누락에 대한 소득세도 내야 한다. 특히 부가가치세의 경우 사업을 그만두는 사업자의 마지막 신고기간은 그 폐업일이 속하는 과세기간의 개시일로부터 폐업일까지이며, 모든 사업자는 폐업일로부터 25일 이내에 확정신고 납부를 해야 한다. 예를

들어 3월 15일 사업을 그만두는 경우 신고대상기간은 1월 1일에서 3월 15일이 된다. 따라서 이 기간 중의 영업실적에 대하여 폐업일인 3월 15일부터 25일이 되는 4월 9일까지 확정신고 납부를 해야 한다.

② 폐업시점까지 지출증빙을 잘 챙기고 장부를 잘 정리한다.
보통 부도가 나게 되면 대규모 손실이 나기 때문에 소득세와 법인세를 내지 않지만 거래관련 증빙이 없거나 장부정리를 하지 않으면 실제로는 손실을 보았더라도 일정한 기준에 의해 세금을 물게 된다.

③ 중소기업의 경우 부도가 발생한 연도에는 손실을 보았으나 부도 발생 전년도에 소득세 또는 법인세를 낸 경우에는 신청을 하면 전년도에 납부한 세금을 다시 돌려 받을 수 있다.

④ 특수관계인 및 친족이 51%이상(과점주주) 출자하고 있는 기업이 부도가 난 경우 법인이 세금을 납부하지 못하면 이들 출자자들에게 추징한다.

⑤ 거래처의 부도로 큰 손실을 봤거나 부도위기에 처하는 경우에 관할세무서에 세금의 납부 또는 징수 기한을 연장할 수 있으며, 세금고지를 유예하거나 결정한 세금은 나눠 내는 것을 신청할 수 있다.

⑥ 거래처의 부도, 파산, 강제집행 등으로 대금을 못 받게 되는 경우 대손사실을 증명하는 서류를 첨부해 신청을 하면 대손금액의 10/100을 납부할 부가세에서 공제(대손세액공제)해 준다.

대손세액공제가 인정되는 회수할 수 없는 경우

- 거래처가 파산법에 의해 파산되거나 민사소송법에 의해 강제집행된 경우
- 사망, 실종선고를 받은 경우
- 회사정리법에 의한 회사정리계획인가의 결정을 받은 경우
- 채권이 상법상 소멸시효가 완성된 경우: 외상매출금에 대한 소멸시효는 3년, 어음의 경우 발행인 또는 인수인에 대한 소멸시효는 만기일로부터 3년
- 수표 또는 어음의 부도발생일부터 6개월이 경과한 경우

사례와 실무 중심의
경영의 이해와 창업

CHAPTER

06 소자본 창업

Understanding of Management & Foundation

CHAPTER 06 소자본 창업

제1절 소자본 창업의 개념

일반적으로 소규모의 기업을 경영하기 위하여 자본을 투자하여 사업을 시작하는 것을 소자본 창업이라고 할 수 있다. 소자본 창업의 대표적인 유형은 프랜차이즈 가맹점 창업, 소호(SOHO) 창업, e-Business 창업, 기타 소규모 형태의 창업을 들 수 있는데 그 아이템은 컴퓨터 공부방, pc 게임전문점, 제과점, 산후조리원, 편의점, 디지털 포토샵, 안경점, 생활한복점, 노래방, 패션양말점, 한식체인점, 어린이 실내놀이센터 등 여러 가지가 있다.

"소기업지원을 위한 특별조치법" 상에서는 소기업의 정의를 제조업의 경우 종업원 수 50인 이하, 도소매·기타 서비스업은 10인 이하로 규정하고 있는데 이러한 소기업의 업체 수는 우리나라 전체 기업체 수의 90% 이상으로서 절대적인 비중을 차지하고 있다. 그러나 소기업의 특성상 재래식 경영, 만성적자나 자금난 상존 등으로 인하여 영세성을 면치 못하고 있다. 그래서 정부에서는 이러한 소기업을 지원하기 위하여 "소기업지원을 위한 특별조치법"을 제정하여 자금, 판로, 인력난 완화, 기술개발 등의 지원을 강화하고 있다. 그리고 중소기업청에서는 각 지역별로 소상공인지원센터를 운영하여 소기업 중에서도 규모가 특히 작은 소상공인(제조 10인 이하, 도소매·기타 서비스업 5인 이하)을 대상으로 창업 촉진을 위한 지원을 하고 있다. 즉, 전문상담 요원을 배치하여 소상공인의 창업·경영지원,

정보제공 및 각종 애로사항 해결, 창업·경영자금 추천 등을 해주고 있다. 소자본 창업의 대표적인 비즈니스 모델인 소호(SOHO) 창업에 대하여 살펴보면 다음과 같다.

1) 소호(SOHO: SMALL OFFICE HOME OFFICE)의 정의

소호는 소규모 사무실·점포나 자택을 사업장으로 하여 전문정보나 지식 등 아이디어와 실력을 바탕으로 사업을 하는 것이다. 소호 창업은 산업사회에서 지식사회로 이전해 가는 과정에서 정보통신이 급속히 발전함에 따라 등장한 소자본 창업의 형태로서 21C형의 새로운 사업모델이다.

현재 시대적 흐름에 발맞추어 소호 창업이 활발하게 일어나고 있어서 국내에서는 매년 30%가량 소호 창업자가 증가하고 있고, 1만명 이상의 창업자가 사업을 하고 있는 것으로 추정되고 있다.

2) 소호 창업의 아이템

소호 창업은 컴퓨터 네트워크를 활용하여 자기 자신의 비즈니스를 주체적으로 전개하는 지적인 사업의 소자본 형태이므로 그 아이템은 전자상거래, 인터넷 무역업, 인터넷 홈페이지 개발업, 정보검색 및 제공업, 웹 디자이너, 프로그래머 등과 같이 다양하다.

무점포 소자본 창업은 사회 경험이 적고 상대적으로 사업 자금이 부족해 맨손 창업이나 아이디어 틈새 업종을 선정하는 것이 바람직하다. 이러한 유형의 대표적인 업종을 살펴보면 다음과 같다.

① 컴퓨터 관련 업

컴퓨터 보급 대수가 1,000만 대를 넘어선 요즘 컴퓨터와 관련한 창업아이템이 끊임없이 나오고 있다. 특히 이 분야는 관련학과 졸업자나 컴퓨터에 박식한 사람이라면 도전해 볼 만한 아이템이다.

아파트나 주택밀집 지역에 10평 정도의 점포형으로 창업해도 좋으며 사무실이 없어도 무방하다. 교사와 회원간 1대 1 교육이 가능하다. 컴퓨터 프로그래밍과 웹디자인 등에 자신이 있다면 홈페이지 제작과 웹호스팅도 해볼 만한 아이템이다. 재택근무가 가능

하며 컴퓨터 한 대만 있으면 즉시 창업에 나설 수 있다.

② 교육·학습 관련업

아이들을 좋아하고 영어나 음악 미술 등과 관련한 전문 지식을 갖고 있다면 컴퓨터 방문 학습 교사도 바람직하다. 2~3년 전부터 꾸준히 증가세를 보이고 있는 컴퓨터 방문학습업은 가정이나 사무실 등에 공부방을 꾸며 놓고 학습용 소프트웨어와 프로그램을 이용해 학생들이 스스로 공부할 수 있도록 지도하는 아이템으로, 유망 입지조건은 학교 주변, 주택 밀집지역이 좋다.

창업비용은 가맹비와 보증금, 초도물품비, 펜티엄급 컴퓨터 구입비 등으로 1,000만원이면 창업이 가능하다. 주된 수입원은 학습프로그램 판매와 방문지도 회원비, 공부방 운영비다. 마진율은 60% 정도로 높은 편이다.

어린이 미술교육사업도 큰 관심을 모으고 있는 소자본 아이템이다. 이 사업은 지역별로 미술지도를 받으려는 학생들을 회원으로 모집해 3~4명씩 팀을 이뤄 학생들을 지도한다.

③ 무점포

사무실 임대비용이 필요 없는 저 자본 사업으로 자동차와 휴대전화만으로도 창업이 가능하다. 그러나 영업력이 요구되기 때문에 대인관계가 원만하여, 활동력이 있는 사람이면 도전해 볼 만하다. 주요 사업에는 애완동물 옷 제작업, 자동차세차업, 향기관리업 등을 꼽을 수 있다. 애완동물시장이 커지면서 애완동물 옷 제작업이 급부상하고 있다. 애완견 수가 늘어나기 때문에 수요가 점차 증가하고 있다. 보통 강아지 옷 한벌 가격은 1만~2만원 정도로 월 평균 300벌 정도 판매하면 매출은 300만~400만원이고 마진율 50%를 계산하면 월 순수익은 150만원이 된다.

향기관리업은 향을 통해 마케팅 효과를 올려주는 아이템이다. 보통 회원제로 운영되며, 회원이 향 관리를 요청하면 원하는 장소에 향 분사기를 설치한 후 정기적으로 관리한다. 주문을 받고 회원과 상담해 해당 장소에 가서 설치하는 것이기 때문에 무점포로 운영할 수도 있다. 창업비용은 초도물품비 1,100만~1,500만원, 가맹비 300만원 등 총 1,400만~1,800만원의 초기 비용이 필요하다. 초도물품비가 부담되는 것이 흠이지만 영업력 의존도가 높아 젊은 창업자들에게 유리하다.

자동차 세차업은 주로 아파트에 거주하는 자가운전자들을 회원으로 가입시켜 일주일에 한번 아파트를 방문해 자동차를 세차해주는 사업이다. 이 사업은 회원이 거주하는 아파트를 방문해 그 자리에서 세차, 광택, 흠집제거 등 다양한 자동차 외장 서비스를 한다.무점포 사업인 만큼 홍보도 중요하다. 쇼핑센터, 아파트 단지 등에서 무료 세차서비스를 하거나 전단 명함 등 홍보지를 정성껏 배포해야 한다. 창업비용은 세차와 광택, 흠집제거에 필요한 장비와 세척용품 구입비 1,000만원 정도만 있으면 된다.

④ 길거리 사업

길거리 사업은 소자본 투자와 손익분기점이 이른 게 장점이다. 점포영업이 아닌 노점영업이므로 부끄러움을 타지 않으며, 주변 환경에 적응력이 뛰어난 사람에게 권할 만하다.

생활용품 등을 판매하는 좌판이나 떡볶이 등의 군것질 음식을 취급하는 노점 정도에서 차량을 이용한 이동 판매업, 이동카센터 등 아이템이 다양해지고 있다. 길거리 간식업은 소형 차량과 간단한 주방기구를 갖추고 붕어빵 햄버거 어묵 팝콘 등의 간식류를 판매하는 사업이다. 차량을 이용하면 이동성이 좋으며, 신세대 층의 유동인구가 많은 장소를 선정하는 것이 가장 중요하다.

무점포소자본 창업 역시 자신의 소질과 관심을 정확히 파악하고, 패기와 톡톡 튀는 아이디어가 중요하다. 반면 경험과 초기사업자금이 부족한 핸디캡을 극복하기 위해 창업성공을 위해 체계적이고 효과적인 준비가 필요하다. 창업은 돈과 자신의 인생이 걸려있다. 타인에게 의지하려는 마음 자세를 버리고 독립심을 빨리 키워야 한다. 사업초기 자본 중심의 업종보다는 아이디어나 기술을 기반으로 한 창업 아이템을 선택하는 것도 사업 위험을 줄이는 전략일 수도 있다. 가능하다면 현장에서 6개월 정도 체험을 하고 창업을 하는 것도 성공 창업으로 가는 핵심요인일 수 있다.

핵심 Key 1 '무점포 1인 창업'… 소자본 도전 가능

최근 창업 시장에서 '무점포 1인 창업'에 대한 관심이 높아지고 있다. 경기 불황으로 큰 돈을 들여 창업하기가 두려운 요즘, 1000만 원 내외의 소자본으로 시작할 수 있다는 점이 인기를 끄는 요인이다. 특히 투자비를 최소화해 위험 부담을 줄일 수 있다는 점에서 자금 여력이 부족한 퇴직 창업자 등 실패에 대한 두려움이 큰 초보 창업자들에게 각광을 받고 있다.

▶ 확실한 소비 시장 가진 아이템을 선택해야 한다

서울 서대문에서 친환경 실내 환경 관리업 '닥스리빙클럽(www.daksliving.com)'을 운영하고 있는 문형옥(47) 사장. 2008년 6월 단돈 1580만 원을 투자해 창업, 요즘 월평균 400만~500만 원 매출에 350~400만 원 정도의 순이익을 올리고 있다. 문 사장은 20여 년 동안 직장생활을 하다 내 일을 한번 해보자는 생각에 창업을 결심했다. 퇴직 전 3~4개월 정도 시간을 들여 창업 박람회 등을 찾아다니며 창업 아이템을 조사하고 신문이나 인터넷을 통해 관련 정보도 수집했다. 관심 있는 프랜차이즈 가맹 본사에 직접 찾아가 상담도 하고 창업비용이나 수익성 등에 대해서도 꼼꼼하게 따져봤다. 무엇보다 '실내 환경 관리 서비스'라는 확실한 소비 시장을 갖고 있는 아이템이라는 점에 주목했다. 40대 중반을 넘어선 나이라 체력적인 부분이 걸리기도 했지만 전문 장비와 약품을 사용해 노동력 부담이 크지 않다는 점도 마음에 들었다. 창업비용은 가맹비 500만 원, 교육비 100만 원, 장비 및 물품비 980만 원 등 총 1,580만 원이 들었다.

무점포 창업 성공 7계명

1. 적성과 수익성을 고려해 업종을 선택하라
2. 고객 수요가 존재하고 소비 시장이 형성돼있는 아이템을 골라라
3. 장기적인 성장 가능성을 살펴라
4. 전문성과 기술력을 갖춘 아이템인지 확인하라
5. 정기적인 기술 교육 및 제품 업그레이드가 되는지 체크하라
6. 대량 거래가 가능한 거래처를 뚫어라
7. 매출 다각화 등 수익 확대 방안을 연구하라

☞ 적극적인 홍보 활동이 필수이다

고객이 있는 곳을 직접 찾아가야 하는 무점포 사업 특성상 적극적인 홍보 및 영업활동은 필수다. 박 사장의 주된 영업 대상은 바로 주부층이다. 특히 갓난아기가 있는 집이나 아토피를 앓는 자녀를 둔 엄마들이다. 이러한 주부들을 공략하기 위해 주부들이 많이 모이는 아파트 단지 내 '알뜰시장'을 적극 공략했다. 특히 이러한 공간에서는 입소문이 빠르게 퍼져 고객 창출이 쉽다는 장점도 있다. 또 실내 환경 관리에 대한 관심이 많고 알레르기 클리닝 수요가 높은 산후 조리원이나 산모 도우미 업체 등을 찾아가 홍보 전단지를 돌리고 클리닝 서비스와 필요성에 대해 설명한다. 피부과·소아과·내과 등의 병원도 주된 영업의 대상이다. 병원 내에 전단지를 비치하고 아토피나 비염 등으로 고생하는 환자들에게 알레르기 클리닝의 효과를 알리고 있다.

철저한 자기 관리도 박 사장의 성공 비결이다. 혼자 하는 사업이라고 해서 게으름을 피우거나 나태해지는 일은 결코 없다. 원칙적으로 오전 8시 30분부터 오후 5시까지를 근무시간으로 정해 놓고 일한다. 주간 또는 월간 단위로 스케줄 표를 작성해 효율적으로 업무를 관리하고 있는 것도 박 사장만의 업무 노하우다. 고객 관리도 철저하다. 그는 거의 매일 10곳 이상의 고객에게 전화를 걸어 서비스 만족도나 추후 서비스 필요 여부 등을 체크한다. 일이 없는 경우에도 그냥 쉬지 않고 피부과나 소아과를 찾아 홍보 전단지를 정리하거나 재비치하는 등 영업 활동에 할애한다. 박 사장은 무점포 창업을 준비하는 예비 창업자들에게 이것만은 꼭 기억하라고 당부했다. "체면이나 과거 지위에 얽매여서는 결코 성공할 수 없습니다. 돈을 적게 들여 시작하는 만큼 바닥부터 시작한다는 마음가짐으로 한 방울의 땀이라도 더 흘려야 성공할 수 있습니다."

☞ 무점포 창업 성공조건

'검증된 아이템 선택해야'

최소 비용으로 최대 수익을 올릴 수 있는 무점포 창업은 불황기 창업 시장의 생존 대안이다. 초기 투자비용과 고정비용의 부담을 줄이면서도 사업의 신축적 운영이 가능해 잘만 운영하면 점포 창업보다 높은 수익을 올릴 수도 있다. 하지만 무점포 창업에 성공하기 위해서는 몇 가지 주의할 점이 있다. 무엇보다 중요한 것은 자금의 열세를 성실성과 적극성으로 극복하겠다는 의지다. 무점포 창업은 말 그대로 개인의 영업 능력과 아이디어로 진행하는 사업이다. 따라서 창업자가 적극적으로 사업에 매진하지 않으면 성공할 가능성은 아주 희박하다고 봐야 한다. 이 때문에 적극적인 홍보와 발품을 파는 등 항상 노력하는 자세로 임해야 한다. 철저한 서비스를 통해 고객 만족도를 높여 지속적인 재 구매를 유도하는 것도 중요하다.

이와 함께 창업 초기부터 일정 수익을 올릴 수 있는 검증된 아이템을 선택해야 한다. 처음부터 일정한 수익을 올리면서 사업 경험을 쌓을 수 있어야 중도에 포기하지 않고 사업을 지속적으로 영위할 수 있다. 이를 위해서는 장기적인 관점에서 성장 가능성이 크고, 폭넓은 수요층을 흡수할 수 있는 대중성이 높은 아이템을 고르는 것이 유리하다. 혼자 운영하다 보면 자칫 나태해질 위험이 있으므로 철저한 자기 관리도 빼놓을 수 없다.

무엇보다 가장 주의해야 할 것은 경솔하게 창업해서는 안 된다는 점이다. 자신이 감당할 수 있고 일정한 수익을 낼 수 있는 일인지 충분히 검토한 후 시작하는 것이 좋다. 해당 업종에 대한 지식을 쌓고 장기적인 관점에서 시장 상황을 살펴 보는 지혜도 필요하다.

<출처: 한경Business, 강병오, 2009.07.27:38-39. 요약.>

제2절 소자본 창업의 환경

불경기로 인한 제구조 개편 과정에서 감원 선풍과 취업 전쟁으로 인하여 창업 열기가 넓게 확산되어 특히 누구나 손쉽게 창업할 수 있는 소자본 창업을 중심으로 활발한 창업이 이루어지고 있다. 최근 창업의 환경 및 추세는 5인 이하의 소규모 창업이 전체의 70% 이상을 차지하고 있으며, 그 중에서도 서비스 유형의 창업이 주류를 이루어 전체의 61%를 차지하고 있다. 그리고 창업 연령도 하향화 추세를 띄고 있어 전체 창업자의 35%가 30~35세로 나타나고 있으며 또한 프랜차이즈 창업이 급속한 증가를 나타내고 있다. 한편 정부에서도 이러한 창업 열기에 부응하기 위하여 소상공인 지원센터를 중심으로 예비창업자들을 위한 자문과 애로사항 해결 등의 활발한 활동을 하고 있다. 그러므로 시기적으로 볼 때 그 어느 때보다 창업을 위한 기반조성이 다져지고 있는 시점이라고 볼 수 있다.

그러나 아무리 환경이 좋아졌다고 하더라도 창업을 해서 성공을 하기란 그리 쉬운 일이 아니다. 창업을 시도하려면 자금 조달, 아이템 선정, 사업장 확보 등 여러 가지 갖

추어야 할 사항들이 많고 이때 충분한 사업성분석이나 사전준비 없이 주관적인 자기 판단 아래 잘못된 창업을 시도하게 되면 실패의 아픔을 겪게 된다.

성공사업의 핵심은 시대의 변화에 발맞추어 지금까지 가졌던 고정관념을 탈피하여 자신의 문제점이 사업에 어떤 영향을 가져올 것인지 분석하는 지혜와 이때 도출되는 문제점을 개선하고 실천하는 데 있다.

제3절 소자본 창업의 요소

소자본 창업을 하기 위해서는 사업에 필수적인 요소들이 있는데 이것은 사업을 직접 수행할 창업자, 사업을 할 수 있는 창업자금, 무엇을 할 것인가에 대한 구체적인 업종선택, 정확한 상권분석에 의한 사업장이라고 할 수 있다.

1 창업자와 창업자금

사업의 성패는 창업자의 기업가로서의 자질, 계획사업 수행능력에 의해 좌우된다고 해도 과언이 아니다. 왜냐하면 사업을 성공적으로 이끌기 위해서는 창업자 본인의 경험이나 선행지식, 성공에 대한 집념, 리더십, 의지력, 성격, 체력 등이 밑받침되어야 하기 때문이다.

무엇보다도 창업을 하기 위해서는 사업규모에 맞는 자금이 필요한데 실제 창업자의 대부분이 창업과정에서 자금문제로 많은 고민을 하게 된다. 왜냐하면 자기가 어떤 업종을 선택하고자 하는데 자금규모가 커서 엄두를 못 내고 부득이 자기의 자본규모에 맞는 다른 업종을 선택해야 한다던지 아니면 자기가 하고자 하는 사업에 억지로 자금을 맞추어서 했을 때 추가 소요자금의 문제로 고전을 하지 않을까 하는 문제 등으로 자금에 관련된 고민을 많이 하게 된다.

그리고 실제로 사업을 진행하는 과정에서도 일반적으로 당초 계획된 자금 소요액 보다 더 많은 지출이 따르게 되는 경우가 많다. 이것은 계획사업이 진행과정에서 차질을 가져올 수도 있고 예기치 않은 투자요인이 발생할 수도 있기 때문이다.

표 6-1_ 창업자금의 명세서

구 분	비용항목	비 고
시설자금	대지매입, 건물건축, 부대공사, 사업장매입 임차보증금, 생산설비, 부대시설, 차량운반구 기술사용료, 회사설립비 등	세금, 설계비 인허가비용 주식 발행비 등
운전자금	재료비, 인건비, 관리비, 임차료, 광고선전비 외주가공비, 운반비, 세금공과, 소모품비 등	개업비, 운영비
예비자금	최소한 시설·운전자금의 10% 이상	

표 6-2_ 창업자금의 조달

창 업 자금조달	자기자본	창업자자금	예금, 퇴직금, 유가증권, 부동산매각대금
		현물출자금	창업자나 투자자가 보유한 현물
		투자가자금	주주 출자금, 동업자 자금, 기관투자가 자금
	타인자본	정책금융	창업지원 자금
		일반금융	은행, 신용금고, 보험사, 리스
		사 채	친인척, 동료, 사금융

그러므로 초기 창업자금은 본인의 능력에 맞게 최소화하는 것이 좋으며 예산편성은 개업준비자금, 운영자금, 시설자금 등으로 구분하여 계획하는 것이 좋다. 왜냐하면 시설자금과 같이 장기적으로 투자해 놓아야 하는 자금은 조달과정에서부터 미리 알고 자기자본이나 장기차입금으로 충당하여야만 유동성 부족으로 인한 자금곤란 현상을 막을 수 있다. 한편 창업시 남에게 돈을 빌리는 부채의존도가 높게 되면 이자 등의 금융비용 부담의 과중으로 경영이 부실해질 수가 있으므로 본인의 자금능력에 맞는 사업규모의 창업이 필요하다.

2 자금조달과 운용

1) 자금의 조달

창업을 하고 기업을 운영하는데 적정한 자금규모는 어느 정도인지를 결정하는 것은 쉬운 일이 아니므로 다음과 같은 점을 고려해야 한다.

① 기업을 시작하기 위해 필요한 자금을 항목별로 모두 기록·점검하였는가? 특히 영업비용에 대한 적당한 여유자금, 생활비 및 처음 시도에서 실패할 때를 대비한 예비비 항목도 모두 고려하였는가?

표 6-3_ 자금운용과 손익관리의 차이

구 분	자금운용	손익관리(이익관리)
목 적	지불능력의 강화	재산개선
목 표	일정시점(지불일)의 총수입이 총지출을 상회해야 함	일정기간의 매출액이 총비용을 상회해야 함
관리성향	안정제일로 관리	의욕적, 도전적으로 관리
실패결과	부도발생 → 회사의 파산	이익배당의 감소
활용도구	• 자금수지계획 • 현금흐름표(현금주의)	• 손익계산서 • 손익분기점(발생주의)

② 최소한 향후 3년간의 추정 재무제표와 현금흐름표를 작성하였는가?

③ 재무계획과 예측에 대하여 금융기관 및 전문가와 의논하였는가?

④ 필요한 자금규모를 결정하면서 표준 자본비율을 기준으로 하였는가?

⑤ 친척이나 친구로부터 초기 자금의 많은 부분을 조달한 경우라도, 기업을 그들의 우정어린 간섭으로부터 독립적으로 운영할 수 있다고 확신하는가?

2) 자금의 운용

자금운용이란 조달된 자금을 기업의 목적에 맞게 계획, 통제, 조정함으로써 기업가치를 극대화하고 유동성을 유지하고자 하는 활동이다. 창업자에게 자금의 조달이 큰 문제이지만, 최근에는 조달된 자금의 운용이 중요시되고 있다. 장부상 이익이 발생했지만

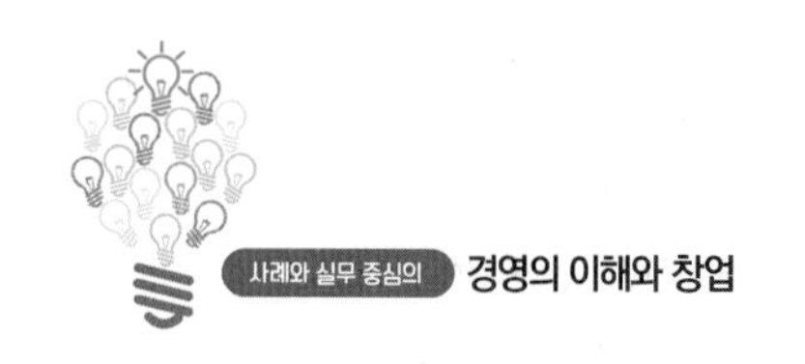

자금상황이 원활하지 못한 경우가 있고, 반대로 장부상 손실이 발생했지만 자금 상태가 원활한 경우가 있으므로 손익보다는 현금흐름에 의하여 의사결정을 해야 한다.

3 업종과 사업장

어떤 업종을 선택하느냐의 문제는 창업에 있어서 중요한 사항이다. 실제 많은 창업자들은 성공을 위한 확실한 업종을 선택하기 위하여 많은 준비를 하게 되는데 이를 위하여 창업 희망업종에 대한 정보수집, 체험자 또는 종사자와의 면담, 사업아이템에 대한 정밀분석 및 검토 등의 과정을 거치게 된다.

업종선택 시 주의할 사항은 자기가 하고자 하는 업종이 성장가능성이 있는가, 창업자의 경험이나 특성을 활용할 수 있는 업종인지를 먼저 살펴보아야 한다. 일반적으로 상품의 수명주기는 도입기-성장기-성숙기-쇠퇴기의 과정을 거치게 되는데 신규 창업의 가장 적합한 시기는 성장기 업종이다. 만약 성숙기 후반에 뒤늦게 사업에 참여하게 된다면 소위 막차를 타게 되어 사업에 실패할 우려가 높다. 그리고 어떤 업종을 선택하더라도 창업자의 경험, 지식, 기술, 특성 등을 활용할 수 있는 사업이라면 그 만큼 성공의 확률이 높아질 것이다.

특히 소자본 창업의 경우 점포의 입지가 사업성패에 중요한 요인으로 작용 할 수 있기 때문에 사업장 선정이 매우 중요하다. 제조업의 경우에는 제품의 특성이 매출에 중요한 요인으로 작용하지만 소점포 사업에서는 상품성보다 오히려 상권이나 입지가 더 중요할 수도 있다. 그러나 아무리 좋은 아이템을 가지고 좋은 시설투자를 하여 창업을 하더라도 사업장 선정이 잘못되면 결과는 실패로 나타나게 되어 결국 사업장이전이나 새로운 아이템 변경 등으로 많은 추가 부담을 안게 되는 것이다.

창업성공비결- "맞춤 창업"

최근 들어 창업을 구직의 한 형태로 생각하는 사람들이 늘어나고 있다. 예전에 비해 창업에 대한 정보는 물론 업종별 전문 교육까지 쉽게 접할 수 있기 때문에 자신의 성향 및 자금 사정에 맞춰 창업을 할 수 있게 됐다. 이것이 바로 '맞춤 창업'이다. 하지만 많은 예비 창업자들이 겪는 어려움은 창업 자금이다.

☞ 철저한 시뮬레이션 창업

맞춤 창업은 철저한 시뮬레이션에 따른 창업이다. 하려는 업종이 정해지면 창업 자금에 맞춰 매장이 들어가야 할 상권의 위치에서부터 지역적인 특성에 맞는 메뉴 구성, 그리고 미리 매장 운영에 대한 경험을 할 수 있는 체험 교육이 이뤄진다. 그대로 창업하려는 사람의 환경 및 여건에 맞춰 창업을 도와주는 역할을 하고 있다.

최근 외식 시장에서 이 같은 맞춤 창업으로 예비 창업자들에게 큰 호응을 얻고 있는 몇몇 업체가 있어 눈길을 끌고 있다. 신종플루로 큰 몸살을 앓았을 때 사람들은 공공장소 또는 모임에 가지 않으려는 성향이 강했다. 따라서 위생적으로 도움이 되는 아이템들이 고객들 사이에서 급부상했다. 그중 가장 눈에 띈 것이 바로 '병맥주'였다. 여럿이 같이 수저를 담그고 먹는 음식 문화가 발달한 우리나라에서는 주류 문화 역시 이 사람 저 사람 사이에 잔을 돌려 마시는 경우가 많다. 그렇다 보니 신종플루처럼 쉽게 감염되는 유행성 질병이 발병하면 제일 먼저 조심하게 되는 것이 먹는 것에 대한 위생이다. 현재 젊은층은 물론 다양한 연령층에서 인기를 끌고 있는 세계맥주가 바로 그 주인공. 세계맥주는 작은 병에 각자의 특징에 맞게 디자인된 병에 담겨 있다. 이 때문에 뚜껑만 따면 바로 마실 수 있다. 이러한 점이 바로 소비자들이 좋아하는 점이다. 특히 맞춤 창업으로 큰 수혜를 보는 사람들은 기존에 자영업을 하다 매출 부진으로 경영상 어려움을 겪던 업종의 문을 닫고 또 다른 업종으로 재창업하려는 업종 전환 자영업자들이다.

☞ 업종 전환 시 비용 최소화

창업 시장 업종 중 70~80% 정도가 외식업 창업이다. 업종 역시 분식·국수·한식·주류·치킨 전문점 등 매우 다양하다. 따라서 업종을 변경해 재창업할 경우 기존의 매장에서 쓰던 집기·비품 등을 그대로 사용할 수 있다. 이처럼 사용하던 주방기기 또는 냉난방 기기 등을 따로 비용을 들여 구입하지 않고 그대로 쓸 수 있기 때문에 창업비용 부담을 최소화할 수 있다.

최근 프랜차이즈 업체들 중에는 신규 예비 창업자와 마찬가지로 업종을 전환하려는 기존 자영업자들의 재창업 조건을 파격적으로 제시하는 곳이 있다. 부산 지역에서 큰 인기를 끌면서 현재 전국에 280여 가맹점을 보유한 두 마리 치킨 전문점 '티바 두마리치킨(이하 티바)'이 대표적인 업종 전환 맞춤 창업 브랜드로 손꼽힌다. 티바 송정 성수 1호점은 업종을 전환해 성공했다. 김창선(42) 사장은 "예전에는 한 판에 1000원 하는 만둣집을 운영하다 단가 문제로 치킨 전문점으로의 업종 전환을 고민하던 중 티바를 알게 됐다"며 "동종 치킨 전문점에 비해 철저하게 가맹점에 맞춰주는 맞춤 창업이 가능했고 지금은 매출이 뛰어 무척 만족하고 있다"고 말했다. 티바 송정 성수 1호점은 배달 전문 매장으로, 26㎡(구 8평) 규모에 점포비 제외 1,000만 원 정도의 업종 전환 창업비용이 소요됐으며, 현재 하루 총매출은 60만~80만 원 수준이다. 이 밖에 치킨과 함께 오랜 시간 동안 모든 연령층에 꾸준한 인기를 끌고 있는 '보쌈'에 몸에 좋은 한약재 등을 넣어 다양한 야채와 함께 쌈 형태로 싸서 먹을 수 있도록 한 퓨전 보쌈 전문점 '피기바래보쌈'도 업종 전환을 하려는 예비 창업자들 사이에 인기가 높다. 특히 예비 창업자의 맞춤 창업을 위해 순수 배달형 매장, 배달과 매장 판매를 함께 병행하는 카페형 매장으로 나눠 오픈할 수 있도록 했다. 보통 매장형보다 배달형 창업이 창업비용이 저렴할 뿐만 아니라 실패하더라도 리스크를 최소화할 수 있다는 장점이 있다.

<출처: 한경Business, 이상현, 2010.2.15:52-53. 요약.>

맞춤 창업 성공 5요소

1. 적성에 맞는 아이템 선정을 신중히 선정하라.
2. 여유 자금의 70% 정도에 맞게 창업하라.
3. 규모보다 내실을 따져 창업하라.
4. 가족끼리 할 수 있는 아이템을 찾아라
5. 프랜차이즈 창업을 적극 활용하라

제4절 소자본 창업시 고려사항

사업을 시작하기는 쉬워도 성공하기란 매우 어렵다. 사업의 수행과정에서 많은 예기치 못한 사항들이 발생할 수도 있고 계획수립 과정에서 확신을 가지고 계획했던 일들이 제대로 풀리지 않는 경우도 있다.

그러므로 이러한 의외의 사항들을 최대한 줄이기 위해서는 창업준비 과정에서부터 창업자의 능력, 창업준비 정도, 자금능력, 시장변화 가능성 등을 고려하여 창업의 큰 흐름을 바로 잡아 나가야 한다.[1]

1 창업자의 능력과 준비정도

창업이란 창업자 본인이 주체가 되어 무한책임을 가지고 사업을 이끌어 나가야 하는 일이다. 그러므로 자신의 적성과 역량에 맞는 창업을 해야 한다.

즉, 창업분야에 대한 자신의 지식 및 정보, 장단점 등을 스스로 체크하고 평가하여 자신의 능력에 맞는 창업을 해야만 성공할 수 있다.

자칫 신문광고나 창업성공 사례 등을 과신하여 자신에게 어울리지 않는 무리한 창업을 시도한다면 처음부터 사업에 고전을 하게 된다. 결국 성공적인 창업을 하기 위해서는 자신의 강점과 약점을 잘 파악하여 창업자의 강점을 최대한 반영할 수 있는 창업이 되도록 유의해야 한다.

그러나 철저히 준비되지 않은 창업은 바로 실패로 이어질 확률이 높다. 모든 일에는 나름대로 계획이 필요하듯이 창업에도 창업절차에 의한 계획수립이 필요하다. 동일한 사업을 동일한 조건에서 시작하더라도 사전에 철저한 준비를 거쳐 창업을 한 사람이 실패의 확률을 줄일 수 있는 것은 너무나 당연하다.

예를 들어서 누가 이런 사업을 해서 성공을 하고 있으니 나도 이 아이템을 가지고 비

1 서종상, 소자본창업실무, 세학사, 2001. pp.21~22.

슷한 위치에서 사업을 하면 잘할 수 있지 않을까 라고 생각을 하여 무계획적으로 창업을 하거나 또는 주위에서 이런 사업을 하면 꼭 성공할 것이라는 권유를 받고 솔깃하여 무작정 사업을 시작한다면 실패의 확률이 높을 수밖에 없다.

그러므로 창업준비 과정에서는 창업자가 계획사업의 수요예측, 목표시장 분석, 구매계획, 자금운용 및 조달계획, 재무분석, 손익분석 등의 제반 준비절차를 충분히 거칠 수 있었나를 확인해야 한다. 만약 준비절차가 미흡한 경우에는 개업시기를 늦추더라도 충분한 사전 준비과정을 거치는 것이 유리하다.

2 자금능력과 시장변화 가능성

창업준비 과정에서 가장 먼저 계획을 세워야 하는 것이 자금계획이다. 왜냐하면 아무리 좋은 아이템이 있어도 자금능력이 없으면 창업이 불가능하기 때문이다.

자금능력을 파악하기 위해서는 우선 순수한 자기자본 금액을 파악한 뒤 추가로 금융기관 등으로부터 차입 가능한 금액을 계산하여 합산하면 된다. 이러한 계산에 의하여 조달 가능한 자금규모가 산정되면 자기가 하고자 하는 사업의 투자금액을 산정하여 일치 여부를 판정하면 된다.

이 경우 주의할 점은 자기자본이 아닌 부채의존도가 너무 높게 되면 이자 등 금융비용의 과다부담으로 경영이 부실해질 우려가 있으므로 무리한 차입금의 조달을 삼가야 한다. 또한 실제 사업을 수행하는 과정에서 여러 가지 장애로 인하여 사업이 지체되어 개시자금의 지출이 초과될 수도 있고, 판매부진으로 인한 예상 매출금액 미달로 인하여 운영자금의 회수기간이 길어질 수도 있다.

그러므로 창업 시 자금계획은 총소요자금을 정확히 산정해야 하며 아울러 사업진행 과정에서의 여러 가지 불확실성을 감안하여 추정 소요자금 이상의 여유자금 확보가 필요하다.

결론적으로 사업수행 과정에서 자금곤란으로 인하여 사업을 제대로 해보지도 못하고 실패를 하는 과오를 범하지 않기 위해서는 반드시 자기의 자금조달 능력에 맞게 사업규모가 계획되었나를 고려해 보아야 한다.

일반적으로 시장에서 상품의 수명주기는 일반적으로 도입기-성장기-성숙기-쇠퇴기의 순환과정을 거치게 되는데 이러한 시장변화를 잘 고려하여 아이템을 선정하는 것이 중요하다. 만약 시기적으로 너무 앞선 도입기의 상품을 아이템으로 선정하여 사업을 시작한다면 시장이 성장되기까지 많은 시일을 기다려야 하는 결과를 초래하여 막대한 손실을 가져오게 된다. 또한 성숙기 후반의 아이템을 뒤늦게 참여하여 사업을 하게 된다면 소위 막차를 타게 되어 조만간 사업을 중단하여야 하는 결과를 초래하여 막대한 투자비용의 손실을 가져올 수도 있다.

그러므로 창업과정에서 아이템의 시장변화를 정밀하게 분석하여 계획사업이 중장기적으로 지속성이 있는가, 상품의 수명주기상 어느 사이클에 있는가 등을 충분히 고려해 보아야 한다. 참고로 제품수명주기(Product Life Cycle) 이론에 의한 각 단계별 내용을 살펴보면 아래와 같다.

(1) 도입기

도입기는 일반적으로 상품(제품) 판매량이 적어서 새로운 판매처를 개척하고 소비자 인지도를 넓혀 나가야 하는 시기이므로 사업자 측면에서는 기업이익보다는 오히려 손실이 발생하는 시기이다. 이 시기 상품의 판매전략은 유통경로를 확보하여 소비자가 쉽게

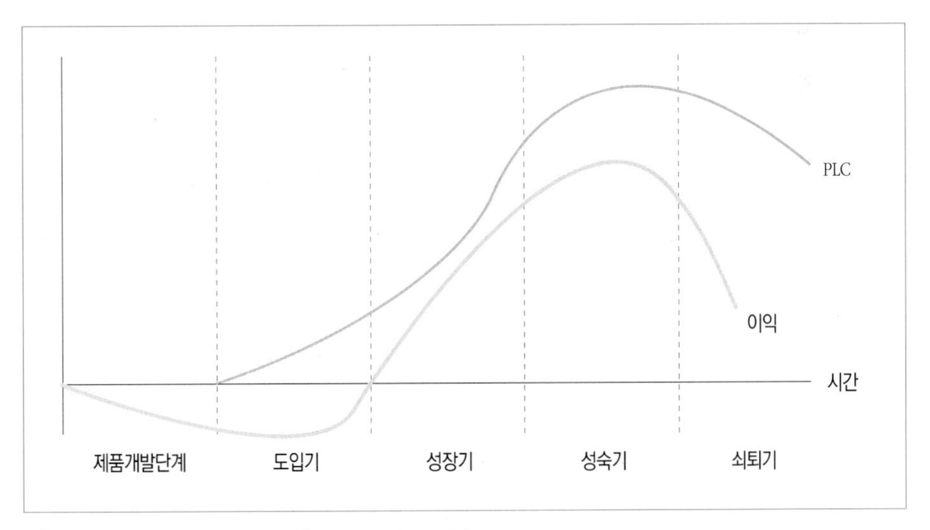

그림 6-1_ 제품수명주기곡선(product life cycle)

신상품을 구매할 수 있게 하고, 소비자가 신용 구매를 할 수 있는 기회를 제공하는 등의 방법을 통하여 상표이미지 구축 전략을 세워야 한다. 그리고 신상품을 구입하는 소비자 층이 상품에 대한 검증되지 않은 위험을 감수하고 구입할 수 있는, 일반적으로 소득이 높은 혁신 층이 많으므로 고소득층을 대상으로 고가정책을 쓰는 것도 판매전략의 한 방법이 될 수 있다.

(2) 성장기

이 시기는 신상품이 소비자의 욕구를 충족시켜 다수의 소비자가 급속히 신제품을 수용하는 단계이다. 이 성장기에는 판매량이 급속히 증가하고, 판매량의 증대는 단위당 유통비·고정비 등의 원가절감을 가져와 기업이익이 점점 늘어나게 되어 성장기 말기에는 최대의 이익이 실현된다. 따라서 매출액의 증가로 산업 전체의 이익이 발생하고 경쟁기업들은 점차 이 시장을 매력적인 것으로 평가하여 진입을 시도하게 된다. 그 결과 시장에 유사한 제품들이 많이 출시되어 경쟁이 격화된다.

이 시기의 판매전략은 가격 인하 등을 통하여 기존 소비자의 반복구매를 유도하고 새로운 소비자 구매를 개척하여 판매망을 확충해 나가야 한다.

(3) 성숙기

이 시기는 도입기나 성장기보다 오랜 기간동안 지속되는 것이 보통이며 제품의 표준화와 대량생산으로 제품원가와 제품가격이 낮아진다. 성숙기는 성장기에 진입한 많은 경쟁기업들로 인하여 잠재적 소비자의 대부분이 제품을 수용하여 판매량이 증가하지만 매우 완만한 속도로 증가한다. 판매는 어느 정도 안정적이지만 경쟁의 악화로 인하여 제조업체나 소매상의 이윤은 감소하기 시작하고 아울러 시장점유율이 낮은 생산업체는 시장에서 탈락하게 된다.

이 단계의 판매전략은 기존의 시장점유율을 방어하면서 적정이윤을 계속유지 하는 것이다. 이 단계는 신상품이 출시된 이후 상당한 기간이 지났기 때문에 아울러 변화하는 고객의 욕구를 충족시키기 위하여 신상품의 도입을 통한 마케팅 전략이 필요한 시기이다.

(4) 쇠퇴기

신기술개발로 인해 대체품이 출현하거나 성능이나 가격 면에서 우수한 신제품이 개발되는 경우 기존 상품의 수요는 급격히 떨어져서 제품수명단계는 쇠퇴기로 접어들게 된다. 쇠퇴기 상품은 매출이 점차 감소하고 매출 감소로 인하여 기업이익이 점점 줄어들게 된다.

쇠퇴기의 판매전략은 비용절감과 투자비의 회수로서 철수전략과 잔존전략이 있다. 이를 위한 방안으로서 매출액이 저조한 품목들을 제거하여 최소한의 이익을 유지하는 수준에서 저가정책을 택한다. 그리고 유통 전략측면에서는 취약한 중간상 들을 제거함으로써 적정수의 점포만을 유지하는 방안이 필요하다.

이를 요약하여 제시하면 <표 6-4>, <표 6-5>와 같다.

표 6-4_ 수명주기별 마케팅 목표

마케팅목표	도입기	성장기	성숙기	쇠퇴기
마케팅목표	제품인지와 사용의 증대	시장점유율의 확대	이익의 극대화 시장점유율 방어	비용절감 투자회수 독점지위추구
마케팅 노력초점	1차수요자극 성장기의 빠른진입	선택적수요자극 빠른성장률유지	브랜드 경쟁우위확보 성숙기 유지	1차수요유지 쇠퇴속도감축

표 6-5_ 수명주기별 마케팅 전략

특 징	도입기	성장기	성숙기	쇠퇴기
시장세분화	무차별	시장세분화시작	시장세분화 극대화	감소
제 품	기초제품제공	제품확대, 서비스 보증의 제공	상표와 모델 다양화	낮다
가 격	고가전략	시장침투가격	경쟁대응가격	감소
유 통	좁은 유통커버리지	유통커버리지 확대	유통커버리지 최대화	후기수용층
광 고	조기수용층과 판매상 제품인지 연결	상표차이와 이점강조	상표이해도, 높은 고객유치 필요 수준으로 감소	
판매촉진	시용확보 위한 강력판촉 전개	수요확대에 따른 판촉감소	상표전환 유도	최저수준으로 감소

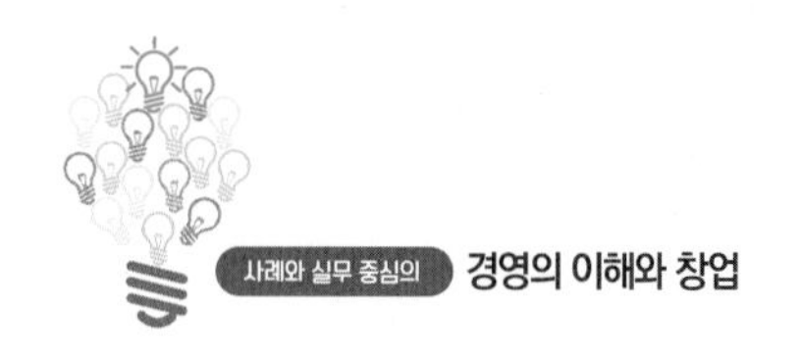

사례 1 - 시니어 창업 - 나이는 숫자일 뿐 '인생 2막의 창업'

중기청 시니어 창업 지원

▶ 업종발굴부터 현장실습까지.. 창업스쿨 교육비도 90% 부담

조용준 본메디컬 사장은 철저한 준비를 거쳐 창업에 성공했다. 소프트웨어 업체에 근무하며 남들이 부러워하는 부사장까지 승진했지만 급여생활에 대한 한계를 느끼고 50세 무렵인 2007년 창업에 뛰어들었다. 주목한 분야는 복지용구. 창업 준비 단계부터 비즈니스 로드맵(사업계획)을 작성했다. 1년간 전 세계를 돌며 관련 전시회를 관람했고 국내 전시회에도 빠짐없이 참석해 최신 정보를 파악했다. 하지만 생각보다 시장이 크지 않았다. 조 사장은 "고령 사회라는 말이 국내에서 2000년 이후부터 본격적으로 나왔다"면서도 "하지만 분야별로 시장 규모를 검토해보니 사업으로 연계할 수 있는 것이 한정돼 있었다"고 말했다. 철저한 시장조사로 하마터면 망할 뻔한 첫 고비를 넘어서는 순간이었다. 조 사장은 복지용구를 구입하는 주요 고객이 고령자여서 인터넷 활용 비율이 낮다고 판단해 B2B(기업 간 거래)로 방향을 돌리고 전자상거래몰을 구축했다. 누구에게, 무엇을, 어떻게 팔 것인지 사업 순서를 정했고 시장조사와 통계를 활용해 보수적인 관점에서 사업을 진행했다. 또 이런 검토를 끊임없이 반복하며 사업모델을 조정했다. 조 사장은 "만 3년이 되는 올해 말까지 1단계 작업을 완료한다"면서 "내년부터는 사업 확장과 시장을 다각화해 연 매출액 100억 원을 달성하는 것이 목표"라고 포부를 밝혔다.

베이비붐 세대(1955~1963년생)로 현재 40·50대인 이른바 '시니어 세대'. 이들 인구만 712만 명으로 전체 인구 중 14.6%를 차지한다. 경제성장과 민주화를 이룬 세 대지만 곧 퇴직 연령이다. 시니어들이 갖춘 노하우를 살려주고 제2인생을 설계해줄 수 있는 대안은 바로 창업이다. 조 사장은 창업 과정에 대해 "일단 사업이 정상화하면 선수입, 후지출 이라는 원칙이 적용될 수 있지만 정상화까지는 선지출, 후수입이기 때문에 어렵다"면서 "심도 있는 반복적 검토와 진지한 과정만이 정답"이라고 설명했다.

중소기업청은 이러한 시행착오를 줄이기 위해 '시니어 창업지원 사업'을 진행하고 있다. 특히 유망 업종 선정부터 시니어 창업교육, 커뮤니티 지원, 시니어창업넷 운영 등을 통해 시니어 세대들이 보다 손쉽게 창업에 접근할 수 있도록 지원 중이다. 우선 시니어창업넷(seniorok.kr)은 맞춤 정보를 제공한다. 시니어 창업넷은 시니어들이 쉽게 창업할 수 있는 블루오션 파트를 선정해 알려준다. 아울러 창업넷은 창업 전후에 필요한 활동과 정보, 교육 서비스 등을 온라인으로 지원하며, 업종 적합성 검토를 통해 준비하는 사업이 본인에게 적합한지 여부를 판별해준다. 다양한 부문에서 일자리를 발굴하고 있으며 맞춤형 창업교육 서비스 커리큘럼도 안내한다.

학습이 부족하다고 판단한 시니어라면 창업스쿨에서 먼저 교육을 받는 것도 좋은 방법이다. 현재 시니어 창업스쿨은 시니어 유망 창업에 대해 업종별로 20개 과정을 편성하고 14개 교육

기관을 통해 운영 중이다. 업종별 심화교재를 배포하고 전문 강사(비즈니스 코치), 모의창업, 현장 실습 등 60시간 교육 프로그램을 제공한다. 또 교육이 끝나더라도 컨설팅, 동문 커뮤니티 등을 통해 창업자를 꾸준히 지원한다. 참가 자격은 만 40세 이상~60세 미만, 직장 경력이 10년 이상이다. 개인은 정부 지원금 125만원 가운데 10%인 12만 5,000원만 부담하면 된다. 접수는 시니어 창업넷에서 한다.

인적 네트워크가 부족하다면 커뮤니티 활동도 대안이다. 특히 중소기업청은 소상공인진흥원과 공동으로 삼성전자, 현대차 등 50개 기업과 업무협약을 했다. 이를 통해 시니어 퇴직 인력 데이터베이스를 구축한 것. 커뮤니티는 시니어창업넷을 통해 확인이 가능하다. 퇴직한 인력들은 온라인 커뮤니티를 보고 특화된 업종별 그룹에 가입할 수 있다. 또 마음에 들지 않는다면 직접 개설도 할 수 있다. 서로 부족한 부분을 상의하다 보면 자연스레 노하우를 익히는 방식이다.

<출처: 매일경제, 백순기, 2010.11.4. 요약.>

사례 2 - 치킨집 10곳 중 6곳 3년 내 문 닫고 프랜차이즈 커피점 67%는 '건재'

2030은 뷰티 – 4050은 외식 창업 선호, 50대 48% 사업유지… 20대는 30%
생활변화 반영 업종이 경쟁력 지녀"

'베이비부머'(1955년에서 1963년 사이에 태어난 세대)가 은퇴 시기에 접어들면서 창업하는 50대가 늘었다. 길어진 노후에 대비하기 위해 60대 이상의 창업도 늘어나는 추세다. 때 이른 퇴직을 한 40대까지 겹치면서 창업 전선의 경쟁은 더욱 치열해지고 있다.

삼성카드가 2010년 9월부터 지난해 9월까지 4년간 가맹점 현황 데이터를 분석한 결과 2010년에 새로 문을 연 가맹점 10곳 중 6곳은 가게 문을 닫은 것으로 나타났다. 연령대별로 보면 50대 이상 은퇴자를 중심으로 '생계형 창업'이 늘어난 데 비해 50대 미만 창업자의 비중은 줄었다. 창업한 개인사업자 중 50대의 비중은 2011년 18.57%에서 2014년 22.28%로 매년 꾸준히 늘고 있다. 창업의 주축인 40대가 차지하는 비중은 2011년 35.89%에서 2014년 35.47%로 비슷했다.

창업 후 사업이 얼마나 오래 유지되는지 보여 주는 '사업 유지율'에는 불황의 그림자가 짙게 반영됐다. 대표적 창업 업종인 치킨 전문점의 경우 10곳 중 6.3곳이 3년 내에 문을 닫았다. 특히 70대 이상 치킨집 사장 중 91%는 3년 안에 사업을 그만뒀다. 고연령 창업자가 사업을 지속하는 데 특히 어려움을 겪는다는 의미다.

얄팍해진 소비자들의 주머니 사정에 문을 닫는 주점도 크게 늘었다. 2010년 문을 연 주점

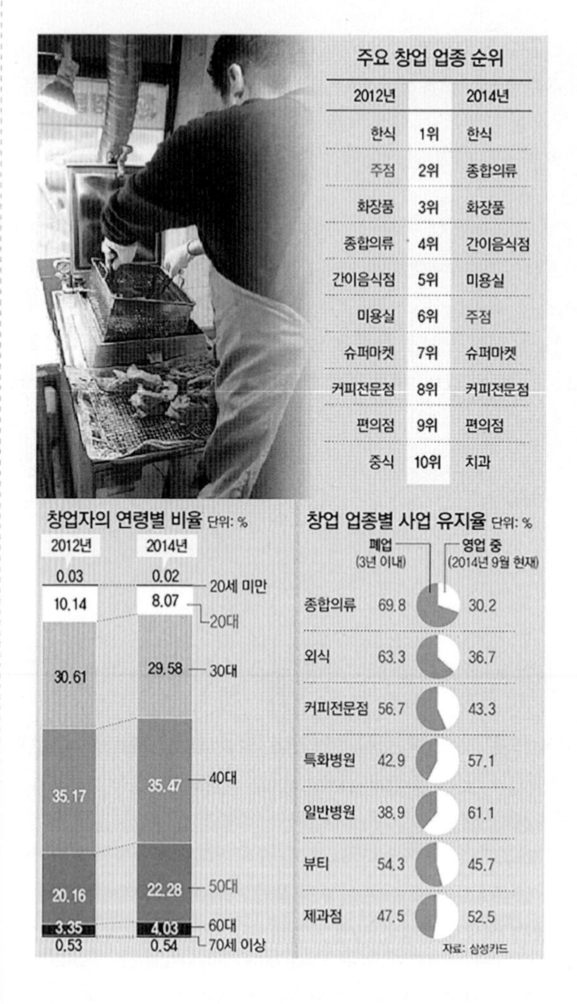

주요 창업 업종 순위

2012년		2014년
한식	1위	한식
주점	2위	종합의류
화장품	3위	화장품
종합의류	4위	간이음식점
간이음식점	5위	미용실
미용실	6위	주점
슈퍼마켓	7위	슈퍼마켓
커피전문점	8위	커피전문점
편의점	9위	편의점
중식	10위	치과

창업자의 연령별 비율 단위: %

	2012년	2014년
20세 미만	0.03	0.02
20대	10.14	8.07
30대	30.61	29.58
40대	35.17	35.47
50대	20.16	22.28
60대	3.35	4.03
70세 이상	0.53	0.54

창업 업종별 사업 유지율 단위: %

	폐업 (3년 이내)	영업 중 (2014년 9월 현재)
종합의류	69.8	30.2
외식	63.3	36.7
커피전문점	56.7	43.3
특화병원	42.9	57.1
일반병원	38.9	61.1
뷰티	54.3	45.7
제과점	47.5	52.5

자료: 삼성카드

중 4년간 사업을 계속하고 있는 곳은 29.7%에 불과했다. 주점 창업도 크게 줄어 2011년, 2012년에는 전체 창업 업종 중 2위를 차지했지만, 2013년부터는 6위로 뚝 떨어졌다. 커피 전문점의 경우 10곳 중 5.6곳이 3년 안에 사라졌다. 하지만 프랜차이즈형 커피 전문점은 유지율이 66.7%로 비프랜차이즈 커피 전문점(40.5%)에 비해 상대적으로 높았다.

창업 업종은 사업자 연령대별로도 차이를 보였다. 20, 30대는 미용실이나 네일숍 등 뷰티 관련 업종을, 40, 50대는 음식점이나 편의점을 많이 차리는 것으로 나타났다. 또 전체 업종의 연령대별 사업 유지율은 50대 사업자의 4년간 사업 유지율이 48%로 가장 높았고, 20대는 30%로 가장 낮았다.

<출처: 동아일보, 2015. 1. 5.>

시니어 유망 창업 업종 20선

분 야	업 종	아 이 템
사회적 기업	지역 기반 비즈니스	지역콘텐츠, 숙박업, 여행업, 도시원예업
	지역사회 서비스	노인 공동생활 지원 사업, 건강관리 사업 유아보육돌봄이 사업
제조업	전문 공방	원목인테리어업, 액자 공방업, 가구공방업, 한지 공방업
	전통 특화 제조업	그린푸드 사업, 전통 발효식품 사업, 전통 영양식 사업
	제조 지원 비즈니스	특허 사용화 대행업, 기술개발 대행업 정밀부품 외 주생산업
농업	농특산물 재배·가공	유기농야채, 재배, 특용작물, 과수재배
	농특산물 유통·마케팅	농특산물 라벨링디자인, 브랜드화 사업, 유통업
	농촌 기반 비즈니스	조경사업, 경관관리 사업, 휴양림 사업, 농촌관광 사업
	귀농서비스	마을사무장 유통 CEO,농촌사회컨설팅
전문 서비스	경영·기술 컨설팅	경력관리 컨설팅업, 실버산업 컨설팅업, FTA전문컨설팅업
	기술·인력 중개	기술중개업, 산업디자인 중개업, 기술인력 중개업
	무역	소규모 무역업, 전자무역업
	라이프컨설팅	은퇴설계 컨설팅업, 재무설계 컨설팅업, 라이프 코칭업
	교육·강의·저술	실버 IT교육업, 초·중·고생 인성교육, 전문 경력 관련 강의 및 저술업
아이디어 사업	실버도우미	실버전용숍, 노인요양보호업, 실버피트니스
	스포츠·레저·예술·공예	자유여행 블로그, 스포츠 커뮤니티 사업, 꽃공예 사업 예술품 중개서비스업
	그린·에너지 사업	친환경세탁소, 재활용품 수거 및 중개업, 에너지 절약용품 판매 설치업
	아이디어형 소매업	IT 정보처리중개업, 인터넷마케팅업, IT콘텐츠 제공법
	아이디어형 교육	외국어교육연계형, 에듀테인먼트형, 보육연계형, 신체 활동형
IT·인터넷	IT 서비스업	IT정보처리중개업, 인터넷마케팅업, IT콘텐츠 제공업

제5절 프랜차이즈 창업

프랜차이즈 가맹점 창업은 사업경험이 없는 소자본 창업자가 쉽게 접근할 수 있는 창업형태로서 현재 널리 확산되고 있다. 프랜차이즈 창업은 초보창업자가 스스로 취득하기 힘든 사업에 관한 각종 개점 및 경영 노하우를 프랜차이즈 본사가 먼저 구축 제공해 줌으로써 창업자는 편리성과 안전성을 미리 확보할 수 있기 때문에 손쉽게 창업할 수 있는 이점이 있다. 또한 소비자는 동일한 브랜드 이미지로 다점포 체인망에서 양질의 상품을 구매할 수 있고 프랜차이즈 본사는 가맹점 확장으로 인하여 가맹비, 로얄티, 상품판매이익 등을 수입으로 확보할 수 있어서 이해당사자 모두가 이익이 될 수 있다.

그러므로 프랜차이즈 사업은 본사 및 가맹점이 상호 신뢰성을 가지고 건전하게 잘 운영해 나간다면 서로에게 이익을 줄 수 있는 사업시스템이다.

1 의 의

프랜차이즈(Franchise)시스템은 본사(프랜차이저: Franchisor)의 특정한 상표, 상호, 기술 등을 가맹점(프랜차이지: Franchisee)에게 계약에 의해 제공하는 것으로서 그 대가는 로얄티, 회비, 상품구매 등의 형태로 거래된다. 이러한 프랜차이즈[2]는 우리가 주위에서 흔히 볼 수 있는 롯데리아, 맥도날드, 피자헛 등의 체인점 사업이다.

표 6-6_ 프랜차이즈의 기본적인 특징

• 독립사업자의 상호협력	• 동일성에 의한 소비자 이미지 제고
• 본부의 상품, 노하우 개발과 제공	• 본부의 사업확장 용이
• 가맹점은 판매에 전념	• 가맹점의 낮은 위험 부담
• 모든 점포에 의한 통일성 추구	• 체인 시스템

2 이익을 발생시키고 능률적으로 시장점유율을 증대하기 위해 마케팅과 유통시스템을 효율화한 것으로, 회사와 가맹점주의 동기부여를 최대한 증대시켜 상표인지도와 입증된 운영시스템으로 지원서비스를 구축한 유통시스템

2 종 류

프랜차이즈의 종류에는 입지형, 취급점형, 방문판매형, 지역형, 섹타형, 도매형이 있는데 그 구체적인 내용은 다음과 같다.

1) 입지형

입지형은 하나의 브랜드 상품으로 하나의 점포를 구성하여 일정한 장소에서 찾아오는 고객을 상대로 사업을 하는 형태이다. 이것은 우리가 주변에서 흔히 볼 수 있는 형태의 체인점이며, 아이템에 제한이 없는 것이 특징이다.

㈎ • 의류점: 이랜드, 마루, 해피랜드, 아가방, 나이키, 리복 등
• 치킨점: 멕시카나, 처갓집 양념통닭, 참멕시칸 등
• 제과점: 신라명과, 크라운베이커리 등
• 제화점: 금강, 에스콰이어, 엘칸토 등

2) 취급점형

취급점형은 사업의 특성상 하나의 브랜드 상품이 아닌 다양한 유사상품을 여러 브랜드로부터 체인점 형태로 공급받는 사업유형이다. 그 특징은 도매상이나 총판을 통해 상품을 공급받고, 다양한 브랜드 상품을 취급함으로써 사업주의 위험부담을 줄일 수 있는 점이다.

㈎ 안경점, 악세사리점, 기계공구점, 종합가전제품점 등

3) 방문판매형

방문판매형은 점포나 사무실에는 상품 전시만 하고 영업사원들이 직접 고객을 찾아 판매를 하는 사업 유형이다. 이 사업의 특징은 판매촉진을 위하여 본사에서는 광고지원이나 판촉물 지원을 하게 되고 영업사원의 능력에 따라 사업의 성패가 좌우된다.

㈎ 아동용 도서 대리점, 자동차 대리점, 보험 대리점, 건강식품 대리점 등

4) 지역형

지역형은 최종소비자와 직거래를 하지 않고 주로 소매점에 상품을 납품하는 사업형태로서 거의 모든 도매형 대리점이 여기에 속한다. 그 특징은 영업 범위가 넓기 때문에 기동력을 보유하는 것이 관건이다.

㉡ 설탕 대리점, 밀가루 대리점, 라면 대리점, 시멘트 대리점, 과자 대리점 등으로 이 경우 소매상인 슈퍼나 건축자재상 등에 상품을 공급하게 된다.

5) 섹타(Secter)형

섹타형은 취급상품의 특성상 부패하기 쉽거나 유통기간이 짧아 지역형 보다 좁은 권역에서 소비자나 소매상을 대상으로 주로 배달 판매 방식을 통하여 사업을 하는 형태이다. ㉡ 우유 대리점, 요구르트 대리점, 생수 대리점 등

6) 도매형

도매형은 취급상품이 너무 많아 하나의 브랜드 상품으로 체인점을 개설할 수 없어 유통구조나 소비구조가 단일 축선상에 있는 여러 본사를 대상으로 체인화 하는 사업형태이다.

㉡ 수입품점, 문구점, 팬시용품점, 주방용품점 등

3 본사 결정시 고려사항

1) 본사 선정시 검토사항

프랜차이즈 가맹점 창업은 사업의 성패가 프랜차이즈 본사를 올바르게 선정할 수 있는가에 의하여 크게 좌우된다. 그러므로 체인점 본사 선정 시에는 아래와 같은 사항에 유의하여야 한다.[3]

3 상게서, pp.29~32.

❶ 주된 판매상품에 그 체인 본사만의 특별한 노하우가 있는가를 살펴본다.

예를 들어서 음식의 경우 메뉴나 음식의 질, 경영기법 등이 독창성이 있어야 한다. 기존의 음식에다가 이름만 바꾸어 아무런 특색이 없는 메뉴를 가지고 시장 참여를 시도한다거나 경영기법에서도 독창성이 없이 기존의 재래식 방법에 의해 고객이나 점포관리를 한다면 가맹점에게 아무런 도움을 줄 수도 없게 된다.

❷ 본사의 재정·경영상태 및 대표의 과거 이력·경력사항 등을 파악한다.

체인 본사가 가맹점 모집에 앞서 본사 직영으로 시범 점포를 운영하여 사업성에 대한 검증을 거친 경우 비교적 신뢰할 수 있다. 그러나 직영점이 없거나 아이템에 대한 검증을 거치지 않은 채 최근에 인기 있는 유행 아이템을 모방해서 체인 사업을 벌여, 사전 준비 없이 가맹점 모집부터 한 경우에는 주의해야 한다.

최소한 10개 이상의 가맹점이 운영되고 있고 그 가운데 과반 수 이상이 안정적인 소득을 얻고 있는 경우 신뢰할 수 있고 사업을 시작한 지 수개월이 경과되었으나 아직 가맹점이 없는 경우에는 주의해야 한다. 그리고 체인 본사 직원 수가 최소한 적정 인원은 되어야만 업무 지원을 원활히 받을 수 있으므로 직접 본사를 방문하여 조직 현황을 확인하여야 한다.

❸ 기존 가맹점 사장들의 경영현황을 파악한다.

현재 사업을 수행하고 있는 여러 가맹점들의 월 평균수익을 직접 찾아다니면서 확인한 후 만족스러운 결과가 있을 때 가맹한다.

❹ 가맹조건에 가맹점의 불이익이 없는지 검토한다.

인테리어비용이나 각종 설비비에 본사 독점이익을 위한 거품이 없는지 유무와 본사의 판매마진, 가맹비 등은 적당한가 등을 알아본다. 만약 특별한 노하우를 지원해 주는 것도 아닌데 가맹비가 비싼 회사나 보증금이 지나치게 많은 회사는 일단 의심을 해야 한다. 가맹점의 자격요건을 까다롭게 하는 곳일수록 건실한 회사가 많고 오히려 무조건 가입을 권하는 곳은 노하우 부족 및 여러 요인으로 체인 본사가 부실할 수도 있다.

⑤ 상권보호를 제대로 해주는 본사인지 확인한다.

본사가 무분별한 사업 확장이나 가맹수입 획득을 위하여 각 지역별 가맹점 수를 계속 확충해 나간다면 기존 가맹점의 판매에 많은 영향을 미치게 된다. 그러므로 지역별 상권이 최대한 보장될 수 있는 회사인가 그리고 계약사항에도 명문화되어 있는지 등을 살펴보아야 한다.

⑥ 과대광고나 허황된 광고를 하는 곳은 아닌지 살펴본다.

"월수 몇 천만원 보장" 등 과장된 광고를 하는 본사는 가맹점 수를 늘리기에 급급한 부실한 회사인 경우가 많으므로 일단 의심을 해야 한다.[4] 오히려 특별한 광고가 없더라도 소문에 의하여 장사가 잘된다고 알려진 체인점일수록 건실한 회사가 많다.

다음으로 특히 주의해야 할 프랜차이즈 본사의 특징은 아래와 같다.

첫째, 소규모 자본투자로 엄청난 수익을 보장하겠다는 회사

둘째, 시범점포를 보여 주고 나서 모든 것을 맡기라고 하는 회사

셋째, 사업에 관련된 각종 근거자료의 제시도 없이 우리만 믿으면 돈을 금방 벌 수 있다고 하는 회사

넷째, 계약을 시키기 위하여 조급하게 수단과 방법을 가리지 않는 듯한 인상을 주는 회사

다섯째, 자본 없이도 사업이 가능하고 집에서도 할 수 있다고 선전하는 회사

2) 본사 선정 후의 검토사항

프랜차이즈 본사가 결정된 후 가맹을 위한 요령이나 절차는 업종 및 본사의 성격에 따라 많은 차이가 있다. 그러나 일반적인 절차는 가맹에 대한 기본적인 사항들의 협의, 점포입지에 대한 조사 및 분석, 가맹계약, 운영교육, 영업개시의 순으로 이루어지게 된다.

---

4 가맹사업법 제9조(허위·과장된 정보제공 등의 금지)
① 가맹본부는 가맹희망자나 가맹점사업자에게 정보를 제공함에 있어 사실과 다르거나 부풀려 제공하는 행위, 계약의 체결·유지에 중대한 영향을 미치는 사실을 은폐하거나 축소하는 행위를 하여서는 안 되고,
② 가맹본부는 가맹희망자나 가맹점 사업자에 가맹희망자의 예상매출액·수익·매출총이익·순이익 등 장래의 예상수익상황에 관한 정보나, 과거의 수익상황이나 장래의 예상수익상황에 관한 정보를 제공하는 경우에는 서면으로 하여야 한다(출처: 한국공정거래조정원).

대부분의 경우 본사가 상권조사를 통해 적절한 입지 후보지를 선정하여 가맹희망자와 협의해 입지를 결정하게 된다. 이때 양측이 가맹계약의 전초단계인 가맹약정을 맺기도 한다.

가맹약정 후 본사와 예비점주는 점포의 사업계획, 가맹점 종류 등에 대한 구체적인 협의에 들어가게 되고 기본적인 계획안을 바탕으로 본 계약을 체결한다. 본 계약이 체결되면 본격적인 개점준비에 들어가게 되는데 이때 점포의 계약과 점포 내·외장 공사가 시작되며, 예비점주는 이 기간동안 가맹점 운영에 필요한 기본적인 내용들을 집중적으로 교육받게 된다. 교육내용은 업체의 성격에 따라 다르지만 보통 2~3주 정도에 걸쳐 실시된다. 이후에도 종업원 모집, 종업원 교육, 상품진열, 개점광고 등의 과정을 거쳐 개점을 하게 된다.

이상에서 살펴 본 바와 같이 본사 선정 후 개점까지에 많은 절차가 필요하며 검토해야 될 사항도 많다. 이 경우 특히 유의해서 검토해야 될 사항은 아래와 같다.

① 점포 입지를 결정한 후 주변의 경쟁업체 상황, 입지의 고객 흡인력, 예비고객의 소득수준, 경쟁업체 신규 진출 가능성, 본사가 조사한 상권분석의 타당성 등을 검토하여야 한다.

② 개점을 하기 위한 소요자금의 견적을 구체적으로 파악하고 조달계획과 비교하여 오차 부분을 조정한다. 이 경우 개업자금과 신규 시설 및 투자자금은 확정된 금액을 산정하고, 운전자금은 예상매출액과 예상이익을 추정하여 계산하며 최소 3~6개월 정도의 경상지출에 대한 운전자금 확보가 필요하다. 한편 자금조달 면에서는 체인본사의 금융지원 조건 등을 아울러 검토할 필요가 있다.

③ 보통 체인사업의 경우 본사가 판촉활동에 관한 사항을 무상으로 지원하고 있으므로 광고나 홍보사항에 대한 지원 내역을 파악하여 체크하고 지역 특성상 추가로 필요한 사항이 있으면 협의한다.

④ 사업장의 인테리어 등 내·외장 공사와 관련하여 본사의 지원내용 등을 체크하고 혹시 공사관련 본사의 독점이익 확보를 위한 내용은 없는지 파악한다.

⑤ 계약에 관한 사항으로서 계약서는 계약과 동시에 모든 권리와 의무가 발생하게 되므로 계약의 각 조항을 면밀히 파악하여 가맹점에게 일방적으로 불리한 조항은 없는가? 등을 검토하여야 한다.

프랜차이즈 가맹점 차리려면 본사 재정부터 살펴라

'프랜차이즈 체인점으로 사업을 할 때 체인 본사가 믿을 만한지를 점검한 후 창업하라.' 별다른 사업 경험이 없는 소자본 창업희망자는 프랜차이즈 창업을 선호하는 경향이 있다. 사업 초기부터 제품 공급까지 모두 해결해 주는 체인 본부 도움으로 손쉽게 점포를 운영할 수 있고 체인 본사가 제공하는 점포 운영노하우와 브랜드 파워도 점포 운영에 큰 도움을 주기 때문이다. 그러나 실제 체인점을 운영하고 있는 대다수 점주는 본사 지원이 기대에 못 미치거나 공급 제품에 문제가 생겨 본사에 대한 불만이 많다. 심지어 다시 창업을 한다면 절대 체인형태 창업은 하지 않겠다는 목소리도 높다. 창업희망자가 프랜차이즈 창업을 할 때 짚어봐야 할 몇 가지 요령을 소개한다.

▶ 프랜차이즈 사업 장·단점

프랜차이즈 사업은 체인 본사를 통해 점포 운영 노하우와 제품 공급이 원활히 이뤄지기 때문에 '나 홀로 창업'을 할 때보다 사업에 실패할 가능성이 낮다. 또 본사가 창업에 따른 모든 절차를 지원하기 때문에 창업에 필요한 시간을 줄이고 시행착오도 피할 수 있다. 그러나 홀로 창업에 비해 창업 자금이 많이 들고 본부가 점포 운영 전반을 통제하기 때문에 자유롭지 못한 게 흠이다.

▶ 체인본부에 의한 피해 유형

최대 문제점은 자본금이 많지 않은 이른바 영세한 체인본부가 많다는 점이다. 프랜차이즈 사업은 직영점포가 오랫동안 축적한 운영 노하우를 토대로 꾸준히 제품을 연구개발하고 이를 가맹점에 전수해 체인 본부와 가맹점이 모두 이득을 보는 '윈-윈 전략'이 기본. 그러나 본사가 영세해 직영점 하나 갖추지 못한 곳이 있는가 하면 체인점 모집에만 급급해 수익을 챙기고 체인점 점포관리와 제품 개발에는 등한시하는 사례도 많다. 이에 따라 처음 광고만 믿고 가맹한 체인 점주는 본사에 대한 불만이 커지면서 급기야 체인점과 본사 간 분쟁도 심각한 편이다. 또 프랜차이즈 관련 법규가 미비한 점을 악용해 가맹비를 돌려주지 않거나 간판, 실내외 인테리어, 점포설비 등을 본부에서 하도록 강요하는 것도 공정거래법상 위배되는 사항이다.

부실 프랜차이즈 선별 10계명

1. 월 수 500만원 보장 등 고소득을 운운하거나 전면 광고를 자주 한다.
2. 가계약을 요구하거나 계약을 서두른다.
3. 가맹점비나 보증금이 없다는 등 파격적인 조건을 제시한다.
4. 상품이나 서비스가 특색이 없다.
5. 인테리어나 고가의 설비구입을 강제한다.
6. 가맹본부의 정보와 자료 혹은 매뉴얼이 없거나 제공을 거절한다.
7. 경영진의 이력이 불투명하다.
8. 직영점이나 물류센터가 없다.
9. 가맹점이 너무 많거나 적은 곳은 피한다.
10. 본부가 알려준 곳을 제외한 가맹점 3곳 이상을 벤치마킹 한다.

▸ 프랜차이즈 창업 성공요령

프랜차이즈 창업에 성공하려면 신뢰도가 있는 프랜차이즈 선별 못지 않게 본사와 가맹점이 모두 이득을 보는 '윈-윈 전략'을 마련해야 한다. 우선 체인 본사 재정상태가 좋은지 점검해야 한다. 영세한 체인 본사는 자본과 전문 인력이 부족해 체인점 홍보와 가맹점 영업지원을 제대로 할 수 없기 때문이다. 더욱이 본사 자금상황이 어려우면 가맹점에 물건을 제때 공급하지 못해 가맹점만 피해를 볼 수 있는 점도 주의해야 한다. 체인 본부가 물류센터를 제대로 갖추고 있는지도 필히 점검해야 한다. 물류센터는 체인 본사가 체인점에 제품 공급을 원활하게 해주는 심장과도 같다. 탄탄하고 신속한 물류체계를 갖추고 있어야 체인 본부는 가맹점에 제품을 제때 공급해 체인점 점포 운영에 차질이 생기지 않는다. 제품에 문제가 발생하면 반송이나 반품이 가능한지를 점검하고 이것이 여의치 않으면 어떻게 재고를 처리하는지도 체인점 계약서에 서명하기 전에 반드시 짚어봐야 할 대목이다. 체인 본부 경영진 마인드도 점검해야 할 핵심 사항이다. 본부가 기탄없는 가맹점주 지적에 귀를 기울이고 이를 본사 운영에 반영할 수 있는 마음가짐을 가져야 한다는 얘기다. 이 밖에 체인점과 브랜드 인지도 향상을 위해 본사가 홍보·광고 전략을 제대로 세워 놓았는지 미리 확인해야 한다.

<출처: 매일경제, 2001/07/09.>

4 장단점[5]

1) 장 점

❶ 실패 위험성이 낮다.

본사가 미리 검증한 사업 아이템을 가지고 체인점을 모집하여 사업을 지원하기 때문에 사업경험이 부족한 사람도 체인 본부의 매뉴얼에 따라 사업을 전개하면 실패 위험을 줄일 수 있다.

❷ 소자본 창업이 가능하다.

프랜차이즈 창업은 일반적으로 소자본 창업이 가능하다. 본사가 확보해 놓은 인테리어나 간판, 홍보물 등을 비교적 저렴한 가격으로 공급받을 수 있고 표준화된 아이템으로 전국적인 차원에서 동일한 브랜드, 동일한 사업망을 구축하기 때문에 창업투자가 소자본 창업에 적합하다.

❸ 구매상품의 공급이 안정적이다.

자영 독립기업의 경우에는 판매할 상품을 도매상이나 제조업체에서 직접 구입해야 하거나 신상품에 대한 정보를 놓치지 않기 위해 항상 신경을 써야 하지만 프랜차이즈의 경우 본사가 공급하는 상품을 수시로 사업장에서 공급받을 수 있기 때문에 안정적인 구매가 가능하다. 또한 본사의 지원 하에 경영방침 활용, 경쟁업체의 출현에 대한 공동 대응, 새로운 영업 노하우 지원, 네트워크를 이용한 체인점 간 상호 협력 체계 구축 등이 가능하다.

❹ 시장변화에 빠르게 대처할 수 있다.

현재의 시장상황은 소비자 욕구의 다양화로 고객의 구매패턴 및 취향이 시시각각으로 변화하고 있다. 그러므로 성공적인 사업수행을 위해서는 급변하는 소비자 욕구에 발맞추어 재빨리 대처하는 사업능력이 필요하다. 실제 독립사업의 경우에는 일일이 이

5 상게서, pp.32~35.

러한 상황을 체크하고 대처하기에는 인력면이나 정보 수집력에 있어서 한계가 있다. 그러나 프랜차이즈 체인점의 경우는 본사의 방대한 조직을 이용하여 본사 차원에서 팀을 구성하여 이러한 상황에 즉각 대처할 수 있는 체제를 갖출 수 있기 때문에 가맹점 대표가 별도의 노력을 기울이지 않더라도 효과적인 대처 방법을 제공받을 수 있다.

⑤ 본사의 지명도 및 판촉 지원으로 사업 인지도를 높일 수 있다.

프랜차이즈의 경우 본사 브랜드를 이용하여 소비자들에게 쉽게 접근 할 수 있고 본사 차원의 영업, 광고, 판촉물의 주기적인 지원으로 효과적으로 지명도를 넓혀 나갈 수 있다. 또한 여러 곳에 산재해 있는 체인점 상호가 바로 지속적인 광고효과로 연결될 수도 있다. 그러나 독립사업의 경우 단일 상호로 운영되기 때문에 당연히 브랜드 파워가 약하고 광고를 하려고 해도 혼자서 하여야 하기 때문에 비용이 많이 소요된다.

2) 단점

① 사업의 독립성과 독자성을 살릴 수 없다.

프랜차이즈 사업은 본사의 영업정책에 순응하기로 당초 계약을 맺고 사업을 시작하기 때문에 본사가 승인하지 않은 독자적인 사업 아이템이나 서비스방식을 임의로 도입하는 것은 불가능하다. 또한 본사의 입장에서 볼 때도 성공적인 사업 수행을 위해서는 체인점을 통제하여 전체 체인점이 하나의 기준에 따라 일사분란하게 움직이게 하는 것이 중요하기 때문이다.

따라서 가맹점은 자신이 속한 지역 상권의 민감한 변화에 신속하게 대처하지 못할 수 있고 스스로 보다 좋은 경영방법을 개발하더라도 이용할 수 없으므로 점주 스스로 자구책 강구가 결여될 수 있다.

② 본사에 비해 상대적인 약자의 위치에 서게 된다.

프랜차이즈 사업은 체인 본사가 주도하는 사업 아이템에 가맹점은 동참하는 형태를 취하기 때문에 상대적인 약자의 위치에 설 수밖에 없다. 그러므로 독자적인 영업 시스템 도입 등에 상대적으로 제한을 받고 본사가 정한 정책이 마음에 내키지 않더라도 순응

해야 하는 결과를 가져온다. 또한 본사가 자기 이익만을 고집하거나 쌍방의 이해가 상충될 경우 일방적인 손해를 볼 수도 있다.

③ 지속적인 추가 지출의 부담이 따른다.

프랜차이즈 가맹점은 초기 계약 당시 약정한 로열티를 정기적으로 지급해야 하는 동시에 광고비나 체인점 개보수 비용 등을 필요에 따라서 부담해야 한다. 그러므로 독립 점포를 운영하는 자영업자에 비하여 추가 지출 부담이 높다.

④ 본사의 약체나 도산은 사업실패의 치명적인 요인이 될 수 있다.

본사가 약체화 될 경우 상품공급, 경영지도, 판촉지원 등의 지원 업무가 원활하지 못하여 영업에 큰 차질을 가져올 수가 있다. 더구나 본사가 경영부실로 인하여 도산되는 경우 가맹점의 입장에서는 치명적일 수가 있다. 이 경우 프랜차이즈 시스템 자체가 그 의미를 상실하게 되어 그 동안 의존하던 상품이나 서비스 공급, 영업 노하우 전수 등이 사라지게 된다.

그리고 본사 가맹 보증금의 안정적인 회수가 의문시되고 막대한 비용을 투자한 체인점 고유 상표의 인테리어 비용 등이 손실로 발생하게 된다.

일반적으로 초보 창업자의 경우 프랜차이즈 창업에 많은 관심을 가지게 된다. 매장 인테리어에서부터 물품공급, 홍보활동까지 본사에서 지원해주는 프랜차이즈는 분명히 매력적인 사업이다.

5 성공요소

체인점 형태로 창업하려는 사람은 체인본부가 제공하는 상품의 판매권, 경영기술, 상호사용권, 기타 영업지원 등의 프랜차이즈 창업을 통해 얻고자 하는 구체적인 이점과 본인의 적성 및 경험을 어떻게 잘 조화시킬 것인지 고려해야 한다.

또한 프랜차이즈 창업이 모두 성공하는 것은 아니다. 일부 부실한 체인본부에 의한 사기, 고의부도, 계약분쟁, 가맹점에 대한 경영지도 및 관리소홀 등의 피해사례가 빈번하게 발생하고 있다. 따라서 체인점을 선택하기 전에 부실 체인본부에 대한 판단과 함

표 6-7_ 프랜차이즈의 성공적인 이유

• 시장을 지배하는 마케팅 능력 • 고객지향적인 상표인지 정책 • 상표에 대한 고객 충성도	• 일관되게 응용된 운영 시스템 • 지속적인 지원 • 가맹점주에 대한 동기부여 • 보다 큰 이익의 증진

께 본부의 지속적인 경영지원 및 지도에 대한 것을 파악해야 한다.

부실체인 여부를 판단하는 방법은 먼저 법인등기부등본 등의 서류를 확인하여 본사의 자본력, 설립년도 등을 파악하여 법적으로 하자가 없는 회사인지 파악한다. 그리고 각 가맹점을 직접 방문하여 평균 매출액 등을 확인하며 영업상태를 점검하고 체인본부에 대한 지원정도 등 정확한 정보를 얻어야 한다.

그렇다면 과연 체인본부 입장에서 사업을 성공시키기 위한 중요한 요소는 무엇인가? 반대로 예비 창업자들이 어떤 요소를 기준으로 체인본부를 평가할 수 있을 것인가? 프랜차이즈 사업 성공의 3요소는 상표인지도, 운영 시스템 확립, 지속적인 지원이라고 할 수 있다.

첫째, 상표인지도는 체인본부의 브랜드가 소비자들에게 얼마나 잘 알려져 있고 인정받고 있는지를 말하는 것이다. 아무래도 브랜드에 대한 고객충성도가 높다면 체인점으로서 영업에 큰 도움이 될 것이다. 체인본부에서는 상표인지도를 높이는 문제가 사업성패의 중요한 포인트가 된다.

둘째, 운영 시스템 확립이라는 것은 개점 후에 본부에서 영업활동을 위하여 운영하는 영업시스템이 얼마나 잘 구축되어 있는가를 말한다. 본부의 전반적인 운영 시스템이 체계적으로 구축된 체인본부가 가맹점주에 대한 지원 면에서도 우수하다.

셋째, 지속적인 지원서비스라는 것은 가맹점에 대한 본부의 영업 지원이 어느 정도인지를 말한다. 지속적으로 영업지원이 이루어지고 있는지, 수퍼바이저라는 전문지도요원들을 통하여 지속적인 영업지원을 해주는지를 확인하는 것이 중요하다.

6 선택 요령과 검토 내용

프랜차이즈 창업을 결심하고 나서, 구체적인 업종을 정하고 본격적으로 체인회사와 상담을 해 나가는 과정을 알아보도록 하자. 일반적으로 프랜차이즈 창업을 하게 되는 과정을 보면 다음과 같다.[6]

제대로 된 프랜차이즈 회사들은 가맹점 후보자 조사를 하고 평가를 한 후 교육을 마치면 정식 가맹점주로서 인정해 준다. 회사의 이미지와 프랜차이즈 사업의 이미지를 장기적으로 유지하기 위하여 이에 적합한 가맹점주를 선발하겠다는 취지 때문이다. 그런데 일부 유명 프랜차이즈 회사 이외에는 초기상담부터 예비가맹점주들의 혼을 빼놓고는 무조건 가계약금을 받으려고 달려드는 경우가 많다.

1 단계	가맹점주 지위를 위한 자격부여규정 – 자격개요와 기준
2 단계	후보자 조사
3 단계	후보자 초기접촉 – 초기자격부여
4 단계	고려사항요청
5 단계	면접 – 자격부여에 대한 회의
6 단계	회사와 후보자에 의한 합의
7 단계	신청, 승인, 프랜차이즈 사용권 부여
8 단계	수수료 납부와 가맹점주의 계약서 서명
9 단계	가맹점주계약 – 교육
10 단계	사업시작 – 가맹점주 점포 개점

그림 6-2_ 프랜차이즈의 선택과정

6 전게서, 더난, pp.261~267.

회사나 가맹점 희망자가 구체적인 사업성 평가, 계약 후 가맹점주가 수행할 역할 등 프랜차이즈 검토 필수사항에 대한 검토가 먼저 이루어져야 한다. 이것이 제대로 되지 않아서 회사와 가맹점 희망자 간의 분쟁도 빈번한 것이 현실이다. 따라서 프랜차이즈를 선택 할 때 고려해야 할 사항들에 대한 모든 것을 따져보고 검토해 보기 전에 섣불리 계약하는 것은 위험하다.

1) 회사와 가맹점주의 역할을 파악

(1) 회사의 역할

첫째, 가격이 있는 개개인에 대하여 프랜차이즈 사용권을 부여함으로써 현재 그리고 잠재고객에게 상표의 가치를 인식시키는 것.

둘째, 운영 시스템을 개선시키고, 능률적이며 효과적으로 이익을 창조하는 가맹점주의 능력을 증대시키고, 더욱 많은 고객을 유지하며, 취급 상품수를 증대시키고, 적당한 이익을 유지하는 것.

셋째, 가맹점주가 매출을 높이며, 고객을 창출하고 유지하여 이익을 낼 수 있는 능력을 개발하고 성숙시킬 수 있도록 지속적인 지원을 제공하는 것.

(2) 가맹점주의 역할

첫째, 사업을 운영함으로써 현재의 고객과 지역사회에 상표의 가치를 인식시키고 증대시키는 것.

둘째, 지속적으로 개선된 운영 시스템과 마케팅에 의해 더 많은 고객을 얻고 유지하는 것.

셋째, 회사에 의해 제공되는 지속적인 지원서비스를 활용하여 보다 능률적이고 효과적으로 이익을 내는 것.

넷째, 개인의 목표와 희망을 성취하도록 프랜차이즈를 활용하는 것이다.

대부분의 작은 규모의 체인회사들은 한 사람이라도 계약으로 연결시키기 위해서 많은 노력을 기울이고 있다. 결국 가맹점 희망자가 강자이다. 그런데 유명 체인회사의 경

우에는 반드시 그렇지 않다. 시스템이 훌륭하고, 브랜드가 소비자들에게 알려져 있어 사업성을 인정받기 때문에 체인회사에서 가맹점 희망자를 평가한다.

자사의 사업에 적합한 가맹점의 유형을 정해 놓고 기준에 맞는 사람들에게만 가맹권을 준다. 자신들의 정책을 준수하고 본사의 지침에 따라 점포를 잘 운영할 것이라고 평가되는 사람만 가맹점으로 인정하는 것이다. 잘못 선정한 가맹점 한 곳이 전체의 가맹점뿐만 아니라 회사에게도 피해를 줄 수 있기 때문이다.

<표 6-8>은 어느 유명 체인회사의 가맹점 후보자 평가기준과 회사에서 가맹점 후보자에게 요구하는 검토사항 및 회사의 검토사항을 정리한 것이다. 프랜차이즈 창업을 고려할 때 검토해야 하는 필수사항이라고 할 수 있다.

7 계약사항

프랜차이즈 시스템에 있어서 본부와 가맹점의 권리의무를 명시하고 장래 발생할 수 있는 갖가지 문제 처리에 대한 해결방법을 정하는 것이 계약이다. 상세한 점에 대해서는 쌍방의 협의로 변경이나 수정을 하기도 한다.

그러나 프랜차이즈 시스템의 통일성을 유지하기 위해서 기본적인 조항을 대폭 변경할 수 없으므로 수정의 여지는 거의 없다고 보아야 한다. 다음은 프랜차이즈 계약의 기본 조항들에 대한 설명이다.

표 6-8_ 프랜차이즈 계약의 기본 조항

당사자와 계약의 합의에 관한 사항
• 프랜차이즈 계약 당사자의 체인본부와 가맹점주를 명시하고 가맹점주의 가맹 신청에 의하여 계약서가 작성된다는 것을 확인한다.
가맹 납입비 등의 납부 의무에 관한 사항
• 가맹점주가 계약 후 체인본부에 납부해야 할 가맹점 가입비, 보증금 등이 제 비용에 대한 납부 의무를 확인한다. 창업희망자는 이러한 가맹비 등이 본부가 제공하는 서비스에 비하여 과도한 것이 아닌지 확인해야 한다.

교육과 자격 부여에 관한 사항
• 가맹점 운영 개시 전에 본부에 의해 준비된 교육훈련 프로그램에 참가해야 한다는 규정을 명시한다. 창업희망자의 입장에서 본부가 귀찮을 정도로 교육을 강조하면서 체계적이고 세밀한 교육 프로그램을 제시한다면 일단 그러한 체인본부는 믿어도 좋다고 볼 수 있다.
시스템 등의 사용 권리에 관한 사항
• 체인본부가 가맹점주에게 상표, 시스템, 영업기법 등의 프랜차이즈 패키지에 대한 사용권리를 부여한다는 것을 확인한다. 창업 희망자는 실제로 본부가 이러한 시스템을 보유하고 있는지, 아니면 단순히 상품 공급만을 목적으로 무작위로 가맹점을 모집하는 것인지를 파악해야 한다.
점포, 장비 설비 등에 관한 사항
• 점포 준비와 장비 설비 등의 구입문제 등을 명시한다. 본부가 장비 설비 등을 제공한다면 그 사용권 관계를 명확히 파악해야 한다.
계약기간에 관한 사항
• 프랜차이즈 관계의 계약기간을 명시한다.
수수료 또는 로열티
• 프랜차이즈 권리, 점포 및 장비 설비의 구입 또는 사용권 부여, 기타 지속적인 지원 서비스의 대가로 가맹점주가 정기적으로 지급해야 하는 수수료에 관한 사항을 명시한다. 창업희망자는 수수료의 납부 방법에 대한 세부적인 내용을 파악해야 한다.
가맹점주의 거래계정에 관한 사항
• 가맹점주가 영업을 하면서 발생되는 본부와의 거래사항을 기록, 유지하기 위한 거래계정에 대한 사항을 명시한다. 상품구입, 수수료, 영업비용, 기타 부채사항 등의 거래관계를 처리하거나 정산하는 방법 등을 구체적으로 기록하여 가맹점주의 확인을 받아야 한다. 이것은 가장 민감한 금전적인 문제이므로 창업희망자는 완전히 이해한 후 계약해야 한다.
머천다이징과 재고관리 등에 관한 사항
• 본부의 재고정책, 취급상품, 진열방법, 내부 설치구조와 기구, 장비 설비의 운용, 가격정책 등의 제반 머천다이징 정책을 설명한다.

표 6-9_ 프랜차이즈 계약의 기본 조항

유지보수에 관한 사항
• 제반 장비, 설비 점포시설에 관하여 청결, 안전성, 이미지를 유지하기 위한 본부와 가맹점주의 권리와 의무, 비용 부담에 대한 사항을 명시한다.
비밀유지에 관한 사항
• 본부에 의해서 가맹점주에게 제공되는 시스템의 영업비밀에 관한 사항을 누설하지 않을 것임을 확인받는다. 프랜차이즈 시스템은 시스템 사업이므로 시스템에 관련된 제반 영업기법의 중요성은 매우 크다. 영업기법의 우수성이야말로 프랜차이즈 관계를 지속적으로 유지·운영해 나가는데 핵심적인 요소이다. 이것이 외부로 누출될 경우에는 사업 운영에 치명적인 타격을 줄 수 있다. 따라서 체인본부는 매우 강력하게 비밀에 대한 유지 의무를 가맹점에게 부과하는 한편 위반 시 손해배상을 청구할 수 있도록 계약서에 규정하므로 창업희망자는 이를 확실히 이해해야 한다.

계약의 갱신, 양도, 해지에 관한 사항

- 프랜차이즈 관계의 갱신, 양도, 해지에 관한 사항을 명시한다. 시스템을 보유한 프랜차이즈 본부일수록 가맹점의 계약위반 사항에 대해서 계약해지 권한을 발동하는 등 강력한 권리를 행사하고자 하는 경향이 있다. 가맹점은 본부와 동업자라는 인식을 가지고 무조건 불만을 표출하지 말고, 협조할 것은 하고 요구할 것은 요구하면서 본부와 가맹점 양자의 지속적인 이익을 추구하겠다는 인식을 가져야 한다.

재판권과 계약서 서명에 관한 사항

- 마지막으로 분쟁이 생겼을 경우의 재판 관할권을 명시하고 서명에 관한 사항을 명시한다.

<출처: 이강원, 실전창업, 더난, pp.271~274.>

핵심 Key 3 우수 프랜차이즈 선별법

불량체인 '수두룩' … 따지고 또 따져라

프랜차이즈 가맹은 여러모로 장점이 있지만 부작용 역시 상당해 이미 '위험수위'에 올랐다는 지적도 있다. 강병오 FC창업코리아 사장은 "프랜차이즈 시장이 질적인 발전을 도모하고 있지만 우량 프랜차이즈와 불량 프랜차이즈의 양극화 역시 급속도로 진행되고 있다. 예비창업자는 명확한 판별능력을 가져야 실패를 줄일 수 있다"고 강조했다. 강병오 사장이 말하는 '우수 프랜차이즈 판별법 12가지'를 소개한다.

1. 프랜차이즈를 업종으로 판단하지 마라.

아무리 유망한 업종이라 하더라도 차별화 된 경쟁력 없이 졸속으로 설립된 업체는 실패확률이 높다.

2. 본사에 많은 기대를 하지 마라.

'탄탄한 가맹시스템을 갖추고 해당 업종에 노하우가 있는 본사'가 최상의 체인본부이지만 이 조건을 모두 충족하는 곳은 극소수에 불과하다. 본사가 모든 것을 해결하고 지원해줄 것이라고 기대했다간 낭패를 보기 쉽다. '사업은 스스로 하는 것'이라는 사실을 명심해야 한다.

3. 가맹점수에 연연하지 마라.

오랫동안 가맹사업을 해 왔지만 정작 업계에서는 덜 알려진 탄탄한 업체가 꽤 많다. 가맹점 수 보다 연륜과 노하우에 관심을 기울여라.

4. 지사 및 오더맨(Orderman) 체계를 조심하라.

프랜차이즈의 기본 원리는 본사와 가맹점의 '공생공영'이다. 만약 중간에 지사나 오더맨(가맹점 개설시 일정액의 수수료를 받는 계약직 영업사원)이 있다면 본사의 관리능력이 부족하다는 뜻이다. 다만 전국적으로 가맹점이 개설된 본사 중에는 관리와 지원의 효율성을 위해 지사망을 구축하는 경우도 있다.

5. 지나친 가맹점 모집 광고를 조심하라.

최근 영세한 신생업체들이 신문, 방송을 통해 대대적인 광고를 한 후 '치고 빠지는' 경우가 생겨나고 있다. 이때는 거의 예외 없이 거액의 자금 부담을 안게 될 가능성이 높다.

6. 주변의 평판에 귀 기울여라.

가맹점, 협력업체, 소비자 등의 외부고객뿐만 아니라 본사 직원인 내부고객의 만족도를 조사하면 본사의 우수성과 도덕성을 가늠할 수있다.

7. 직영점이 건실한 본사를 선택하라.

직영점의 영업성과는 가맹점의 성패로 이어 진다. 특히 외식업은 수년간 직영점 운영을 통해 고객으로부터 검증을 받은 본사를 선택하는 것이 필수다.

8. 물류시스템이 구축된 본사를 선택하라.

프랜차이즈업체는 가맹점 개설 이익에만 의존해서는 경영안정을 찾기 어렵다. 건실한 프랜차이즈 일수록 초기 개설비용이 저렴한 대신 물류유통 마진을 높인다.

9. 영업권 보장이 확실한 본사를 선택하라.

특히 배달업종은 영업권 분쟁이 생길 소지가 많다. 도덕성이 높은 프랜차이즈는 영업권을 철저히 보장한다. 기존가맹점의 영업권을 고려하는 곳이라면 믿을 수 있다.

10. 자존심이 강한 본사를 선택하라.

사업노하우와 브랜드 이미지에 강한 자존심을 가진 본사는 결코 가맹점이 부실해지는 것을 보고만 있지 않는다. 브랜드 이미지에 먹칠하는 부실 가맹점은 과감히 퇴출시키거나 가맹점의 회생전략을 모색하기 마련이다.

11. 단일 아이템을 고집하는 본사가 내실 있다.

회사의 모든 역량을 한 가지 아이템에 집중하면서 경쟁력을 키워나가는 본사는 쉽게 망하지 않는다. 부실한 본사 일수록 한꺼번에 이것저것 손을 대는 경우가 많다.

12. 가맹점주 교육에 신경 쓰는 본사는 믿을 만하다.

경쟁력 있는 점포를 만들기 위해 지속적으로 투자하는 프랜차이즈는 영속성이 높다. 1년에 최소 2회 이상 정기교육을 실시하는 본사는 믿을 만하다.

<출처: 한경비지니스, 2003/02/17, p.25.>

프랜차이즈 창업과 독립창업 - 어느 것이 좋을까?

일반적으로 프랜차이즈 창업에 비해 독립점포가 유리한 점은 가맹비와 인테리어 비용 등을 절약할 수 있으며, 운영비 절감(매월 로열티가 있는 경우)등 전반적인 창업비용을 절약할 수 있다. 특히 영업이나 마케팅에 자신이 있는 경우 독자적인 운영감각을 마음껏 발휘할 수 있으며, 다양한 차별화가 가능하다는 점도 장점이다. 하지만 경험이 없는 초보창업자의 경우 수많은 시행착오를 겪을 수 있다. 또한 매장관리 및 안정적인 식자재 공급 등에 문제가 발생하여 매출이 하락되는 요인으로 작용할 수도 있다.

▶ 프랜차이즈 창업을 하면 좋은 경우

- 소규모 매장인 경우(매장규모가 작은데다 독립점이면 다소 평가절하 되기 쉽다)
- 독자적인 노하우가 너무 부족해 자력으로 운영하기 어렵다고 판단될 때
- 새로운 비즈니스 형태의 사업을 선택하였을 때
- 동종 또는 유사업종끼리 경쟁 매장이 너무 많은 상권에서 창업을 하게 되었을 때
- 배달이나 영업을 위주로 하는 업종을 선택하였을 때
- 취급하려는 제품이나 서비스의 종류가 많아서 유통경로가 너무 복잡할 때
- 전문성을 굉장히 필요로 하는 사업 아이템일 경우
- 새로운 상권이 형성되는 곳에 창업을 하게 되었을 때
- 그 동안 거의 변화가 없던 상권에 들어가게 되었을 때
- 브랜드 파워가 좋아서 그 자체만으로도 사업의 경쟁력과 안정성이 보장될 때
- 특정 프랜차이즈의 인테리어나 맛 또는 서비스에 대한 노하우가 탁월할 때

▶ 독립점포로 운영하는 게 좋은 경우

- 50평 이상의 중대형 매장을 창업하려 할 때
- 운영노하우가 지극히 일반적이고 특별히 프랜차이즈 가맹점과 차별화가 없을 때
- 프랜차이즈 가맹이 가맹비나 로열티, 시설 등에서 지나치게 많다고 판단될 때
- 생활밀착형 아이템이며, 상호나 로고, 디자인, 시설 등에서 자신이 있을 때
- 창업자금 규모로 보아서 독립점과 가맹점의 창업비용 차이가 너무 커서 부담이 클 때
- 특정 대형상가나 단체, 시장, 특정 건물의 지하 아케이드 등에서 창업하게 되었을 때
- 시 외곽 지역에서 창업을 하게 되었을 때

<출처: 2011 베스트 창업 아이템 100, 한국창업전략연구소, 21세기북스, 2011, pp. 238-239.>

프랜차이즈 본사가 숨기고 싶은 창업지표 '폐점률'

폐점률, 매출액보다 이익과 상관성 높아
파리바게트·미스터피자 업계 1위 브랜드이면서 폐점률 1% 안팎으로 양호

주요 프렌차이즈 폐점률

업 종	업종 평균 폐점률(%)	브랜드	폐점률(%)
베이커리	6.8	파리바게뜨	0.6
		뚜레쥬르	8.8
주 점	21.1	치어스	13.8
		와바	25.6
치 킨	4.5	BBQ	10.6
		교촌치킨	1.9
피자	6.9	미스터피자	1.2
		피자헛	5.4
커피점	3.6	카페베네	3.4
		이디야	1.7

※폐점률은 2013년 초 가맹점 수 대비 그해 계약 해지 및 계약종료 가맹점 수 비율

국내 1위 치킨 프랜차이즈인 BBQ의 폐점률은 10.6%(2013년 기준)다. 2013년 초 가맹점 수가 1551개, 그해 계약 종료나 해지로 문을 닫은 점포 수가 165개였다. 1년 동안 BBQ 10개 점포 중 1개 정도가 문을 닫은 것이다. 반면 업계 2위권인 교촌치킨의 같은 해 폐점률은 1.9%로 BBQ의 5분의1 정도에 불과했다. BBQ에 비해 교촌치킨 가맹점주가 훨씬 안정적으로 영업하고 있다는 얘기다.

전문가들은 프랜차이즈 창업 시 점포 수나 매출 등 외형 지표보다는 폐점률과 같은 안정성 지표에 더 주목해야 한다고 조언하고 있다. 폐점률은 연초 가맹점 수 대비 그해 계약 종료 및 해지 점포 수의 비율로, 가맹점주들의 만족도를 나타내주는 지표다. 공정거래위원회의 정보공개서에 따르면 국내 프랜차이즈 브랜드 중 파리바게뜨(0.6%), 미스터피자(1.2%), 이디야커피(1.7%), 교촌치킨(1.9%) 등이 1% 안팎의 양호한 폐점률을 보이고 있다.

폐점률은 점주가 느끼는 만족도

커피 프랜차이즈 2위인 이디야커피의 점포당 평균 매출은 2억4788만원으로, 1위인 카페베네(4억2399만원)에 비해 40%가량 적다. 반면 폐점률은 이디야 커피가 1.7%로 카페

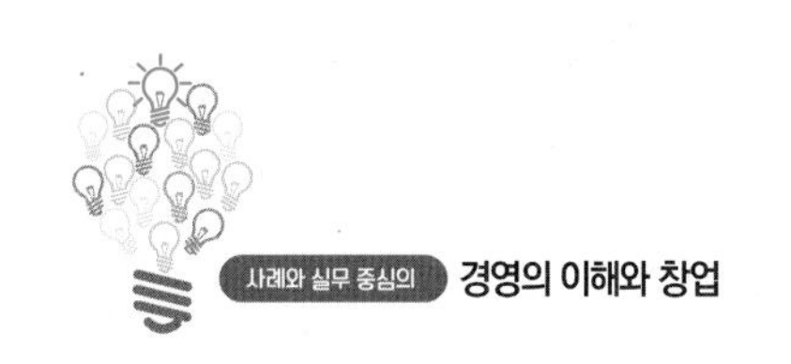

베네(3.4%)보다 훨씬 양호하다. 장재남 프랜차이즈산업연구원장은 "폐점률은 점주가 느끼는 만족도로 단순히 매출이나 외형보다는 수익성과 상관성이 높다"고 말했다. 이디야커피의 매장 크기는 평균66㎡(20평)로, 다른 커피 매장의 5분의1 수준이다. 임대료 부담이 작은 곳에 우선적으로 점포를 내기 때문이다.

이디야 관계자는 "다른 브랜드는 매출액의 3~5%를 로열티로 받지만 이디야는 매월 25만원씩 정액으로 받는다"며 "수익성이 좋다는 입소문이 나 기존 가맹점주의 권유로 지인들이 새로 점포를 여는 경우가 상당히 많다"고 말했다. BBQ와 교촌치킨의 폐점률 차이는 상반된 가맹점 영업 전략 때문인 것으로 업계는 보고 있다. BBQ가 공격적으로 가맹점을 모집하고 있는 데 반해 교촌치킨은 가맹점을 일정 규모로 유지하고 있다. 교촌치킨의 가맹점 수는 지난 10년간 1000개 선을 유지하고 있다.

1위 브랜드이면서 폐점률 낮으면 '금상첨화'

업종 1위이면서 폐점률도 낮은 브랜드가 이상적이다. 파리바게뜨 점포스 3220개로 베이커리 분야에서 독보적인 1위다. 2위 뚜레쥬르(1238개)에 비해 2000개가량 점포가 많다. 점포당 평균 매출도 파리바게뜨가 40%가량 높다. 파리바게뜨는 이런 외형적 우위에 더해 폐점률이 0.6%로 국내 유명 프랜차이즈 중 가장 낮은 수준이다. 반면 뚜레쥬르는 8.8%로 15배가량 높았다. 박주영 한국프랜차이즈학회장(숭실대 벤처중기학과 교수)은 "폐점률이 1% 미만이란 것은 병이나 이민 등 긴급한 경우가 아니면 폐업하는 점주가 없다는 것을 의미 한다"며 "이는 파리바게뜨의 점포당 연평균 매출이 7억원에 육박할 정도로 장사가 잘되는 데 따른 것"이라고 평가했다. 피자업종 1위인 미스터피자도 폐점률이 1.2%로 경쟁 브랜드인 피자헛(5.4%)에 비해 크게 낮았다.

주점 평균 폐점률 21%… 가장 높아

업종별로 폐점률이 가장 높은 분야는 주점인 것으로 나타났다. 이 업종의 상위권 브랜드인 치어스와 와바의 폐점률이 각각 13.8%, 25.6%에 이르는 등 주요 10개 주점 브랜드의 평균 폐점률이 21.1%에 달했다. 치킨업종(4.5%)에 비해 5배 가까이 높은 수치다. 김양호 플젠 대표는 "주점업은 보통 새벽 3~4시까지 영업하기 때문에 체력이 고갈돼 2년만 장사하면 지쳐서 업종을 바꾸는 사람들이 속출한다"며 "이른바 '진상손님'들을 응대해야 하는 소줏집은 폐점률이 50%를 넘는 브랜드도 흔히 볼 수 있다"고 말했다.

<출처: 한국경제, 2015. 1. 21>

제6절 소기업 지원제도

현재 “소기업지원을 위한 특별조치법” 상에서 소기업으로 정의하고 있는 제조업 50인 이하, 도소매 기타 서비스업 10인 이하 기업은 업체 수에 있어서 절대적인 비중을 차지하고 있다. 소기업이 차지하는 업종별 비율은 제조업 97.1%, 도소매업 97.2%, 기타 서비스업 97.1%를 차지하고 있다.

그러나 소기업의 특성상 전체의 89%가 도소매업이나 서비스업을 영위하고 있기 때문에 업태 수에 비하여 국민경제상의 기여도는 낮은 수준이다. 특히 업종의 영세성, 재래식 경영, 만성적인 자금난 등으로 인해 전반적으로 경영상 어려움을 겪고 있다.

그리고 업종의 다양성 및 지원기관의 혼재 등으로 정부의 정책지원 대상에서도 소외되어 왔다. 정부에서는 이러한 문제점들을 해결하기 위하여 “소기업지원을 위한 특별조치법”을 제정하여 소기업지원을 위한 제도적 장치를 마련하였고 중소기업청에서는 소상공인지원센터를 전국에 설치하여 소상공인 예비창업자 및 소상공인에 대한 창업촉진 및 경영개선 지원을 하고 있다.[7]

1 창업활성화 지원

소자본 창업의 활성화를 위하여 정부에서는 다음과 같은 제도를 시행하고 있다.

(1) 창업교육 실시

정부의 지원 하에 업종별, 대상별로 전문화된 창업교육 프로그램을 마련하여 창업강좌를 개설하고 있다. 즉, 직장인 주말 창업스쿨 개최 및 퇴직전문인력, 여성인력, 연구원 등을 위한 창업교육과정을 확대하고 있다.

그리고 대학생들의 소자본 창업을 지원하기 위하여 대학생 SOHO 창업스쿨을 개최

7 상게서, 세학사, 2001. pp.36~40.

하여 마케팅 전략, 사업계획서 작성요령, 창업절차 등을 강의 및 실습하고 있다.

(2) 여성전문 창업교실 개설

능력 있는 여성의 창업을 촉진하기 위하여 여성전문 창업교실을 운영하고 있다. 강좌내용은 창업절차, 입지선정, 점포임대, 마케팅, 인테리어 등이며 대상업종은 소자본의 도·소매업, 음식점, 개인서비스업, 학원 등이다.

또한 여성창업강좌 이수자에 대하여는 전국 소상공인지원센터와 연계하여 상담, 컨설팅, 창업자금 추천을 해주고 있다.

2 자금지원

(1) 각종 정책자금 지원서에 소기업 우대

경영안정지원자금 지원대상에 제조업 이외에 소기업 관련 업종인 서비스업 등을 포함시켰으며, 지방중소기업육성자금 및 구조개선자금 대출 심사시 소기업에 대하여 가점을 부가하고 있다.

(2) 중소기업은행의 소기업 자금지원

중소기업은행에서는 성장 유망한 소기업 지원을 위하여 Discount Bank 설치운영을 하고 있다. 대출한도는 3억원 이내이며 부분보증운용제로 실시하고 있는데 보증비율은 신용보증기금 85%, 기업은행 15%이다.

(3) 중소기업공제사업기금 지원

연간 매출액 4억원 이하의 소규모 사업자에 대하여는 대출심사시 가점을 부여하고 자금지원 규모 중 85%를 소기업에 지원하고 있다.

(4) 신용보증기금 및 기술 신용보증기금의 소기업 보증지원 강화

기보나 신보에서는 소기업에 대한 보증지원 실적을 별도로 관리하고 있으며 5천만원 이하의 소액보증시 보증심사 우대를 하고 있다.

3 경영개선 지원

(1) 판로확대 지원

공공기관의 중소기업제품 소액구매 시 소기업제품을 우선적으로 구매하는 방안을 마련하고 있다. 즉, 공공기관이 3천 만원 이하 물품을 수의계약 구매 시 소기업제품을 우선적으로 구매하도록 규정하고 있다.

(2) 소기업의 수출지원 강화

중소수출업체의 무역금융 요건을 완화하기 위하여 포괄금융 이용대상을 수출실적 2천만불 미만으로 상향조정하였다. 그리고 지역별 지방중소기업청에 설치된 수출지원센터를 통하여 소기업의 수출지원을 하고 있다.

(3) 소기업의 인력난 완화 지원

산업기능요원 인력 배정시 소기업을 우선 지원하고 있다. 즉, 종업원 10인 미만 벤처기업과 우수 소기업에 대하여 우선 배정을 하고 있다. 그리고 3D업종 소기업에 대하여 외국인 산업기술연수생을 우선 배정하고 취업알선을 위한 채용박람회 개최시 소기업 참가를 확대하고 있다.

(4) 소기업에 대한 경영능력 향상 지원

중소기업진흥공단에서는 소기업에 대하여 경영전문가 파견 지도사업을 추진하고 있으며 소기업 임직원의 경영혁신 연수시 연수비용을 20% 감면해 주고 있다.

4 기술지원

(1) 소기업에 대한 기술지원 강화

기술개발 역량이 부족한 소규모 기업에 대한 기술혁신개발사업을 확대 실시하고, 산·학·연 공동기술개발사업에 소기업 참여기회를 넓히고 있다. 그리고 현장기술력 제고를 위하여 지역별 기술혁신을 실시하고 있다.

(2) 특허권 보유 소기업 지원

소기업의 특허출원시 특허출원료, 심사청구료 및 최초 3년분의 등록료에 대하여 30% 감면을 시행하고 있다. 그리고 우수발명품의 해외 특허출원비용에 대하여 보조를 하고 있으며 아울러 우수 발명 시 작품에 대하여 제작비 80%를 지원하고 있다.

5 소상공인지원센터에 의한 지원제도

소상공인지원센터에서는 서비스업, 도·소매업, 소규모 제조업을 경영하는 자영업자와 창업희망자를 대상으로 창업과 경영에 필요한 전문가 상담, 경영·기술정보 등을 무료로 지원하여 소상공인의 창업을 촉진하고 성장을 지원하고 있다.

(1) 지원대상

소상공업을 영위하고 있거나 창업하고자 하는 자를 말하는데 이에 대한 규정은 다음과 같다.

1. 제조업, 광업, 건설업의 경우 상시종업원수 10인 이하인 업체를 대상으로 하고 있다.
2. 도·소매업, 기타 서비스업의 경우 상시종업원수 5인 이하인 업체를 대상으로 하고 있다.

(2) 지원 사업

소상공인 지원센터에서는 소상공인의 창업 및 경영지원을 위하여 다음과 같은 제도를 시행하고 있다.

① 창업지원

소상공인 창업자의 창업을 지원하기 위하여 창업 아이템, 입지, 자금, 인력, 기술, 판로, 세무, 인·허가 등의 각종 정보제공 및 자문을 해주고 있다.

② 자금추천

소상공업을 창업하고자 하는 자 (창업 후 6개월이 경과하지 않은 자 포함), 소상공업을 영위하는 사업자로서 경영개선을 하고자 하는 경우에 소요자금의 50% 범위 내 5천 만원 한도까지 자금추천을 해주고 있다.

소상공인지원센터에서는 상담을 거쳐 자금지원이 필요하다고 인정되는 경우 취급금융기관 및 신용보증기관에 자금추천서를 발부하게 된다. 이때 최종적인 대출여부의 결정은 취급금융기관에서 검토하여 결정한다.

❸ 경영지도

소상공인의 경영개선과 효율성 제고를 위하여 상권분석, 인력, 재무, 수출입, 판촉 등의 경영지도를 무료로 실시하고 있다. 이때 지도 관련 전문가들은 중소기업청 경영기술지원단이나 소상공인지원센터 상담사, 소상공인 자원봉사자, 기타 외부 전문가들로 구성된다.

창업 정보 사이트

개인창업기술연구소	http://www.woyoung.com	창업정보, 온라인 방문 상담
미래유통정보연구소	http://www.saup.com	각종 창업정보, 상품정보
비즈와이드	http://www.wowplus.co.kr	상권분석, 창업뉴스, 투자정보
비지넷창업정보	http://www.infotown.com/busi-net	창업성공사례, 프랜차이즈정보
소상공인창업지원센터	http://inwoo.nesttour.co.kr	소상공인창업정보, 정보교류
소호월드	http://www.sohoworld.co.kr	소호, 소자본 창업정보
심마니창업가이드	http://newbiz.simmani.com	유망사업정보, 창업뉴스, 상담
연합창업지원센터	http://my.netian.com/~jes2000	소자본창업정보, 상담, 적성검사
오만가지소호창업	http://www.omangaji.com	무점포사업, 노점, 소호창업정보
이규형의 서울도쿄	http://www.tomatolee.com	일본히트사업정보
인크루트창업	http://www.incruit.com/smallbusiness	각종창업정보, 해외정보
인포뱅크 21	http://www.infobank21.co.kr	창업, 부업가이드, 상가정보
점포닥터	http://www.jumpo119.co.kr	소자본창업정보, 상담
한국창업정보센터	http://www.startinfo.co.kr	벤처, 프랜차이즈창업정보 회원제
한국여성창업대학원	http://www.upjong.co.kr	여성창업정보, 상담
한길창업센터	http://www.inews.org/hangil	소자본창업정보, 컬럼
KB1비즈뱅크	http://www.kbi.co.kr	유망사업정보, 소호창업정보
중소기업정보은행	http://smdb.smipc.or.kr	
신기술창업지원단	http://htvc.kaist.ac.kr	
산업자원부 Inno-Net	http://www.innonet.nm.kr	
중소벤처기업플라자	http://icat.snu.ac.kr	
벤처기업협회	http://www.kova.or.kr	
보고인포메이션	http://www.bogo.co.kr	
한일외식창업연구소	http://chef.co.kr	
창업가이드	http://www.forever.co.kr	
웹라인	http://www.webline.co.kr	
한국소호연합회	http://www.sohounion.co.kr	

CHAPTER

07 입지선정과 점포관리 요령

Understanding of Management & Foundation

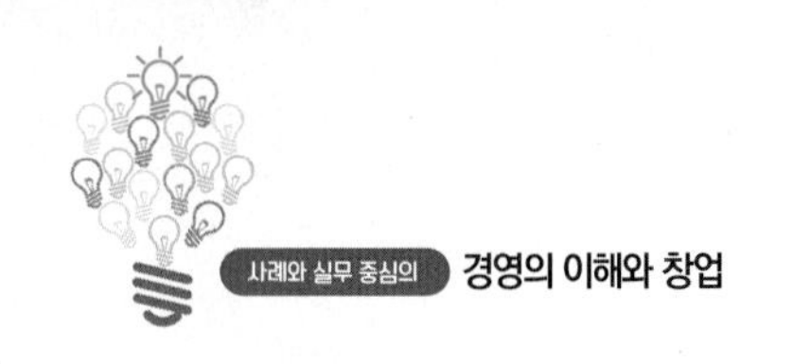

CHAPTER 07 입지선정과 점포관리 요령

일반적으로 점포를 개설하고자 하는 지역이 선정되고 나면 입지 문제가 중요한 과제로 대두된다. 그러나 입지는 업종에 따라 크게 다르고 사업규모에 따라 선택의 폭이 제한되어 있기 때문에 누구나 선정에 상당한 어려움을 겪게 된다.

더구나 소자본 창업에 있어서 점포의 입지 선정은 사업 성패에 중요한 요인으로 작용한다. 점포의 위치가 좋으면 비효율적인 경영으로 인하여 발생하는 문제점들을 극복할 수도 있지만 반대로 위치가 나쁘면 사업자가 유능하다 할지라도 그 능력을 충분히 발휘할 수 없다. 그러므로 소자본 창업의 경우 입지 선정 요령이 무엇보다 중요하다고 볼 수 있다.

제1절 입지의 개념과 중요성

1 입지의 개념

점포 입지란 소비자에게 편리한 쇼핑장소를 제공하는 기능으로서 크게 사업장의 지역범위인 상권과 인접범위인 지점으로 구성된다. 여기에서 상권이란 고객을 흡인하는 지역범위를 말하는데 이것은 점포 배후의 인구수나 중요 시설(학교, 백화점, 공원 등)의 존재 유

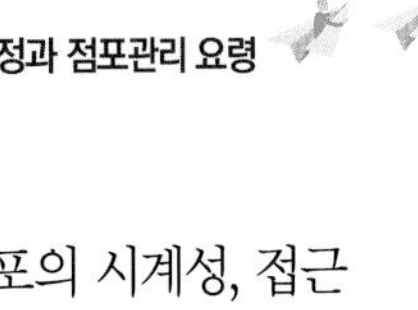

무에 따라 크게 좌우된다. 그리고 지점은 점포 앞의 사람 통행량, 점포의 시계성, 접근성, 점포 규모에 의해 크게 영향을 받게 된다. 즉, 점포 앞의 유동인구가 많고 점포 외관이 잘 보이는 곳에 위치하게 되면 고객유인 효과가 크게 나타날 수 있다.

2 입지의 중요성

창업자들은 창업을 준비할 때 업종 선택이상으로 입지 선정이 성공과 실패를 판가름한다. 소자본 창업에서는 20 대 80 정도로 점포의 입지가 더 중요하다. 목이 좋은 점포를 얻어야 창업에 성공한다. 점포 입지가 좋은지를 판단하려면 먼저 상권을 제대로 이해해야 된다. 상권이란 물자 거래가 이뤄지는 상업 중심지로 6개 권역으로 나눠진다. 아파트단지상가, 주택가, 학교주변, 사무실밀집지역, 지하철상가, 번화가 등이다. 재래시장 백화점과 대형 쇼핑센터 등도 단독 상권을 형성할 수 있으나 자본이 많이 들고 점포를 구하기도 어렵다. 상권에 따라 성별 연령별 유동인구의 특징이 있고 배후지 고객의 소비성향이 다르기 때문에 어느 상권에 어떤 업종이 좋을지를 철저하게 분석해야 한다. 그래야 창업하고 난 후의 실패 가능성을 줄일 수 있다. 중요한 입지는 다음과 같다.

(1) 아파트단지 상가

아파트단지 상가는 초기 자본금이 많이 들지 않아 초보 창업자에게 유리한 상권이다. 소비자들이 점포와 가까운 거리에 거주하기 때문에 업종이 안정적이고 예상 수익을 보장받을 수 있는 장점이 있다. 아파트 상가는 대부분 6백~1천 가구를 대상으로 지하 1층, 지상 3층 규모로 형성돼 있다. 개점 후 6개월 정도면 손익분기점에 도달하고 1년이면 영업목표를 달성할 가능성이 높다. 배후지 아파트는 20~30평형으로 상가 1층에 10평 규모로 문을 열면 안정적이다. 의류점, 서점, 오락실, 금은방 등은 피하는 게 좋다.

(2) 주택가 상권

큰 돈을 벌기는 어렵지만 생계유지를 위한 고정적인 매출 확보에는 적당한 상권이다. 평균 3천~4천 만원 규모의 초기 자본금으로 월 평균 1백 50만원의 순익을 기대할 수 있

다. 이 지역 상권은 버스정류장을 중심으로 형성돼 점포를 얻을 때 주변 1백m이내 1층에 10평형 점포나 2층의 30평형 점포가 유리하다. 캐릭터포토, 피부관리, 고시원, 소주방, 비디오방 등은 적당하지 않다.

(3) 학교주변 상권

초등학교는 주택가 상권과 겹치는 경우가 많다. 정문을 기준으로 5백m, 후문 기준 3백m안에 있는 점포를 찾아야 한다. 최근 경기 침체에도 불구하고 학교 주변 상권은 소비가 안정적으로 이뤄지고 있어 창업할 경우 실패를 줄일 수 있다. 칼국수점, 호프치킨점, 세탁소, 아동복점, 가구점 등은 이 상권에는 적당하지 않다.

(4) 사무실 밀집지역

5층 이상 건물이 10개 또는 10층 이상 건물 5개 이상이 3백m 주변에 있으면 된다. 이 상권은 점심식사 음식점, 술을 판매하는 서비스업, 놀이문화 서비스업이 제격이다. 이곳에서 창업할 때는 토요일과 휴일에 영업을 하지 않는다는 사실을 고려해야 한다. 서점, 의류점, 신발점 등은 피하는 게 좋다.

(5) 지하철 상가

5평 규모로 패션관련 판매업이 주종이다. 생활필수품을 파는 점포도 늘고 있다. 이웃나라 일본의 경우 지하철역 상권은 성업 중이다. 지하철역을 끼고 있는 5백m주변 상권도 좋다. 음식점보다는 판매 업종이 유리하고 연령대로는 20대를 겨냥하는 게 좋다. 미니슈퍼 문구점, 비디오숍, 떡집, 당구장 등은 어울리지 않는다.

(6) 번화가 상권

도시의 핵심 상권지역이다. 10, 20대를 겨냥해 대형극장 패스트푸드점 패션용품점 등이 즐비하게 늘어서 있다. 초보 창업자는 이런 상권에 입점 해서는 안 된다. 경험 부족으로 실패할 위험성이 크다. 장사 경험이 많아야 이 지역에서 뿌리내리기 좋다. 서울의 경우 종로, 명동, 신촌, 영등포, 강남, 잠실, 청량리 정도를 꼽을 수 있다. 물건을 구입하고 먹으며 마시고 노는 상권으로 볼 수 있다. 치킨점, 세탁소, 사진관, 정육점 등의 업종은 피하는 게 좋다.

제2절 입지의 분석절차

입지 분석의 절차는 크게 2단계로 구분된다. 먼저 제1단계에서는 점포가 위치할 일반적인 위치인 지역이나 지구를 결정하고 그 위치에서 형성될 상권을 분석한다. 다음으로 2단계에서는 설정된 지역이나 지구 내에서 점포가 위치할 만한 특정 지점을 선정하고 분석한다. 이러한 입지 분석의 절차를 구체적으로 파악하면 다음과 같다.[1]

1) 일반적인 위치 선정(지역, 지구)

일반적인 위치 선정의 내용을 세분하면 지역 선정과 지구 선정으로 나눌 수 있다. 이 경우 지역과 지구의 명확한 구분은 어렵지만 지역은 지구보다 더 넓은 지리적 범위를 말한다. 예를 들어 서울 역삼동 주변에서 인쇄점을 하기로 결정을 했다면 서울이 지역에 해당되고 역삼동이 지구에 해당된다고 볼 수 있다.

일반적인 위치 선정에 있어서 지역과 지구로 나누어서 생각하는 이유는 먼저 넓은 지역을 선정하고 점차 좁혀 나감으로써 위치를 구체화시키려는 뜻에서이다. 그리고 일반적 위치에 대한 상권 분석 내용은 다음과 같다.

(1) 인구 분석

인구 분석은 취급 상품을 구매할 수 있는 인구가 충분한가를 파악하는 절차이다. 이를 위해서는 먼저 상권 내에 거주하는 인구 또는 활동하는 사람들의 수를 조사하여야

1 상계서, 세학사, pp.42~46.

한다. 다음으로 이들의 소득수준, 교육수준, 직업, 생활패턴 등을 파악하여 계획사업의 이용 고객이 충분한가를 최종적으로 분석한다.

(2) 구매력 분석

점포 사업의 경우 상권 범위에 있는 고객의 구매력을 파악하고 있어야 한다. 구매력은 일반적으로 소비자의 소득수준에 의해 크게 좌우되는데 고객들의 소득수준이 높고 안정적이라야 꾸준한 구매를 기대할 수 있다. 물론 공단지역과 같이 특정분야의 산업이 지배하는 곳에 입주 한 점포는 그 산업의 경기 상황에 따라 구매력이 크게 좌우되는 경우도 있다.

(3) 고객의 구매 습관 분석

사업은 상권 내 고객들의 구매 습관에 따라서도 크게 영향을 받는다. 예를 들어서 지역 고객의 구매 습관에 따라 현대적인 점포를 선호하기도 하고 전통적인 진열방식이나 점포를 좋아하기도 한다. 그리고 상권 내 고객들의 구매습관을 통한 구매 행동을 조사하는 방법으로서 다음과 같은 사항을 체크해 볼 수 있다.

① 현재 자주 이용하는 구매 장소는 어디인가?
② 구매하는 점포는 거리나 시간상으로 얼마나 떨어져 있는가?
③ 시간이나 거리상으로 가장 편리한 곳에서 구매하려는 성향이 있는가?
④ 구매와 오락(영화, 외식) 등을 결부 시켜서 생각하는가?
⑤ 중심가의 점포를 자주 이용하는지 아니면 지역 점포를 즐겨 이용하는가?
⑥ 점원이 있는 것을 선호하는지 아니면 셀프서비스를 좋아하는가?
⑦ 현금 구매와 신용카드 구매 중 어떤 방식을 선호하는가?
⑧ 배달이나 포장 등의 서비스를 얼마나 중요시 여기는가?
⑨ 평균 1회 구매 시간과 월간 이용 회수는 얼마인가?

2) 특정 지점 선정

일반적으로 지역이나 지구가 선정되고 상권분석이 끝나면 특정한 지점을 물색하게 되는데 특정 점포의 분석 내용은 다음과 같다.

(1) 통행량 분석

통행량이란 점포에 들어오거나 점포 앞을 통과하는 사람의 수를 말한다. 통행량은 구매와 직결되므로 점포 사업의 경우 가장 중요한 요소 중의 하나이다. 그러므로 성공적인 창업을 위해서는 통행량이 많은 곳에 입점하는 것이 유리하다.

통행량 측정 시 차량을 이용하여 점포 앞을 통과하는 사람도 별도로 체크하는 것이 필요하다. 개인 차량 운행이 대중화되고 있는 현재 시점에서 차량을 이용한 통행인구도 노력 여하에 따라서 구매 고객으로 연결할 수 있기 때문이다. 그리고 통행인구의 단순한 수에 국한되지 말고 그 유동인구의 구체적인 성분을 분석할 필요가 있다. 즉, 통행인의 연령이나 통행 목적, 성별분포, 소득수준 등의 파악이 필요하다. 예를 들어서 문구점을 창업하려고 하는 경우, 통행인구가 아무리 많더라도 주 수요층인 학생의 통행인구가 많지 않으면 사업에 별 도움이 되지 않아 좋은 입지가 될 수 없다.

(2) 주변 점포의 분석

일반적으로 점포를 개설하고자 하는 지점의 주변 사업체들의 성격에 따라 개설 점포가 많은 영향을 받게 된다. 주위의 사업체들이 도움을 받을 수 있는 호혜적인 사업일 수도 있고 피해를 주는 사업체일 수도 있다.

즉, 호혜적인 업종이란 아동복점 옆의 완구점이나 편의점 옆의 유흥점, 노래방과 같이 고객의 유인에 있어서 서로 도움을 주는 사업체를 말하며 반대로 피해를 주는 사업체는 같은 고객을 두고 서로 경쟁해야 하는 동일 업종이나 고객 유인의 분위기를 해치는 유해 업종 등이다.

(3) 점포 접근의 용이성 분석

점포는 목표시장의 고객들이 접근하기에 용이해야 한다. 접근의 용이성은 거리뿐만 아니라 건널목, 점포 입구의 방향, 고객들의 출퇴근이나 이동 방향 등이 중요 요인으로 작용한다. 그러므로 좋은 위치의 점포가 되기 위해서는 사람의 통행이 많은 동선 상에 위치해야 하고 건널목이나 지하철 출입구 등 고객 유인에 유리한 지점의 선점이 필요하다.

(4) 점포의 가시성 분석

점포는 사람의 눈에 잘 보이는 곳에 위치해야 한다. 그러므로 간판의 부착위치나 진열장의 배치 등에도 많은 배려를 하여야 한다. 일반적으로 점포의 위치는 두 길이 교차되는 모퉁이나 곡선도로상 커브 왼쪽이 좋으며 가로수·육교·빌딩 등 시각 장애물이 없는 곳이 유리하다. 그리고 점포 건물이나 폴사인 등 점포 외관이 약 150m 정도의 거리에서 확인되면 좋은 위치라고 할 수 있다.

(5) 점포의 과거 경력 분석

입주 하고자 하는 점포가 과거에 장사가 잘 되었던 점포라면 소비자에게 깊은 인상을 남겨 주어 다른 업종의 사업을 하더라도 곧 친숙해질 수 있는 유리한 동기로 작용할 수 있다. 그러나 그 장소에서 사업을 하던 사람이 실패를 하고 나간 경우에는 종전과 같은 업종이나 유사한 업종을 시작할 경우에는 과거의 이미지 때문에 불이익을 당할 수도 있다. 이 경우에는 과거의 실패요인을 분석하여 개선해 나가는 노력이 필요하다.

우수한 점포의 입지조건

- 10층 이상 대형 건물이 5개 이상 밀집된 지역
- 2,000세대 이상의 대규모 아파트 단지나 주택단지
- 지하철역으로부터 300m 이내인 지역
- 버스 정류장으로부터 100m 이내인 지역
- 버스 정류장에 정차하는 노선버스가 5대 이상인 지역
- 고등학교 이상 대학가 주변, 정문의 500m 이내 또는 후문의 300m 이내인 지역
- 버스 종착역 반경 500m 이내
- 버스 정류장, 지하철역으로부터 주택으로 들어오는 입구 모퉁이
- 편도 2차선, 삼거리 이상 가로의 200m 이내인 지역
- 동일 가로 200m 이내에 같은 업종이 없는 지역
- 반경 500m 이내에 같은 업종이 3개 이상 없는 지역
- 인구이동이 심한 지역인 경우 전입해 오는 추세인 지역
- 고정인구 2만 명, 고정세대 5천 세대 이상인 지역
- 기타 업종에 상응하는 시간대별 유동인구 및 주거인구가 부합하는 지역

제3절 상권의 설정 방법

상권이란 고객을 흡인할 수 있는 지리적 범위를 말한다. 편의점의 경우를 예로 들면 주거지역에 단독으로 위치한 경우에는 그 점포를 중심으로 한 거주지역으로부터 고객을 흡수하여 상권이 형성된다. 그러나 대형 상업용 건물에 입주한 편의점의 경우에는 자체의 고객 흡인력뿐만 아니라 상가 전체의 흡인력 정도에 따라 상권이 결정된다. 이러한 상권은 고객의 밀도에 따라 다음과 같이 1차 상권, 2차 상권, 3차 상권으로 구분된다.

(1) 1차 상권

1차 상권은 점포 고객의 60~70%가 거주하는 상권 범위를 말하는데, 고객들이 다른 상권의 고객들보다 점포에 가장 근접해 있으며 고객 수나 고객 1인당 판매액이 가장 높은 지역이다. 1차 상권은 식료품과 같은 편의품의 경우 도보로 500m 이내의 거리가 되며, 의류 소매업, 화장품 판매업 등 선매품의 경우는 버스나 승용차로 15분 내지 30분 정도 소요되는 지역이 된다.

(2) 2차 상권

2차 상권은 점포 고객의 15~25%가 거주하는 상권 범위로서 1차 상권의 외곽에 위치하면 고객의 분산도가 아주 높다. 편의품 일 경우에는 2차 상권 지역에서 고객의 흡인력이 낮지만 선매품의 경우에는 고객 흡인력이 높아 크게 보면 편의품의 2차 상권까지가 선매품의 1차 상권일 수도 있다. 선매품의 2차 상권은 버스나 승용차로 30~60분 소요되는 지역이 포함된다.

(3) 3차 상권

1, 2차 상권에 포함되는 고객 이외의 나머지 고객들이 거주하는 상권 범위로 고객들의 거주지역은 매우 분산되어 있다. 편의품의 경우 고객은 거의 존재하지 않으며 선매품이나 전문품을 취급하는 점포의 고객들이 5~10% 거주한다.

이상과 같은 1, 2, 3차 상권 이외에 호텔이나 쇼핑센터 안의 점포와 같은 기생 점포는 독자적인 능력보다 호텔이나 쇼핑센터의 영업능력에 따라 절대적인 영향을 받는 기생 상권을 갖게 된다.

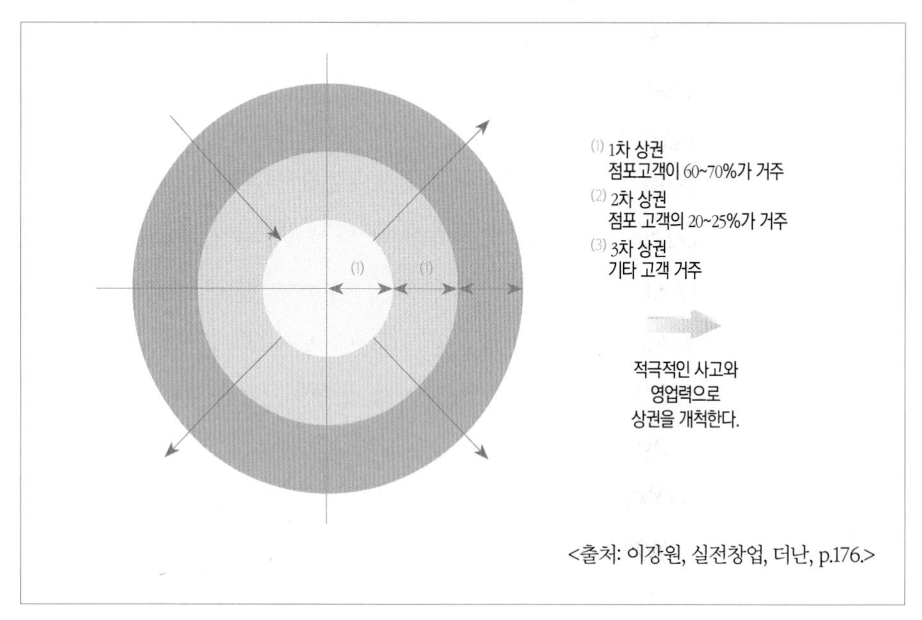

<출처: 이강원, 실전창업, 더난, p.176.>

그림 7-1_ 상권의 정의 및 영역

핵심 Key 2 상권 조사 단계별 체크 포인트

▶ 1단계: 상권 내 지역정보 수립
- 관공서의 인구통계자료
- 상업통계자료
- 특정기관 조사정보(방송사, 신문사, 조사업체 자료 등)
- 지역관련 점포조사(점포수, 위치 등)

▶ 2단계: 지역상권지도 작성
- 지구별 세대수, 인구수
- 소매업종별 점포 표시

- 교통기관별 표시(역, 정류장 등)
- 관련 유통점 표시
- 지형적인 특성
- 집객력이 있는 지역시설(체육관, 금융기관, 관공서 등)
- 경쟁점 표시

▶ 3단계: 상권 내 지역 도보 관찰
- 연령별로 구분하여 생활방식 표시
- 거주지, 주거형태, 거주기간, 차량 소유 등으로 소득수준 파악
- 교통이용 현황을 통한 상권의 넓이 파악
- 혼잡한 점포, 인기 있는 점포 파악
- 쇼핑 도로 파악
- 고객들의 생활 방식 및 상품의 구매행동 파악

▶ 4단계: 그룹방문에 의한 인터뷰 조사
- 지형특성, 거리, 편리함, 차량 진입, 주차의 용이성
- 서비스, 접객태도, 영업시간, 종업원 수 파악
- 판촉활동의 영향력 파악
- 이동거리를 늘릴 수 있는 방안 심층 조사
- 클레임 처리, 신용도 체크
- 사용빈도 조사

<출처: 매일경제, 1999/09/19.>

핵심요약 1 - 상권분석 - 경쟁점 현황 사전파악은 필수이다

유동인구수에 현혹되지 마라

일반적으로 창업의 성공요소 중 상권(입지)의 중요성은 점포 창업자에게는 절대적이다. 창업비가 많이 드는 황금상권에 들어간다고 반드시 좋은 선택을 했다고 볼 수는 없다. 주요 상권에서 연간 전체 점포의 30% 정도가 간판이 바뀌고 있는 데서도 알 수 있다. 상권은 고객을 유입할 수 있는 지역 범위를 말하며, 흔히 1·2·3차 상권으로 구분한다. 1차 상권이란 고객의 60~70%가 거주하는 지역 범위를 가리킨다. 고객들이 점포에서 가장 근접해 있으며 통상 전체 매출액

의 60~80% 정도를 이 상권 내 고객이 올려준다. 2차 상권은 고객의 15~25%가 거주하는 지역 범위로서 1차 상권의 외곽에 위치한다. 고객 이탈 가능성이 매우 높고 접근성이 떨어지는 편이다. 2차 상권 고객이 올려주는 매출비중은 10~20%다. 3차 상권은 1·2차 상권을 제외한 나머지 지역으로 매출 비중이 미미한 편이다.

특정 상권 안에서 점포 자리를 잡는 것을 입지 선택이라 한다. 황금상권이라 해도 입지가 좋지 않으면 아무 소용이 없다. 입지 선택 시 유념해야 할 사항으로는 우선 유동인구에 현혹되지 말라는 것이다. 유동인구가 특정 상권을 먹여 살리는 젖줄 역할을 하는 것은 사실이지만, 유동인구의 흐름만 믿고 창업했다가는 낭패를 보기 십상이다. 유동인구의 흐름보다는 본인이 창업하고자 하는 동종 업종 가게의 손님 수를 점검하는 것이 낫다. 둘째 접근성이 쉬운지를 살펴봐야 한다. 고객은 걷기를 싫어한다. 돌아가지도, 찾아가지도 않으려 한다. 고객은 항상 게으르다는 것을 명심해야 한다. 셋째 상권의 성장 가능성과 잠재력이 있는지를 판단해야 한다. 가능성과 잠재력을 찾는 방법으로는 가게 입지 주변의 잠재고객 수가 증가하는지 여부와 접객시설의 규모를 알아보는 것이 가장 바람직하다. 넷째 경쟁 점포의 규모와 수를 파악해야 한다. 현재 영업 중인 경쟁 점포들이 브랜드력이나 규모면에서 나보다 훨씬 앞선다면 아무리 좋은 상권이라도 포기하는 게 좋다. 다섯째 가시성도 꼼꼼히 살펴볼 필요가 있다. 보통 점포를 알리는 데 소요되는 기간은 최소 3개월 이상이다. 대부분의 창업자들은 창업 이후 점포 운영비를 그리 많이 갖고 있지 않다. 따라서 가시성에서 떨어진다면 그만큼 많은 홍보 기간이 소요되므로 자금력이 달릴 공산이 크다.

☞ 점포입지 선정시 5가지 포인트

❶ 유동인구에만 의존해선 안된다.

❷ 고객은 걷기를 싫어하므로 접근성이 좋아야 한다.

❸ 상권의 성장가능성에 주목해야 한다.

❹ 경쟁점 상황을 파악해야 한다.

❺ 가시성도 꼼꼼히 살펴야 한다.

<출처: 이상헌, 한국경제, 2006.3.9. 요약.>

제4절 입지선정시 점검 사항

1 입지선정시 고려요인

대부분의 창업자들이 점포 입지를 선정할 때 그 중요성은 인식을 하면서도 여러 사항들을 일일이 체크하고 분석하는 과학적인 절차를 생략하는 경우가 많다. 그러나 소자본 점포 사업의 경우 입지는 사업에 결정적인 영향을 미치는 중요한 요인이다. 그러므로 입지 선정을 위해서는 다음과 같은 요인을 고려하는 것이 무엇보다 중요하다.

1) 배후지역의 세대수 및 인구현황

모든 업종에 있어서 후보점 배후지의 세대수와 인구현황 파악은 점포 입지의 적격 여부를 파악하는 첫걸음이다. 이 조사를 통하여 하고자 하는 업종의 점포가 몇 개까지 가능한지 또는 어떤 업종이 가능한가를 추정할 수 있다.

예를 들어서 젊은 층이 많이 살고 있는 배후입지라면 외식업이나 커피전문점·연쇄점 등의 창업이 유리하고 노년층이 많은 지역이라면 오히려 건강식품이나 의료기기점의 창업이 유리할 것이다. 이와 같이 점포 배후지역의 세대수 및 인구현황은 업종 선택에 있어서 중요한 판단 자료가 될 수 있다.

2) 인근 경합점 현황

경쟁점포의 인지도 및 매장크기, 제품 성격, 영업시간, 하루 내점 고객수 등을 파악함으로써 이들 점포와 경쟁할 수 있는 차별화 전략을 수립할 수 있다. 물론 업종에 따라서 경쟁 점포의 존재가 주변에 하나의 전문 상권을 형성시켜 유리하게 작용하는 경우도 있다. 그러나 일반적으로 경쟁 점포의 존재는 고객을 분산하는 결과를 가져오기 마련이므로 이에 대한 분석 및 대처 방안 강구가 필요하다.

3) 유동인구 유발요소와의 접근성

점포 예정지가 유동인구를 유발시킬 만한 요소인 극장, 학교, 금융가, 전철역, 버스 정류장 등의 시설과 인접하고 있는지를 파악하는 것으로서 이러한 요소는 사업에 많은 영향을 미치게 된다. 그러므로 입지 선정 시 중요한 고려 사항이 되어야 한다.

4) 유동인구 현황 및 내점률

이 항목은 점포 후보지의 잠재적 고객뿐만 아니라 업종 선택에 있어서 어떤 계층에 초점을 맞추어 업종을 선택할 것인가 등을 종합적으로 판단할 수 있는 자료가 된다. 조사 시 유의할 점은 유동인구 수에 너무 집착을 하지 말고 유동인구와 더불어 조사하여 그 위치가 얼마나 실속 있는 곳인가를 판단하는 것이 중요하다.

5) 점포 비용과 이익률

아무리 좋은 위치의 점포라도 점포비용이 과도하게 소요된다면 실제 이익률은 낮을 수밖에 없다. 그러므로 예상매출이 높은 좋은 입지라도 점포에 투자되는 권리금이나 시설비, 임차보증금이 많고 매월 지급해야 하는 월세 및 관리비 등이 높게 책정되어 있다면 신중하게 검토를 해야 한다.

점포 위치를 결정하기 이전에 먼저 예상 후보지 별로 점포비용과 예상매출, 예상이익 등을 분석하여 개점비용이 적게 들면서 이익이 높은 곳을 선택하는 노력이 필요하다. 특히 과도한 점포비용을 투자하고 막상 개업을 하여 사업을 꾸려 나가보니 매출이 당초 계획보다 부진하다든지 예기치 않은 문제점들이 노출될 경우에는 사업실패로 바로 연결될 수 있으므로 주의하여야 한다.

2 점포 입지 선정의 8가지 원칙[2]

(1) 현재 상권의 잠재력은 충분한가?

취급하려는 상품에 대하여 상권 내 소비지출의 총액과 다른 점포가 점하는 비율을 검토한다.

(2) 상권에의 접근 가능성은 어떤가?

상권 내의 잠재력을 어느 정도 자기 점포에 흡입할 수 있는가는 점포 주변을 통과하는 가능성에 많이 의존한다. 이에 따라 소매업의 업태를 세 가지로 검토할 수 있는데, 일반적으로 이러한 성격이 혼재 되어 있다.

❶ 고객창출형

광고, 상품의 독자성 평가, 판매촉진 수단에 의해서 독자적인 고객을 흡입하는 형태로, 백화점, 대형 슈퍼마켓, 특수 전문점 등

❷ 근린점 고객의존형

가까운 점포에 의해 흡수된 고객이 주변의 점포로 관련 상품을 구매하러 가는 점포

❸ 통행량 의존형

쇼핑을 목적으로 하지 않는 통근자나 교통기관 이용자 등이 관련 상품을 구매하는 경우

(3) 성장 가능성은 어떤가?

인구증가와 소득수준의 상승을 기대할 수 있는지 검토한다.

(4) 중간 저지성이 존재하는가?

주거지 또는 근무지와 기존부터 있던 경쟁점포, 상점가의 중간에 입지하여 고객을 중간에서 저지할 수 있는지 검토한다.

---

2 이강원, 실전창업, 더난, p.182.

(5) 누적 흡인력은 있는가?

같은 종류의 상품을 취급하는 일정수의 점포는 흩어져 있는 것보다 모여 있는 것이 좋다. 따라서 중간 저지성의 입지를 선택할 것인가, 누적성을 이용할 것인가를 선택해야 하는 경우가 있다.

(6) 양립 가능한가?

보완관계에 있는 상품을 취급하는 두 개의 점포가 근접하여 있는 경우에는 양 점포를 이용하는 고객수도 늘고 판매액도 늘어난다.

(7) 경쟁을 피할 수 있는가?

경쟁점의 입지, 성격, 규모, 형태를 감안한 입지를 선택하여 매출액을 예측한다. 또한 장래 경쟁점이 들어올 여지도 검토해야 한다. 가능하면 경쟁점이 작은 입지를 고려하고, 입지를 경쟁점이 이용하는 것을 방지할 수 있는 가능성을 고려하며, 경쟁입지가 중간 저지적인 입지가 되지 않는 입지를 선택해야 한다.

(8) 입지에 경제성은 있는가?

입지의 비용을 생산성과 관련하여 분석한다.

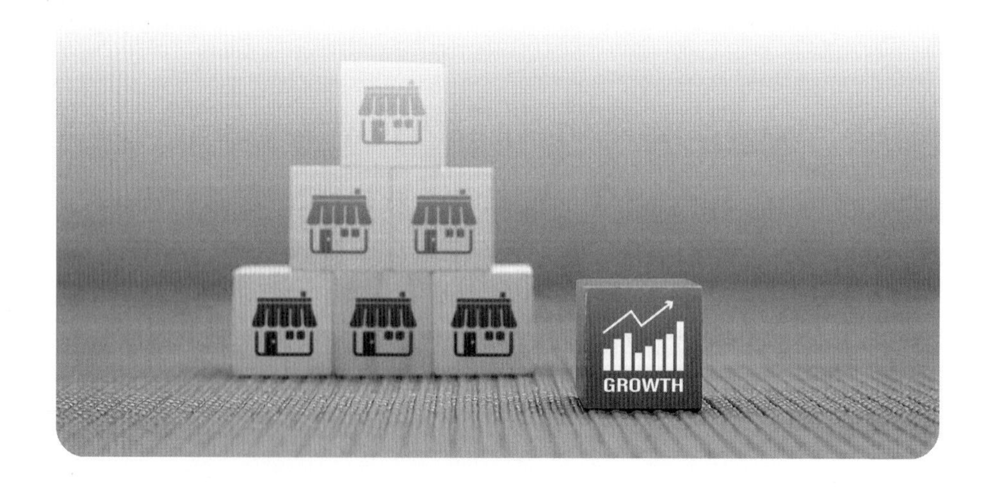

핵심 Key 3 '전면 넓은 1층 점포'가 으뜸

상권보다 점포 고르기가 관건… 가시성·접근성 '필수'

음식장사는 상권이 좋아야 한다. 상권입지라는 차원에서 본다면 두 가지 측면을 생각해 봐야 한다. 첫째는 상권의 상세력이 좋아야 한다는 측면이다. 예를 들어 서울지역 1등 상권에 해당하는 강남역 상권의 경우 지하철역의 1일 승하차 인원이 20만 명에 육박한다. 풍부한 유동인구를 아우를 수 있는 역세상권이라는 점, 테헤란로 일대의 탄탄한 직장인 수요층의 오피스상권과 20대 젊은 수요층의 신세대 상권이 만나는 복합 상권이라는 점이 상세력을 높이는 요소 중 하나라고 할 수 있다. 둘째, 점포입지의 중요성을 지적할 수 있다. 상권이 광의의 개념이라면 점포입지라는 측면은 매장을 둘러싼 좁은 의미의 입지 분석으로 이해할 수 있다.

점포입지를 판단하는 데는 다섯 가지 기준을 생각할 수 있다. 점포가 고객들 시야에 잘 띄는지 여부를 판단하는 가시성 문제, 매장으로 유입력을 높일 수 있는 고객접근성 문제, 매장에서 고객편의성 문제, 점포 보증금과 권리금, 그리고 월임대료 등에 관한 경제성 문제 등이 있다. 최종적으로는 해당 아이템과 점포입지 및 상권의 적합성 여부 등을 판단하면서 마지막 점포계약 단계에 들어가게 된다. 하지만 초보창업자들의 경우 전자의 판단 기준에만 과도하게 신경 쓴 나머지 후자의 판단기준은 대수롭지 않게 넘어가는 경우가 많다. 즉 넓은 의미에서의 상권경쟁력보다 더 중요한 것으로 점포경쟁력 자체를 간과했다가 낭패를 보는 사례가 있다.

그렇다면 잘생긴 점포와 못생긴 점포의 차이점은 무엇일까? 못생긴 점포란 첫째, 주변의 상권 상세력과는 무관하게 점포의 전면이 좁은 점포가 못생긴 점포의 대명사일 수 있다. 즉 전면은 4m 미만이면서 뒤쪽으로만 10m 이상 되는 길쭉한 형태의 직사각형 매장을 들 수 있다. 이는 최근 신축 중인 분양상가 1층 매장에서 흔히 발견할 수 있는 점포 형태다. 이러한 점포는 아무리 인테리어를 고급스럽게 꾸민다고 해도 소위 '폼'이 나지 않는 매장이다. 이러한 점포는 가급적 옆 매장과 합쳐 오픈을 해야만 경쟁력을 높일 수 있는 투자금액의 부담 때문에 이 또한 여의치 않는 경우를 종종 보게 된다. 둘째, 전체적인 상권 상세력 지수는 높으나 지하나 2층 이상의 매장이어서 고객의 가시성 및 접근성이 현저히 떨어지는 매장을 들 수 있다. 이 경우 무엇보다 업종선택의 폭이 제한된다는 문제점이 있다. 자칫 영업을 중단하고 빠져나오려고 해도 신규 임차인을 찾기가 쉽지 않다.

<출처: 한경Business, 김상훈, 2006.11.13:50-52. 요약>

제5절 업종별 유망 입지

입지 선정에 있어서 특히 유의할 점은 자기 업종에 맞는 최적입지를 선정하는 일이다. 점포비용을 최소화하면서 자기 아이템에 맞는 구매 고객을 최대한으로 흡수할 수 있는 입지가 최상의 조건이라 할 수 있다. 그러므로 이러한 업종에 맞는 입지선정 요령을 음식점업과 서비스업종을 통해서 살펴보면 다음과 같다.[3]

1) 음식점업의 유망 입지

초보 사업자들이 사업을 구상하면서 가장 선호하는 아이템 중의 하나가 음식점 업이다. 그 이유를 살펴보면 우리나라 자영업의 구조는 그 동안 음식점보다는 생활필수품이나 의류를 판매하는 사업이 주류를 이루어 왔다. 그러나 대형 쇼핑몰들이 들어서면서 이들 영세 사업자들이 새로운 사업 아이템을 음식점 업에서 찾기 시작하면서부터이다. 그리고 먹는 장사는 이익률이 높고 실패의 위험률도 비교적 낮은 장점을 가지고 있기 때문이기도 하다. 그러나 음식점 업도 그 동안 많이 창업되어 경쟁이 치열한 상태에 있다. 따라서 음식점은 입지와 메뉴, 음식 맛의 요인들이 잘 조화를 이룰 때 성공적인 창업이 가능한 것이다. 음식점 업의 일반적인 상권과 위치별 특성에 따른 음식업 세부 아이템을 소개하면 다음과 같다.

(1) 일반적인 상권

음식점의 경우 소매점과 마찬가지로 상권은 고객과의 거리가 매우 중요하다. 일반적으로 고객들은 식당 메뉴가 같고 성격이 비슷할 경우 될 수 있으면 가까운 곳에서 식사를 하고 싶어 하기 때문이다. 그러므로 음식점의 경우 점포의 입지 조건이 수입에 큰 영향을 미치게 된다.

또한 음식점의 영업 범위는 각 점포가 가지고 있는 특수한 입지 조건에 따라 다르게

---

3 서종상, 소자본창업실무, 세학사, 2001. pp.51~55.

핵심요약 2 - 상권별 유망업종

입 지	특 징	권장업종
아파트 단지	• 600가구를 기준으로 상가형성 • 지하나 2층보다는 1층 점포형업종이 안정 • 배후지 평형수는 20~30평형이 적당	화장품점, 미용실, 비디오숍, 이발소, 치킨점, 세탁소
학교 주변	• 대학을 제외한 초·중·고등학교 근처 • 정문기준 500m이내 후문기준 300m이내 • 인·허가 사항은 특별히 조심	문구점, 과학모형기기점, 분식점, 팬시용품점, 캐릭터전문점
지하철 역주변	• 지하상가를 포함한 500m 이내 역세권 • 환승역은 금상첨화 • 먹거리보다는 판매업종이 유리	CD·DVD 전문점, 선물의 집, 꽃집, 스포츠용품점, 캐주얼의류점, 보세신발점
주택가 진입로	• 해당점포기준 500m 반경이 1차상권 • 배후지 5천여 가구가 주요고객 • 버스정류장기준 100m이내가 적당	내의전문점, 사진관, 삼겹살전문점, 김밥전문점, 건강식전문점
사무실 밀집지	• 5층 이상 10개 등, 10층 이상 5개 등 • 1층 단독점포보다는 건물지하 • 아케이드 음식점 유리 • 음식점 및 서비스업종이 안정	베이커리카페, 추어탕 국수전골, 사무편의점, 평안도왕만두, 컴퓨터현수막
중심지 대로변	• 대학을 포함한 젊은 층 위주의 번화가 • 6차선이상보다는 2~4차선이 유리 • 주로 패션관련 업종이 성업 중	감각패션점, 신발편의점, 청바지전문점, 패션내의점, 액세서리점, 의류체인점

나타날 수도 있다. 같은 거리에 있는 음식점일지라도 고립 지역에 있는 음식점보다는 시장이나 상점가에 있는 음식점의 상권이 더 넓으며, 주택가에 위치한 음식점의 상권은 좁게 나타난다. 그리고 음식점의 상권은 취급하는 음식의 종류에 따라서도 범위가 다르게 나타난다. 같은 위치에 있는 음식점일지라도 고립 지역에 있는 음식점보다는 시장이나 상점가에 있는 음식점의 상권이 더 넓으며, 주택가에 위치한 음식점의 상권은 좁게 나타난다. 그리고 음식점의 상권은 취급하는 음식의 종류에 따라서도 범위가 다르게 나타난다. 같은 위치에 있는 음식점이라도 취급하는 음식 메뉴가 무엇이냐에 따라 상권의 범위가 달라진다. 그밖에 호텔 내의 식당이나 쇼핑센터 안의 간이식당과 같은 기생 점포는 독자적인 상권을 갖지 못하므로 호텔이나 쇼핑센터 자체의 상권 형성 크기에 따라 절대적인 영향을 받게 된다.

(2) 장소별 유망 음식점 유형

외식 업종의 장소는 어떤 고객층을 위주로 어떻게 장사할 것이냐에 따라 사무실이나 학교 부근, 번화가·터미널, 주택가, 대형식당의 장소 등으로 나누어서 생각해 볼 수 있다.

❶ 사무실이나 학교부근

사무실이나 학교 부근과 같이 직장인, 학생, 사업자들이 많이 모여 있는 곳에서는 식사, 음료, 주류, 간식 등 가격 면에서 부담이 적은 음식점이 유리하다. 이들은 매일 정기적으로 지출해야 하는 점심 식대에 많은 금액을 할애하지 않으려는 습성이 있기 때문에 가격이 높은 메뉴는 부적합하다. 심지어 이들 고객은 단돈 500원이나 1,000원 차이도 크게 생각하여 식당을 옮겨 다닐 수도 있음을 알아야 한다.

그러나 저녁 시간대에도 퇴근 후 느긋한 마음으로 회식을 하거나 좌담을 하면서 주류와 음식을 많이 소비할 수도 있으므로 고객의 취향에 맞는 메뉴를 개발하여 제공한다면 실속 있는 입지가 될 수 있다.

장소 선정 시 유의할 점은 점심시간이나 퇴근·하교시간에 직장인이나 학생 등의 움직임을 잘 파악하여 유동동선이 형성된 곳에 점포 목을 잡아야 한다. 그리고 도보로 움직일 수 있는 거리는 고객의 사무실이나 학교 등에서 5분 이내에 도달할 수 있는 거리가 적합하므로 이 범위 안에 점포 장소를 구하는 것이 유리하다.

❷ 번화가·터미널

번화가나 교통의 요충지에서 장사를 하는 경우 유동인구가 많아 입지가 좋으므로 점포비용도 높고 매출도 높게 나타난다. 그러나 유동인구가 풍부하다고 아무런 아이템이나 적합한 것은 아니므로 이러한 자원을 잘 활용할 수 있는 업종을 선택해야 한다.

번화가의 경우 점포비용 등의 요인으로 음식점은 대로변보다 대로변 바로 뒷골목 즉, 이면도로에 많이 모여 있게 마련인데, 이 경우에 대중음식점이나 주점을 하는 것이 무난하다. 한편, 대로변에서는 고객층이 넓은 유명체인 제과점이 젊은 층을 상대로 한 롯데리아, KFC 등과 같은 패스트푸드점이 유망하다. 그리고 터미널에 입점한 경우에는 빠른 시간에 식사를 마칠 수 있는 분식이나 간이식당이 유리하다.

③ 주택가

주택가에서는 지역 주민을 대상으로 한 제과점, 분식점, 중화요리점 등의 사업이 유망하다. 이 경우 장소 선정은 생활권의 중심이 되는 상점가나 재래시장에 위치하는 것이 좋다. 주택가의 경우 사람이 이동하는 동선의 중심은 재래시장이나 상가지역으로 국한되어 있기 때문에 이 위치에 입점하는 것이 중요하다.

그리고 제과점이나 분식점, 중화요리점 등은 주민들이 식사대용, 간식, 손님접대 등을 수시로 이용하기 때문에 동선 상에 위치하여 가시성을 높이고 경쟁력을 향상시키는 것이 중요하다.

④ 대형 식당의 장소

대형식당의 경우 무엇보다 주차시설의 확보가 중요하다. 식당을 찾는 고객들이 주로 차를 이용하기 때문에 다소 한적한 곳에 위치하고 있더라도 충분한 주차공간의 확보가 필요하다.

그리고 고객들에게 강한 인상을 남겨주어 단골 고객으로 유치하기 위해서는 식당에 도착하여 식사를 하고 떠날 때까지 분위기 연출이 중요하다. 따라서 독창적인 메뉴를 개발하고 다른 음식점과 차별화 된 서비스와 인테리어를 개발하는 것이 필요하다.

(2) 서비스업의 유망 입지

서비스업종의 경우 특히 장소가 중요하므로 장소 선정에 유의해야 한다. 서비스업종 중에서 일반적으로 창업하기에 비교적 용이한 세탁업, 수선점, 미용업 등은 주택가에 가깝고 주부들의 왕래가 잦으면서 가시성이 비교적 양호한 곳을 선택하는 것이 유리하다. 그러므로 동네 슈퍼마켓이나 상가 부근이 적합하다. 그리고 서비스 업종은 상권내의 시장 규모가 한정되어 있으므로 경쟁점이 많으면 상권이 분할되어 그 만큼 불리하다. 그러므로 장소 선정 시 경쟁점의 상황을 정확히 분석하여 우위에 설 수 있는 장소를 물색하는 것이 중요하다.

서비스업종의 경우 서비스의 수준과 질이 사업의 성패에 중요한 요인으로 작용하게 되는데, 이 경우 사업 장소의 위치는 소비자의 입장에서 볼 때 가장 중요한 편리성의 문제와 직결되므로 중요성이 더욱 강조된다.

제6절 점포관리

1 점포의 기능과 환경

고객은 점포의 상품이나 서비스뿐만 아니라 상호, 외관, 색상, 인테리어 등 점포 자체의 집합으로 그 점포를 평가한다. 이러한 이미지에 의해 무의식적으로 점포에 대한 친밀감을 가지게 된다.

따라서 점포사업자는 점포 내부뿐만 아니라 점포의 기능 및 환경 등 외관요소에도 신경을 써서 고객들이 들어가고 싶고, 이용하기 편리한 점포를 꾸며나가야 한다. 점포가 갖는 기능적인 요소들을 요약하면 다음과 같다.

❶ 수요충족의 기능

고객이 점포를 찾아올 때 무엇을 몇 개 사겠다고 미리 결정하고 오는 경우는 드물다. 점포나 진열에 대한 충동으로 들어오는 경우가 대부분이고, 이 점포에 들어가면 수요의 충족을 기대할 수 있다는 확신 아래 들어오는 것이다. 따라서 이러한 고객들의 수요를 충족시킬 수 있는 취급상품, 선전활동, 영업방침 등이 일치되어야 한다.

❷ 적시성의 기능

유행이나 계절에 맞는 상품을 준비해야 한다. 또한 고객들의 요구와 희망에 맞는 상품을 구입할 수 있는 능력을 갖추어야 한다.

❸ 매력의 기능

상품의 매력이 마음껏 발휘될 수 있도록 해야 한다. 이성보다는 감각에 호소하는 것이 바람직하다.

❹ 친숙성의 기능

고객들의 생활수준, 쇼핑 습관에 적응할 필요가 있다. 고객들은 친숙한 점포를 이용한다.

⑤ 선택의 기능

점포에 진열된 상품은 고객이 자유로이 선택할 수 있어야 한다.

⑥ 흡수의 기능

고객을 점포의 내부에 적극적으로 흡수하는 방법이 필요하다. 일용품이나 필수품은 점포의 앞부분에 배열하고, 유행품이나 신제품은 점포 안 깊숙이 배열하여 적극적으로 고객을 유도해야 한다.

⑦ 능률의 기능

고객의 욕망에 따라 재고관리, 할인판매, 염가판매 등을 통해 능률적으로 영업해야 한다.

⑧ 안전의 기능

상품의 보존, 고객의 신변보호, 종업원의 신변보호 등에 신경을 써야 한다.

⑨ 경제성의 기능

비용보다 수익이 많아야 한다. 또한 고객이 최소의 비용으로 최대한 욕구를 충족할 수 있도록 해야 한다.

⑩ 조화의 기능

외부장식에 신경을 써서 내부와 조화를 이루어야 한다. 즉, 점포의 외관에 적합한 상품과 서비스의 제공이 이루어져야 한다.

2 점포장식

점포장식은 외부장식과 내부장식으로 구분하여 설명할 수 있는데 그 주요내용은 다음과 같다.[4]

4 상게서, pp.64~69.

1) 외부장식

상점의 외양을 잘 갖추는 것은 고객을 효과적으로 유인하기 위한 것이다. 상점의 외양은 고객들에게 상점의 개방성, 활기, 안정, 일관성이 있다는 인상을 줄 수 있어야 한다. 또한 외양은 목표 고객에 대하여 상점의 특별한 이미지를 전달해야 한다. 상점의 외양에서 고려해야 할 사항은 간판, 입구, 진열 창(display window), 주차장 등이다.

(1) 간 판

상점의 간판은 고객으로 하여금 상점을 발견하고 확인하게 하는 기능 뿐만 아니라 상점에 대한 이미지를 전달하는 기능을 한다. 그러므로 간판은 이러한 기능이 충족되도록 설치되어야 한다. 예를 들어서 화구점의 간판을 네온사인으로 하였다면 그것은 화구점에서 취급하는 상품의 성격에 비하여 너무 현란한 것이라고 해야 할 것이다. 간판은 잠재적인 고객들이 상점과 접촉하게 되는 시발점이라는 것을 명심하여야 한다. 요즈음에는 대부분의 상점들이 간판에 신경을 많이 쓰고 있지만 아직도 간판을 너무 소홀히 하고 있는 곳들도 있다. 한편 간판의 기능을 증대시키기 위하여 필요한 경우에는 전문가의 도움을 받아 디자인하고 제작하는 방법도 고려해 볼 수 있다.

(2) 입 구

기본적으로 입구는 고객이 쉽게 출입할 수 있도록 되어야 하고 고객이 출입하는 데 심리적 물리적 부담이 가지 않도록 설치되어야 한다. 입구를 설계하는데 있어서 고려해야 할 사항은 출입구의 수, 출입구의 위치와 방향, 출입구의 크기, 여닫는 방식(전후 미닫이, 좌우 미닫이, 회전문, 자동문), 비상구 등의 상태이다.

(3) 진열 창(display window)

진열창은 진열된 상품이 고객의 주의를 끌고 고객이 그 상품들에 관심을 가질 수 있도록 하여야 한다. 진열창은 그 상점의 대표적인 상품, 또는 고객을 유인하기 위한 전략적인 상품을 진열하여 상점의 이미지를 전달하여야 한다.

그러므로 고객을 유인하기 위한 전략적인 상품인 세일 품목, 희귀 상품, 세일 안내문,

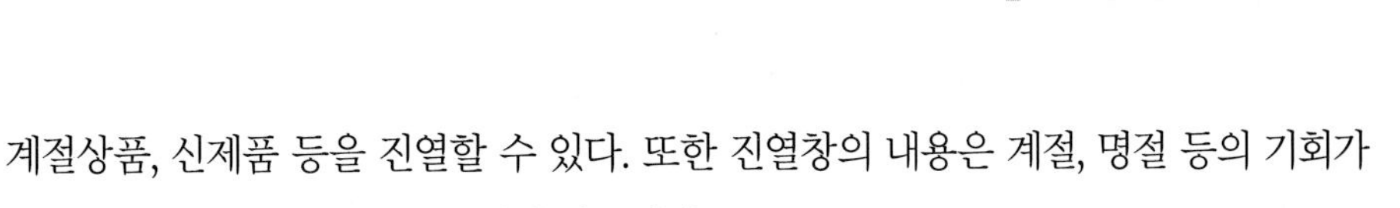

계절상품, 신제품 등을 진열할 수 있다. 또한 진열창의 내용은 계절, 명절 등의 기회가 있을 때에 적절하게 바꾸는 요령이 필요하다.

(4) 주차장

우리나라의 소규모 소매점에 있어서는 대부분 주차장이 필수적이지는 않지만 상점 계획의 단계에서 일단 고려해야 할 사항이다. 도시의 외곽에 개설되는 상점은 앞으로 자가용 시대에 대한 준비도 고려할 필요가 있다. 주차상은 독자적으로 확보하기가 어려울 때는 공용으로 사용하는 방안도 검토할 수 있다.

2) 내부장식

상점 내에 들어오면 먼저 불안해지거나 상점에 대한 불신의 감정이 생기지 않도록 분위기가 조성되어야 한다. 그러므로 상점의 내부 계획과 관련하여 고려할 사항은 조명, 색깔, 바닥, 벽, 집기와 장비, 내부 진열, 분위기 보조 장치 등이다.

(1) 조 명

조명은 물건이 잘 보이게 하고, 스포트라이트로 진열된 물건을 강조하는 기능을 하기도 한다. 상점의 조명과 관련하여 점검해야 할 사항은 다음과 같다.

1. 조명은 고객이 상품에 집중하도록 되어 있는가?
2. 색깔은 잘 조화되어 있는가?
3. 상품들이 적절히 강조되고 있는가?
4. 종업원들이 일하는 데 불편이 없을 정도로 충분히 밝은가?
5. 조명이 상점 분위기와 어울리는가? (어두운 조명은 고급스런 분위기를 조성하고, 할인 매장에서는 강한 빛을 사용한다.)
6. 조명 에너지의 낭비는 없는가?

(2) 색 깔

색깔은 조명과 함께 상점의 무드와 이미지를 창조하여 고객의 관심을 고조시킬 수

있다. 예를 들어서 여성의 내의를 취급하는 곳이라면 수면하는 분위기를 만들기 위해 벽 색깔로는 은은한 색이 어울리고, 청바지 전문점이라면 젊은 사람들의 구미에 맞도록 밝고 강한 색이 좋을 것이다. 색깔은 상품의 진열과도 관계된다. 예를 들어서 진열장이나 카운터는 흰색이나 회색 같은 중성색으로 하여 상품으로부터의 관심이 이탈되지 않도록 하는 것이 좋다. 또한 검정색은 보석과 같은 고급 상품의 진열에 자주 이용되고, 순수함의 상징인 백색은 화장품과 관련하여 자주 쓰인다.

(3) 바 닥

바닥의 재질은 상품의 분위기 조성과 관계있다. 고급 상품을 취급하는 곳이라면 카펫을 까는 것이 유리하고, 운동구점이나 구두점은 윤택한 나무 바닥이 좋다.

(4) 벽

벽도 바닥처럼 의도하는 바에 따라 재질, 색깔을 선택하여야 한다. 벽은 시멘트에 페인트를 바를 수도 있고, 벽지를 바를 수도 있다. 물론 벽지도 단순한 것에서부터 화려한 것까지 여러 종류가 있으므로 매장 분위기에 맞게 선택하는 요령이 필요하다.

(5) 집기와 장비

집기란 상품의 판매, 진열, 저장, 보호 등에 이용되는 내구재(진열장, 캐비넷, 상자, 선반, 카운터, 테이블)를 말한다. 또한 장비는 판매에 직접 간접으로 보조하는 내구재(금전등록기, 엘리베이터 또는 에스컬레이터, 점내 운반장비 (바구니, 점내에서 사용하는 손수레 등), 배달 장비(자전거, 오토바이, 차량 등)를 말한다.

(6) 내부진열

내부 진열에 대해서는 점포의 개혁 단계에서 기본적인 윤곽을 검토하여야 필요한 집기와 장비 등을 준비하는데 기본 자료가 될 수 있다.

(7) 분위기 창출 보조 용품

분위기란 소매 사업자가 특정한 시장을 목표로 하여 조성한 물리적 환경과 구매 분위기에 따라 만들어지는 심리적 효과를 말한다. 그러므로 분위기란 구매자의 감각반응에 대한 총체적 효과의 결과이다.

소매업자가 소비자의 후각, 촉각, 청각, 시각에 호소할 때, 이것을 총체적 감각 판매라고 한다. 이와 같은 총체적 감각 판매는 오늘날과 같이 경쟁이 치열한 사회에서는 점포의 계획과 관리 단계에서 중요하게 다루어야 할 부분이다.

이때 고려해야 할 사항은 다음과 같다.

① 시각

소매업자는 고객이 점내의 여러 곳을 두루 보게 된다는 사실을 인식하고 이 점을 이용하겠다는 자세를 가져야 한다.

② 청각

청각을 이용하여 고객의 관심을 유도하는 대표적인 방법은 음악을 이용하는 것이다. 자료에 의하면 음악은 매상을 올리는 데 효과가 있는 것으로 알려져 있다. 음악은 상점에서 상품 및 고객의 취향에도 맞아야 한다. 그리고 음악 이외의 소리로도 고객의 주의를 끌 수 있는데 예를 들어서 장난감 가게라면 장난감의 소리를 내게 함으로써 고객의 관심을 유도할 수도 있을 것이다.

③ 후각

좋은 냄새가 구매를 촉진시키는 경우는 많다. 예를 들어서 즉석 빵을 매장에서 직접 굽게 되면 소비자의 후각을 자극하여 구매심리를 유발할 수 있는 동기가 된다.

④ 촉각

고객이 상품을 만지거나 집어 들면 물건을 거의 팔 수 있는 단계가 된 것이다. 그러므로 판매원은 고객이 물건과 접촉하도록 유의하여야 한다. 예를 들어서 신발이라면 소비자가 한번 신어 보게 되고, 손목시계라면 한번 차보도록 유도한다. 따라서 매장에는 고객이 상품을 만져보거나, 입어보거나, 신어 보는 일이 손쉽게 이루어질 수 있도록 분위기를 창출하여야 한다.

3 상품의 진열

1) 진열의 목적과 역할

상품을 진열해 보인다는 것은 직접, 간접을 불문하고 그 상품을 '판다'는 것에 목적이 있으며 동시에 그것은 보다 많이 팔 수 있다는 것으로 연결되어야 한다. 진열이란 디스플레이(display)를 의미하며 디스플레이에는 본래 '진열하다', '전시하다'라는 의미에서 다음과 같은 2가지 의미로 확대되어 사용되고 있다.

첫째, 진열과 전시를 하기 위한 도구를 의미하며, 둘째, 고객에게 구매의욕을 일으키기 위한 목적을 가지고 진열, 전시하는 것을 의미한다. 두 번째 경우에는 두 가지 형태의 방법이 있는데 ① 상품을 매장에 효율적으로 배열하는 진열(보충진열) 형태와 ② 하나의 목적을 갖는 연출성 있는 진열(전시진열)의 형태이다.

따라서 진열이란 단지 상품을 배열하고 매장을 장식한다는 의미뿐 아니라 상품을 보다 많이 판매하기 위한 판매촉진의 조성 수단으로서 또 진열을 통하여 점포의 이미지를 높이는 역할도 아울러 갖고 있음을 알 수가 있다.

이를 위해서 특히 목적을 갖는 상품(중점상품)을 직접 또는 암시를 주는 등의 심리적 호소에 의한 상품 구매의욕을 높임과 동시에 점포의 이미지효과와 홍보(PR) 효과를 고려한 연출을 해야 하는 것이다. 또 상품이 갖고 있는 색채와 소재 등을 올바르게 보여주기 위한 채광과 조명도 중요하다.

더구나 진열을 보다 효과적으로 하기 위해서는 상품에 어울리는 진열설비와 기구를 살려 쇼우 카드(show card)와 프라이스 카드(price card) 등 POP(Point of purchase) 광고물 및 거기에 연상효과를 높이기 위한 역할로서 보조기구와 장식물을 이용하거나 동적장치를 함으로써 많은 사람의 시선을 집중하게 하거나 향기와 음악 등으로 후각, 청각에 호소하는 것도 배려해야 할 요소이다.

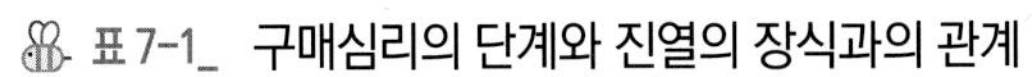
표 7-1_ 구매심리의 단계와 진열의 장식과의 관계

단 계	방 법	고객에 대한 서비스	진열 장식에 의한 배려	효과의 분류
1. 주의	주목시킨다. 판매상품을 겨냥한 데몬스트레이션	1. 소구력이 있는 진열 2. 프라이카드, 쇼카드의 첨부 3. 소리·접촉·맛의 효과	색체·조명형태의 효과 다이내믹한 POP광고 청각·시각·미각에의 소구	[전시효과]
2. 흥미	관심을 끈다. 공감을 부른다.	1. 움직임·변화의 연출 2. 사용시킨다. 3. 셀링포인트·상품지식의 표시	의외성의 강조 촉각 POP광고(상품설명)	
3. 연상	실감상상에의 유도 불쾌감을 배제한다.	1. 실감 진열 2. 계절감의 표현 3. 사용상의 편익	모델룸 코너·보조기구의 활용 장식·사진판넬·조화 POP광고(기능·특징)	
4. 욕망	독점욕의 환기 생활향상의 원망(願望) 향락의 꿈을 심는다. 인기의 소구	1. 셀링포인트의 강조(반복) 2. 희소가치의 소구 3. 빨리 사지 않으면 손해 본다는 소구 4. 기본적 욕구의 소구	POP광고(매스컴 광고와의 관련) 가치 창조의 연출 특매(特賣)의 연출 생존·건강·性·개인존중·오감의 향락	점포설계·전시기술의 양부(良否)가 크게 영향을 준다.
5. 비교	다종목 상품재고 선별의 용이함.	1. 유사품과의 비교설명 2. 구매 희망상품의 특징 명시 3. 가격에 대한 납득	분류진열 POP광고(이점의 강조) POP광고(싸다는 소구)	[진열효과]
6. 신뢰	확신을 갖게 한다. 행동을 요청, 행동을 명령	1. 품질의 보증 2. 반품교환의 약속 3. 애프터 서비스의 명시	메이커 명, 브랜드, 보증표 첨부 POP(광고기업 이미지) POP광고(서비스 장소·기일 명시)	진열기술·판매 기술의 양부(良否)가 크게 영향을 준다.
7. 결정	만족감을 준다.	1. 신속한 포장과 계산 2. 추가판매에의 유도 3. 마음으로부터의 인사	관련 진열 관련추가 구매상품의 적소 배치	

2) 구매심리와 진열효과

중점상품의 진열이 매장에서의 광고라고 한다면 진열과 관련하여 우선 광고의 원칙을 이해해야 할 필요가 있다. 광고의 원칙은 아이드마(AIDMA's rules)라고 불리우는 다섯 가지의 요소로 구성되어 있다.

- A(attention): 주의를 환기한다
- I(interest): 흥미를 끈다
- D(desire): 욕망을 느낀다
- M(memory): 기억에 남긴다
- A(action): 구매행동을 일으킨다

이를 진열장식과 배치시키면 다음과 같다.

- A(attention): 주의를 환기 한다. 매장의 색채, 조명, 형태의 효과를 확인하고 다이나믹한 POP광고를 시도하며, 청각, 시각, 미각에 호소한다.
- I(interest): 흥미를 끈다. 매장에서의 의외성을 강조한다. 촉각을 강조한다. POP 광고를 상품 설명 중심으로 전개한다.
- D(desire): 욕망을 느낀다. POP광고를 매스컴 광고와 관련시킨다. 가치창조를 연출한다. 특매를 연출하며, 생존, 건강, 성, 개인존중, 오감의 향락 등을 강조한다.
- M(memory): 기억에 남긴다. 분류진열하며, POP광고의 싼 가격의 강조와 이점을 강조한다.
- A(action): 구매행동을 일으킨다. 메이커, 브랜드의 보증표를 첨부한다. POP광고가 기업 이미지 광고와 서비스 장소, 기일 등을 명시한다. 관련 진열과 구매상품의 적소배치를 실시한다.

3) 중점상품 진열기준

중점 상품의 진열 방법에는 다음과 같은 기준에 의해 진열되어야 한다.

① 기획력: 판매하고자 하는 상품을 적극적으로 진열하여 호소력을 높인다.

② 배치력: 보기 쉽게, 손에 닿기 쉬우며, 시선 집중 포인트 즉 팔기 쉬운 장소를 설정한다.

③ 상품력: 팔 수 있는 상품적량을 준비하여 경쟁점을 압도하는 상품 구색과 넓은 공 간으로 흥미와 욕망을 느끼게 한다.

④ 연출력: 진열하는 방법을 창출하여 가령 계절감을 표현하기 위해 보조 기구를 이용 함으로써 실감 있는 연상을 느끼게 한다.

⑤ 설득력: 상품설명, 가격의 명료한 표시 등 POP광고를 전개하고 고객이 망설이지 않고 충동구매를 하도록 유도한다.

이처럼 효과적인 진열을 위해서는 점포에서 지금 무엇을 중점 상품으로 할 것인지 또 부문별로는 무엇을 호소하고자 하는지 정하여 가능한 한 초점을 맞추는 것이 중요하다. 확실한 목적을 갖고 상품을 사러 갔으면서도, 효과적인 진열의 매력에 이끌려 예정한 상품을 변경하거나 구입할 의사가 없는 상품을 진열에 매료되어 충동구매 하는 일이 흔한 일상사가 되었으므로 진열의 중요성은 매장운영에서 강조되어야 한다.

4) 효과적인 상품진열

효과적인 상품의 진열을 위해서는 다음의 다섯 가지 내용이 고려되어야 한다.[5]

(1) 보기 쉬운 진열

보기 쉬운 진열을 전개하는데 물리적, 심리적으로 보다 효과적인 표현 방법으로는 다음과 같다.

① 물리적으로 보기 쉬움

- 유효진열 범위를 살려 진열할 것
- 상품의 크기와 성격에 따라 각기 보기 쉬운 높이로 진열할 것
- 상품의 특징과 성격을 알기 쉽게 바로 볼 수 있도록 진열할 것
- 포인트를 만들고 유사상품과 비교하기 쉽도록 진열할 것
- 관련 상품을 가까이 두거나 조합함으로 연상효과를 높일 것

5 상게서, pp.75~85.

❷ 심리적으로 보기 쉬움

- 판매원은 아이쇼핑 고객이라도 스스럼없이 볼 수 있도록 저항감을 주지 말 것
- 상품자체를 변화 있는 연출기술로 보다 아름답게 보이도록 할 것
- 진열을 돕는 소도구, 보조기구를 이용하여 가치를 높일 것

❸ 보다 쉽게 행하는 진열 방법

- 형태가 작은 것은 앞쪽에 큰 것은 뒤쪽에 진열할 것
- 가격이 싼 것은 앞쪽 비싼 것은 뒤쪽에
- 색채가 어두운 것은 앞쪽에 밝은 것은 뒤쪽에
- 계절상품과 유행상품, 신제품은 앞쪽에, 일반 상품은 뒤쪽에 진열할 것

이상은 일반적인 방법이다. 이와 같이 보기 쉬운 진열을 하기 위해서는 상품의 성격과 구매빈도를 생각하고 특히 팔고자하는 상품과 회전율을 높이고자 하는 상품을 가능한 한 고객의 눈에 띠는 장소를 선택하여 진열하고 같은 장소에서도 이 같은 상품은 골든라인(golden line)이라는 유효진열범위에서도 가장 보기 쉬운 높이에 집중적으로 진열하고 여기에다 진열방법을 좀더 연구하여 다음과 같은 방법으로 주목률을 높이는 것이 중요하다.

㉠ 고르기 쉽고, 손에 닿기 쉬운 진열

고르기 쉬운 진열이란 점포가 취급하고 있는 상품을 고객이 선택하기 쉬운 형태로 진열하는 것을 말하며 고가품과 같은 특별한 상품 이외에는 가능한 한 손에 닿도록 한다.

이를 위해서는 상품의 관련성을 분류하여 진열한다. 그것은 점포의 규모와 종류 그리고 점포의 운영방침에 따라 그 분류방법과 배치의 장소는 다를 것이다. 예를 들면 성별, 연령별, 소재별로 우선 대분류 하고 정리하며 다음에 용도별, 메이커별로 중 분류한 후 거기에 가격별, 디자인별로 소분류 하는 것이다.

이처럼 목적을 갖고 명확히 분류된 상품이 정연하게 진열되어 있으면 선택하는 고객 측에서 보아 편리할 뿐만 아니라 점포 측에서도 상품을 관리하는데 능률을 올릴 수가 있다.

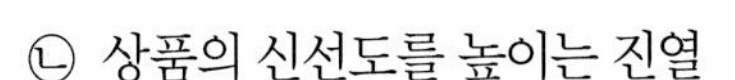

㉡ 상품의 신선도를 높이는 진열

신선도를 높이는 진열이란 상품에 풍성함과 활기를 느낄 수 있게 하는 진열을 말한다. 누구나 좋아하는 것을 선택할 때는 적은 수량과 종류 중에서 선택하기보다는 당연히 많은 수량 중에서 선택하기를 원한다. 그렇다고 필요이상으로 많은 양의 상품을 진열하다보면 상품의 회전율이 떨어질 수도 있고 때로는 불량 재고로 남기 쉽다. 그러므로 적은 상품이라도 그것을 풍성하게 느낄 수 있게 하는 연출기술도 중요한 진열방법 중에 하나이다.

풍성함·변화함·활기·신선도라는 관련성을 이해하고 가령 보조기구를 잘 이용해서 상품을 입체적으로 진열하거나, 장식물로 활기를 연출하거나, 행사시에 포스터와 가격안내표 등을 활용하는 것도 점포에 따라서는 유효한 일이며 상품의 신선도를 강조하는데 도움이 된다.

㉢ 상품의 가치를 높이는 진열

같은 상품이라도 진열방법에 따라 그 상품의 평가가 달라질 수도 있기 때문에 상품의 가치를 가장 효과적으로 높일 수 있도록 여러 가지 방법으로 매력적인 진열을 하는 것을 말한다.

이는 진열의 설비와 도구에 의해 가장 크게 영향을 받으며 또 진열배경의 색채·소재, 소도구 외에 조명에 의한 연출효과에도 좌우된다. 특히 가장 중요시되는 것은 코디네이트(coordinate) 디스플레이라는 상품의 조합으로, 중점상품에 직접적으로 관련된 상품을 어떻게 조합시키느냐 하는 센스(sense)와 기술이 진열의 효과뿐 아니라 점포의 이미지까지도 좌우하게 된다.

㉣ 사람의 눈을 끄는 집시포인트 진열

「집시(集視)포인트 진열」이란 매장 안에 악센트(accent)가 되는 진열 장소를 설치하는 것을 말한다. 그것은 전반적인 진열(보충진열)과는 달리, 설비와 도구에 의해 그 부분을 특히 눈에 띄게 하여 점포에 온 고객을 유도하고 매장을 순회하는데 포인트로 하는 것이다. 슈퍼마켓에서는 이 같은 부분의 매장을 마그네트(magnet) 매장이라 말하는데 같은 의미이다. 이 부분의 진열에는 호소력 있는 테마가 필요하며, 그로 인해 보다 효과를 발휘하게 된다.

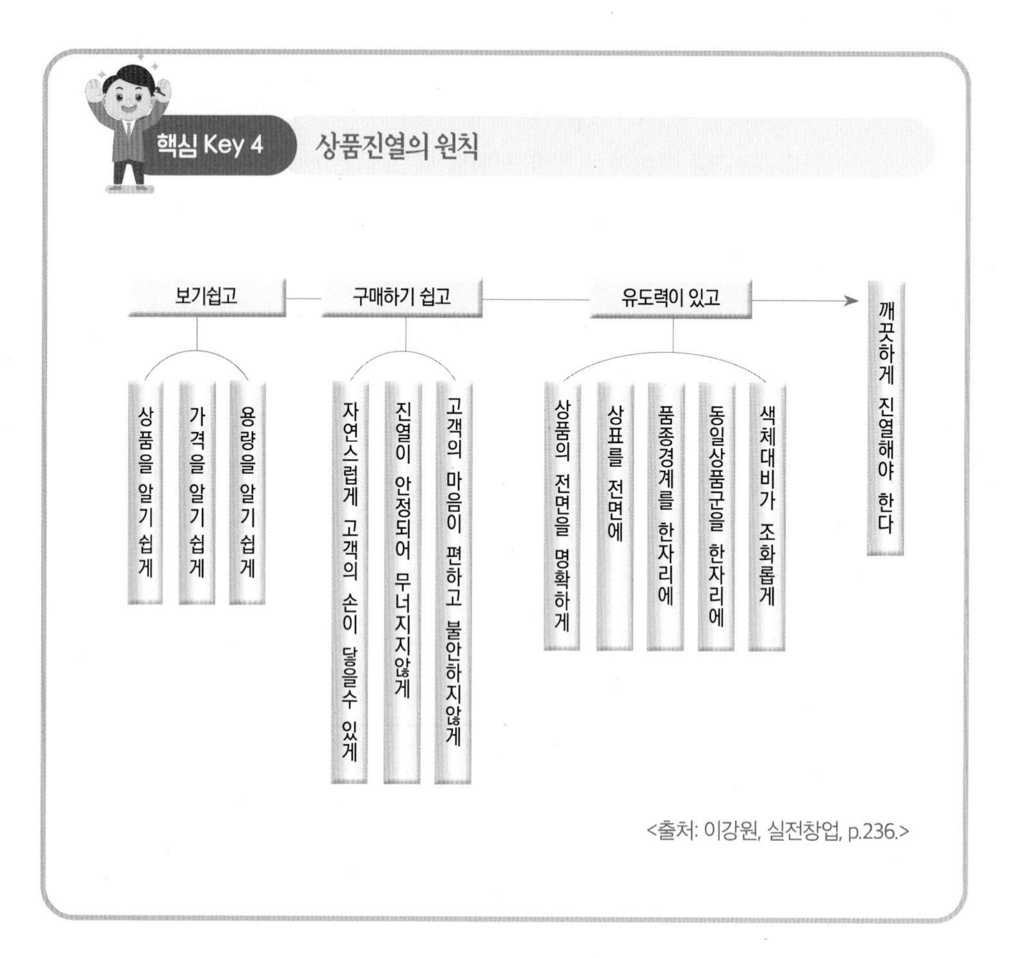

<출처: 이강원, 실전창업, p.236.>

핵심요약 3 - 효과적인 진열의 다섯단계

▸ 제1단계 「기획력」 이란 언제·무엇을·누구에게 호소 하는가이며, 시기적절한 상품을 목표고객을 정하여 호소하는 것이다. 이를 위해서는

① 전시진열 부분에 전개하는 상품을 미리 연간계획을 세워 주(週) 단위로 예정표를 짤 것.

② 다음에 그 스케줄(schedule)에 따라 무엇을 중점상품으로 할 것인가를 정할 것.

③ 거기에 그 대상을 생각하고 어울리는 테마로 호소해야 하는 것이다. 이와 같은 형태로 중점 상품 전개의 예정표를 만드는 것이 중요하다.

▶ 제2단계의 「배치력」이란 중점상품을 눈에 띠는 장소에 진열하는 것을 말하는데, 그 중에서도 특히 팔고 싶은 상품은 가장 보기 쉬운 높이에 위치하도록 배열하는 것이다.

① 중점상품을 점두(店頭)와 점포내의 어떠한 장소에 전개하는 것이 효과적인가, 그 장소를 선정할 것.

② 중점상품 중에서 가장 중점적으로 배열할 상품을 선택하고 그 상품을 골든라인(golden line) 에 진열할 것.

③ 또 사람의 주의(注意)를 보다 강하게 끌기 위해서 전시진열 부분(장소)을 조작하거나 장식이 눈에 띄게 하는 방법을 연구해야 할 것이다.

▶ 팔고자 하는 상품(기획력)을 팔기 쉬운 장소(배치력)에 진열할 것을 정했다면, 다음에는 제3단계의 「상품력」으로 충실감 있는 상품구색을 전개하는 것이다.

아무리 적절한 상품을 좋은 장소에 배치해도 근처의 경합점(競合店)이 같은 장소에 같은 상품을 중점상품으로 전개한 경우, 그 점포에 비하여 상품구색이 뒤떨어져 보이면 중점상품의 판매촉진의 성과는 나타나지 않을 것이다. 따라서 상품력을 발휘한다고 하는 것은 적어도 전개하고 있는 기간재에는 그 상품이 상품 구색 면에서 또 상품가치를 높게 하는 연출방법에 있어서 경합점을 압도하는 매력이 필요한 것이다. 거기에는 ① 테마·상품종목을 정하고 양감(量感)이 있는 진열을 전개하여 고객의 기분을 사로 잡을 것. ② 중점상품과 직접적으로 관련되는 부대상품을 조합시킴으로써 편의성과 상쾌한 연상을 느끼게 할 것. ③ 시선집중 포인트 즉, 점포 전체의 이미지를 높게 하는 장소에 센스 있게 균형을 이룬 진열이 되도록 배려해야 한다.

▶ 제4단계의 「연출력」이란 진열의 연출을 더욱 연구함으로써 중점상품에 대해 보다 많은 사람의 관심을 끌게 하는 것이다.

즉, ① 진열의 보조기구와 장식을 이용하여 주목률(注目率)을 높일 것(뉴스성·계절성·등의 채용), ② 색채에 의한 심리적 반응효과를 고려한 배색을 표현할 것. ③ 상품조명의 기능은 점포 앞을 지나는 사람의 눈에 띄게 하고, 점두에 멈추어 서게 하고, 상품을 보다 잘 보이게 하는 잠재적인 역할을 하는 것으로 특히 중점상품에 대해서는 이를 강조할 필요가 있다.

▶ 제5단계의 「설득력」이란 중점상품의 효과적인 전개의 최종 단계로 설득력을 높여 구매결정으로 결부시키는 것이다.

즉, ① 상품의 성격과 대상으로 하는 고객의 구매동기·행동에 맞게 자유로이 비교하고 선택할 수 있도록 배려할 것. ② 가격을 명료하게 표시한다. 즉, 가격은 구매계획의 목표가 되고 결정적인 것이기 때문에 중점상품에 대해서는 단지 가격표시뿐 아니라 상품의 내용과 특징을 요령 있게 조목조목 써서 첨부할 것. ③ 서비스 사인(service sign)을 게시한다. 즉, 서비스 사인은 점포가 고객에게 알리고 싶은 서비스의 내용을 전하는 게시물로서, 성실함·친절함을 말로 대신하여 점포의 신용을 높이는 표시라고 할 수 있다.

4 점포매출

일반적으로 경쟁상대는 같은 업종 안에 있다. 일반고객을 상대로 하는 소매업은 상호 경쟁하면서도 또한 공존하는, 즉 경쟁과 양립이 모두 존재하는 특성이 있다.

그렇다면 양립이란 무엇인가? 양립이란 하나의 상권 안에 유사업종이 모여 있으면 상호간에 매출이 상승효과를 내는 관계이다. 경쟁관계는 이익을 점포 간에 서로 많이 차지하려 하지만, 양립관계는 서로의 이익을 상승시킨다.[6]

이러한 경쟁과 양립관계를 명확히 파악해서 과연 진정한 경쟁자가 누구인지를 알아내야 한다. 점포의 경쟁 개념이 명확해졌으면 경쟁점을 정의하고 그 경쟁점보다 비교우위를 점할 수 있는 차별화 정책을 모색해야 한다. 이러한 차별화를 모색하기 위해서는 경쟁점의 강점부터 조사해야 한다.

그러면 경쟁점의 무엇을 조사해야 하는가? 왜 고객이 경쟁점을 이용하는지 그 이유를 파악해야 한다. 고객이 자신의 점포를 이용하지 않고 경쟁점포를 이용하는가를 조사해 보면 '가격이 저렴하다, 상품의 품질이 우수하다, 점포가 청결하다, 종업원이 친절하다' 등의 이유가 있을 것이다. 이런 이유를 파악했다면 경쟁점의 강점과 자기 점포를 비교분석해서 문제점을 개선해야 한다.

경쟁점 조사는 가급적 상호간에 마찰이 발생하지 않는 범위 내에서 해야 한다. 경쟁점 조사를 할 때 드러내 놓고 조사한다면, 경쟁점 측에서 꺼릴 수 있으므로 조사를 하기 전에 미리 조사할 내용을 적을 수 있는 양식을 준비해야 조사 즉시 점포를 나와서 내용을 기록할 수 있다.

또 한 가지 방법은 두 사람이 한 조가 되어 녹음기를 몸에 지니고 들어가 자연스럽게 점포의 상황을 이야기하며 조사한 내용을 녹음하는 것이다.

경쟁점 조사는 조사의 목적에 따라 시기가 달라질 수 있으므로 적절한 시점에 진행해야 효과를 볼 수 있다. 따라서 원인 없이 매출이 하락할 경우에 즉시 시행하고, 정기적으로(월별, 분기별), 가격을 인상하고자 할 때, 경쟁점이 판촉행사를 실시할 때, 지역에 행사가 있을 때 실시한다.

6 이강원, 실전창업, 더난, pp.399-401.

표 7-2_ 경쟁점 조사의 순서

단 계	주 제	점검사항
1 단계	조사의 포인트 결정	• 내 점포의 문제점이 무엇인가?(상품력, 가격, 서비스) • 조사 포인트는 가급적 세분화하여 진행한다. 막연한 조사는 시간과 인력만 낭비할 뿐이다.
2 단계	조사의 목적 수립	• 새로운 판촉방법을 도입 • 고객을 접객하는 방법
3 단계	내 점포의 현상 요약	• 먼저 내 점포의 문제점 정리
4 단계	세부 조사항목 결정	• 계산대 접객요령, 인사방법 • 판촉 아이템, 방법
5 단계	현장조사 실시	• 사실에 근거한 조사 실시
6 단계	조사결과 정리	• 각 항목별 기록 유지 및 사진 자료첨부
7 단계	내 점포와의 대비분석	• 내 점포와의 비교검토를 통해 개선점 파악
8 단계	교육 후 현장에 반영	• 개선점을 명문화한 후 현장에 반영
9 단계	시행결과 피드백	• 점포에 반영 후 결과에 대한 평가

5 효율적인 점포운영관리전략

1) 차별화전략

소매기관은 소매기관 변화이론의 가설에 의거 변화와 발전을 하고 있다. 이러한 시대적·환경적 변화와 소비자의 욕구의 변화에 따라 경쟁적 우위성을 확보하기 위하여 새로운 점포개발과 정밀한 상권조사를 하여야 할 것이다. 그러기 위해서는 점포 내에 내부마케팅, 텔레마케팅, 관계마케팅, 대화마케팅 등을 고려하여 타 점포와의 차별화, 경쟁우위성을 시도하여야만 내점고객을 확보할 수 있을 것이다.

예컨대 서점을 창업 경영할 경우 서점과 관련된 CD, 문구류, 문화행사 예매건 판매 등 관련된 상품을 취급함으로써 타 점포와의 차별화를 기할 수 있을 것이다. 또한 주유소를 창업경영 할 경우 주유소와 관련된 셀프세차장, 카인테리어, 카 서비스를 겸업함으로써 단독점포운영보다 시너지효과를 내는 것도 차별화전략이며, 점포 서로간의 필요성과 상호 보완성 있는 공생마케팅전략을 구현할 수 있을 것이다.

2) 제품공간도 분석

자기 점포의 업종과 제품이 성장산업인가, 저 성장산업인가 또한 고 수익을 내는가, 저 수익을 내는가를 경쟁적 좌표를 설정하여 그림을 그려보고 그 위치가 잘못되었을 경우에는 재위치화전략을 추구하여야 할 것이다.

3) Niche 전략

니치전략은 최적위치, 즉 적소를 말하며 틈새라고도 한다. 타점포가 노리고 있지 않은 시장전략을 추구하여야 한다.

4) 저가격 경영

최근의 유통업계의 경향이 아웃렛, 창고할인점, 파워센터 등의 출현으로 가격파괴시대에 도래했으며, 특히 유통업자와 판매업자의 통합시스템을 구축하는 제판동맹을 함으로써 중간상인들의 역할이 대폭 감소하고 있다. 이러한 경향으로 실질적으로 소비자에게 이익을 가져다주고 있다. 따라서 점포경영도 시대의 변화에 따라 저 가격경영전략을 추구하여야 할 것이다.

5) 점포선택행동이론의 검토

점포선택에 영향을 미치는 거리, 시간, 소득, 인구, 통행자 수 등의 변수들을 명확히 파악하여 왜 자기 점포를 선택하는가에 대하여 검토하여야 할 것이다. 나아가 내점고객에게 만족을 주기 위하여 칼라의 효과, 진열의 분석, 점포디자인관리를 철저히 하여야 할 것이다.

6) Pull 전략

점포 전체가 하위직 사람은 지시를 기다리고 윗사람은 결과를 기다리는 상태에 빠져

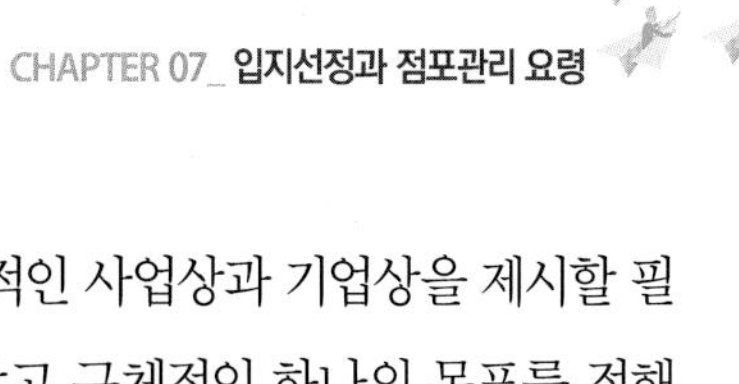

있다. 경영자는 추상적인 방향을 제시하지 말고 구체적인 사업상과 기업상을 제시할 필요가 있다. 추상적인 방향으로 종업원을 압박하지 말고 구체적인 하나의 목표를 정해 놓고 스스로 사원들을 끌어당기지 않으면 소매기업은 움직이지 않는다. 따라서 종전의 Push형 경영에서 Pull형 경영으로 전환하여야 한다.

7) 거래형 교환에서 관계형 교환으로

종전의 단기적 이익을 올리기 위하여 신뢰주의를 무시한 거래형 교환(기회주의)에서 판매자와 구매자의 영원한 관계를 형성하는 신뢰성에 바탕을 둔 관계형 교환으로 전환하여야 할 것이다. 여기에는 신뢰성, 대화의 질과 빈도, 판매자의 능력, 서비스 수준 등이 중요한 관계형성요인으로 작용할 것이다.

8) 고객가치경영의 확립

진정한 성공은 가치를 선포하는 데서 나오는 것이 아니라 매일의 일상에서 그 가치들을 실천하는 데서 이루어진다. 의사결정을 하는 데 필요한 가치에 대하여 정의를 내리고 의사결정에 의해서 직접적인 영향을 받는 사람은 누구인가, 의사결정에는 어떠한 행동이 요구되는가? 이러한 행동은 혼자에게만 필요한가, 다른 사람의 참여도 필요한가 등을 검토하여 도덕성, 책임감, 수익성 등의 가치에 의한 경영을 실천하여야 한다.

9) 자기매장에 찾아오는 고객에 적합한 판매원 형태의 개발

판매원의 형태는 전문성, 정보성, 대화성, 창조성 등의 형태로 나눌 수 있다. 이러한 형태 가운데 자기 점포에 적합한 세일즈맨의 형태를 개발하여야 할 것이다.

10) 전자상거래의 확대 전략

인터넷마케팅이란 개인인 조직이 인터넷을 이용하여 연결과 쌍방향커뮤니케이션을 바탕으로 마케팅활동을 하는 것이라고 할 수 있다. 이러한 인터넷마케팅은 월드 와이

드 웹이 등장하면서 인터넷의 상업화가 허용되고 마케팅의 새로운 방법으로 성장되는 사이버마케팅의 핵심이 되었다. 또한 인터넷성장의 환경적 요소로 PC통신 이용자의 증가, 매체환경의 변화, 정보에 대한 소비자 태도의 변화, 소비자 구매행동의 변화, 국내외 기업의 인터넷에 대한 관심고조현상 등이다.

11) 소매믹스전략

점포 평가기준은 점포의 인지된 특성에 따라 점포를 선택하거나 비 선택하게 된다. 소비자의 점포선택속성과 점포의 실제적·비실제적 속성을 결합하여 소매믹스전략을 추구하여야 한다. 나아가 점포의 성공과 매출액의 증대를 가져오기 위해서는 아래와 같은 내부고객만족변수와 외부고객만족변수를 고려한 점포 선택모델을 음미하여야 할 것이다.

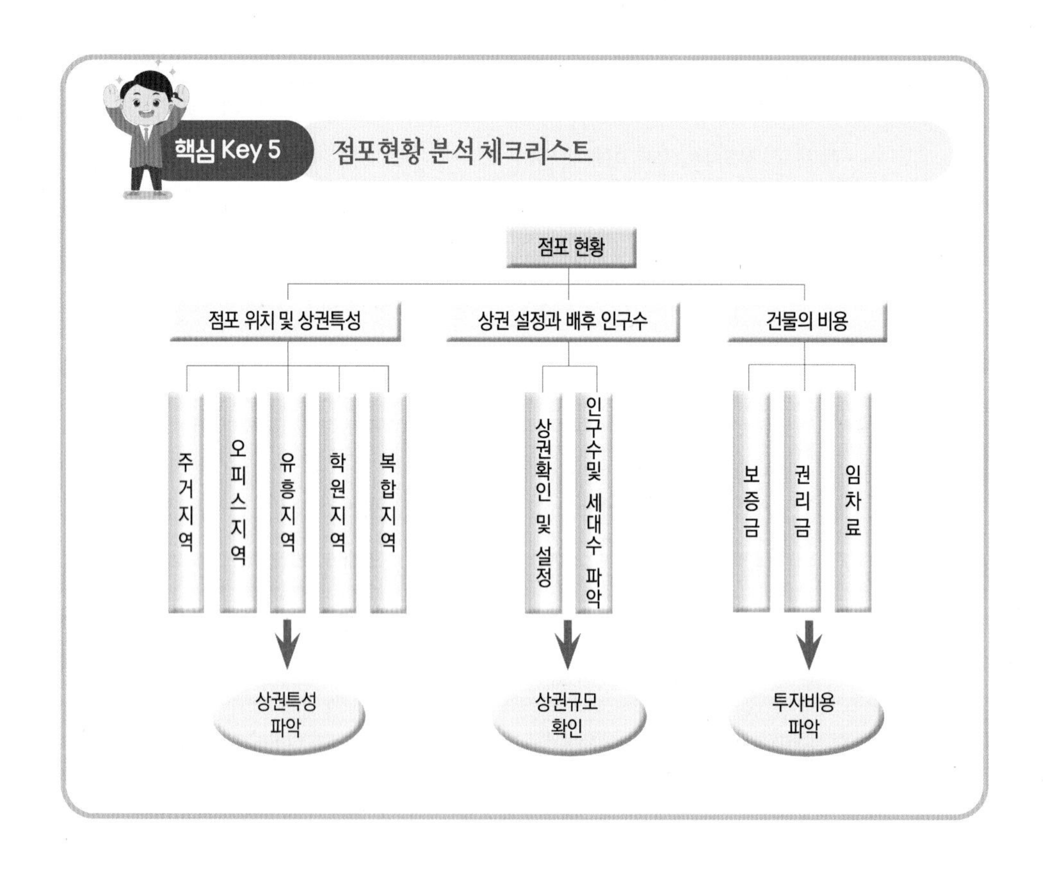

사례 1 - 1+1=2+α 복합 점포 열풍

한 점포에서 2개 이상의 아이템을 취급하는 점포 복합화 바람이 거세게 불고 있다. 보통 호황기에는 업종 세분화, 불황기에는 점포 복합화 현상이 나타나는 것이 특징. 이는 경기가 좋지 않을 때에는 한 가지 아이템에 의존하는 것보다 아이템을 다각화하는 것이 유리하기 때문이다.

▸ 늘고 있는 복합 점포

인천 계양구청 맞은편에서 '후에버' 가맹점을 운영하고 있는 박정임씨(37·여)는 에스프레소 커피뿐만 아니라 허브도 함께 팔고 있다. 보험회사에서 설계사 교육업무를 담당했던 박씨는 한 가지 아이템만을 파는 것은 리스크가 크다고 판단해 두 업종을 함께하는 창업을 선택했다. 이제 허브 매출은 전체 매출의 30% 정도를 차지하고 있다. 창업 비용은 1억 5,000만원. 창업 4개월째인 현재 월 평균 매출 1,300만원에 순익은 500만원 정도 된다.

▸ '피자+아이스크림' 계절 단점 보완

서울 송파구 방이동 재래시장에서 피자와 생과일 아이스크림 복합점인 '베리스타' 가맹점을 운영하고 있는 김미숙씨(40·여)는 전업주부 15년차인 초보 창업자. 이 사업은 최근 인기를 끌고 있는 천연 생과일 아이스크림에 1인분 사이즈의 작은 피자를 접목한 것. 아이스크림만 팔 경우 겨울철에는 매출이 떨어진다는 단점을 보완한 전략이었다. 피자 가격은 1,000원이고, 생과일 아이스크림은 1,500원으로 저렴해 신세대들이 부담 없이 즐길 수 있다. 김씨는 "아이스크림을 사러 왔다가 피자도 함께 사는 경우가 많다"며 "두 품목의 매출 비중은 각각 절반을 차지 한다"고 말했다.

▸ 복합 점포의 성공 전략

FC창업코리아 강병오 대표는 "복합점포는 업종 선택이 매우 중요하다"며 "취급하고 있는 아이템의 고객이 동일하거나 아이템간에 시너지 효과를 최대한 살릴 수 있어야 한다"고 말했다.

▸ '커피+허브' 여성고객 시너지 효과

에스프레소 커피와 허브의 경우 주 고객층이 10대 후반~20대 여성으로 같기 때문에 서로 시너지 효과가 큰 편이라는 게 강 대표의 분석이다.

아이템에 대한 전문적인 지식을 갖추는 것도 복합점포 성공에 중요한 요소이다. 에스프레소 커피와 허브 복합점포를 운영하는 있는 박씨는 고객들에게 허브상품 자체에 대한 설명뿐만 아니라 허브의 유래, 사용방법, 향기치료 등에 대해 논리적이면서 일목요연하게 설명, 단골고객 확보에 큰 도움을 얻었다.

'동화친구'를 운영하고 있는 김은정 씨도 단순하게 책 배송 역할만이 아닌 회원들의 연령과 기호에 맞는 책을 선정해주는 등 독서지도 컨설팅을 할 수 있을 정도는 돼야 한다고 말한다. 이를 위해 김씨는 매일 저녁 10권 정도의 책을 읽고 있다.

이 밖에 복합화로 창업비용이 지나치게 늘어나는 것도 경계해야 할 사항이다. 경기가 좋아지

면 복합점포보다는 전문점포가 각광을 받기 마련인데 과도하게 초기 투자를 했을 경우 경기 등 상황변화에 따른 변신이 어렵기 때문이다.

복합점 창업 성공전략 체크리스트

- 시너지 효과를 극대화 할 수 있는 복수 아이템을 찾아라.
- 단일 아이템으로는 성공 가능성이 낮지만 뭉치면 빛을 발하는 아이템을 찾아라.
- 아이템 간에 연계 마케팅 전략을 세워라.
- 재고 관리에 신경을 써라.
- 아이템 품질을 전문점 수준으로 높여라.
- 아이템에 대한 전문성을 갖춰라.
- 낮과 밤 시간대별 주 공략 아이템의 복합화를 고려하라.
- 창업비용이 대폭 증가하는 것은 피하라.

<출처: FC 창업코리아, 강병오.>

6 점포 경영의 노하우

대형점이 그 위력을 아무리 발휘해도 일순간에 소규모 상점이 사라질 수 없는 것은 소규모 상점이 갖는 나름대로의 매력이 있기 때문이다. 시내 유명 백화점에 들어서면 화려한 면에서 눈의 즐거움을 준다. 하지만 자신이 듣고 싶은 음악을 선곡하거나 아늑한 인간적인 면은 없고 철저하게 인공적인 공간인 것이다. 따라서 무조건 대형 점포가 많이 들어선다고 기를 펼 수 없다고 단정할 필요는 없을 것이다. 따라서 소규모 상점은 그만이 가질 수 있는 장점과 소규모 상점이 특히 고려해야 할 부분에 대하여 생각해 보기로 한다.[7]

1) 고객지향사고

(1) 최고의 멋진 서비스를 구사한다.

고객은 얄미울 정도로 멋진 서비스를 잘 잊지 않는다. 그래서 소형점포도 경쟁력만

7 장우상, 한권으로 끝내는 창업. 진문사, 1999. pp.125~152.

충분히 갖추면 잘 운영할 수 있는 것이다.

다양한 품목만을 가지고 따진다면 대형 쇼핑센터와 비교할 수 없다. 그러나 대형 상점으로 가기 전에 비교도 안 되는 작은 상점에도 들르고 싶은 이유는 무엇일까? 상냥한 인사로 고객을 맞고 도와주어 고객이 보다 자유로운 마음으로 선택할 때까지 느긋한 마음으로 지켜보는 여유 있는 태도는 고객에 대한 중요한 친절이다. 반면 고객이 필요하다고 요구하는 사항에 대해선 가능한 한 최선을 다하여 사소한 부분까지 신경을 쓰는 서비스 정신이 진정 가치 있는 서비스 정신이 된다.

(2) 표정 관리에 최선을 다한다.

쾌청한 날이 있으면 폭풍이 몰아치는 날도 있다. 인간의 생활에도 즐거운 날이 있으면 슬프고 괴로운 날도 있기 마련이다. 그러나 언제나 손님을 상대하는 상인으로서는 설사 개인의 생활이 힘겹고 슬픈 일이 있더라도 고객 앞에서 이를 드러내는 일은 절대 삼가야 한다.

(3) 따뜻한 차 한 잔을 대접하는 마음을 가져라.

고객의 기분을 밝게 하기 위해서는 사원 스스로 차 한 잔을 마실 수 있는 마음가짐이 필요하다고 한다. 장사의 경우에도 판매자는 고객에게 찻물을 끓이는 것과 같은 세심한 마음의 배려가 필요하다. 입으로만 예사로 말하는 자세가 아니라 마음으로부터 신뢰할 수 있는 마음 자세가 필요하다.

(4) 고객으로부터 배우려는 자세를 가져라.

고객을 가르치겠다는 생각으로는 고객으로부터 외면당하기 쉽다. 오히려 고객을 최고의 스승이라고 생각하고 배우려는 마음이 중요하다. 고객이 스스로 무엇이 필요하고, 옳고 그른지는 이미 다 알고 있다. 고객에게 눈길도 주지 않고 판매자로서 일방적으로 행동해서는 고객의 진정한 마음을 알기 어렵다. 팔아보겠다는 자신의 감정을 억누르고 고객을 스승으로 모시고 동시에 겸손하게 귀 기울여 배우겠다는 마음을 보여야 한다. 상대의 목소리에 겸허하게, 그리고 진지하게 기울어야만 할 것이다.

(5) 현실을 직시하고 반성하라.

앞일을 무서워 아무 것도 하지 않고 팔짱만 끼고 있으면 앞으로 나갈 수 없다. 때로는 위험에 대하여도 과감하게 부딪쳐야 한다. 그러나 내일과 미래만 관심을 두어 현실을 무시하면 뜻밖의 낭패를 보거나 함정에 빠질 수 있다. 현실을 직시하고 스스로 겸허하게 반성하여 시기적절하게 고객을 맞아야 한다.

(6) 신용이라는 두 글자를 마음에 담아라.

신용을 쌓으면 매출은 천천히 그러나 꾸준히 늘어난다. 장사가 안 된다고 한탄하기 앞서 어떻게 하면 고객의 신용을 얻을 수 있을지 진지하게 고민하고 자기 상점에 어울리는 방법을 찾아내도록 노력해야 한다. 신용은 하루 아침에 쌓이지 않는다. 그러나 노력은 바로 신용을 만드는 밑거름이 된다.

(7) 고객의 만족스런 얼굴이 바로 나의 기쁨이라고 여겨라.

밝고 느낌이 좋은 상점을 만들고 품목을 다양하게 갖춰 진열해 놓았더라도 고객을 위한 서비스는 뒷전이고 많이 팔아 이익을 남기겠다는 생각이 앞서면 이런 상점은 오래가지 않는다. 경영자라면 느낌이 좋은 점포, 세련된 점포를 만들도록 노력하는 동시에 '어떻게 하면 고객에게 기쁨을 줄 수 있을까?'를 염두에 두고 서비스를 실천하는데 힘써야 한다. '손님이 만족하는 모습을 보는 것이 나의 꿈', '손님이 즐거워하는 얼굴을 보기 위해 장사 한다'라는 자세를 가지면 저절로 고객은 모여들게 될 것이다.

(8) 자신을 엄하게 통제하는 마음을 가져라.

소매점의 경영자는 언제나 자신을 엄하게 채찍질하여 통제하는 일에 소홀해서는 안 된다. 그것은 오랫동안 장사를 하다 보면 타성에 젖게 마련이다. 고객은 '기분 좋게 물건을 사고 싶다', '즐겁게 쇼핑하고 싶다'의 마음인데 '팔아야 한다'는 판매자의 마음이 노골적으로 드러나게 되면 즐겁던 고객의 기분은 한순간에 물거품처럼 사라져버려 물건을 사고 싶은 마음조차 사라져버린다. 소매점에서 손님을 보다 많이 불러들이려면 '많이 팔아야 한다.'는 마음 자세는 버려야 한다.

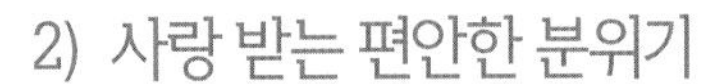

2) 사랑 받는 편안한 분위기

(1) 상점은 고객의 것이다.

'의를 앞세우고 이를 뒤로하는 자는 영화를 누릴 것이로되 이를 앞세우고 의를 뒤로 하는 자는 욕될지라.' <순자>에 나오는 말이다.

경영자라면 누구나 자기 회사, 내 상점을 사랑한다. 그러나 이것만으로는 매출을 높이거나 이익을 늘리는 일만 신경을 쓸 뿐이고 고객을 잊고 만다. 판매자 중심의 사고 방식과 자세로 일관하면 내가 사랑하는 회사와 상점은 얼마 후에 산산조각 나고 말 것이다. 이익은 고객이 만들어 주는 것이라고 생각하고 서비스에 신경을 쓰고 최선을 다하면 그 꿈은 이루어진다. 이런 의미에서 나의 상점이라고 생각하기보다는 '손님이 나에게 맡긴 귀한 점포' 라고 생각해야 한다.

(2) 언제나 새로운 것을 창조해 내는 정신을 가져라.

기업은 언제나 새로운 사업을 개발하는데 적극적으로 도전한다. 물론 위험은 따른다. 그러나 위험이 두려워 기존의 것만을 고수하려 들면 기업으로서 존속하기 어렵다. 따라서 매일 새로운 것을 생각하고 실행에 옮기도록 노력해야 한다. 고객은 생기 있는 상점을 찾는데 주인은 아무런 노력도 하지 않는다면 죽은 것이나 다를 바 없다. 지금에 머무르지 않고 새로운 것을 찾으려고 노력하고 이를 수용해야 한다.

(3) 사업이란 기쁨의 씨앗을 뿌려 가꾸는 것이다.

손님이 상점을 찾는 것은 단순히 물건을 사기 위해서가 아니라 기쁨을 찾기 위해서라고 생각해야 한다. 많은 손님에게 기쁨을 제공한다는 것을 말고는 쉽고 누구나 할 수 있을 것 같지만 실상은 그렇지 않은 것이다. 임시변통은 오히려 오래지 않아 반감만을 살뿐이다. 한편에서는 비슷한 상점이 계속 생겨나지만 또 다른 한편에서는 사라져 가는 상점도 많다. 이런 상점은 손님에게 진정한 기쁨을 주기 위하여 씨앗을 뿌리고 가꾸는 일을 게을리 했기 때문이다. 기쁨의 씨앗을 뿌리고 멋지게 가꾸는 일은 작은 일로부터 시작할 수 있다.

(4) 의미와 가치를 찾을 수 있는 자유로운 공간이 되도록 하라.

새로운 점포를 개설하려면 신경 쓸 일이 많은 법이다. 내·외장공사, 조명, 쇼케이스, 쇼윈도우, 색채 등 손님의 주의를 끌기 위해 최선을 다하기 마련이다. 경영자가 만족하는 상점을 만들고 나면 일단 안도 섞인 만족감을 갖고 문을 연다. 새로 개장된 가게이니 며칠 동안 손님이 밀려드는 것은 당연하다. 그런데 경영자의 기쁨은 의래 어긋나기 마련이다. 상점을 새로 개점하면 흥미에 이끌려 오는 사람도 많다. 그러나 개점 행사기간이 끝나면 더 이상 찾지 않는다. 이제부터 경영자의 판단과 실수를 눈으로 확인하는 시작인 것이다.

(5) 유행에 민감하라.

시대의 변화는 아찔할 정도로 빠르다. 이러한 변화를 정확히 파악하여 사업에 반영시키지 않으면 뒤쳐져 사업을 계속하기 어려워진다. 사업을 하는 사람은 표면적으로는 이 사실을 잘 안다. 현대 경쟁 시대에는 다른 사람을 누르고 살아남기 위해서는 다른 사람보다 몇 배 노력하고, 몇 배 연구해야 하는데 이 점을 알면서도 가슴앓이만 하고 있으니 이것이 문제다. 변화의 시대에 어울리는 장사를 해나가기 위해서는 항상 새로운 정보를 수집하는데 애쓰고, 이를 실제 사업 분야에 활용하도록 항상 노력하고 연구해야 한다.

(6) 분명한 주관이 살아 있는 상점이 되어야 한다.

깨끗한 상점이 날로 늘어간다. 그만큼 경영자의 감각이 높아졌다는 증거가 된다. 이런 조건이라면 현대인의 감성을 자극해 손님을 많이 불러들일 수 있을 것 같다. 그런데 현실은 그렇게 간단한 것이 아니다. 가게 앞에 발을 멈추고 기웃거려도 좀처럼 들어올 생각을 않는다. 이것은 상점에 주관이 없기 때문이다. 도무지 자기주장이 없고 베일에 싸여 있는 듯해서는 발을 들여놓기 어렵기 때문에 일단 흥미는 가져보지만 그냥 스쳐 지나갈 뿐이다. 상점을 멋지게 새롭게 단장해도 컨셉이 분명치 않으면 실패보기 쉽다. 새 단장 후에 오히려 수리를 한 결과 오히려 자기주장이 엷어진 때문이다.

(7) 영원한 창업자라는 인식을 가져라.

창업은 힘 드는 일이지만 수성은 더욱 힘들다. '항상 생각하는 장사', '항상 새로움을 추구하는 장사'의 경영 자세는 대규모 점포만이 아니라 소규모에서도 필요한 일이다. 경영에는 휴식이 있을 수 없다. 창업자라면 언제나 창업 당시로 돌아가 끊임없이 생각하고 활동하면 힘이 저절로 붙게 마련이다. 팔리지 않는다고 불평만 하지 말고 팔리지 않을 때, 손님이 잘 모이지 않을 때 더욱 자기 나름의 경영방법을 고민하는 자세가 중요하다.

(8) 목표에 의한 관리에 충실하라.

앞일을 보지 못한 채 눈앞의 일만을 생각하고 허덕거리며 행동하면 발전할 수 없다. 동시에 이런 사람에게는 매력을 느낄 수 없다. 그러나 미래의 명확한 목표를 정하고 행동하는 사람에게서는 뭔가 말로 할 수 없는 활력과 매력을 느낄 수 있다. 상점의 경영자도 아무런 목표가 없다면 힘껏 노력하고 고객 서비스에 최선을 다하고 있더라도 고객은 그런 가게에서 매력을 느끼지 못한다. 목표를 명확하게 정하고 목표를 위해 도전하고 있는 자세가 느껴진다면 이는 고객을 끄는 지름길이다.

(9) 지역 손님에 대한 관심을 가져라.

소매점의 이상적인 경영은 분명하게 단골손님을 만들어 고정 고객을 유치할 때 가능해 진다. 판매자 쪽에서 고객에게 호소하기보다 고객에 의해 선택되는 존재가 되는 편이 훨씬 가치가 크다. 이런 일은 뜨내기손님에 의해서는 불가능하다. 토박이 손님들의 신용을 얻을 때만 가능한 일이다. 뜨내기손님 아홉의 칭찬의 힘보다 한마디 험담이 갖는 힘의 위력이 더 크다는 사실을 잊어서는 안 된다.

(10) 손발이 맞는 서비스 활동을 하라.

대형 상점에 손님이 붐비는 것은 넓은 공간 속에서 즐거운 분위기를 느낄 수 있다. 하지만 훈련받은 종업원들이 완벽하게 손님에게 서비스를 구상하고 일사불란하게 손발을 맞추고 있다는 사실을 눈여겨보아야 한다. 작은 소매점의 경우도 나름대로의 교육

과 훈련을 하고 있다. 그런데 문제는 상점의 규모가 작기 때문에 철저함을 이루기가 쉬울 것 같지만 오히려 실제로는 그 정반대가 되기 쉽다는 사실이다. 모든 종업원의 일사불란한 태도 하나로 상점의 이미지가 어둡게도 되고 밝아질 수도 있다는 사실을 잊어서는 안 된다.

(11) 정책 있는 상점과 상품을 구비하라.

좋은 가게를 만들어 손님의 눈길을 끌겠다고 생각하는 경영자는 많다. 그러나 개업한지 얼마 안된 상점은 언뜻 보기에는 멋져 보일지라도 정책이 결여되어 있는 경우가 많다. 정책이 없으면 그 상점에 품격은 없다. 다른 곳에서 팔리기 때문에 자신의 상점에서도 잘 팔릴 것이라고 생각하면 이는 큰 잘못이다. 다른 상점의 흉내만 낼 뿐 정책이 없기 때문이다. 지역이나 소비자 층에 대해 면밀하게 검토하고 명확하게 정책을 세워 그에 맞는 상품을 맞추어 놓아야 한다. 다른 상점에서는 팔리지 않아도 자신의 정책에 맞는다면 고객을 끌어 모을 수 있다.

3) 고객중심 경영

(1) 고객에게 청취하라.

사업에서 감각이란 본인의 노력의 결과로 얻어지는 것이기도 하지만 그보다 중요한 것은 겸허하게 고객으로부터 고객이 원하는 것이 어떤 것인가를 알아내어 그것을 능숙하게 표현해 내는 일이다. 즉, 판매자 쪽의 일방적인 생각이나 자세를 고집하지 않고 고객의 입장에서 바라보는 것이다.

점포를 새롭게 꾸미는 경우, 새로운 이벤트를 하는 경우에도 고객의 기호를 수용하는 것이 중요하다. 고객들은 단순한 방관자로서가 아니라 참여함으로써 보다 큰 기쁨을 맛보려고 한다는 심리를 잊어서는 안 된다.

(2) 고객의 마음을 읽어라.

목이 좋은 곳에 상점을 개업해도 소비자의 취향이 다양한 도시에서는 단골 손님을 만들고 유지하는 일이 매우 어렵다. 단골손님을 만들고 손님들의 입에서 입으로 전해져

단골이 늘어나면 이것만큼 바람직한 일은 없다. 이를 위해서는 언제나 주의 깊게 관찰하고 정보를 수집하여 고객이 말하기 전에 그가 필요한 것을 먼저 전할 수 있는 자세와 능력을 갖추는 것이 경쟁에서 승리하고 고객의 신뢰를 얻는 비결이다.

(3) 감사의 마음을 가져라.

고객보다 말이 많으면 물건은 팔리지 않는다. 고객의 말이 모두 옳다고 생각하고 장사하면 틀림없다. 장사가 본 궤도에 오르고 매출이 늘어나면 상인으로서 자신의 능력을 발휘한 결과로 생각하고 그때부터 고객의 은혜를 잊고 고객들에게 소홀한 사람이 있다.

물건을 팔아 이익을 남긴다는 것은 자신의 힘으로 이루어진 것이 아니라 어디까지나 고객에 의해 얻어진 것인데, 이를 잊는다면 장사의 생명은 그리 길지 않다. 고객의 존재에 대한 중요성 측면에서 '고객서비스', '고객밀착' 등을 내걸고 실천하는 상점이 많다. 차별화를 위해서도 밀착서비스에 힘을 기울인다.

(4) 고객 만족 존중경영을 하라.

'소비자 중심', '고객 제일주의'라는 말은 이미 친숙한 용어가 되었다. 그러나 고객의 중요성을 말로는 역설하면서도 이를 진지하게 실천하는 일은 매우 어렵다. 점포, 설비 시설을 새로 단장하고 진열하는데 열심인 것도 고객에게 만족을 주는 한 방편일지 모르지만 이는 매출과 이익을 올리려고 필사적으로 노력하고 있는 모습이다. 이에 앞서 고객의 요구를 파악하고 이를 어떻게 충족시켜주어 기쁨을 줄 수 있을 것인가를 연구하여 고객을 맞는 일로 우선하여야 할 것이다.

(5) 분위기 있는 상점, 최고의 기수이다.

오늘날 처럼 전망이 불투명한 시대에서 경영자는 어떻게 하면 고객을 부를 수 있을까 하는 것을 항상 염두에 두고 실천해 나가야 한다. 파는 사람만은 매출만을 생각하기 쉬운데 그 보다 그곳에 필요한 기술을 향상시키는데 최선을 다해야 한다. 최고의 기술을 고객에 제공하고 언제나 고객의 뜻에 따라 노력하고 있다는 모습은 성공을 위한 사업에서 매우 중요한 일이다.

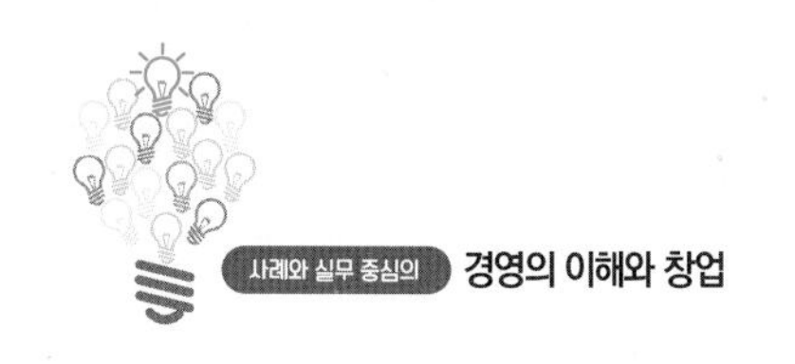

4) 들어가기 쉽고 사기 쉬운 상점

(1) 주인이 먼저 즐기는 사업이어야 한다.

한번 상점을 찾은 손님은 두 세번 잇따라 찾도록 보살핀다. 이렇게 할 수 있으면 멋진 상인이고 틀림없이 그 상점은 번창할 것이다. 점주는 일 자체를 좋아하고, 고객을 좋아해야 한다.

(2) 얼굴을 기억하고 이름을 부르며 상대하라.

뛰어난 세일즈맨은 처음 대하는 고객이라도 정성껏 상대하고 서비스하면서 얼굴을 익히고 이름을 알아내려고 노력한다. 그리고 두 세번 찾는 사이에 이름을 기억한다. 손님에게 밀착하여 개인별로 상대하게 되면 저절로 고객을 끌어 효율이 높은 상점을 만들어 갈 수 있다.

(3) 신용을 쌓는 작은 배려를 하라.

매력적인 상점을 만들고 마음껏 물건을 살 수 있도록 하는 것도 중요하지만 내면적인 따뜻한 배려로 소비자로부터 신용을 쌓아가는 것은 변화하는 시대에 더욱 절실하다. 따뜻하고 섬세하게 배려함으로써 들어가기 쉽고 사기 쉬운 상점을 만들어야 한다.

(4) 상품에 담긴 가치를 팔아 기쁨을 준다.

앞으로의 장사에서 가치를 호소하고 인정받는 것은 대단히 중요한 일이다. 이제는 구매자의 예리한 감각, 시선, 반응 등을 끊임없이 의식하고 상품의 진열하나에도 충분히 지혜를 발휘해야 한다. 고객의 감각을 이해하는 동시에 판매자는 그 이상의 감각을 지녀야 한다.

기존점포 인수시 체크 포인트

- 인수하고자 하는 점포가 장래 시장성이 있는가?
- 임대료와 권리금이 주변 점포와 비교해서 적당한가?
- 주위에 너무 많은 경쟁 점포가 있는 것은 아닌가?
- 기존점포의 서비스와 소비자들의 선호도는 어떠한가?
- 대형 점포가 들어설 가능성은 없는가?
- 인수하고자 하는 점포가 장래 시장성이 있는가?
- 임대료와 권리금이 주변 점포와 비교해서 적당한가?
- 주위에 너무 많은 경쟁 점포가 있는 것은 아닌가?
- 기존점포의 서비스와 소비자들의 선호도는 어떠한가?
- 대형 점포가 들어설 가능성은 없는가?
- 기존점포의 매출액과 이익은 어느 정도인가?
- 주변지역의 토지이용 용도와 지리적 발전 가능성은 어떠한가?
- 상권의 변화 가능성은 없는가?
- 투자 규모와 수익성의 관계는 적당한가?
- 앞으로 고객수가 증가할 가능성이 있는가?
- 시설에 하자는 없는가?
- 주변 점포와의 경쟁이 치열해서 운영에 어려움은 없겠는가?

점포계약, 이것만은 알고 하자

1) 건물주의 신용상태조사

매도자가 정보가 어두운 임차인을 일시적인 눈속임으로 속여 권리금을 높여 받으려 한다거나 악의를 가지고 가로채려는 경우도 있기 때문에 계약은 매매하려는 물건에 대한 매도인의 의도를 알아보아야 한다. 주인의 의도를 파악할 때에는 주인과 비슷한 이해관계를 가지고 있는 사람들은 피해야 한다. 주위환경에 대해 잘 알고 있는 관련자, 점포에 대해 잘 알 수 있는 제3자, 정보지 등을 통해 얻는 정보가 더 객관성이 있기 때문이다.

2) 등기부등본 보는 방법

등기부는 표제부·갑구·을구로 구분되어 있다. 표제부는 한마디로 그 건물에 대한 표시이다. 예를 들어 건물등기부일 경우 그 건물의 소재·번지·가옥번호, 주택인지 사무실인지, 면적, 층수, 각층의 면적, 목조건물인지 콘크리트 건물인지 등이 기재되어 있다. 갑구는 소유권을 표시한다. 먼저 '순위번호란'이 있다. 1, 2, …의 순서로 나가는데, 이것은 등기 순서를 나타낸다. 즉 최종번호에 기재된 사람이 현 소유자이며, 그 이전번호는 그 이전의 소유자들이라 할 수 있다. 그 소유자가 누구인지, 주소, 소유권 이전 연월일, 소유권 이전원인(매매·상속 등)에 대한 사항이 '사항란'에 표시된다. 을구는 소유권 이외의 권리에 관련된 사항이 나타난다. '순위번호란'은 등기한 순서를 나타낸다. '사항란'에는 소유권 이외의 권리, 예를 들면 저당권·임차권·지상권 등의 해당사항이 나타난다. 이것으로써 그 부동산의 소유권자 이외에 또 다른 권리관계와 그 권리의 소유자를 파악할 수 있다.

3) 등기부등본 확인시 주의사항

등기부의 내용을 확인하면 그 소유자와 목적물의 권리관계가 일목요연하게 들어온다. 하지만 자신과 그 부동산을 계약하려는 사람이 실제소유자인가를 확인해볼 필요가 있다. 등기명의인은 확인했으나 자신이 계약금을 지불해야 할 사람이라면, 원래의 등기명의인의 인감 등을 위조해서 자신에게 이전등기를 하여 자신이 현 소유자인 것처럼 나타나게 할 수도 있기 때문이다. 또한 등기부등본의 확인은 저당권·압류 등이 그후에도 설정될 수 있기 때문에 한 번만 떼어 볼 것이 아니라 계약금지불 후, 중도금지불 후, 잔금지불 후에도 한 번씩 떼어 보는 것이 가장 이상적이다.

4) 도시계획확인원과 건축물대장

점포를 구할 때 입지나 상권·계약관계뿐 만이 아니라 등기부 등본상 소유권과 근저당 유무 및 관할구청에서 발급하는 건축물대장·도시계획확인원 등을 발급받아 해당 점포의 용도나 개발계획을 확인한다. 간혹 대상건물이 사무실이나 주거용도로 되어 있는 건물들도 있어 이 경우 임차인이 해당 건물에서 영업을 하려면 건물주에게 건물 임차목적에 맞게 건축물의 용도변경을 요구해야 한다. 도시계획이나 업종제한 지역 등의 함정이 도사리고 있는 경우도 있기 때문이다. 그러므로 점포를 얻고 계약을 할 때엔 등기부등본으로 실소유자를 확인하는 동시에 자신이 얻으려는 상가가 도로와 같은 공공용지에 포함된 것은 아닌지, 재개발지역으로서 수년 내에 헐릴 지역은 아닌지를 반드시 확인해야 실패의 위험을 면할 수 있다. 이런 사항을 확인할 수 있는 것이 도시계획확인원으로, 상가소재지에 있는 시·군·구청에 가면 서류를 떼어 볼 수 있다. 도시계획확인원을 열람함으로써 머지않은 장래에 역세권이 형성될 전망이라면 현재는 좋은 상권이 아니더라도 곧 훌륭한 상권이 형성될 것임을 짐작할 수 있는 등 자신이 입주하려는 곳의 상권의 변화를 예측할 수도 있다.

<출처: 최재희, 소자본 창업 어떻게 할까요?, 중앙경제평론사, 2010:170~173. 요약.>

상가건물임대차보호법과 주택임대차보호법 비교

구 분	상가건물임대차보호법	주택임대차보호법
적용범위	• 보증금이 일정규모 이하인 상가건물의 임대차 예 서울 2억4천만원 이하(환산보증금)	• 주거용 건물의 임대차 (규모의 제한이 없음)
대항력[8]	• 건물의 인도와 사업자등록 신청 다음날부터 제3자에 대하여 효력 발생	• 주택의 인도와 주민등록을 마친 다음날부터 제3자에 대하여 효력 발생
우선변제권[9]	• 대상: 대항 요건을 갖추고 임대차계약서상 확정일자[10]를 받은자 • 경매·공매시 후순위 권리자보다 우선하여 보증금을 받음	
최우선[11] 변제권	• 예 서울: 보증금45백만원 이하의 임차인을 대 상으로 1,350만원 한도로 보상(보호대상 보증금 30%) • 임대건물가액 1/3범위내 해당	• 예 서울: 보증금 40백만원 이하의 임차인을 대상으로 16백만원을 한도로 보상(보호대상보증금의40%) • 임대건물가액 1/2범위내 배당
임대차 기간	• 계약기간은 최소 1년 • 10년범위내 계약갱신요구 가능	• 계약기간은 최소2년[12]
차임 보증금 증감[13]	• 사정변동시 당사자간 증감청구, 증액의 경우 시행령이 정하는 비율(12%) 내에서 가능 • 증액청구는 계약 또는 증액이 있는 후 1년 이내 에 못함	• 사정변동시 당사자간 증감청구, 증액의 경우 시행령이 정하는 비율 (5%) 내에서 가능
열람·제공	• 제공내용 - 임대인, 임차인의 인적사항 - 사업자등록사항 - 확정일자 등 • 제공대상 건물임대차 이해관계자	없음
월차임 전환시 산정율	보증금의 전부 또는 일부를 월단위 차임으로 전환하는 경우 연 1할 5푼을 곱한 월차임의 범위내	보증금의 전부 또는 일부를 월단위 차임으로 전환하는 경우 연 1할 4푼을 곱한 월 차임의 범위내
차임(월세)[14]의 보증금 전환	보증금의 차임(월세)이 있는 경우에는 그 차임에 대하여 100을 곱하여 환산하여 보증금에 포함(보증금 + 차임 × 100)	차임(월세)은 포함되지 않는다.

<출처: 부동산25시, https://blog.naver.com/jmctrade/222822480334>

8 대항력: 이미 발생하고 있는 법률관계를 제3자에게 주장할 수 있는 권리로, 임차하고 있는 상가의 주인이 바뀌어도 새로운 주인에게 계속 임차권을 주장할 수 있는 권리

9 우선변제권: 상가 건물이 경매 등으로 임대차관계가 소멸된 경우 임차보증금을 후순위 권리자나 기타채권자보다 먼저 받을 수 있는 권리

10 확정일자: 병원이나 동사무소 등에서 임대차 계약서 여백에 그 날자가 찍힌 도장을 말하는 것으로, 건물이 경매 등이 진행될 경우 임차인이 보증금에 대해 우선 변제받을 수 있음

11 최우선 변제권: 임차인이 보증금 중 일정액을 다른 담보물권자보다 우선하여 변제 받을 권리

12 계약기간: 계약갱신요구권행사 시 추가 2년 연장가능(2020.7.31. 개정)

13 차임보증금 증감: 임대료인상율 상한제한

14 월차임: 상가는 임차인이 3기 연체 시, 주택은 2기 연체 시 임대인은 계약을 해지할 수 있음.

CHAPTER

08 서비스와 고객관리

Understanding of Management & Foundation

CHAPTER 08 서비스와 고객관리

제1절 서비스의 의의와 정신

1 서비스의 의의와 구성요소

고객 서비스라는 것은 무엇일까? 고객들을 위하여 노력하고 그들에게 만족을 주고자 행동하는 모든 것이라고 정의할 수 있다. 즉, 상품을 주문하고 비치하며, 이것을 고객에게 판매하고, 고객의 불만에 대처하는 등 일반적으로 이루어지는 모든 것이 고객 서비스이다. 고객의 만족을 극대화하는 일이라면 무엇이든 고객 서비스가 된다. 즉, 서비스란 고객에게 '호감과 기쁨을 주고, 고마움을 느끼게 하며, 가치가 있는' 행동으로 기업에 이익을 가져다주는 것으로서, 단적으로 말해서 돈이 되는 행동과 언동이다. 기업에 이익이 되지 않는 서비스는 진짜 서비스가 아니라는 이야기다.

따라서 서비스를 정의하자면, '서비스란 상대방이 호감과 만족감을 느끼게 함으로써 비로소 가치를 낳는 지식이나 행위'라고 할 수 있다. 우리가 흔히 시간은 돈이라고 부른다. 하지만 서비스는 고객에게 주어지는 상품이라고 볼 수 있기 때문에 창업을 하더라도 서비스가 없는 사업은 하더라도 망한다고 볼 수 있다.

일반적으로 우리나라의 경우에 있어 서비스라고 하면 '덤 또는 공짜로 준다'는 의미를 떠올리게 한다. '음료수는 서비스'라고 하면 음료수는 거저 준다는 뜻으로 받아들인다. 또 '그 식당의 종업원은 서비스가 만점이야'라고 하면 종업원의 태도가 좋다는 의미

로 쓰인다. 서비스에 대한 다양한 의미를 정리하면 다음과 같다.[1]

그림 8-1_ 서비스 정의 및 사용 예

의 미	사용예
무상으로 제공	음료수는 서비스입니다.
타인을 위해 봉사	오늘 하루 불우이웃에게 서비스하였다.
상품구매 시 제공하는 유지, 수리	6개월간 서비스합니다.
테니스의 서브	나는 서비스가 약한 것이 문제다.
고객대응자세와 태도	저 식당은 서비스가 만점이다.

☞ 서비스 본질

1. 호감을 산다. 마음이 깃 든 행동과 말투로 호의를 갖게 한다.
2. 기쁨을 선사한다. 손을 내밀어 웃는 얼굴로 받는다.
3. 고마움을 느끼게 한다. 힘들고 괴로운 일을 거들어 준다.
4. 가치가 있다. 고객이 납득하고 만족할 수 있도록 배려한다.

고객 서비스가 최고의 영업전략이다. 고객의 중요성을 말하지 않는 사람은 한 명도 없지만 문제는 그것의 실천이다. 고객 서비스는 성공적인 점포사업 운영을 위한 점포마케팅 그 자체라고 할 수 있으므로 철저하게 실천해야 한다.

서비스가 갖는 구성요소는 'SERVICE'로 다음과 같이 요약할 수 있다.[2]

그림 8-2_ 서비스의 구성 요소

S: sincerity, speed & smile(정성, 스피드, 웃음)
E: energy, enthusiam(활기, 열정)
R: revolutionary(신선, 혁신적)
V: valuable(가치)
I : impressive(감명적)
C: communication(의사소통)
E: entertainment, esteem(환대, 존경)

1 정수원, 소자본 창업과 경영, 문영사, 2001. p.294.
2 장우상, 한권으로 끝내는 창업. 진문사, 1999. p.94.

① S (sincerity, speed, smile): 서비스에는 정성, 스피드, 웃음이 있어야 한다. 이는 오랫동안 판매의 3's로 일컬어져 왔다.

② E (energy): 서비스에는 활기가 넘쳐야 한다. 종업원의 걸음걸이나 표정이 밝은 때에는 고객과의 대화나 접촉이 활기를 띨 수 있다. 활기찬 대응은 고객에게 신선한 인상을 줄 수 있다.

③ R (revolutionary): 서비스는 신선하고 혁신적이어야 한다. 천편일률적인 서비스를 제공하는 것이 아니라 언제나 조금씩 신선하고 혁신적인 요소가 더해지는 것이 중요하다.

④ V (valuable): 서비스는 가치 있는 것이 되어야 한다. 서비스는 어느 한쪽의 희생이 아니라 제공자나 수혜자 모두에게 이익이 되고 가치 있는 것이 되어야 한다.

⑤ I (impressive): 서비스는 감명이 깊은 것이 되어야 한다. 기쁨, 감동, 감명이 없으면 그것은 이미 서비스가 아니다.

⑥ C (communication): 서비스에는 의사소통이 있어야 한다. 일방적으로 제공하는 서비스는 바람직하지 않고 상호 커뮤니케이션이 중요하다.

⑦ E (entertainment): 서비스는 고객을 환대하는 것이 되어야 한다. 겉으로만 번지르한 인사치레나 예절준수가 아니라 언제나 진심으로 고객을 환대하는 것이 되어야 한다.

2 서비스 정신

'서비스란 마음에서 우러나오는 행동과 언동' 바로 그것이다. 마음가짐, 말투, 태도, 동작 등을 어떻게 표현해야 하는가 하는 바로 그것이 서비스이다.

기존의 습관, 사고방식, 행동방식을 무의식적으로 고집하는 것은 앞으로의 비즈니스에 절대 어울리지 않는다. 고객에게 만족과 감동과 메리트를 어떤 식으로 심어 줄 것인가 하는 원점에 서서 개선해 나간다면 서비스는 더욱 멋진 일이 될 것이다. '서비스란 마음에서 우러나오는 행동과 언동이다. 서비스 정신은 다음과 같이 요약해 볼 수 있다.

☞ 서비스 정신

서비스란 상대방으로 하여금 호감이나 만족을 느끼도록 함으로써 비로소 가치를 이루는 지식이나 행동을 말 한다!

1. 감성에 호소
   상쾌함, 친숙함, 활기참 등으로 감성에 호소함으로써 호감과 좋은 인상을 준다.

2. 실질적 이익 제공
   금전이나 그 밖의 실질적인 이익을 준다.

3. 지적 이익을 제공
   지식을 얻음으로써 합리적인 일 처리가 가능해지고 따라서 시간을 단축하고 체계적인 공정을 알 수 있다.

4. 자기실현 욕구를 만족시킨다.
   자신의 존재가치를 분명히 하고, 하고 싶은 일을 실현시킴으로써 만족을 얻는다.

5. 생리적인 욕구를 만족시킨다.
   식욕이나 물욕 등 생리적인 욕구를 만족시킨다.

6. 명예욕을 만족시킨다.
   명예나 엘리트 의식을 만족시키다.

7. 대체 행위를 제공
   자신이 할 수 없는 것이나 자신의 능력 이상의 것을 해 줌으로써 만족을 준다.

3 진정한 비즈니스 서비스

서비스란 돈이 들지 않는, 그저 깎아 준다는 의미가 아니라 진정한 의미의 서비스란 고객에게 만족과 감동과 메리트를 만들어 파는 상품이다. 이것이 진정한 의미의 비즈니스 서비스라는 상품이며, 앞으로 비즈니스의 최대 상품이 되어야 하는 것이다. 그러기 위해서는 먼저 기본이념에 대한 인식을 분명히 한 후 말투, 태도, 동작에서 고객에게 만족과 감동과 메리트를 어떤 식으로 만들어 팔 것인가를 고민해야 한다. 상품은 개발만이 아니다. 납기나 납품방식, 전표 쓰는 방식, 인사법 등도 제대로 실행해야 한다. 그런 행동과 마음가짐이야말로 서비스라는 상품, 바로 그것이다.

무엇보다 좋은 상품은 '호감을 주는 것'이다. 상품을 품질과 납기와 가격으로만 따지는 생각은 낡은 것이며, 그저 물품만 고집하는 그런 시대는 이미 지났다. 부가가치를 붙이라는 말을 자주 쓰는데, 그 말 대신에 써야 하는 것이 바로 '비즈니스 서비스'이다. 다시 말해서 고객에게 감동과 만족과 메리트를 제공해야 한다. 이런 관점에서 서비스를 뉴 비즈니스라는 상품으로 만드는 것, 이것이 부가가치를 붙이는 일이며, 향후 비즈니스의 기본방향으로 잡아 나가야 하는 것이다. 물품에만 의존하거나 즉석에서 임시변통으로 때우는 식의 비즈니스는 이제 그만둬야 한다. 멋진 비즈니스 서비스를 제공하기 위해서는 발상의 전환이 반드시 필요하다.[3]

☞ 비즈니스 서비스의 제공

① 고객에게 감동을 제공한다. – 말투, 태도, 동작 등에서 고객에게 감동을 준다.
② 고객에게 만족을 제공한다. – 편리함과 좋은 느낌, 기쁨을 만들어 낸다.
③ 고객에게 메리트를 제공한다. – 뭔가 득을 보았다는 기분을 준다.

4 서비스의 5S[4]

서비스를 이해하기 쉽게 정리하면 5S로 집약할 수 있는데, 첫째는 Smile, 즉 웃는 얼굴이다. 둘째는 Speed, 즉 재빠른 행동이며, 셋째는 Sincerity, 진심이며, 넷째는 Safety, 안심·안전 그리고 다섯째가 Security, 보안이다. 이 같은 서비스의 5S 포인트를 태도나 말투, 심지어 인쇄물에까지도 나타내어야 한다. 그것이 바로 상품 그 자체이며 궁극의 서비스이다.

먼저 Smile에 대해서, 어느 호텔에서는 '스마일 ㅇㅇㅇ호텔' 이라는 캐치프레이즈를 내걸고 있다 프런트나 종업원 누구나 웃는 얼굴이다. 스마일, 스마일… 그 정도로 철저했다. 그렇게 하다 보면 종업원들 스스로가 기분이 좋고, 따라서 손님들에게도 자연히 감

3 정수원, 소자본 창업과 경영, 문영사, 2001. p.297.
4 상게서, pp.298~300.

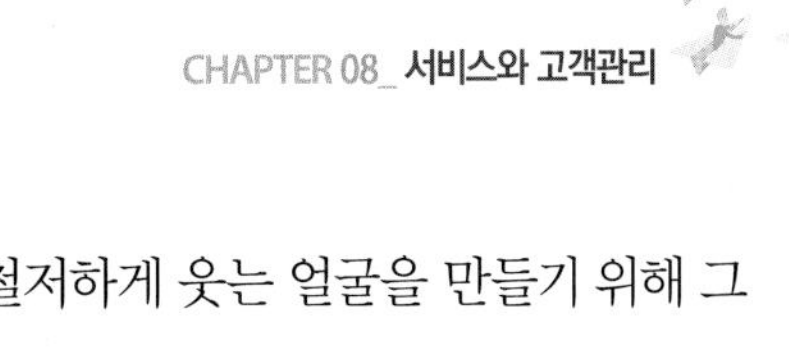

동을 준다. 웃는 얼굴이야말로 상품이다. 이처럼 철저하게 웃는 얼굴을 만들기 위해 그 회사에서는 사내 스마일 컨테스트까지 열었으며, 조회 때도 스마일 훈련을 한다. 피 땀 흘린 노력으로써 이 웃는 얼굴이 상품화되었던 것이다.

두 번째는 Speed이다. 이것은 상품이다. 납기를 엄수하는 것이다. JIT(Just in Time), 그런 것이 앞으로 의 비즈니스에서는 더욱 중요해질 것이다. 어느 유명한 레스토랑에서는 스피드와 저렴함, 별미 등을 상품으로 팔고 있는데, 손님이 자리에 앉자마자 그 자리에서 주문을 받는가 하면, 주문한 요리가 금방 나온다. 맛도 좋고 값도 싸다. 삼박자가 잘 맞아 완벽한 상품이 되는 것이다.

세 번째는 Sincerity, 진심 혹은 정성이다. 어떤 고객이든 예의를 갖춰서 자신을 잘 대해 주기를 바란다. 고마운 마음이 들면 돈을 내고 싶어지는 것은 당연하다. 물론 정성을 들이는 것이 그 전제이다. 고급레스토랑, 고급품의 배달, 고급 상품에는 당연히 정성이라는 서비스가 상품화되어 있어야 한다.

이름 있는 회사에서는 고객에 대한 인사 매너는 정중한 마음으로 하는 것이 가장 중요하다. 고객의 입장에서는 바로 그 점에서 감동이 우러나오고, 그에 따라 신뢰와 비즈니스가 이루어지는 것이다. 이것을 어떤 식으로 드러내어 상품화할 것인가가 앞으로 비즈니스의 중요한 포인트가 될 것이다.

네 번째는 Safety, 안전·안심이다. 어떤 판매에서도 안심, 신뢰감, 안전과 같은 것들이 필요하다. 이것은 비즈니스 서비스에서 절대적인 요소다. 그것이 있어야만 비로소 영업이 성립할 수 있기 때문이다. 안심과 안전 그리고 그에 따른 배려가 있으면 사람이 모인다. 그러다 보면 신뢰가 생겨 비즈니스도 확대될 것이다. 아주 큰 비즈니스 산업으로 성장한 경비보안은 그러한 것들을 조직적으로 구축해서 상품화하는 것은 좋은 예이다.

마지막으로 Security, 보안이다. 개인의 비밀과 상품의 품질, 나아가 기업의 기밀을 보장하는 것이다. 이런 Security 비즈니스는 기업 간의 경쟁이 격화되는 시대에 걸맞게 앞으로도 신뢰관계의 상품, 기밀유지의 상품으로서 더욱 발전할 것이며, 뉴 비즈니스라기보다는 거대 비즈니스로 발전해 갈 것이다. 또한 그런 추세에 맞춰, 자사의 기밀유지뿐만 아니라 고객의 프라이버시나 기밀을 보장함으로써 고객에게 감동과 만족을 제공하는 상품으로 가꾸어 가야 할 것이다. 어떤 회사든 마찬가지다.

서비스의 수준은 늘 조금씩 개선되고 강화되어야 한다. 현재의 서비스수준에 만족하

고 있으면 고객은 이에 대해 조만간 식상하게 될 것이고, 경쟁업체로부터 추월당하기 마련이다. 서비스수준을 개선시켜 나가기 위해서는 항상 고객의 의견을 청취하는 일이 필요할 것이다.

☞ 세일즈 5S 포인트

❶ Smile: 웃는 얼굴 – 명랑하고 쾌활한 곳에는 사람이 모인다.
❷ Speed: 재빠름 – 빠르고 확실한 행동력은 신뢰의 기반을 만든다.
❸ Safety: 안전 – 안도감을 주고 안전한 환경을 제공함으로써 신용을 키운다.
❹ Security: 보안 – 품질보증이나 기밀유지 등으로 보다 높은 신뢰를 쌓는다.
❺ Sincerity: 성실하고 열성을 다하라.

사례 1 - 디즈니랜드의 서비스정신

여러 기업들이 고객들에게 서비스를 제공하고 있으나 그 중에서 서비스교육이 제일 잘된 곳이 디즈니랜드라고 볼 수 있다. 디즈니랜드는 꿈의 동산으로서 많은 사람들에게 꿈을 제공하고 있다.

고객에게 서비스를 제공하기 위해 디즈니랜드는 운영이념을 S(Safety: 안전성) · C(Courtesy :예절) · S(Show :쇼) · E(Efficiency :창안, 효율)로 정하고 있다. 먼저 안전성을 보면 어린이들의 꿈의 세계이므로 안정성을 중요시한다. 어트랙션의 설비에 있어서도 여러 가지의 안전장치를 부착하여 사고 없는 놀이 공간을 제공하고 있다.

Caster의 분명한 언행이 트레이닝의 성과를 보여 주고 화려한 메니큐어나 이어링 등의 장신구는 금지되어 있으며, 남자직원들은 수염을 기르거나 머리카락이 귀를 덮는 것도 금지되어 있다. 이 모든 내용이 직원 대기실에 게시되어 있어 평상시에도 늘 주의를 환기시키고 있으며, 『Disney Smile운동』으로 항상 미소를 짓도록 지도하고 있다. 테마파크내의 모든 것이 '쇼'이며, 하루하루가 쇼의 첫 공연이라는 것이 Disney의 철학이다. 청소담당, 기계조작, 이벤트 등 200여 직종에 각각 다른 특수한 복장을 입혀 무대에 서게 하여 Disney는 '유원지 산업을 쇼 비즈니스'로 변화시켰다고 불리고 있다.

손님을 잘 유도하는 기술은 어느 곳에서도 찾아볼 수 있는 광경이다. 어트랙숀을 즐기는 사람들을 위하여 대열을 만드는 방법이 기묘하게 장 되어 있으며, 열이 길어 보이지 않게 하기 위해 몇 번이고 로프를 꺾어서 만들어 놓았다. 대열의 길이에 딸라 열의 마지막까지 기다리는 시간을 표시함으로써 손님에게 기다리는 시간을 미리 알려준다. 손님이 기다리는 시간이 길면 디즈니랜드내의 Caster를 통제하는 책임 연출자는 밴드나 동물모양을 인형을 근처에 이동시킴으로써 기다리는 시간의 지루함을 달래는 서비스를 제공한다. 원내에서는 쓰레기를 전혀 찾아

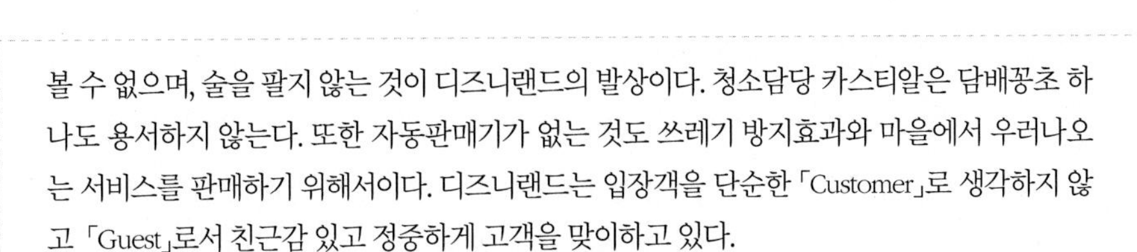
볼 수 없으며, 술을 팔지 않는 것이 디즈니랜드의 발상이다. 청소담당 카스티알은 담배꽁초 하나도 용서하지 않는다. 또한 자동판매기가 없는 것도 쓰레기 방지효과와 마을에서 우러나오는 서비스를 판매하기 위해서이다. 디즈니랜드는 입장객을 단순한 「Customer」로 생각하지 않고 「Guest」로서 친근감 있고 정중하게 고객을 맞이하고 있다.
"You can design, create and build the most wonderful place in the world, but it take people to make that dream a reality"

제2절 고객관리

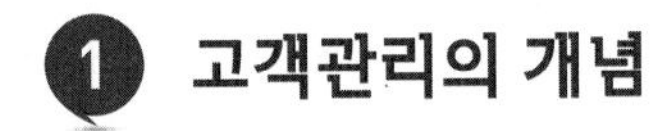

1 고객관리의 개념

고객관리란 고객에 관한 정보를 수집하여 분류·정리하고 가공·활용하는 일을 말한다. 고객관리를 해나가는 데 있어 고객에게 일종의 기여를 해야 한다. 고객이 바라고 있는 서비스를 알고 고객의 정보수집이나 활용에 그치는 것이 아니라 고객에게 적은 것이나마 도움을 주는 고객관리가 이루어져야 한다. 컴퓨터에 수록된 고객 데이터베이스를 바탕으로 고객과의 장기적인 관계구축을 위한 전략을 수립하고 집행하여야 한다.

고객 리스트를 구축하고 이를 바탕으로 마케팅활동을 전개했던 예는 과거에도 찾아볼 수 있다. 고객관리가 필요한 이유는 다음과 같은 환경의 변화에서 찾아볼 수 있다.

고객특성 측면에서 보면 가격할인보다는 서비스와 편의성을 추구할 만큼 경제적으로 여유가 있는 고객계층이 증가하고 있으며, 이들은 자신이 원하는 서비스를 받기 위해서 기꺼이 추가로 비용을 부담할 용의가 있다. 고객의 니즈도 예전보다는 세분화되고 다양화되면서 개별적으로 특별하게 대우받기를 원하는 고객들이 늘어나고 있기 때문이다.

고객관리를 활성화시킨 환경변화는 정보기술의 발전에 있다. 컴퓨터의 대중화로 데

이터베이스 구축의 필수요건인 고객정보 수집에 소요되는 비용이 대폭 감소하였으며, 이를 분석하고 유지하는 데 소요되는 추가비용도 줄어들었다. 또한 전화, TV, 멀티미디어, 인터넷 등과 관련된 정보기술의 발전으로 고객과 기업 간의 직접적인 커뮤니케이션이 보다 저렴한 비용으로 실현가능하게 됨으로써 고객과의 정보교환을 통한 마케팅의 기회가 증가하게 되었다.[5]

2 고객관리의 중요성

점포가 착실하게 번영하기 위해서는 고객실태를 파악하는 고객관리가 얼마나 중요한가를 생각해야 한다. 그러기 위해서는 다음과 같은 질문을 던져 봄으로써 고객관리의 중요성을 음미할 수 있을 것이다.

- 나는 고객관리의 중요성을 인정하고 있는가?
- 나는 고객관리에 철저함으로써 점포의 판매활동이 계획적으로 실행 될 수 있음을 알고 있는가?
- 고객관리란 고객카드를 관리하는 것이라고 알고 있는가?
- 신규로 고객을 찾는 것도 필요하지만 기존의 고객을 통한 유대의 강화가 경영상 바람직한 것임을 알고 있는가?
- 점포정보의 기초는 고객으로부터 얻는 정보임을 인정할 수 있는가?
- 고객관리에는 점포에서 하는 일 중 가장 중요한 역할을 하는 것임을 인정할 수 있는가?

그렇다면 고객관리는 무엇을 어떻게 하는 것이 바람직한 것인가? 고객관리의 활동은 고객관리상의 요점은 어떤 것인가 하는 문제에 대하여 생각하게 한다. 점포가 나아가려고 하는 방향과 고객영역을 만들고 또 거기에 연계하여 고객 만들기를 해야 한다. 고객관리의 활동에 대하여 다음과 같이 정리 할 수 있다.

- 지역 내의 고객에 대해서 카드내용의 획득을 꾀한다. 이 카드내용이란 카드의 활

5 조보상, 소자본 창업과 경영의 실무, 무역경영사, 2002, pp.303~314.

용을 전제로 한 것이다. 그 활용의 포인트는,

- 가능상품의 발견
- 점포에 대한 협력 점의 발견
- 정보전달의 효과 발휘
- 상품과 관련서비스 등의 기록

• 영역 내의 고객카드를 단 한 번으로 완전하게 작성하는 것보다는 계속적으로 완성해가는 것이 바람직하다. 다음의 여러 활동에서 정보를 입수할 필요가 있다.

- 판매시(계약서 작성시)
- 납품시(설치작업 중)
- 정기서비스 때
- 고장수리 때
- 정기적인 앙케이트
- 그 외 특별한 경우

• 고객카드에 필요한 정보가 획득할 때마다 그 내용은 올바르게 카드에 기록되어야 한다.

• 그 기록 자료는 점포의 재산이므로 점포의 재산답게 관리되어야 한다.

• 고객카드의 활용은 가능고객을 발견하기 쉬운 것이어야 한다.

• 고객카드는 어떤 기준에 따라 활성카드와 비활성카드의 별도관리가 행해져야 한다.

이를테면 1년간 반응이 없는 고객은 일단 카드에서 빼고 2년이 지나도 반응이 없는 고객은 완전히 제외하는 식이다.

• 고객카드 관리의 실무담당자가 바뀌는 일이 늘 있으므로 사장 스스로 고객카드의 입수에서 내용기록 또는 이의 활용 등 고객관리 전반에 따르는 관리의 기준을 만들어 두어야 한다.

• 영업방법의 전환, 점포의 확충 등의 변화는 항상 고객층의 교체에도 직결되어 있는 것임을 알고, 그 변화에 맞춘 고객층을 개척해야 한다(이를테면 매장면적이 3배 이상이 되었을 때에는 종래의 고객 30~40%가 교체되는 것이다).

3 고객의 데이터베이스 구축과 고려사항

고객관리는 데이터베이스를 기본으로 하는 마케팅 기법이기에 효과적인 데이터베이스의 구축이 성공을 위한 전제조건이 된다. 기업들이 보유하고 있는 고객 리스트는 주문이나 A/S의 목적으로 구축되어 있으며 고객의 니즈를 파악하고 이를 활용하기 위한 업무용 고객자료이다. 구축된 고객관리의 데이터베이스가 효율적으로 사용되기 위해서는 다음 조건을 갖추어야 한다.

- 기업의 현실에 맞아야 한다. 모든 상황에 획일적으로 적용되는 데이터베이스는 없으며, 구축하고자 하는 기업의 고객특성과 정보환경에 맞게 특화되어야 한다.
- 유연성이 있어야 한다. 지속적인 데이터의 갱신과 변환이 가능해야 하며 첨가·수정·삭제하는 작업이 용이하게 이루어질 수 있는 확장성을 가지도록 구성되어야 한다.
- 데이터의 내용은 다양할수록 좋다. 가능하면 고객의 모든 측면을 데이터화하는 것이 좋다.
- 범용성을 가져야 한다. 구축된 고객관리의 데이터베이스는 점포 내의 어느 부서에서 도 온라인으로 검색이 가능해야 한다.
- 신속한 검색이 가능해야 한다. 구축된 데이터의 크기에 관계없이 신속히 원하는 조건의 자료를 검색할 수 있는 구조를 갖추어야 한다.
- 이익측정이 가능해야 한다. 회계시스템을 포함하여 마케팅 데이터베이스로부터 발생하는 이익과 비용을 계산할 수 있는 구조를 갖추어야 한다.

그림 8-3_ 데이터베이스의 유형

유형	설명
업무용 고객 리스트	고객의 주문사항과 주기적인 청구서 발송에 사용되는 데이터베이스로서 주로 고객번호(account) 위주로 관리된다.
고객서비스 데이터베이스	가계나 회사단위로 구성되어 있다. 고객과의 거래기록, 고객의 서비스 요구사항 등이 포함되어 있는데, 이는 마케팅 데이터베이스 구축에 중요한 바탕이 된다.
마케팅 데이터베이스	고객서비스 데이터베이스 외에 인구통계학적 변수, 고객설문조사 응답내용, 판매촉진 참가내용 등이 포함되어 있다. 마케팅 데이터베이스는 마케팅 프로그램의 목적에 맞는 고객들을 탐색하고 분류하기 위한 용도로 사용된다.

- 고객관리 데이터베이스는 고객관리부서에서 관리되어야 한다. 고객관리 데이터베이스의 갱신과 유지, 접속권한이나 우선순위 관리는 고객관리부서에서 책임져야 원활한 마케팅 활동과 고객서비스에 유리하다.

고객관리는 데이터베이스를 구축할 경우 고려해야 할 사항은 다음과 같다.

- 고객관리 데이터베이스 구축을 위한 마케팅, 시장조사, 판매, 광고 고객서비스가 모두 포함되어야만 창의적이고 활용도가 높은 고객관리 데이터베이스를 구축할 수 있다.
- 표준포맷을 개발해야 한다. 이는 고객으로부터 수집해야 할 정보의 항목을 포함하는데 일반적인 고객정보로는 구매기록, 가족구성(나이·학력·자녀수 등), 직업 여가활동(취미·스포츠 등), 보유 차종, 매체특성, 라이프스타일, 촉진활동에 대한 응답 등이 있다. 가능한 한 많은 항목의 정보를 수집해야 향후 다양하고 풍부한 마케팅활동의 전개가 가능해진다.
- 디자인 작업이 필요하다. 이는 고객정보 자료의 내용을 화면이나 보고서로 출력하기 위한 디자인 작업이다.
- 데이터베이스를 활용하기 위한 고객관리프로그램을 개발한다. 이 과정을 통해 현재 구축하고 있는 데이터베이스가 향후 마케팅활동에 적합하게 구성되었는지 확인할 수 있다.

4 고객관리의 방법

일정지역에 상권을 설정하고 고객을 관리해 나가는 데는 여러 가지 방법이 있다.[6]

1) 방문활동

(1) 방문판매에서 방문활동으로

일상 활동의 자세로 애프터서비스나 사전서비스(before service)를 포함한 방문활동을 하

6 상게서, 무역경영사, 2002, pp308~314.

며 고객과의 관계를 유지하는 것이 바람직하다. 한 집이라도 더 많은 고객에게, 한 집당 소요시간을 단축, 그 대신 횟수를 늘려서 고객을 육성해 나가는 방문활동이 효과적이다. 궁극적으로는 상품판매를 목적으로 하지만 고객이 가벼운 마음으로 자주 접촉할 의사가 생길 정도로 하는 것이 좋다. 더구나 방문 때마다 강매를 하는 것이 아니라, 사용하는 상황을 묻거나 생활정보를 제공하든지 하는 것이므로 방문판매라 하지 않고 방문활동이라 표현하는 것이다.

(2) 단일 업무에서 다목적 업무로

적은 인원을 가지고 방문활동을 의욕적으로 전개하기 위해서는 요령 있게 효율을 높일 필요가 있다. 예를 들어, 가전제품의 수리·수선에 대한 주문이 있을 때 수리를 하고 난 후 수리대금을 회수하면서, 고객정보를 수집하거나 생활정보를 제공한다. 그리고 가지고 있지 않은 상품을 구입하도록 권하는 일을 가능한 한 간단하게 실행할 수 있도록 습관화 내지는 습성화 할 필요가 있다.

1회당 방문시간을 단축하기 위해서는 수리를 하면서 고객카드를 기입해 달라고 하거나 DM, 카탈로그 등을 미리 준비해 두었다가 건네준다. 수리의 경우라면 수리가 끝나고 "어떻습니까?" 하고 물어봄으로써 가능고객인지 아닌지를 체크할 수 있다.

(3) 서비스활동

가능고객에 대해서는 before service이며, 기존고객에 대해서는 after service되는 진단방문은 고객과의 유대를 강화하는 역할을 하는 외에 정보수집에 유효하다.

지구별로 날짜를 정해 계획적으로 실시하여 정보의 수집과 더불어 진실성 있는 서비스를 제공해야 한다. 상품의 청소, 점검, 조정, 수리를 서비스카드에 항목별로 기입하도록 한다. 점검, 조정, 수리에 맞추어 고객카드를 보완하고 정보를 수집해야 한다. 이들 정보를 체크하여 앞으로의 판매 접근방법에 적용하는 것이다.

(4) 순회방문 계획수립

오늘날은 소비자가 개성화되고, 더구나 절약하는 방식이나 정도가 다르기 때문에 언제 무엇을 바꾸려 하는가의 예측은 쉽지 않다. 그만큼 고정고객을 두루 순회하는 일이 무엇보다도 중요하다. 사용목적이나 기능, 사용 장소도 다르기 때문에 일정한 수요는 언제든지 있게 마련이다. 그러므로 방문활동의 방식을 연구·개선하여 합리화를 꾀해야 한다.

(5) 하루의 활동을 패턴화

주기적인 방문을 실시하기 위해서는 상권정비나 지역담당제도 필요하지만 일상생활을 얼마나 패턴화 하는가를 우선 결정해야 한다. 다음과 같이 하루 행동을 패턴화 할 수 있다.

- 오전 중에는 주기적인 방문을 실시한다.
- 오후에는 수주업무를 한다.
- 저녁부터는 판매정리를 한다.

1주일 중에 하루를 순회방문의 날로 정하여 활동을 전개한다.

(6) 일정고객 수 확보가 문제

일정한 고객수를 확보하여 주기적인 방문을 실시하여 새로운 대체수요를 확실하게 포착하는 동시에 신규수요를 개발함으로써 일부 서비스나 수리매상으로 평균 이상의 개인당 매출을 유지할 수 있다.

(7) 정보의 질이 열쇠

상권정비를 한다거나 행동을 패턴화 하여 주기적 방문을 실시할 때는 보다 효율적인 방법으로 제품에 대한 안내나 서비스정보를 제공해야 한다. 오늘날 많은 전단이나 DM이 나와 있으나 오직 팔기 위한 것에는 고객들은 관심이 없다. 그래서 독자(고객)에게 제공되는 정보는 계절적으로 적절하고 또 그 질이 중요시됨을 알아야 한다.

(8) 고객의 호의와 관심의 유지

고객의 호의와 관심을 유지하기 위해서는 다음 사항을 명심해야 한다.

- 고객이 바라고 있는 것이 무엇인가에 대해서 항상 마음을 쓴다. 고객이 바라고 있는 것을 언제나 경쟁자보다 한발 앞서서 제공하는 것이 최선의 방위책이다.
- 감사한 마음을 태도에 나타낸다. 고객의 관혼상제에 빠짐없이 인사를 차림으로써 고객과의 연계가 깊어진다.
- 고객의 불평을 신속히 처리한다. 불평처리를 잘못하면 고객을 잃기 쉽다. 그러므로 고객의 불평을 듣는 즉시 만족하게 처리하도록 힘써야 한다.
- 고객에게 언제나 최신정보를 제공한다. 판매원은 고객의 컨설턴트(상담역)가 되어야 한다. 좋은 아이디어를 제공한다든가 관련이 없는 일의 상담에도 응해 준다. 판매자와 구매자의 입장을 초월해서 친밀도가 두터워지면 그만큼 매출고도 증가한다.
- 고객을 소홀히 하지 않는다. 고객순방만 하고 있으며 고객의 고마움에 불감증이 되어 자칫 태도가 소홀해지고 신중성을 잃게 되기 쉽다. 고객은 바람둥이다. 조금이라도 소홀히 다루면 호의와 관심을 잃어버린다.

2) 점포 자체행사

점포에서 고객의 유치·확보를 위한 여러 가지 방법 가운데 중요한 것이 점포 자체행사의 개최이다. 이 자체행사는 고객관리의 어떤 전략보다도 효과적으로 신규고객을 확보할 수 있으며 고객의 고정화·조직화에 큰 성과를 거둘 수 있다. 얼마 전까지만 해도 조직에 침투해 들어가는 세일즈가 성공했으나 지금은 한발 앞서 조직을 만드는 세일즈가 요청되고 있다.

점포 자체행사는 어떤 일정한 룰이 있는 것이 아니라 어느 일정지역에 위치한 점포가 지역실정에 맞게 얼마든지 아이디어를 창출해 진행해 나가야 한다. 요리강습회, 신제품 전시회, 강연회, 여행회, 오디오 팬클럽의 결성 등 다양하게 자체행사를 실시할 수 있다. 점포 자체행사의 개최에는 물론 경비와 인력이 소요되나 상업적인 성과를 얻을 수 있을 뿐만 아니라 고객에게 봉사하는 점포로서의 이미지를 부각시킬 수 있다.

3) 고객생애가치 분석을 통한 고객관리

고객생애가치(Lifetime value)란 한 고객이 지속적으로 자사의 제품을 구매하는 것에서 발

생하는 순이익을 말한다. 이것은 고객관리의 비용과 가능한 이익을 모두 포함하고 있어서 제안된 마케팅 프로그램의 성공 여부를 평가하는 척도가 된다. 고객생애가치를 계산하기 위해서는 처음 구매 후에 다시 자사제품을 구매하는 고객의 비율, 한 해에 고객들이 자사 제품구매에 지출하는 평균비용, 변동비, 할인율 등의 정보가 필요하다.

각 마케팅전략마다 예상되는 고객의 생애가치 계산을 통해 마케팅전략의 결과를 예상할 수 있다. 경우에 따라서는 어떤 마케팅 프로그램은 시행할 필요가 없는 것으로 분석할 수 있다.

고객생애가치 분석으로부터 얻을 수 있는 이점은,

- 고객충성도를 제고하여 고객의 재구매율을 높이고 새로운 마케팅 프로그램을 실시함으로써 기존고객을 통한 매출을 증대할 수 있다.
- 마케팅 프로그램에 만족한 고객들이 자신의 주변 사람들에게 경험을 전파함으로써 구전효과를 높일 수 있다.
- 효과가 높을 것으로 예상되는 고객에게만 선별적으로 마케팅활동을 전개하므로 마케팅비용이 절감되며, 구매율이 높은 고객에게는 직접판매를 시도할 수 있으므로 유통비용을 절감할 수 있다.

4) 데이터베이스마케팅을 통한 고객충성도 강화

성공적인 고객관리를 위해서는 구축된 데이터베이스를 어떻게 사용할 것인가에 대한 계획이 있어야 한다. 일부 기업들은 고객 데이터베이스 활용에 대한 아이디어가 없이 그저 DM 발송용으로 고객 데이터베이스를 보유하고 있는 실정이다.

고객 데이터베이스를 활용한 고객관리의 기본은 고객충성도를 제고하여 고객이 다른 기업이나 브랜드로 전환하지 않도록 하는 것이다. 고객관리의 관계 강화를 통해 고객에 대한 특별한 배려나 정신적인 혜택을 강조함으로써 고객이 서비스를 받고 있다는 느낌을 지속적으로 유지하는 전략이 필요하다.

고객충성도를 높이는 구체적인 전략으로는,

- 고객에게 멤버십카드를 발급함으로써 고객으로서의 일정한 지위를 느끼게 하는 것이 있다. 예를 들어, 특정 호텔을 자주 이용하는 고객에게 멤버십카드를 발행하

여 고객이 선호하는 객실이나 음식 등을 고객이 매번 설명하지 않아도 서비스하는 것이다.

- 사교클럽이나 동호회 등을 조직하는 것도 고객의 충성도를 제고하는 좋은 방법이다. 정보기술이 발전하면서 인터넷이 새로운 커뮤니케이션 수단으로 각광받고 있다. 기존의 대중매체가 일방향성을 가진 데 반해 인터넷은 쌍방향성을 가진 매체라는 점에 고객관리에 큰 변화를 가져올 수 있다.

인터넷을 이용한 고객관리는 우선 목표고객에게 전달하는 능력이 뛰어나다는 것이다. 인터넷의 쌍방향성을 이용하여 고객이 원하는 정보를 선별적으로 보낼 수 있고, 고객이 이러한 정보를 받았는지 확인할 수도 있다. 또한 고객의 반응을 즉각적으로 피드백 받을 수 있으며, 이것을 온라인으로 고객관리 데이터베이스에 축적·갱신할 수도 있다. 이를 통해 고객의 참여를 높이고 고객충성도도 제고할 수 있다.

핵심 Key 1 끊임없이 신규 고객을 발굴하라

사업의 최종의 목표, 즉 경영의 목표는 계속해서 고객을 만들어내는 일이다. 어려움을 뚫고 신규 고객을 만들어내는 방법은 두 가지다. 이미 다른 파트너와 거래를 하는 사람을 자기편으로 끌어들이는 방법과 '블루오션'을 만들어서 새로운 고객을 창출하는 방법이다. 새로운 고객 확보는, 고객에게 더 생산적이고 믿을 만한 존재로서 자신을 부각시킬 수 있을 때만 가능하다. 그리고 그 방법을 찾아 행동으로 옮기는 경제 주체들만이 시장 경쟁에서 승리를 거둘 수 있다.

브라이언 트레이시가 개발한 1,000퍼센트 공식은, 한꺼번에 나아가기는 어렵지만 조금씩 나아가면 안 될 일이 없다는 점진적인 향상의 법칙에 근거하고 있다. 1,000퍼센트 공식의 아이디어는 복리 원리와 비슷한 개념이다. 새로운 고객 만들기에 이를 적용하면 처음부터 고객을 많이 확보하겠다는 거창한 계획을 세울 것이 아니라 매일매일 자신과 자신의 능력을 조금씩 향상시키는 것이다. 이를테면 0.1퍼센트씩 향상시킨다면 별것 아닌 것처럼 보이지만 매일 0.1퍼센트씩 향상시킬 경우 첫 한 주 동안 자기 자신의 성과를 0.5퍼센트 향상시킬 수 있다. 매주 0.5퍼센트가 4주 동안 축적되면 2퍼센트가 향상되고 이는 1년 만에 26퍼센트(한 달이 4주가 넘는 달도 있으므로 1년이면 26퍼센트가 된다)가 향상됨을 뜻한다. 그리고 매년 26퍼센트씩 10년 동안 계속한다면 처음 시작에 비해서 무려 1,000퍼센트(복리로 정확히 계산하면 1,008퍼센트가 된다)라는 엄청난 성과를 창출할 수 있다. 결국 매일 0.1퍼센트씩 꾸준히 사업을 개선해 나가면 10년 만에 1,000퍼센트의 개선을 이뤄낼 수 있다. 이것이 바로 복리의 위대한 힘이다. 사업이건 인생이건 대박이 아니라 꾸준한 축적이 중요하다는 점을 잘 보여주는 사례다. 브라이언 트레이시는 자신의 저서 『사업 성공의 길』에서 '1,000퍼센트 향상의 7단계'를 제시한다.

1단계: 매일 아침 30~60분 동안 자기 분야에 대한 자료를 읽는다. 2단계: 매일 아침 스프링 공책에 주요 목표를 현재 시제로 다시 적는다. 3단계: 매일 미리 계획을 세운다. 계획을 세우기에 가장 좋은 시간은 전날 밤이나 전주 주말이다. 항상 종이에 계획을 적고 그 계획서에 따라 행동한다. 4단계: 시간을 가장 효과적으로 활용하는 일에 집중한다. 5단계: 자동차에서는 오디오 교육 프로그램을 듣는다. '운전하는 시간'을 '배우는 시간'으로 삼는다. 6단계: 판매 전화를 건 다음 항상 두 가지 질문을 한다. 첫째, "내가 훌륭하게 해냈는가?" 둘째, "지금과 다르게 할 수 있는 방법은 없을까?" 7단계: 만나는 모든 사람을 '수백만 달러 가치의 고객'이라고 생각한다. 누구를 만나든 세상에서 가장 중요한 사람인 것처럼 최선을 다해 대한다(자료: 브라이언 트레이시, 『사업 성공의 길』, pp.168~171.).

이 방법은 세일즈 성과를 극대화하기 위한 구체적인 방법인데, 이는 새로운 고객 발굴의 가능성을 높일 수 있는 훌륭한 제안 가운데 하나이다.

▶ 집중적인 고객 관리를 위해 자신의 시간부터 관리하라

브라이언 트레이시는 그의 저서에서 사업가들의 흥미를 끄는 자료를 한 가지 소개한다. 콜럼비아 대학이 월간지 《세일즈 앤 마케팅관리》와 공동으로 실시한 연구 조사 결과에 따르면 "미국에서 보통 수준의 세일즈맨은 매일 한 시간 반, 즉 자신의 시간 가운데서 약 20퍼센트 동안만 일한다"고 한다. 사장이라면 이보다 훨씬 더 집중적으로 자신의 시간을 관리하고 있을 것이다. 새로운 고객을 확보하기 위해서 하루도 빠짐없이 목표를 관리하는 습관을 가져야 한다. 곧바로 성과로 연결되지 않더라도 '1,000퍼센트 향상의 7단계' 가운데 2단계(매일 아침 스프링 공책에 주요 목표를 현재 시제로 다시 적는다)처럼 사소해 보이는 것일지라도 늘 목표를 적어보고 그 목표를 달성할 수 있도록 노력해야 한다.

POINT

1. 잠재 고객 한 사람 한 사람을 최선을 다해 대하라.
2. 한 번에 큰 욕심을 부리지 않는다. 작은 변화가 큰 변화를 가져다준다.
3. '신규 고객 확보를 위한 10계명'과 같은 자기만의 실천법을 만든다.

<출처: 공병호, 공병호의 사장학, 해냄 출판사, 2009, pp.216~221. 요약.>

제3절 단골 고객을 만드는 방법

1 단골 고객의 중요성

어느 상점이라도 그 상점을 주로 이용하는 손님의 거주 지역은 대략 일정한 범위가 있다. 이것을 그 상점의 상권이라고 하며, 이 상권에는 여러 가지의 소매점이 많이 있을 뿐 아니라 주민도 많이 있다. 특히 불경기하에서는 단골 고객의 중요성이 더욱 커질 것이다.

2 단골 고객을 만드는 방법

안면이 없는 고객이 상점 안에 들어 왔을 때에 그 손님을 단골 고객으로 만들려면, 판매원은 다음 사항을 유의해야 한다.[7]

❶ 고객에게 적절한 상품을 권한다.
❷ 처음 온 손님일수록 친절히 대한다.
❸ 상품을 구입하고 간 며칠 후에는 DM이나 전화를 통하여 사용해 본 소감이나 의견을 물어본다.
❹ DM이나 전화를 통하여 가끔 행사안내나 신상품을 소개한다.
❺ 다시 상점에 찾아 온 손님에게는 전에 전화에서 통화한 내용을 상기시키면서 친밀감을 주는 대화를 한다.
❻ 상품을 사지 않은 손님도 끝까지 친절하게 대하여 다음번 에도 또 다시 찾아오도록 한다.

7 김이태, 창업경영전략, OK Press, 2002, p.428.

이러한 판매원들의 활동에 곁들여 회사 자체에서 고정 고객을 만들고 유치하려면, 회사의 정책적 차원에서 고정 단골 고객을 확보하기 위한 제도적인 노력을 해야 한다. 이를 위해서는 몇 가지 효과적인 방법을 이용할 수 있다.

1. 모니터 제도이다. 상점에 대한 고객의 의견, 다른 상점에 대한 고객의 평판 등을 알기 위하여 선정된 고객에게 일정한 질문지를 배부하여, 기입하여 제출하게 하고, 때로는 이들을 모아 회의 형식으로 토론을 진행시킬 수도 있다. 이렇게 상점에서 알고 싶은 사항을 정기적으로 파악하기 위하여 부탁한 사람들을 모니터(monitor)라 한다.
2. 상점의 상권 안에 있는 주민 중에 영향력이 있는 사람들에게 상점의 뉴스와 신제품 또는 각종 행사의 소식을 전해주면, 단골 고객의 유지와 새 고객을 만드는데 효과적이다. 이때 선정된 사람들을 오피니언리더(opinion leader)라고 한다.
3. DM이나 전화를 통해 상품을 구입한 적이 있는 고객에게 정기적으로 또 상당한 기간 계속적으로 상점의 행사 소식, 신제품 소개, 각종 행사 초청 등의 판매촉진을 해야 한다.
4. 상품을 구입한 후에 적당한 시기에 구입한 상품에 대한 의견을 묻고 그 상품의 손질 방법, 사용상의 주의, 보관 방법 등을 설명해 주는 것이다. 이것은 일종의 애프터서비스인데, 이 경우에는 애프터 캐어(after care)라고 한다.

3 고객카드 작성 및 관리

고객관리를 하자면 제일 먼저 고객에 대한 정보, 즉 고객카드가 필요하다. 이 고객카드야말로 점포의 합리적인 경영에의 기본이 되는 것으로 고객카드만 완비되어 있다면 상권정비나 고객관리를 큰 힘을 들이지 않고 단골고객을 유지 관리해 나갈 수 있다.

단골 고객의 카드 작성을 위해서는 크게 두 가지 방법이 있다.[8]

첫째 방법은 고객에게 부탁하거나, 판매원이 직접 카드를 써서 만드는 방법이다.

8 상게서, OK Press, 2002, pp.428.

① 상품 배달을 부탁 받았을 때 카드를 쓰도록 한다.
② 고객이 상품을 살 때 카드를 주어 주소, 성명, 가족 사항, 전화 번호 등을 기입하게 한다.
③ 제품 수리를 의뢰해 왔을 때 카드를 쓰도록 한다.
④ 문의하는 손님에게 "차후에 더 상세한 안내서를 보내겠다"고 하고 카드를 작성한다.
⑤ 구하는 상품이 품절 되고 없을 때 주소, 성명을 물어 기록하고 "상품이 들어오면 알려 주겠다"고 약속한다.
⑥ 신용 카드를 사용할 때 이와 같은 내용의 카드를 쓰게 한다.
⑦ 메이커가 준 추첨권을 나누어 줄 때 카드를 작성한다.

두 번째 방법은 자기 상점에서 상품을 구입할 가능성이 있는 소비자의 카드를 만드는 방법이다. 이것을 위해 다음과 같은 자료를 이용할 수 있다. ① 직업별 전화번호부 ② 학교 동창생, 재학생 명부 ③ 기업체나 단체의 직업 명부 ④ 각종 전문단체 또는 직업별 단체의 회원 명부 ⑤ 결혼식장의 예약신청 명부 ⑥ 다른 소매업자들과 명부를 교환할 수도 있다.

4 고객 계열화

고객의 취향에 맞추어 소매점의 주도 하에 고객의 조직을 만들어 고객을 유지하는 것을 소비자 계열화라고 한다. 계열화된 고객은 단골 관계일 뿐만 아니라 조직을 구성하게 되므로 그것을 통하여 상점과 고객이 연결된 상태가 된다. 즉, 소비자 계열화는 단골 고객을 계속해서 유지, 확대시키기 위한 더욱 높은 수준의 방법이다. 따라서 단골 고객이라고 안심하고 있지 말고 이들을 계열화하도록 노력해야 한다.

일반적으로 소비자를 계열화하는 방법에는 다음 몇 가지가 있다.

① 가장 보편적인 것은 각종 동우회 또는 동호인 회이다. 이것은 회원을 모집하여 그 회원들에게만 특별 서비스를 제공하는 방법이다.

② 신용카드 회원제도이다. 은행카드처럼 백화점의 신용카드 회원이 되면 현금 없이 카드만으로 상품을 살 수 있기 때문에 계속해서 그 백화점을 많이 이용하게 되고 단골고객을 확보하는데 효과적인 방법이다.

③ 신용카드 제도를 더 확대해서 단골 고객 클럽을 만들어 이를 활용하는 방법도 있다.

고객을 고정 고객으로 만드는 방법

자사에 대한 고객의 호의적인 평가를 바탕으로 반복 구매를 행하는 고정 고객을 확보하는 방법에는 여러 가지가 있겠지만 다음과 같은 몇 가지 예가 있다.

1. 고객의 성함을 기억한다.

모든 고객은 불특정 다수의 고객 중 한 사람의 의미를 갖는 무명인사로 취급되는 것을 싫어한다. 특정의 고객으로 분류되어 자신의 이름이 불려지는 것이 유쾌한 일이다. 고객은 자신의 이름을 상대방이 기억해 줄 때 상대방의 입장에서 자신이 차지하고 있는 비중을 좋게 평가하여 자부심을 갖게 되며 이것은 자사에 대한 애호의 마음으로 이어질 것이다.

2. 고객의 공헌도에 비례하는 사은행사를 기획한다.

고객이 자사의 상품이나 서비스를 이용할 때마다 일정금액이 표시된 스탬프를 찍어주거나 쿠폰을 제공하거나 우표 따위의 유가증권을 주는 방법이다. 이와 같은 방법은 가격이나 품질, 서비스에 있어서 독특한 차별화의 방안이 없는 주유소, 레코드 판매점 등에서 유용하게 사용되는 고정고객 확보를 위한 방법이다.

3. 반복구매를 유발하는 방안을 강구한다.

우리나라의 항공회사의 일부, 호텔 등이 이 방법을 실행하고 있다.

<출처: 최종학·김현주, 고객만족을 위한 실천기법 21C, 한올, 1998, p.194.>

CHAPTER 09

마케팅과 친절문화

Understanding of Management & Foundation

CHAPTER 09

마케팅과 친절문화

제1절 마케팅의 개념과 중요성

1 마케팅의 의의와 형태

마케팅은 영어로는 Market, 즉 '시장'(명사) 또는 '판매 한다'(동사)에서 유래된 것이나 시장이나 판매보다는 훨씬 더 포괄적인 의미를 가지고 있다. 미국 마케팅학회에서 1960년에 규정한 전통적 의미의 마케팅 정의는 '제품이나 서비스를 생산자로부터 소비자나 사용자에게 이전시키는 기업 활동의 수행'이라고 하였다.

그 후 여러 논자들이 논의를 거친 현대적 정의는(개별 기업적 차원에서) '회사의 이익과 구매자의 이익을 다같이 능률적으로 달성할 목적으로 구매자들이 원하는 제품이나 서비스를 생산·분배하는 것과 관련된 제 기업 활동의 총 체제'를 마케팅이라 한다. 그러나 오늘날 마케팅은 단지 기업조직에만 국한된 활동이 아니며 마케팅 대상도 제품이나 서비스뿐만 아니라 아이디어, 조직, 사람 등 교환의 대상이 되는 모든 것이 포함되기 때문이다. 마케팅 활동의 목적은 점포의 매출을 극대화하기 위한 것이다. 다시 말하면 고객에게 만족을 제공하는 동시에 점포의 목표를 달성하기 위한 활동인 것이다.

마케팅 활동이 소점포 경영에도 필요하다. 취급하는 상품의 가격책정, 품질, 공급 또는 판매 방법, 광고 및 판촉방법, 고객서비스 등의 통합으로 고객에게 최대의 만족을 주어 매출의 활성화를 이루는 것은 점포 운영에 절대적이다. 갈수록 소점포 경영환경은

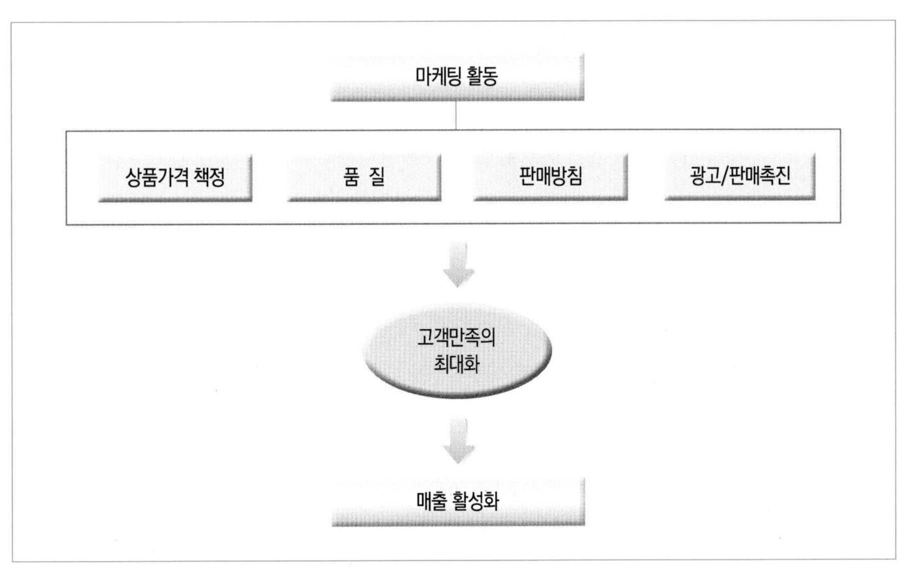

그림 9-1_ 마케팅 활동의 의의

어려워지고 있다. 소매업계에서는 대형 할인점, 전문점 등의 등장으로 소비자들의 소비 형태가 변하고 있으며, 이에 따라 동네 점포에서의 구매는 갈수록 줄어들고 있다.

점포마케팅의 핵심은 목표로 하고 있는 고객층을 명확히 설정하고, 이들의 욕구를 충족시킬 수 있는 방향으로 점포의 모든 것을 갖추어야 한다. 이렇게 고객만족을 이룰 수 있도록 노력하는 것이야말로 차별화를 이룰 수 있다.

경험적으로 보면, 점포경영에 성공한 사업자들은 대부분 이러한 마케팅적인 사고방식에 투철한 사람들이다. 상품을 구매할 때도, 창고정리를 할 때도, 판매촉진 계획을 잡을 때도 항상 누구에게 어떻게 팔아서 얼마를 남길 것인가에 대한 생각을 하고 있는 것이다. 이것이 바로 마케팅 마인드이다.

점포경영이라는 것은 판매가 중심이 되어야 하고, 또 이익을 남겨야 한다. 결국 점포의 경영활동은 판매에 집중되어야 한다. 예를 들면 점포의 장식, 종업원의 관리, 효과적인 진열, 매출 및 자금관리 등의 모든 것을 팔기 위한 준비작업이라 할 수 있다. 이것이 판매 중심의 철학이며, 마케팅 마인드를 가진 사고방식이라고 할 수 있다. 점포경영자와 종업원은 끊임없이 고객에게 이와 같은 판매 중심의 철학과 마케팅 마인드를 가져야 한다.

마케팅 활동의 목적은 점포의 매출을 극대화하기 위한 활동을 말한다. 다시 말하면 고객에게 만족을 제공하는 동시에 점포의 목표를 달성하기 위한 활동인 것이다. 자신이 목표로 하고 있는 고객층을 명확히 설정하고, 이들의 욕구를 충족시킬 수 있는 방향으로 모든 것을 갖추어 고객만족을 이룰 수 있도록 노력하는 것이야말로 차별화를 이룰 수 있는 점포마케팅의 핵심이다.

이제는 마케팅을 광범위하게 해석하여 '인간의 욕구충족을 위해 수행하는 교환'을 마케팅이라 하여 마케팅이 사기업 뿐만 아니라 공기업은 물론 영리를 목적으로 하지 않는 개인이나 조직(국가기관 등)이라도 거래 혹은 설득이나 커뮤니케이션 등 교환 내지 그것을 촉진하기 위한 활동을 수행하면 그들은 모두가 마케팅의 범주에 넣어야 한다는 것이다. 마케팅을 이와 같이 비유기적인 교환활동 및 사회적 문제나 공익적 서비스까지를 그 대상으로 하자는 것이 이른바 사회마케팅(Social marketing)이다. 사회마케팅의 예로는 흡연, 음주, 마약의 남용을 방지하기 위한 선전활동, 야생동물의 보호와 환경보전을 위한 촉진활동, 가족계획, 불우이웃돕기 등 무수히 많으며 국민의 사회적 관행을 교정하기 위하여 친절운동을 전개한다면 그 또한 사회마케팅이라 할 수 있다.

또한 최근에 이르러서는 마케팅의 도구나 대상이 무엇이냐에 따라 여러 명칭이 마케팅에 등장하고 있는데 서비스마케팅, 스포츠마케팅, 친절마케팅, 스타마케팅, 거물마케팅, 디마케팅(demarketing), 타깃마케팅(target marketing), 끼워 넣기 마케팅 등등이다. 서비스마케팅이란 고객들이 우리의 서비스에 만족하여 계속해서 서비스를 애호하도록 만듦으로써 교환(서비스의 거래)이 원활하게 일어나도록 하는 일이라 정의할 수 있다. 즉, 서비스 자체를 교환의 대상(상품)으로 하거나 서비스를 교환촉진의 수단으로 삼는 것을 서비스마케팅이라 하는 것이다. 이와 같은 서비스마케팅의 정의에 친절을 대입해보면 친절마케팅의 정의가 그 모습을 드러내게 된다. 즉, 개인의 욕구나 조직의 목표를 효과적으로 달성하기 위한 교환촉진의 수단으로 친절을 사용하거나 또는 친절 자체를 교환의 대상으로 할 때 이를 친절마케팅이라 할 수 있다.

2 마케팅의 전략

1) 마케팅 전략의 개념

마케팅 전략이란 기업의 경영목표를 효율적으로 달성하기 위하여 마케팅환경 변화에 대한 마케팅 제 활동을 전체적으로 조정하고, 마케팅 자원을 분배함으로써 새로운 고객을 창출하고 경쟁상의 우위를 확보하려는 일련의 활동을 말한다.

2) 마케팅 전략의 종류

① 상품전략 - 어떤 고객층을 대상으로 만들까 - 포지셔닝(Positioning)

② 가격전략 - 어떤 기준으로 가격을 결정 - Life cycle이나 고가정책 등

③ 유통전략 - 어떤 경로로 소비자에게 전달 - 도소매, 통신, 다단계

④ 광고전략 - 어떤 소비자에게 어떻게 알릴 것인가 - 상품, 이미지 광고

⑤ 결재전략 - 어떤 조건으로 상품을 팔 것인가 - 선불, 즉불, 후불조건

⑥ 서비스전략 - 어떤 서비스를 제공할 것인가 - 고객감동 서비스

⑦ 니치마켓전략(Niche Market) - 어떤 시장을 목표 - 작거나 특화된 시장

핵심요약 1 - 21세기 마케팅 기법의 형태

▸ 스포츠 마케팅

전문가들 사이에서도 스포츠마케팅의 정의에 대한 의견이 분분하다. 일본에서도 스포츠마케팅의 정확한 정의가 내려져 있지 않다. 일본 마케팅협회는 스포츠마케팅에 대한 정의를 유보하고 있는데, 그만큼 스포츠마케팅이 복합적인 의미를 갖기 때문이다. 이는 스포츠가 결코 계량할 수 없는 속성을 지녔기 때문이기도 하다. 한마디로 말해 스포츠마케팅은 이익창출의 관점에서 스포츠를 바라보는 것이라고 할 수 있다. 학문적으로는 '스포츠를 이용한 마케팅 활동'과 '스포츠의 마케팅 활동'으로 이해된다.

▶ 스타마케팅

영화배우나 연예인 등, 말 그대로 스타를 이용해 마케팅을 하는 것이다. 예를 들어 스타들에게 상품이나 용역을 사용하게 하여 소비자들이 그를 따라하게 만드는 것인데, 스타 모방심리를 이용한 이런 기업 활동을 스타마케팅이라 한다.

▶ 타깃마케팅

소비자를 세분화하여 특정 소비자별로 적합한 마케팅 전략을 차별적으로 적용하는 마케팅 기법이다. 예를 들어 고가의 중형자동차나 가전제품을 살수 있는 고소득자를 겨냥해 이를 집중적으로 관리하는 경우 등이다.

▶ 디마케팅(demarketing)

소비자를 극단적으로 나누어 관리하는 마케팅기법이다. 즉, 돈이 되는 소비자에게는 혜택을 주고 돈이 안 되는 소비자와는 거래를 과감히 끊어버리는 경우이다. 은행에서 우수 고객에게는 대출금리를 낮추어주고 상습연체자는 거래를 중지시키는 것이 좋은 예이다.

▶ 끼워 넣기 마케팅

영화나 텔레비전 프로그램에 기업의 제품이나 장소를 빌려주어 교환을 촉진시키는 마케팅 기법이다.

▶ 아줌마 마케팅

소비생활의 주체인 주부(아줌마)를 타켓으로 하는 마케팅이다. '아줌마'라는 호칭을 적극적으로 거론하고 아줌마의 자존심을 건드려 판매에 연결시키려는 마케팅 기법이다.

▶ 키즈/실버 마케팅

세분시장의 무게중심이 어린이와 노인으로 바뀜에 따라 향후 구매의사결정과정에서 어린이 소비자의 영향력을 중시하는 마케팅으로, 노인인구의 증대로 관련제품(의료기기, 건강관련식품, 요양시설 등)의 수요가 증가할 전망이다.

▶ 인터넷 마케팅

세계적으로 인터넷 활용 인구의 기하급수적인 증가로 인해 사이버 공간에서의 마케팅 활동으로 기업과 소비자에게 새로운 마케팅 기법과 전략이 증대될 것으로 전망된다.

▶ 이미지 마케팅

브랜드, 컨셉 등 감상에 의한 이미지 메이킹 기법으로, 세계적 시장에서의 성공적 진입을 위해 브랜드를 내세운 이미지 마케팅 전략의 중요성이 증가하고 있다.

제2절 서비스 사회와 창조적 서비스

보통 GNP의 절반 이상을 서비스 분야가 차지할 때 그를 가리켜 서비스 경제라고 하는데, 국가산업이나 경제에서 차지하는 비중의 차원을 떠나 개별고객에게 제대로 서비스(여기서 서비스란 친절·봉사 등 對 고객 상호관계론적 의미임)하지 않으면 경쟁의 시대에 살아남지 못한다는 의미에서 확실히 오늘날은 서비스 시대이다.

고객 서비스의 궁극적 목적은 고객 만족을 만들어 내기 위함이다. 고객만족이 만들어질 때 그 행동은 비로소 의미를 갖기 시작한다. 남들이 다 받는 서비스를 내가 받는다면 별 불만은 없겠지만 만족도 일어나지 않게 된다. 한 사람의 만족이 파급하는 효과는 대단히 크다. 불만족이 큰 파급 효과를 나타내는 것처럼 한 사람의 만족은 더 큰 파급 효과를 가진다. 구전 마케팅이라는 방법으로 만족이 전파되고 스스로 업무 몰입도가 증가함으로 인해 주변 사람들이 업무를 처리해 나가는 것이 쉬워지게 된다.

일상적이고 동일하게 반복되는 서비스로는 고객의 감동을 얻어 낼 수 없다. 그러므로 서비스 리더는 파트너에게 감동을 주는 서비스를 해야 한다. 감동을 받은 파트너만이 외부고객에게 감동을 전달할 수 있다.

우리나라에서 아주 각광을 받는 관광지로 모든 젊은이들이 한 번쯤 가보고 싶어 하는 곳으로 널리 알려진 정동진이 그 곳이다. 그런데 정동진은 원래 잘 알려지지 않은 조그만 바닷가 마을에 불과하였다. 변변히 쉴 곳이나 볼거리가 전혀 없던 것은 물론 그 곳을 알거나 방문하는 사람은 손에 꼽을 정도였다. 그러나 지금은 아주 새로운 곳으로 변했을 뿐 아니라 모르는 사람이 없을 정도로 유명한 곳이 되었다.

무엇이 그 곳을 그렇게 변하게 만들었을까? 그것은 '모래시계'라는 텔레비전 프로가 가져다 준 상징성, 즉 '모래시계'의 마지막 촬영지였던 여주인공이 기댄 자그마한 소나무가 가져다 준 상징성이다. 그 여주인공과 소나무라는 상징성이 없었다면 그 작은 소나무는 그저 바닷가에 외로이 서 있는 한 작은 소나무에 불과했을 것이고 정동진은 한적한 바닷가 마을에 머물렀을 것이다.

이러한 상징성은 그 자체만으로 의미 있는 것이 아니다. 보다 중요한 것은 그 상징성

을 살려 내려는 노력이라고 할 수 있다. 그러한 노력이 서로 어울려 엄청난 파급 효과를 만들어 내면서 한적한 바닷가 마을을 국민 관광지로 탄생시킨 것이다.

서비스 기업에서는 지금까지 외부고객에게 서비스를 할 때는 상징성을 부여해 감동을 끌어내는 작업을 하면서 내부고객인 파트너에 대한 서비스에서는 상징성을 부여하는 작업을 하지 않는 경향이 컸다. 이제는 내부고객에 대한 서비스를 할 때 상징성을 확보하는 작업을 해야만 한다. 서비스 리더는 하루하루의 삶을 파트너에게 상징성을 담은 서비스를 하는 데 쏟아야 한다. 그리고 나아가 파트너들이 외부고객에게 실천하는 서비스에도 상징적인 의미를 부여해 주어야 한다.

정문에 서서 인사를 하는 파트너에게도 마찬가지이다. 인사를 45도로 해라, 공손하게 하라고 교육만 하기 전에 인사는 우리의 매장으로 오는 손님에게 우리의 모습을 상징적으로 나타내는 첫 무대이다. 그 첫 느낌이 어떠하냐에 의해 내부에서 실질적인 서비스 행위를 하는 사람들의 많은 노력이 제대로 평가를 받느냐 그렇지 못하느냐가 결정된다는 것을 공감하게 한 후, 그렇게 중요한 첫 이미지를 좋게 하기 위해서 무엇을 해야 할 것인가를 함께 고민하여 방안을 마련하게 한다면 훨씬 의미 있고 자연스러운 고객만족형 장면이 연출될 수 있을 것이다.[1]

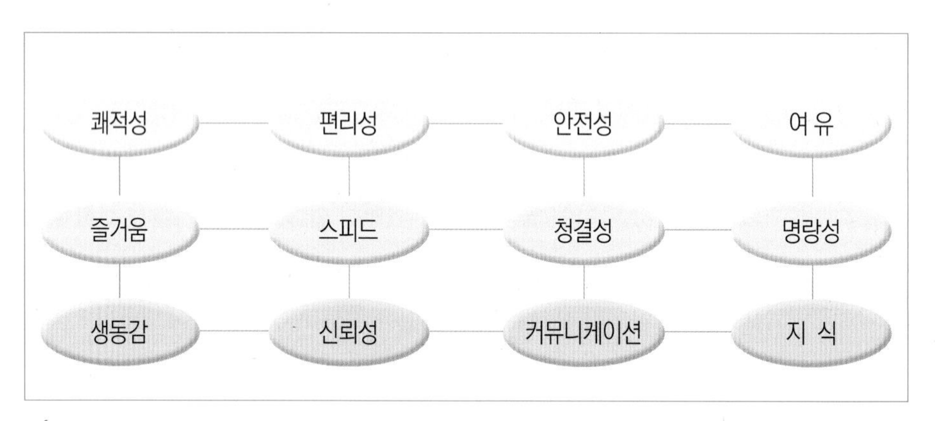

그림 9-2_ 질 높은 서비스 체크 리스트

1 에버랜드 서비스리더십, 삼성에버랜드 서비스아카데미, 2001, 21세기북스, pp.256~257.

서비스의 10가지 죄악

1. 난 몰라요

워싱턴의 백화점 고객들을 상대로 한 설문조사에서 그들이 매장에 직접 오기보다 카탈로그를 통한 쇼핑을 택한 가장 큰 이유가, 제품에 대한 매장 판매원들의 지식이 매우 낮기 때문이라는 것이 지적되었다. 고객들은 구매하는 제품이나 서비스에 대해서 당신이 잘 알고 있기를 기대한다. 만약 당신이 고객의 질문에 제대로 답을 할 수 없다면, "제가 알아보도록 하겠습니다"라는 분명한 말로 대신하도록 하라.

2. 난 관심 없어요

고객들은 자신들을 위해 서비스를 하는 일에 당신이 관심을 기울여주기를 바란다. 고객들은 당신이 진정으로 자신의 일에 자부심을 갖고 있는지를 확인하고 싶어 한다. 그것이 당신과 거래하기를 잘했다는 고객들의 믿음을 더욱 확고히 해준다. 당신의 태도나 대화 자세 또는 모습에서 '이 귀찮은 일이 빨리 끝났으면' 하는 낌새를 채게 되면, 고객들 역시 거래를 끝내야겠다는 생각을 하게 된다.

3. 날 귀찮게 좀 하지 말아요

확실히 행동은 말보다 더 많은 것을 보여준다. 만약 동료와의 대화나 사적인 전화통화를 고객들보다 우선시하거나, 또는 당신의 관심을 끌고 싶어 하는 고객의 노력을 고의적으로 무시한다면, 고객은 당연히 짜증이 날 것이다.

4. 난 당신이 싫어요

고객들은 "이 성가신 손님이 제발 사라져주었으면" 하고 미묘하게 또는 공공연히 보여주는 태도를 민감하게 알아차린다. 공개적으로 또는 은근히 적대적으로 대하는 고객 서비스 요원과의 만남을 좋아할 사람은 아무도 없다. 당신의 행동이 불쾌하면 할수록 고객은 더욱 나쁜 이미지를 갖게 될 것이다.

5. 난 다 알고 있어요

고객의 문제를 말하거나 질문을 마치기도 전에 말을 가로채서 코멘트를 하면 고객은 부담을 느낀다. 고객에게 제품을 사라고 자꾸만 압력을 가하는 경우도 마찬가지다. 지식이란 고객에게 보다 훌륭한 서비스를 하도록 도와주는 수단이지, 고객을 때려잡아 항복시키기 위한 몽둥이가 아니다.

6. 당신은 아무 것도 몰라요

멍청한 질문이란 있을 수 없다. 단지 멍청한 대답만이 있을 뿐이다. 가끔 고객들은 어떤 문제에 부딪쳤을 때 무엇을 도와달라고 말해야 하는지, 또는 당신이 그들 고객을 위해 무엇을 해줄 수 있는지를 혼동하거나 잘못 이해할 수 있다. 그럴 때 당신이 무례하거나 무심하게 말을 가로채서 제지한다든지 또는 깔본다면, 그것은 고객
의 얼굴에다 대고 문을 쾅 닫아버리는 것과 같다.

7. 당신 같은 사람은 여기에 오지 않았으면 좋겠어요

우리는 외모, 키, 나이, 인종, 교육수준 등을 기준으로 고객에 대해 선입견을 가질 수 있다. 하지만 모든 고객들은 자신의 개인적인 특성과는 상관없이 정중하게 대접받기를 원하며, 또 그럴 자격이 있다. 당신은 청바지와 티셔츠를 입은 고객보다 양복을 입은 고객을 더 정중히 대하지는 않는가? 당신은 나이든 고객들은 복잡한 말들을 잘 알아듣지 못한다고 생각하거나, 젊은 고객들은 이 제품에 관심이 없을 거라고 무심코 가정하고 있지는 않는가? 당신의 태도가 고객에게는 전혀 생각지도 못한 방식으로 보일 수도 있다.

8. 다시는 오지 마세요

고객에게 서비스하는 목적은 그들이 계속 다시 찾아오도록 설득하기 위해서다. 고객이란 귀찮은 존재일 뿐이라는 생각을 말이나 행동으로 나타내면 고객은 다시는 찾아오지 않을 것이다. 반대로 고객에게 단골로 찾아주는 것에 대해 진심으로 감사를 표한다면, 당신과 고객은 더욱 성숙된 관계를 만들 수 있다.

9. 내가 옳고 당신은 틀려요

가장 빠지기 쉬운 함정은 개인적인 자존심이나 악감정 때문에 고객과 언쟁을 벌이는 일이다. 물론 언제나 옳은 것은 아니다. 하지만 고객들에게 양보를 한다고 해서 당신이 손해 볼 일은 전혀 없다.

10. 빨리 하세요, 기다리세요

시간이야말로 오늘날 사람들이 가장 집착하는 것일지도 모른다. 누구에게나 하루는 24시간이므로 쓸데없는 일로 시간을 낭비하기를 원하지 않는다. 고객의 시간을 존중해 주면 그 보답으로 그들도 당신을 존중할 것이다.

마이클 베버의 고객 서비스 규칙

- 고객들의 말이 경청되고 있다고 느끼게 하라
- 고객들이 충분히 이해하게끔 설명하라
- 고객들이 사랑스러운 존재로 만들어라
- 고객들을 존경스러운 존재로 만들어라
- 고객들이 도움을 받고 있다고 느끼게 하라
- 고객들을 고맙고 존중받는 존재로 만들어라

「Intergrated Business Leadership Through Cross Marketing」 저자

<출처: I'm First: Your Customer's Message to You 저자 린다 실버맨 골드지머; Delivering Knock Your Socks Off Service, Ron Zemke; Kristin Anderson; 서비스 달인의 비밀노트, 구본성 역, 세종서적, 2002, pp.72~76.>

핵심 Key 1 친절서비스의 3S, 5S

▶ 3S

- Smile: 웃고 미소를 지어라
- Speed: 신속히 대응하라
- Sincerity: 성실하고 열성을 다하라

▶ 5S

- Stand: 고객을 보며 일어서라
- See: 선한 눈으로 보라
- Smile: 웃고 미소를 지어라
- Speed: 신속히 대응하라
- Satisfaction:고객을 만족시켜라

제3절 친절과 고객만족

1 고객만족의 의의

오늘날은 고객만족의 시대이다. 구멍가게에서 대기업에 이르기까지 너나 할 것 없이 '고객만족'을 부르짖고 있다. 경쟁을 모르고 지내던 행정기관이 지방자치제가 되면서 서비스에 큰 변화를 보이고 있으며, 새로운 트랜드에 둔감한 대학에서조차 학생을 고객을 보아 '고객만족'을 내세우고 있는 실정이다. 만족(satisfaction)이란 말은 satis(충분) + facere(만들다 혹은 하다)라는 라틴어에서 유래한 것으로, 이에 따르면 만족은 '성취하거나 무엇을 채우는 것'으로 볼 수 있다.

세계 각국의 기업들도 고객만족의 열풍에 휘말려 있다. 세계우수의 초일류기업은 말할 것도 없고 심지어 미국의 클린턴 前 대통령까지 "정부는 기업이요, 국민은 고객이므로 정부도 고객만족경영을 해야 한다"고 하였다. 이처럼 고객만족은 기업의 생존전략과 직결된다.

지극히 평범한 상식인 고객만족이 경영의 최대 이슈로 떠오른 가장 큰 이유는 뭐니뭐니 해도 경쟁의 치열함 때문이다. 시장이 개방되고 세계가 지구촌화 됨으로써 이제는 어떤 부문이든 독점적 지위를 누리기 어렵게 되었다. 약육강식의 처절한 경쟁을 이기지 못하면 도태 될 수밖에 없다. 이런 경쟁의 상황을 극복하고 살아남으려면 고객중심으로 전환할 수 밖에 없을 것이다. 고객은 기업 활동의 최종평가자요 기업의 생존권을 확실히 쥐고 있는 절대적 존재이기 때문이다. 고객은 경영을 흥하게 할 수도 있고 망하게 할 수도 있다. 어떤 이유든 간에 고객이 거래만 많이 해주면 그곳은 살아남는다. 그래서 고객이 왕이다. '고객은 왕'이라는 말은 단순한 표어가 아니다. 정말로 고객은 왕이다. 따라서 경영의 초점을 당연히 고객에게 맞춰야 한다. 경쟁을 이겨내려면 고객에게 매달릴 수밖에 없다. 고객을 만족시키면 어떤 어려움이 있어도 살아남을 수 있기 때문이다.[2]

2 조관일, 친절학 개론, 다움, 2000. pp.78~79.

공급이 부족하면 '고객만족'은 사치스런 얘기가 된다. 서비스가 부족해도 수요는 얼마든지 있기 때문이다. 친절, 불친절, 따위를 따질 형편이 못된다. 그러나 공급이 많아지면 시장은 당연히 buyer's market으로 변하게 된다. 즉, 소비자(고객)가 시장의 주인이 된다.

공급이 많아지고 경쟁이 심화되면 고객은 단순한 고객이 아니라 기업의 생사여탈권을 좌우하는 막강한 파워를 갖는다. 그래서 고객은 피터 드럭커가 말한 '왕'이고, IBM이 말한 '황제'이며, SONY가 말한 '神'이 된다. 예전처럼, 공급이 부족하던 시절에는 서비스에 대한 관심이 별로 없었다. 그러나 이제는 달라졌다. '왕'이 자기의 권리와 권한에 눈뜨기 시작한 지 오래이다. '왕권'을 제대로, 확실히 행사하려고 하는 게 오늘날의 고객이다. 소득이 높아지고 삶의 질이 개선되면서 그에 비례하여 질 높은 서비스를 요구하기에 이르렀다. 고객으로서의 권리가 침해당하면 가만히 있지를 않는다. 뿐만 아니라 고객의 수준은 나날이 발전한다. 서비스에 대한 욕구와 기대가 날로 커지는 것이다. 이를 가리켜 고객만족경영의 이론가인 칼 알브레히트(Karl Albrecht)는 "고객의 기대는 진화한다(Customer expectation's progressive)"고 하였다. 이렇게 달라지고 있는 고객의 기대를 충족시켜 경쟁에서 이기려면 기업자신이 더 빠르게 변하여 고객만족을 이루어내야만 한다.

핵심요약 2 - 친절(kindness)의 뜻

- 친절은 정답고 고분고분함이다.
- 친절은 사랑이요 인간존중이다.
- 친절은 상냥함이다.
- 친절은 배려해 주는 것이다.
- 친절은 돕는 것이다.
- 친절은 양보, 희생이다
- 친절은 참는 것이다.
- 친절은 만족시켜주는 것이다.
- 친절은 정성을 다하는 것이다.
- 친절은 예의범절이다.

- K: Know … 알다. 이해하다. 아는 사이다
- I: Impressive … 강한 인상을 주는, 감동적인
- N: Nobel … 품위있는, 당당한, 고귀한
- D: Duty … 의무, 본분
- N: Nice … 즐거운, 기분좋은
- E: Etiquette … 예의범절
- S: Sincerity … 성실, 진지함
- S: Self-discipline … 자제, 극기

친절은 만국공통의 언어이다	친절은 훌륭한 투자행위이다
친절은 국가 경쟁력이다	친절은 선진사회의 기준이다
친절하게 하는 말은 한푼도 필요없다	친절하게 하는 사람은 친절을 기대한다

<출처: 조관일, 친절학 개론, 다움, 2000, pp.18~19의 일부 내용을 정리.>

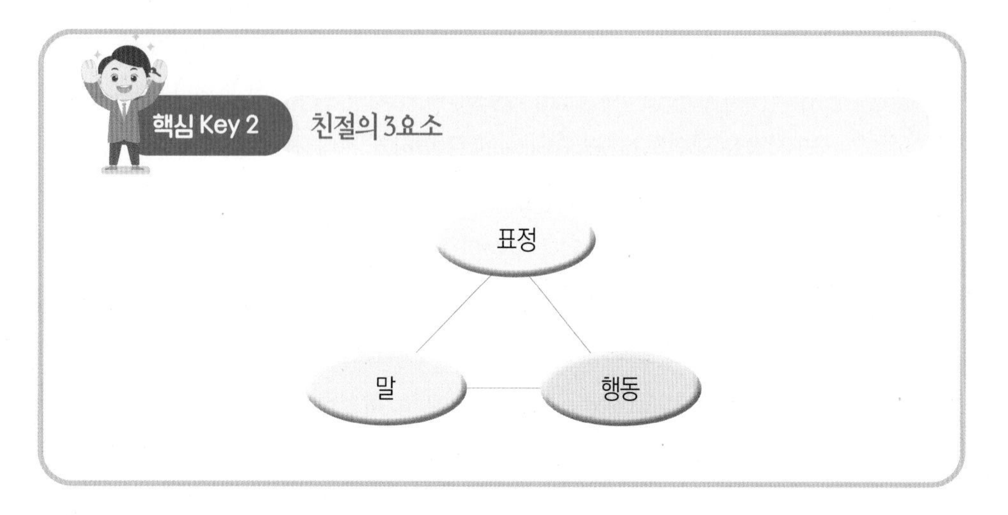

고객만족은 거창한 시스템 운운하기 이전에 사람(종업원)이 사람(고객)을 만날 때 어떻게 대하여야 상대방의 기분이 좋을 것이냐 하는 친절의 문제부터 따지고 들어야 한다. 친절은 고객만족의 기본이요 근본이다. 이 친절의 토대가 흔들린다면 고객만족은 공염불이요 불가능하다. 친절-그 기본에 충실 하는 것에서부터 고객만족은 시작되며 친절이 확고히 뿌리내림으로써 고객만족은 완성된다.

2 고객만족 경영

고객만족경영(CMS: Customer Satisfaction Management)이란 기업의 최종목적을 고객만족의 향상에 두는 것이다. 즉, 고객의 입장에서 고객을 우선적으로 생각하고 고객만족의 향상을 지향하여 영속적으로 추진하는 경영이다. 미국의 소비자 문제 전문가인 굿맨(J.A. Goodman)은 '고객의 니즈(needs)와 기대에 부응하며, 그 결과로서 상품·서비스의 재구입이 이루어지고 아울러 고객의 신뢰감이 연속되는 상태'라고 CS를 정의하였다.

고객이 무엇을 원하고 있으며 무엇이 불만인지 알아내어 고객의 기대에 부응하는 좋은 제품과 양질의 서비스를 제공함으로써 고객이 '아, 이것으로 결정하기를 참 잘했다'고 느끼게 하여 그 결과 같은 회사, 같은 점포에서 같은 제품을 계속 구입하도록 상황을 창출해가는 것이 고객만족이다. 고객만족 연구의 대가인 Richard L. Oliver는, 만족을

실제로 구매한 후의 소비경험과 소비자의 사전기대가 어느 정도 일치하느냐에 따라 결정된다고 정의하고 있다. 즉, 실제로 제품을 사용해서 기대 이상의 가치가 있으면 "이것은 매우 좋은 상품이다"라고 만족하고 "이 다음에도 또 이 상품을 구입하자"고 결심하게 된다. 반대로 사전기대보다 가치가 낮으면 "뭐야, 이 상품은 괜찮은 것이 아니잖아" 하고 실망하고, "다음에는 다른 상품을 구입해야지"라는 생각을 가지게 된다. 이처럼 만족은 고객의 상품과 서비스에 대한 사전기대와 실제로 그 상품과 서비스를 이용한 사용성과의 상대적 관계이다.

따라서 고객이 만족한 상태란 고객의 기대(expectation)보다 사용실감(perception)이 크거나 높은 상태를 말한다. 기대는 별로 하지 않았는데 고객이 느낀 상품의 질이나 서비스의 실감이 더 크다면 고객은 만족할 것이고, 그 갭(차이)이 크면 클수록 크게 만족하고 나중에는 감동의 경지로 이어질 것이다. 반대로, 제 아무리 좋은 상품이나 서비스가 제공되었더라도 그것이 고객의 기대에 미치지 못한다면 오히려 고객의 불만을 초래하게 된다.

이처럼 고객만족의 기준은 고객의 '기대'이다. 어떤 서비스를 제공했느냐가 중요한 게 아니라 고객의 기대가 충족됐느냐 여부가 만족의 기준이다. 어떤 경우라도 제공된 상품이나 서비스가 고객의 기대보다 크기만 하면 고객만족은 달성된다. 그러나 그게 말처럼 쉬운 일은 아니다. 왜냐하면 고객만족은 고객에 따라 다르고 때와 장소에 따라 다르기 때문이다.

서비스나 친절의 질은 '개선'이 아니라 '혁명적 개혁'을 통하여 고객의 기대보다 더 빨리 더 크게 변해야 한다. 그래야 지속적인 고객만족을 이루고, 그래야 그 기업이 영속적인 발전이 보장될 수 있는 것이다.

그렇다면 천차만별한 고객의 기대를 무엇으로 충족시킬 것인가는 두말 할 필요도 없이 고객서비스(Customer Service)이다. 고객 서비스를 극대화하여 고객만족을 이루기 위한 활동이나 방법은 무궁무진하다. 프로세스 개선이 고객만족의 첩경이라고 굳게 믿는 사람들은 그 근거로 칼 알브레히트의 말을 곧잘 들먹인다. 칼 알브레히트는 "친절 따위의 태도교육이나 스마일 훈련은 CS경영 도입에 있어서 관리자가 빠지기 쉬운 함정이요, CS경영이 실패하는 원인"이라고 하였기 때문이다.

고객만족은 그 밑바탕에 프로세스 개선을 전제하고 있음을 부인할 수 없다. CS경영에서 프로세스 개선이 무엇보다도 중요하다는 것은 맞는 말이다. 그러나 경계해야 할

것은 프로세스를 지나치게 강조한 나머지 친절, 인사, 미소 등의 태도 교육을 과소평가해서도 안 된다는 사실이다. 이성적·합리성보다는 감정이나 기분에 크게 좌우되는 우리나라 사람의 기질을 감안하면 오히려 프로세스보다 친절이 더 중요할 수도 있기 때문이다.

실제로, 서울대학교의 김재일 교수 등이 조사한 것을 보면, 고객이 서비스 품질을 평가함에 있어서 고객이 봉착한 문제의 해결이나 최신의 서비스 시설·장비보다 종업원의 예의범절이나 친절 같은 서비스 수행방식이 고객만족에 더 큰 영향을 미치는 것으로 나타났다. 한국인이 기질과 문화가 잘 반영된 결과인 것 같다. 이 점을 이해하고 고개만족경영에 접근해야 한다. 미국 품질관리협회에서 조사한 고객이 이탈하는 이유를 보면 접점에서의 종업원의 불친절(68%), 제품에 대한 불만(14%), 가격, 기타요인(9%)으로 고객에게 무엇이 중요한지 시사하는 바가 크다.

고객이 떨어져나가는 가장 큰 이유는 제품에 대한 불만이 아니라 일선 종업원의 불친절에 있다는 것이다. 바꾸어 표현하면, 친절이 고객유인의 전제는 아닐지라도 불친절이 고객이탈의 큰 이유가 될 수 있다.

그렇다고 해서 프로세스의 개선을 무시하고 친절교육에만 매달리자는 뜻은 물론 아니다. 프로세스 개선과 일선 종업원에 대한 친절교육은 선후와 경중을 가릴 대상이 아니다. 고객만족을 위해 그것은 서로 양립해야 할 사항이다. 그러나 고객의 관점에서 보면 프로세스보다 접점(contact point)에서의 친절이 더 중요할 수도 있음을 강조하고 싶다. 왜냐하면, 고객은 프로세스보다 서비스체제를 일단 주어진 조건으로 수긍하고 그 조건하에서 종업원들의 태도나 서비스가 어떠하냐에 따라 만족·불만족을 느끼는 경우가 많기 때문이다.

많은 조사에서, 고객이 불만을 느끼는 제1요소는 제도나 체제가 아니라 창구에서의 친절서비스 불량으로 나타난 것을 간과해서는 안 된다. 물론 경영 전반에 관심을 갖는 부서(예: 기획실 등)에서는 고객만족을 위한 프로세스 개선에 심혈을 기울여야 한다. 그러나 '결정적 순간'(MOT; Moment of truth)에 고객을 만족시켜야 하는 접점에서는 친절, 신속, 정확 같은 인적서비스에 완벽을 기하여야 한다.[3]

---

3 상게서, 다음, pp.88-90.

핵심 Key 3 고객만족을 위한 응대의 기본 조건

▶ 고객만족을 위한 친절 서비스의 자세
- 보다 친절, 스피디하고, 정확한 업무처리와 고객응대
- 말씨나 태도, 표정(스마일)이나 복장의 일거수 일투족
- 고객의 눈동자에 시선을 맞추되 가끔 입언저리를 본다.
- 안내시에는 손바닥을 위로 향하게 하여 방향을 가리킨다.

▶ 응대화법의 3가지
- 친절함과 정중함, 존대말 사용, 상대에 따라 말을 가려쓰는 것
- 마음에서 우러나오는 부드럽고 상냥한 말씨
- 고객응대에서 가장 많이 사용해야 할 응대용어: 예, 고맙습니다.
- 죄송합니다. 잠시 기다려 주십시오.

▶ 응대자의 매너
- 고객에게 무관심을 보이지 않는다. 양해를 구하여 기다리게 한다.
- 동료와의 상담, 고객에 대한 비평은 하지 않는다. 고객과 논쟁은 금물
- 자신과 관계없는 것에 대해 당연하다 혹은 모른다는 인상을 주지 않는다.
- 바쁠 때에도 소란스런 모습을 보이지 않는다. 몸가짐을 단정히 한다.

사례 1 - 카네기 부인과 친절

미국의 어느 백화점. 갑자기 쏟아지는 비를 피하러 한 부인이 뛰어 들어왔다. 점원이 다가가 뭘 사러왔는지 물었다. 비를 피해 잠시 들어왔을 뿐이라는 대답에 점원은 퉁명스럽게 한쪽으로 비켜달라며 눈살을 찌푸렸다. 이 부인은 길 건너 맞은편 백화점으로 들어갔다. 다시 점원이 다가왔지만 물건 사러온 것이 아니라고 설명했다. 점원은 개의치 않고 비가 멈출 동안 구경이나 하시라며 상냥하게 안내했다. 비가 그치자 부인은 그 친절한 점원의 명함을 달래서 받아갔다. 며칠 후 엄청난 물량의 가재도구를 주문하는 전화를 받고 그 점원이 트럭을 타고 간 곳은 다름 아닌 백만장자 강철왕 카네기의 집이었다. 검소한 차림으로 비를 피해 잠시 들른 그 여인은 카네기의 부인이었던 것이다. 그 여인이 카네기 부인이란 사실을 진작 알았다면 백화점 점원 모두가 친절 했을텐데… 그 후 미국 백화점에서는 종업원들에게 "손님을 모두 카네기 부인으로 생각하고 친절하라"는 교육을 하고 있다고 한다.

<출처: 국민일보, 1993/09/21.>

핵심 Key 4 예술적인 회사는 이렇게 다르다

▶ Stew Leonard

미국의 소매점 체인점인 스튜 레오나드社는 사규가 단 2개 조항밖에 없다.

'Our Policy'

- Rule 1: The customer is always right. (고객은 언제나 옳다.)
- Rule 2: IF the customer is ever wrong, Reread Rule 1.
  (고객이 잘못됐다고 생각되면 다시 1조를 읽어라.)

▶ Nordstrom

미국 시애틀에 거점을 둔 백화점 체인인 노드스트롬은 종업원들에게 서비스 지향적 가치관을 인식시키기 위해 노드스트롬 규칙이라는 것을 만들었다.

▶ '노드스트롬규칙'

제1조 어떠한 상황에서도 자신이 판단하여 고객에게 좋다고 생각되는 것을 실행할 것. 이 이외의 규칙은 없음.

고객만족경영은 고객이 얼마만큼 만족하는지, 불만이 무엇인지를 아는 것에서부터 출발한다. 불만을 알아야 어떻게 서비스 할 것인지에 대한 해결방안이 나올 것이다. 고객이 어떤 불만을 가지고 있는지, 친절에 대하여 어떤 평가를 하는지, 어떤 서비스를 원하는지를 알려면 당연히 고객에게 물어봐야 한다. 고객이 어떤 불만을 가지고 있는지를 상상해서는 안 된다. 고객의 불만이나 만족은 회사의 입장에서 파악하는 것이 아니라 고객의 입장에서 알아야 한다. 그러기 위해서는 당사자인 고객에게 직접 물어보는 것이 가장 좋다.

SAS(스칸디나비아 항공사)가 고객의 불만으로 상상했던 것은 '작고 낡은 비행기'였으나, 정작 고객에게 물어본 결과는 '출발지연'이 제일 큰 불만이었다. 고객은 좋은 비행기를 원하는 것보다 정시출발을 더 원했던 것이다. 고객이 원하거나 기대하는 것, 그리고 불만을 알기 위해서는 고객의 소리(VOC: voice of customer)를 '체계적'으로 '열심히' 경청해야 한다. '체계적'으로 들어야 한다는 것은 고객의 소리를 받아들일 수 있는 체계 즉 제도가 확립되어 있어야 한다는 말이다. 세계적인 서비스 기업의 특징은 창구에서 접수된 고객의 소리가 경영개선에 그대로 반영되는 시스템을 가지고 있다는 점이다.

한국인 유봉식 씨가 창업한 세계적 서비스 기업인 일본의 MK택시는 "왜 승객의 짐을 운반해 주지 않느냐?"는 어처구니없는 불만까지도 회장에게 즉각 보고 되었으며, 그 불만은 '짐을 들어다주는' 서비스 개선으로 나타났다. 불만 수렴의 의지와 체계가 잘 되어 있었던 것이다. 고객의 불만에 대하여 많은 조사를 했던 미국의 굿맨에 의하면, 고객의 소리 중 조직 상층부까지 전달되는 비율은 5%에 못 미치며 45%는 현장에서 묵살되고 나머지 50%는 아예 회사 내부로 들어오지 못한다는 것이다. 따라서 고객만족을 추구하고 고객의 불만을 수렴하고자 하는 기업은 무엇보다도 고객의 소리가 경영핵심부까지 그대로 전달될 수 있는 체계부터 갖추어야 한다.

다음으로 '열심히' 경청해야 한다는 것은 고객의 숨은 소리까지도 들을 수 있어야 한다는 말이다. 고객은 불만이 있다고 해서 모두 말하는 것이 아니다. 불만을 말하는 것이 귀찮기도 하려니와 거래를 끊으면 그만인데 뭣 하러 싫은 소리를 하느냐는 심리도 작용하기 때문이다.

굿맨이 조사한 것에 의하면 종전에는 불만고객이 4%만이 불만을 직접 말했으나 서비스에 대한 인식이 강해지면서 최근에 이르러서는 30% 정도의 고객이 서비스의 직접 공급자(예컨대 대리점이나 지점)에게 불만을 이야기 한다고 한다. 따라서 고객이 접점에서 불만을 말할 때에는 '소수의 불평불만자'나 '유별난 사람'으로 묵살해서는 안 된다. 적은 소리의 큰 의미를 받아들일 줄 알아야 한다. 그것이 곧 '열심히 경청'하는 것인지 귀를 기울이고 열심히 들어주는 단순한 동작이 경청인 것은 아니다.

다음으로 중요한 것은 고객의 소리(불만)를 듣는 것에서 그치지 않고 그것을 고쳐야 된다는 점이다. 고객의 불만이나 의견에 대하여 이런 이유, 저런 핑계로 해결을 미룬다면 헛수고이다. 고객의 의견을 수렴하고 불만을 해결해 줌으로써 고객만족은 꽃을 피운다. 창구에 불만을 말한 고객은 그것이 어떻게 처리되었는지를 주목한다. 만약 그것이 제대로 해결되지 않으면 고객은 거래를 끊을 것이다. 또한 이곳 저곳에 악선전을 할 게 뻔하다.

굿맨에 의하면 만족한 고객은 4~5명에게 전파하는데 비하여 불만족한 고객은 8~10

명에게 전파한다고 하였다. 자동차 산업의 경우에는 그보다 2배나 더 심하다. 또한 불만족한 고객의 80% 정도가 거래를 중단한다. 반면에 불만이 만족스럽게 해결되면 54~70%가 다시 거래를 하여 불만이 재빨리 해결되기만 하면 재 거래율이 95%까지 올라간다. 경우에 따라서는 불만이 없었던 경우보다 오히려 더 큰 호감을 가질 수도 있다. 불만을 처리해 주는 과정 자체가 또 하나의 친절마케팅이 될 수 있기 때문이다.

핵심 Key 5 고객응대의 7가지 원칙

첫째, 고객이 들어오면 바로 응대 준비를 하라.

고객이 상점의 문을 열고 들어오는 시점에는 일체의 행동을 중지하고 고객을 응대할 준비를 하라. 종업원간의 사적인 대화 및 전화 통화는 자제한다.

둘째, 먼저 온 고객부터 응대하라.

고객은 언제나 똑같은 수준의 서비스를 받고자 한다. 고객 접객에 있어서 언제나 공평하도록 노력해야 한다.

셋째, 상품지식 및 생활정보에 대하여 정통하라.

판매중인 상품은 실제로 사용하거나 먹어보고, 용도 및 기능에 대해서 숙지하여 고객이 질문할 때 명쾌하게 대답해야 한다. 상품에 대한 폭넓은 지식은 연계판매로 추가 매출을 발생시킬 수 있다.

넷째, 말씨와 인사는 예의 바르게 하라.

접객 예절의 대 원칙은 밝고 공손한 인사이며, 올바른 말씨로 대답하는 것이다. 접객용어는 점포의 매출을 일으키는 기본요소이므로 점포 특성에 맞게 이를 습관화해야 한다.

다섯째, 옷차림은 단정하게 하라.

고객이 점포를 방문했을 때 점포의 이미지를 느낄 수 있는 것이 종업원의 복장이다. 복장이 단정치 않으면 고객에게 혐오감을 주어 상품구입에 대한 욕구를 저하시킬 수 있다. 또한 종업원의 두발 및 신발의 상태도 중요하다. 복장은 가급적이면 취급 상품과 점포의 분위기에 맞도록 하는 것이 좋다.

고객 접객 용어 6단계

- 1단계: 어서 오십시오.
- 2단계: 눈을 마주 본다.
- 3단계: 미소를 짓는다.
- 4단계: 신속한 안내와 포장, 계산을 한다.
- 5단계: 더 필요한 것은 없습니까?(추가/연계 판매)
- 6단계: 감사합니다. 안녕히 가십시오.

여섯째, 행동은 정중하고 경쾌하게 하라.

고객은 종업원의 표정 및 행동에 민감하다. 종업원의 행동이나 표정이 경쾌하지 못하면 고객이 줄어든다. 상품 진열 및 청소를 활발하게 하는 종업원의 모습은 고객에게 점포의 활기찬 모습을 전할 수가 있다.

일곱째, 약속은 반드시 지켜라.

할 수 없는 것을 할 수 있다고 하여 고객을 실망시키는 것은 점포에 대한 신뢰도를 떨어뜨린다. 실행 가능한 약속은 최대한 노력하여 지키며, 할 수 없다고 판단되면 과감히 고객을 설득시켜야 한다.

<출처: 이강원, 실전창업, 더난, pp.283~284.>

핵심 Key 6 고객의 불평불만 처리와 유의점

▶ 불평하는 고객이 귀한 고객이다.

- 꾸짖는 말을 하는 사람을 보석이 있는 곳을 가르쳐 주는 사람으로 생각하라.
- 고객의 불평은 서비스의 품질을 높여주는 영양소이며, 서비스 개선과 기업발전의 힌트를 제공한다.

▶ 고객의 불평불만은 어떻게 풀어주어야 하는가?

- 겸허하게 감정을 누그러뜨리고 한발 양보하는 자세로 대처한다.
- 정확한 불평불만의 원인을 판단하고 분석한다.
- 불평불만 사항은 신속하게 처리한다.

- 고객과 논쟁하지 말고 성의있게 해결책을 제시하라.
- 적극적으로 해결한 다음 그 결과(고객의 반응)를 검토한다.

고객의 불평불만 처리시 유의점

▶ 업체가 잘못된 경우
- 최초의 응대시 변명하지 말고, 병원의 잘못을 솔직히 인정하고 고객입장에서 빨리 성의있는 태도를 보여야 한다.

▶ 고객에게 문제가 있는 경우
- 고객에게 무엇이든지 전부 이야기할 수 있도록 해준다(경청)
- 고객이 말하는 도중에는 절대로 변명하지 않는다.
- 덮어 놓고 반격하지 않는다.
- 고객의 말꼬리나 트집을 잡지 말 것.

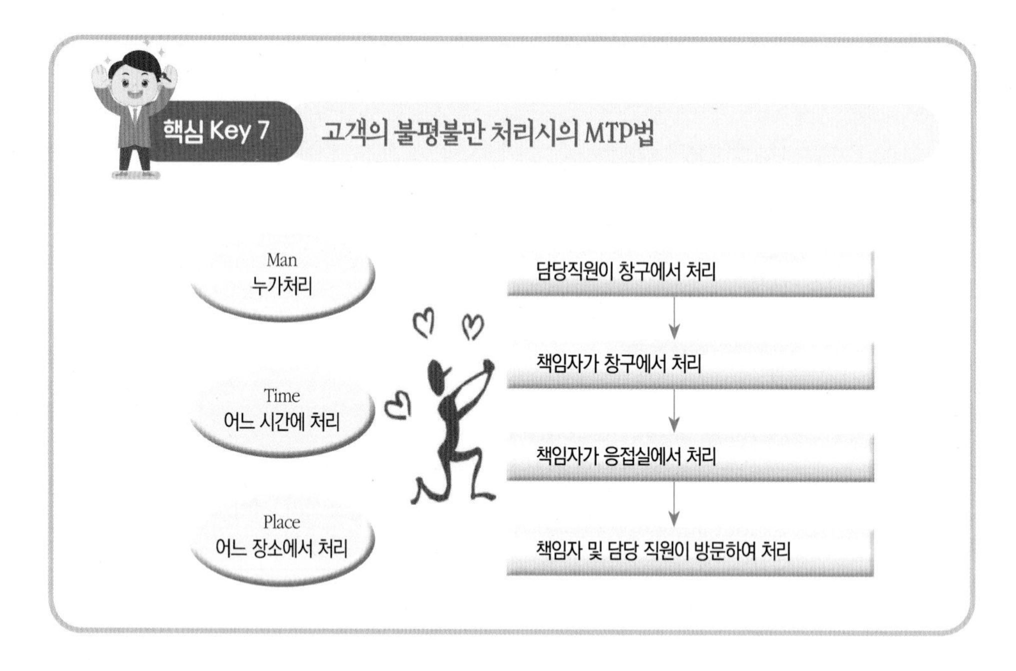

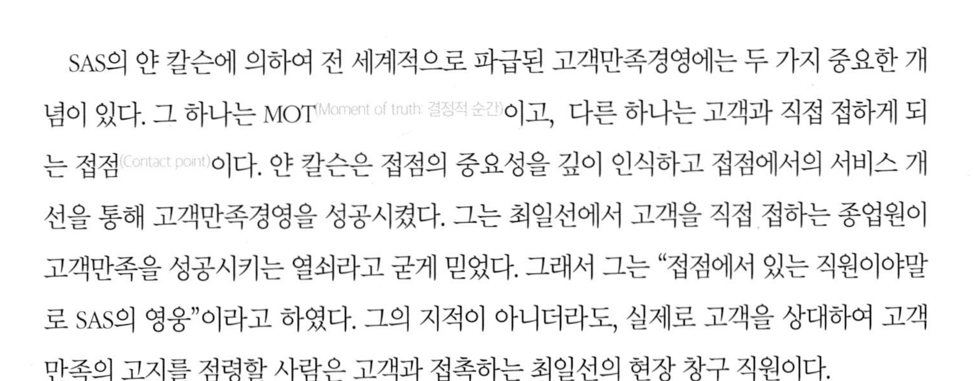

SAS의 얀 칼슨에 의하여 전 세계적으로 파급된 고객만족경영에는 두 가지 중요한 개념이 있다. 그 하나는 MOT(Moment of truth: 결정적 순간)이고, 다른 하나는 고객과 직접 접하게 되는 접점(Contact point)이다. 얀 칼슨은 접점의 중요성을 깊이 인식하고 접점에서의 서비스 개선을 통해 고객만족경영을 성공시켰다. 그는 최일선에서 고객을 직접 접하는 종업원이 고객만족을 성공시키는 열쇠라고 굳게 믿었다. 그래서 그는 "접점에서 있는 직원이야말로 SAS의 영웅"이라고 하였다. 그의 지적이 아니더라도, 실제로 고객을 상대하여 고객만족의 고지를 점령할 사람은 고객과 접촉하는 최일선의 현장 창구 직원이다.

고객만족은 고객과 종업원이 서로 접촉해서 결판이 나는 것이다. 친절 역시 접점에서 가장 필요한 것이며 그 성패 여부도 접점에서 판가름이 난다. 고객과 상대하지 않는 한 친절이란 필요하지도 않고 가치 있는 것도 아니다. 그러나 일단 고객과 접촉이 이루어지면 (그것이 직접 대면이든 또는 전화에 의한 간접 접촉이든) 거래나 상품수수 같은 본원적 서비스가 이루어지기 이전에 가장 먼저 대두되는 것이 바로 친절·불친절 문제이다. 접점이 고객만족을 위한 조직의 최 일선이라면 친절은 서비스제공을 위한 가장 기본적인 것이요 서비스의 첨병이라 할 수 있는 것이다.

따라서 고객만족을 추구하는 경영자라면 거창한 구호나 플랜카드 보다 일선 창구 종업원-접점에서 최고의 친절이 이루어지도록 각별한 배려를 하여야 한다. 그곳에 근무하는 이들이 사명감과 보람과 긍지를 갖고 신나게 고객을 대할 수 있도록 역피라미드 형의 조직개편, 인사·급여상의 불이익 배제, 권한의 확대, 지원의 강화 등을 획기적으로 도모해야 한다.

아울러 접점에서 일하는 종업원들은 고객만족의 성패가 바로 자기 자신에 의하여 결정된다는 신념과 접점에서의 친절의 중요성을 바르게 인식하고 그 역할과 책임을 다하여야 한다. 특히 고객만족은 '최소인자 결정의 법칙'이 적용되는 특성이 있다. 즉, 가장 열악한 창구가 전체 창구의 친절수준을 결정짓는다. 고객을 상대하는 수많은 접점 중에서 가장 불량한 접점의 수준이 그 기업 전체의 고객만족을 대표하게 되는 것이다. 따라서 접점 하나 하나, 창구종업원 한사람 한사람이 최고로 친절하여 최고의 고객만족을 이룰 수 있도록 최선을 다하여야 한다.

제4절 친절의 품질관리와 개선

서비스품질은 당연히 측정이 가능하다. 그 품질의 측정은 제품의 품질과는 달리 불량률이나 내구성과 같은 객관적인 척도에 의한 측정이 어렵기 때문에 고객의 인식을 측정하여 서비스 품질을 계산하게 된다. 서비스품질은 어떤 한 가지 속성에 의해서 결정되는 것이 아니라 여러 가지 속성이 복합적으로 작용하여 품질을 판가름나게 하는데 그 평가기준으로 다음과 같은 항목이 이용된다.[4]

☞ 고객만족에 영향을 미치는 서비스 품질측정 10항목

- 최신의 시설 및 장비
- 서비스 약속의 이행
- 즉각적인 서비스 제공
- 안정성(위험, 의심으로부터의 자유)
- 고객 개개인에 대한 관심
- 직원의 단정한 용모
- 고객 문제의 해결
- 자발적인 자세
- 직원의 예의바름
- 고객의 이익을 우선시 함

김재일 교수 등이 연구한 것을 보면 우리나라의 서비스 상황에 몇 가지 흥미로운 것이 발견되는데, 다음 표에서 보듯 고객이 봉착한 문제의 해결이나 서비스를 제공하기로 한 약속의 이행여부 등 서비스의 내재적 요인보다 직원들의 예의범절(친절, 매너)같은 서비스 수행방식 등 외재적 요소가 서비스 평가에 있어서 더 중요한 것으로 나타난 것이다. 또 한 가지는 서비스 품질을 평가함에 있어서 소비자(고객)의 평가보다 종업원의 자체평가가 후하다는 것이다. 즉, 종업원은 좋은 서비스를 제공한다고 생각하더라도 소비자의 입장에서는 불만스런 경우가 많음을 의미하여 그러한 착각 때문에 종업원의 서비스의 품질개선이 잘 이루어지지 않는다고 할 수 있다. 서비스(친절)품질의 개선 방법은 다음과 같은 것들이 있다.[5]

---

4 서울대학교 김재일 교수 등이 연구한 우리나라 '서비스 산업의 현황과 서비스 품질', 1996, 논문 참조.

5 전게서, 다음, pp.121-122.

❶ 고객의 기대와 욕구를 파악할 것

고객이 어떤 수준 어떤 품질의 서비스(친절)를 기대하고 원하는지를 정확히 파악하고 관리하여야 그에 대응하는 양질의 서비스를 개발하고 제공하게 될 것이다.

❷ 서비스(친절)품질의 중요한 결정요소를 파악할 것

서비스(친절)품질의 개선은 고객에게 중요한 서비스(친절)품질의 결정요소가 무엇인지를 파악하는 것에서 시작된다. 그러한 결정요소에 고객이 어떤 평가를 내리고 있는지를 파악함으로써 서비스(친절)품질관리의 단서를 제공받게 된다.

❸ 서비스(친절)표준에 입각한 목표품질을 설정할 것

서비스(친절)에 대한 고객의 기대와 욕구, 그리고 품질결정요소에 대해 고객이 어떤 평가를 내리고 있는지를 알게 되면 이미 작성된 서비스(친절)표준에 입각하여 어떤 수준의 서비스(친절)를 제공할 것인지 목표를 구체적으로 설정하여야 한다.

❹ 교육훈련을 통해 목표품질에 도달토록 할 것

서비스(친절)의 목표 품질이 설정되면 서비스(친절)표준에 따라 전체 종업원이 목표 품질의 서비스(품질)를 고객에게 제공할 수 있도록 교육훈련을 강화하고 아울러 그런 친절이 가능토록 지원체제를 확립하여야 한다.

❺ 개선된 양질의 서비스(친절)문화를 정착시킬 것

서비스, 특히 친절은 잠시만 관리를 소홀히 하면 예전의 수준으로 회귀하는 속성을 가지고 있다. 따라서 개선된 양질의 서비스(친절)가 계속하여 유지되도록 품질문화를 정착시키고 양질의 서비스(친절)가 기업 특유의 문화로 정착되게 한다.

친절한 사회, 친절한 조직이 되기 위해 궁극적으로 개발해야 할 것은 친절문화이다. 친절이 특유의 문화로서 정착될 때 비로소 그 사회와 조직은 영속적인 친절의 선순환 사이클을 타게 되기 때문이다. 우리나라의 많은 기업들이 고객만족을 부르짖으며 친절봉사 캠페인을 펼쳤으면서도 크게 성공한 사례를 발견하기 어려운 것은 고객만족이나 친절봉사를 일시적 운동 이상으로 승화시키는데 실패했기 때문이다.

물론 친절문화를 개발하고 정착시킨다는 것은 말처럼 쉬운 일이 아니다. 세계적인 친절을 자랑하는 MK택시의 유봉식 회장은 "비교적 친절한 일본임에도 불구하고 기사들에게 '감사합니다'는 인사말을 버릇들이고 정착시키는데 10년이 걸렸다"고 말한다. 그러나 친절의 수준이 어느 단계를 지나 일종의 문화로 진입하기만 하면 그 때부터 가속이 붙어 저절로 친절 서비스 문화를 확립하게 된다. 우리가 서비스기업의 대표주자로 손꼽는 MK택시나 노드스트롬 백화점, 스칸디나비아 항공사, 디즈니월드 등은 그 모두가 친절 서비스를 조직문화로서 잘 확립한 기업들이다.

☞ 서비스(친절) 품질과 서비스(친절) 표준

* 각 표준의 측정 가능한 측면은 진한 글씨로 표시함.

▶ 서비스(친절)품질

- 전화를 신속히 받으라.
- 고객의 민원은 빨리 응하라.
- 접근하는 고객에게 주의를 기울여라.
- 화난 고객에게는 동감을 표시하라.
- 고객을 도우려면 개별적 책임감을 가져라.
- 근무하기에 적절한 복장을 갖추라.

▶ 서비스(친절)표준

- 전화는 신호가 세 번 울리기 전에 받으라.
- 고객의 전화민원은 24시간 내에 응답을 하라.
- 고객이 접근하면 5초 이내에 시선을 마주하라.
- 고객의 감정이 상하면 항상 사과하라.
- 고객에게 항상 자기이름과 전화번호를 알려줘라.
- 언제나 제복을 입고 모자와 넥타이를 착용하라.

<출처: 조관일, 친절학 개론, 다움, 2000. p.118.>

친절 서비스 문화가 확립되어 있는지 여부를 측정하는 지표로는 다음과 같은 것이 있다.

- 친절 서비스에 대한 명확한 인식의 확립 정도
- 종업원에 대한 친절 서비스의 중요성을 지속적으로, 어느 수준으로 교육하는지 정도

- 고객만족이나 친절 등 고객 중심의 발상이 관리자들 사이에 정착되어 있는지 정도
- 모든 조직원들이 친절 서비스 품질의 중요성을 알고 있는 정도
- 양질의 서비스가 실현될 때마다 적절한 보수가 주어지는 정도

여기서 한 가지 유의할 것은 친절 서비스가 문화로 정착되었다고 해서 그때부터 무방비, 무관심 상태로 방치되어도 된다는 의미가 아니라는 사실이다. 확립된 친절 서비스 문화가 지속적으로 유지되고 더욱 발전하게 하려면 많은 노력이 뒤따르지 않으면 안 된다. 특히 친절 같은 인적서비스는 사람의 속성상 이전의 상태, 자유로운 상태, 즉 불친절로 되돌아가려는 경향이 강하기 때문이다.

제5절 친절과 교육훈련-친절한 사람을 만드는 방법

친절은 노동이다. 단순한 육체적 노동보다도 더 힘든 노동이다. 친절은 자신의 감정을 조절해야 하는 정서노동이면서 동시에 정신적·육체적 노동이 결합되는 복합노동이기 때문이다. 개인적 능력이 대인접촉의 스트레스와 노동 강도를 충분히 이겨낼 수 있는 사람이라면 그나마 다행이겠으나 그렇지 못한 게 대부분의 사람들이다.

더욱이 직장에서 종업원에게 요구하는 친절은 자발적인 것이 아니어서 친절 하라는 요구자체가 스트레스로 작용하는 경우가 많다. 따라서 종업원 모두를 친절하게 만들어 고객에게 친절을 베풀고 서비스 이미지에 대한 교육훈련을 통할 수 밖에 없을 것이다.

관리자는 종업원들에게 친절마인드와 친절한 언행이 완전히 몸에 베고 정착될 때까지 세심하게 프로그램화된 매뉴얼에 의하여 강한 트레이닝을 시켜야 한다. 교육훈련을 통해 고객만족, 서비스, 친절 등이 하나의 문화로서 확고히 자리 잡게 하여야 한다. 친절이 회사특유의 문화로 자리 잡으면 이상하리만치 갓 입사한 신입사원까지도 그 문화에 젖어 들어 회사는 자동적으로 선순환의 사이클을 타게 되는 것이다.

친절 서비스는 그 기법 자체가 어려운 것이 아니다. 그것을 행동으로 옮기고 실천하기가 힘든 것이다. 따라서 종업원들이 기꺼이 행동으로 옮기고 실천할 수 있도록 의식교육에서부터 행동훈련에 이르기까지 하나씩 끈질기게 교육훈련을 강화해야 한다. 친절마케팅으로 대성공을 거둔 세계유수의 서비스 기업은 하나같이 교육훈련에 중점을 두었다는 공통점을 가지고 있다. 종업원들로 하여금 최고의 서비스를 제공하는 최고의 친절한 사람이 되게 하는 길은 교육훈련밖에 없다.

최근에 각광을 받는 소위 기분치료(mood therapy)에 의하면 사람은 어떤 행동을 교정함으로써 기분의 변화가 온다는 것이다. 예를 들어 마음에 없더라도 '일부러' 긍정적 사고를 갖고 부드러운 언행으로 남에게 친절하게 대하면 자신의 마음이 친절하게 열릴 뿐 아니라, 그 친절에 기분 좋아하는 상대방의 반응을 봄으로써 더욱 친절하게 되는 상호연쇄반응이 나타난다는 것이다. 가장 이상적인 친절은 부모, 형제, 애인을 대하듯이 마음으로부터 우러난 친절이다. 그러나 설령 마음에서 우러나지는 않더라도 '일부러' 친절을 연기함으로써 그것이 습관화되고 그 습관적인 친절이 나중에는 진심의 친절로 바뀐다는 것이 심리학자들의 이론이다. 이런 점을 알고 종업원 교육훈련을 세심하게 계획하여야 한다. 교육훈련이야말로 고객만족시대에 종업원도 살고 회사도 살리는 지름길이다.

호감주는 인상 만들기

말은 우리가 다른 사람들과 의사소통을 하는 방식들 가운데 하나에 불과하다. 전문가들은 사람들이 서로 대면해서 의사소통을 할 때 최소한 70퍼센트 이상이 말 이외의 수단을 통해 이루어진다고 한다. 이것을 무언의 의사소통이라고 부른다. 무언의 의사소통은 무엇일까? 그것은 말하는 것 이외의 모든 것을 가리킨다. 몸짓언어, 행동하고 반응하는 방식, 그리고 같이 있을 때 다른 사람들에게 보여주는 모습 등이다.

1. 근 접

팔 하나 거리를 사이에 두고 서서 동료와 대화를 나눠 보라. 그 다음에 몇 분 있다가 서로의 코가 약 25센티미터 정도 거리가 될 때까지 서로 앞으로 다가서 보라. 불편하게 느껴지지 않는가? 대부분의 사람들이라면 그럴 것이다. 반대로 서로의 거리가 1미터 80센티미터 이상 되게 떨어져 보라. 마찬가지로 불편할 것이다. 사람들이 대화 시에 편안하게 느끼는 반경은 문화에 따라 다르다. 대부분의 미국인들은 45~60센티미터 정도의 거리를 두는 것을 선호한다.

2. 시선 교환

고객을 볼 때 시선을 교환하게 되면, 당신이 그 사람에게 신경을 쓰고 있다는 느낌을 줄 수 있다. 하지만 시선은 적절히 마주쳐야 한다. 우리의 문화에서는 시선을 마주치지 않으려고 하는 사람은 신뢰가 가지 않고 심지어 불성실한 사람으로 간주된다. 하지만 어떤 경우에는 빤히 쳐다보는 것이 고객을 불편하게 만들 수 있다.

3. 침 묵

아무 것도 말하지 않을 때도 의사소통은 할 수 있으며, 실제로 의사소통을 하고 있다는 것이다. 고객이 말할 때는 침묵을 지키는 것이 기본 예의이며, 고개를 끄덕이는 것만으로도 당신이 경청을 하고 있으며 듣는 것을 이해하고 있다는 것을 말해줄 수 있다. 하지만 너무 오래 지속되는 침묵은 당신이 그들의 말을 듣지 않거나 그들이 말하는 것에 동의를 하지 않는다는 느낌을 줄 수 있다. 이따금 "네" 또는 "알겠습니다"라고 말함으로써 고객의 말을 방해하지 않으면서도 당신이 경청하고 있다는 것을 알려줘야 한다.

4. 제스처

폐쇄된 제스처, 예를 들어 팔짱을 굳게 끼고 있다든지, 두 손을 주머니 안에 깊숙이 넣고 있는 모습, 또는 주먹을 꽉 쥐고 있는 것 등은 무형의 장애물을 만들어낸다. 반면에 개방된 제스처는 고객을 우리의 공간 안으로 초대하게 해주며, 우리 앞에 고객이 있는 것을 즐겁게 느끼고 있다는 것을 말해준다. 우리는 추울 때 무의식적으로 팔짱을 낀다든지 하는 식으로 많은 제스처를 취한다. 그러므로 고객을 대할 때는 내가 어떤 제스처를 하고 있는지 주의하도록 하라.

5. 자 세

부모님들은 우리가 자랄 때 늘 "등을 펴고 똑바로 서라"고 주의를 주시곤 했다. 그것은 옳은 지적이었다. 훌륭한 자세는 자신감과 능력을 전해준다. 고객의 말을 할 때 고객 쪽으로 상체를 약간 구부리면, 우리가 고객의 말을 중요하고 흥미롭게 생각하고 있다는 것을 말해주게 된다.

6. 얼굴 표정

누구나 다음과 같은 암시를 알고 있다. 치켜 뜬 눈썹은 놀라움을, 윙크는 은밀한 동의나 협조를, 굳게 다문 입술은 반대를, 밝은 미소는 호의를 암시한다. 당신의 얼굴은 목소리를 내고 있지 않을 때에도 의사소통을 한다.

7. 신체적 접촉

신체적 접촉이 적절한가의 여부는 관련된 상황과 사람들에 따라 다르다. 악수는 별 상관이 없으나 다른 사람의 팔 위에 손을 놓거나 어깨 위에 팔을 걸치는 것은 매우 사적인 행동이다. 대부분의 상황에서 가장 무난한 기준은 '신체적 접촉은 적을수록 가장 좋다' 이다.

8. 냄 새

우리의 감각 중에서 가장 제대로 이해되고 있지 못한 것이 냄새이다. 하지만 고객과의 접촉이 필수적인 서비스업에서는 냄새도 매우 중요한 요소이다. 어떤 고객들은 냄새에 예민하거나 거부 반응이 있다. 따라서 본래의 몸 냄새뿐만 아니라 향수의 사용에도 주의해야 하며 담배 냄새는 불쾌감을 일으킨다는 것을 알아야 한다.

9. 전체적인 외모

당신이 맡은 역할에 대해서 생각해보아야 한다. 당신의 의상이 정장이어야 하는지 작업복이어야 하는지 맡은 일, 고객에게 전달하고자 하는 바, 그리고 고객들이 기대하는 것이 무엇인가에 달려 있다. 어떠한 경우에서도 변하지 않는 한 가지가 있다. 청결과 단정함은 능력과 연결된다는 것이다. 지저분한 사람들이 단정한 사람들보다 더 능력이 있을 수도 있지만, 그것을 고객에게 증명하기 위해서는 더 열심히 노력해야 한다.

<출처: Delivering Knock Your Socks Off Service, Ron Zemke; Kristin Anderson; 서비스 달인의 비밀노트, 구본성 역, 세종서적, 2002, pp.131~134.>

불친절 사례의 자기 진단

항 목	자가진단내용
1. '안됩니다'라는 말은 삼가	'그건 안 됩니다'등으로 말한 적이 있습니까?
2. 다시 전화하기	'바쁘니 다음에 하세요'라고 하거나 전화약속을 잊어버렸던 적은 있습니까?
3. 3초 이내에 손님 알아보기	손님을 아무 의사 표시 없이 3초 이상 기다리게 했던 적이 있습니까?
4. 고객 용무는 한꺼번에	'다른 과 담당이에요. … 층으로 가세요'라며 귀찮아 했던 적이 있습니까?
5. 안내는 아름다운 손 동작으로	턱, 손가락, 볼펜 끝으로 무성의하게 안내했던 적이 있습니까?
6. 마감 후의 손님에겐 더욱 정중히	'업무가 마감됐어요'하며 고객을 되돌려 보낸 적이 있습니까?
7. 고객 물건은 소중히	고객의 물건을 함부로 다룬적이 있습니까?
8. 항상 쉬운 우리말로	전문용어, 법률용어 등을 사용한 적이 있습니까?
9. 배웅, 인사하기	배웅 인사를 빠뜨린 적이 있습니까?

제6절 친절마케팅 사례들[6]

❶ 친절 핫 라인

고객응대자가 불친절하거나 서비스에 불만이 있을 때 고객이 최고 경영자(또는 책임자)에게 직접 의견을 말할 수 있는 장치(전화, 팩스, PC통신)를 마련하여 친절을 도모하는 제도이다.

❷ 옐로카드제

고객이 불편한 일을 당하거나 불친절을 경험했을 때 옐로카드를 제시하여 시정하는 제도이다. 애경백화점, 조흥은행 등에서 시도되었던 것인데 불친절한 직원에 대해 경고하는 가장 강력한 수단 중 하나이다. 고객이 옐로카드를 직접 해당 직원에게 제시하는 방법도 있으나 직접 전해주기가 현실적으로 쉽지 않으므로 안내데스크에 옐로카드를 비치하여 불친절한 직원의 이름을 적어 내게 하거나 책임자에게 제시한다. 옐로카드에 적힌 직원에 대하여는 그 횟수에 비례하여 경고에서 해고에 이르기까지 단계별 징계가 가해진다.

❸ 친절도우미

대표적인 것이 주유소의 '친절도우미'이다. 친절한 이미지 개선과 판촉서비스의 일환으로 미모의 '아가씨'들을 동원해서 이벤트도 벌이고, 안내 및 주유 서비스 그리고 세차까지 해 준다. 또한 대형 병원에서 로비에 안내센터를 설치하고 도우미를 배치하여 그곳을 찾는 환자나 내방객에게 안내 및 편의제공을 하는 것도 같은 유형의 친절마케팅 전략이다.

❹ 친절 클리닉

클리닉이란 원래 병원에서 쓰는 용어이다. 친절 클리닉은 한국야쿠르트에서 채택한 친절관련 제도의 하나인데 불친절한 사람을 일종의 환자로 규정하고 이를 치료한다는

6 전게서, 다움, pp.134~140.

차원에서 친절 클리닉을 운용하여 불친절 환자에 대한 치료 프로그램을 활용하는 것이다.

⑤ 사무착오 보상제 및 불친절 보상제

사무착오 보상제는 서울의 광진 구청에서 실시했던 서비스제도로 직원의 실수로 구청을 찾은 주민에게 정신적, 시간적 피해를 주었을 경우 보상해 주는 것으로써, 사무착오를 확인한 민원인이 찾아오면 정중히 사과함과 아울러 재발 방지를 약속하고 5천원이 든 봉투를 건넴으로써 시간을 낭비하고 마음이 상한 주민을 위로하는 것이다.

이와 비슷한 취지에서 시행되는 제도 중에 불친절 보상제가 있는데 직원이 불친절한 경우에 현금으로 보상하는 제도이다. 농협과 신세계백화점 등에서 창구 직원들에게 명찰이나 앞주머니에 현금(1천원, 5천원, 1만원권)을 달게 한 후 고객들이 불친절을 경험한 순간 그 돈을 가져갈 수 있도록 한 친절 캠페인이 대표적 사례이다.

⑥ 친절 모니터

고객을 가장한 모니터들이 창구에서 불친절한 직원을 가려내는 등 친절도를 체크하여 보고하는 이 제도는 우리나라의 경우 은행에서 오래전부터 사용해 온 일종의 '암행감찰' 방법이다. 일본이나 미국에서도 전문적으로 접객태도를 체크하여 보고해 주는 회사가 많은데 이러한 모니터 제도는 서비스 수준향상, 부정방지의 효과를 보는 반면에 인권침해라는 이유로 종업원이나 노동조합의 반발을 사기도 한다.

⑦ 원 스톱 서비스

말 그대로 한번 선(stop) 곳에서 모든 서비스가 다 되게 하여 고객의 편의와 시간절약을 도모하는 제도이다. 즉, 창구마다 '○○계', '○○창구'라고 구분하지 않고 어떤 창구에 가서 일을 보더라도 토털서비스를 제공하도록 운용하는 것인데, 원스톱 서비스는 업종에 따라 그 개념이나 운용방식에 약간의 차이가 난다. 'One Stop Total Service'라든가, 한번 방문으로 모든 일을 끝낸다는 '1회방문제도'가 이 범주에 드는 것이다.

⑧ 고객불만 ○○시간 처리제

'민원 24시간 처리제', '고객 불만 48시간 처리제'와 같이 서비스의 신속성에 포인트를

두고 고객에게 친절하다는 이미지 구축을 위해 선택되는 일종의 時테크 전략이다.

⑨ 사전 서비스(B/S)

애프터 서비스(A/S)에 대응한 개념으로 고객의 불편사항을 사전에 미리 파악하여 해소해 주는 것인데 고객에게 수시로 전화를 걸어 불편사항을 점검해보는 현대자동차의 SBC(사전서비스 제도)가 일례이다.

⑩ 친절실명제

'판매사원 실명제', '서비스 실명제' 등 표현법은 약간씩 차이가 있으나 '실명제'가 핵심이다. 백화점에 가보면 매장마다 친절 서비스 책임자가 누구인지를 밝히는 얼굴 사진과 직·성명이 게시된 것을 보았을 것이다. 또는 고객에게 판매원(또는 서비스맨)의 명함을 주어 서비스의 책임소재를 분명히 하는 것도 같은 취지이다.

⑪ 친절선도요원제도

사내에서 친절에 있어 앞서가는 직원을 '친절 선도요원' 또는 '친절지도요원'으로 선발하여 그들로 하여금 회사의 친절도를 늘려나가도록 하는 제도이다. 농협의 '맵시텔러', 신한은행의 'Gal Force(갤포스)', 삼성생명의 '미네르바' 등이 대표적인 사례이다.

⑫ 친절 개점행사

개점행사는 원래 백화점에서 시작된 것이다.

아침 개점시간에 맞춰 백화점 전 직원이 일정한 위치에 대기하고 음악이나 구령에 맞춰 오프닝 이벤트를 하면서 첫 고객들을 맞이하는 것인데 이러한 행사를 통해 고객에게 볼거리를 제공하는 측면도 있지만, 그 보다는 고객에 대해 친절할 것을 새삼 다짐하고 서비스 마인드를 고취시키는 효과가 더 크다. 최근엔 농협, 은행을 비롯하여 많은 기업이 개점행사를 실시한다.

⑬ 미소서비스 리콜제

'웃음이 마음에 안 들면 즉석에서 천원을 드립니다', '준오 헤어' 등에서 실시한 '미소서비스 리콜제'는 미소로 고객 붙잡기 운동의 한가지이다. 이는 전 직원들이 매장 내 어

디서나 고객들과 만날 때마다 억지 웃음이 아닌 밝은 웃음으로 대해야 하며 그렇지 않으면 고객들이 지불하는 금액 중 미소 값을 되돌려 준다는 취지의 제도이다.

직원들은 '미소는 감사입니다.'라는 문구가 새겨진 아이디카드를 가슴에 달고 다니며, 어느 장소 어느 위치에서라도 고객에게 만족스런 미소로 대하지 않는다면 즉석에서 카드 뒤에 꽂아둔 1천원 지폐를 고객에게 준다.

⑭ 가상고객제도

LG그룹계열사에서 시행한 제도인데 모든 서류의 결재란에 고객의 결재란을 만들고, 모든 회의장소에는 고객의 자리를 만들어 두는 것이다. 실제로 고객이 결재를 하거나 회의에 참석하는 것은 아니지만 모든 의사결정에 있어서 가장 중요한 기준은 고객이라는 인식을 갖고 고객의 입장에서 의사결정을 하겠다는 취지이다.

⑮ 라인스톱제도

서비스 라인에 있어서 어느 한 곳이라도 불친절하거나 서비스가 제대로 되지 않아 고객의 불만을 사는 등 문제점이 발견되면, 마치 생산 공장에서 라인을 스톱시켜 공장 가동을 중지하는 것처럼 서비스 라인을 스톱시켜서 해당직원을 교체하는 등 강력한 제재를 가하는 서비스 관리제도이다.

⑯ 불친절 3진 아웃제

야구경기의 삼진아웃에서 착안한 서비스 발상이다. 고객의 이유 있는 불만을 3회까지 받았을 때는 그 업무를 중단시키는 등 아웃시키는 제도이다.

⑰ 친절의 문, 스마일 라인

친절의 문이나 스마일 라인을 운용하는 서비스 업체가 늘어나고 있는데 '친절의 문'은 그 곳을 통과하면서부터는 최고의 친절로 모시겠다는 취지이며, '스마일 라인'은 건물 바닥에 선을 긋고 '스마일 라인'이라고 표시한 것인데 그곳을 통과하면서부터는 미소로서 고객을 친절히 모시겠다는 것이다. 이를테면 친절마인드를 스스로 다짐하는 결의의 문, 결의의 라인이다.

⑱ 고객불만 예보제도

에버랜드에서 채택한 제도로서 날씨예보를 해주듯이 다음날의 여러 가지 상황을 컴퓨터에 입력하여 그런 상황에서 지금까지 어떤 유형의 고객 불만이 있었는지를 기존의 데이터베이스에서 도출한 후 직원들에게 "내일은 이러이러한 고객 불만이 있을 수 있으니 조심하고 대처하라"는 예보를 해주는 제도이다.

⑲ 친절도 측정기

제주시 용담1동에서는 동사무소 내에 공무원의 민원업무처리 상황을 평가하는 친절도 측정기를 운용했는데, 친절도 측정기는 제증명발급 등 각종 민원서류를 처리하는 공무원의 친절여부를 알 수 있는 제도로 주민들이 동사무소에서 일을 마치고 나가면서 업무분야별로 번호가 새겨진 바둑돌을 친절과 불친절이 표시된 가로 30cm, 세로30cm의 함에 넣는 것이다. 이와 비슷한 방식으로 친절도를 측정하는 서비스 관련 기업은 많다.

⑳ 친절체조

고객을 맞이할 때 사용하는 서비스 동작과 용어를 결합하여 체조로 재구성한 것으로 체조를 함으로써 접객업무로 야기되는 피로와 스트레스를 풀고 건강을 도모하며 동시에 친절 서비스에 대한 결의와 마인드를 고취하는 등 다목적으로 이용된다. 농협을 비롯하여 여러 기업에서 실시하고 있으며 약간 변형된 형태의 친절체조를 실시하는 곳까지 고려하면 상당수에 이른다.

CHAPTER

10 창업의 지원체계 및 세무

Understanding of Management & Foundation

CHAPTER 10 창업의 지원체계 및 세무

제1절 창업지원 체계 및 대상

현재 가족기업 및 중·소기업의 창업지원은 우리나라 중소기업청의 창업넷, 소상공인 지원센터 등을 통해 창업에 대한 일반적인 가이드를 제공하고, 창업과 관련된 자금지원, 인력지원, 교육지원 등을 활발히 벌이고 있다.<표 10-1>

표 10-1_ 창업지원 체계

창원지원 체계	창업가이드	창업준비 지원
		• 창업의 기본 절차 • 사업아이템 선정 • 사업타당성 분석 • 사업계획 수립 • 창업과 세무상식
		창업계획 승인제도
		• 기업설립 정보 • 개인기업과 법인기업 간 비교 • 개인기업 설립 • 주식회사 설립 • 주식회사 설립의 실무 • 사업자등록시 유의사항

		의무신고 사항
창원지원 체계	창업가이드	• 근로자명부와 임금대장 • 고용보험 신고 • 국민연금 의무가입 • 의료보험 의무가입 • 사업재해보험 의무가입 • 취업규칙 신고 • 무역업 등록 • 기업 부설연구소 신고
	창업관련 조세지원	• 창업자에 대한 조세감면 • 창업지원 기관 조세감면
	창업동아리	• 사업내용 • 주요 지원내용 • 사업일정 및 문의 • 창업동아리 현황
	창업강좌	• 창업강좌 개요 • 창업강좌 기관 선정 및 지원
	창업자금	• 창업자금 지원 안내 • 지원절차 • 신청접수 및 문의
	교수·연구원 창업	• 교수·연구원 창업지원 개요 • 주요 지원내용 안내 • 교수·연구원 창업현황 • 관련법령
	상담회사	• 상담회사 개요 • 상담회사 등록안내 • 상담회사 정보제공 • 컨설팅
	창업보육센터	• 보육센터 일반현황 • 보육센터 지정 안내

1 창업지원 대상으로서의 창업의 개념

창업의 일반적인 의미는 기업가의 능력을 갖춘 개인이나 단체가 사업의 아이디어를 가지고 사업목표를 세우고, 적절한 시기에 자본, 인원, 설비, 원자재 등 경영자원을 확보

하여 제품을 생산하거나 서비스를 제공하는 기업을 새로이 설립하는 것을 말한다.

정부는 국민경제의 발전과 지역 간 균형성장을 위해 가족기업 및 중·소기업 창업을 촉진하고 있으며, 창업절차를 간소화하고 금융 및 세제 등에 대한 지원을 하고 있다. 이 경우에 창업지원의 지원대상으로서의 창업은 중·소기업을 새로이 창설하는 효과가 있는 경우로 한정하고 있다. 그러므로 정부의 중소기업기본상의 중소기업 범위와 중소기업창업지원법상의 창업에 해당하여야만 정부의 창업지원을 받을 수 있는 대상이 된다.

1) 중소기업의 범위(중소기업기본법)

정부의 창업지원 대상으로서의 중·소기업의 범위는 중소기업기본법에 의하면 광업, 전기·가스 및 수도사업, 도·소매업, 기타 서비스업종을 주된 사업으로 하는 기업으로 상시근로자 및 자산규모가 중소기업기본법이 정한 범위 내이며 실질적인 독립성이 있는 기업을 말한다.

2) 창업의 범위(중소기업창업지원법)

(1) 창업의 의의

중소기업창업지원법상의 창업이란 법 제2조 제1항 및 시행령 제2조에 의거하여 새로이 중소기업을 설립하는 것으로서 원시적(原始的)으로 사업을 개시하는 것을 의미한다. 원시적인 사업의 개념이란 기존의 사업의 변경이 아닌 새로운 사업이 창출되는 것으로서 새로운 사업주체(법인, 개인사업자)가 새로운 사업을 개시하는 것을 의미한다.

(2) 창업 제외 업종

중소기업창업지원법 제3조, 동법시행령 제4조에 의하면 숙박 및 음식점업, 금융 및 보험업, 부동산업, 무도장 운영업, 골프장 및 스키장 운영업, 도박장 운영업, 미용·욕탕업 및 유사 서비스업 등 기타 서비스업은 창업지원 대항으로서 창업 제외 업종이다.

(3) 창업 제외 범위

정부의 중·소기업 창업지원 대상에서 제외되는 범위는 다음과 같다.

① 타인으로부터 사업을 승계 하여 승계 전의 사업과 동종의 사업을 계속하는 경우는 지원대상으로서의 창업의 범위에서 제외한다.(다만, 사업의 일부를 분리하여 당해 기업의 임원, 직원 또는 그 외의 자가 사업을 개시하는 경우로서 산업자원부령이 정하는 요건에 해당하는 경우는 제외)

② 개인사업자인 중소기업자가 법인으로 전환하거나 법인의 조직변경 등 기업형태를 변경하여 변경 전의 사업과 동종의 사업을 계속하는 경우는 지원대상의 창업 제외 범위에 속한다.

표 10-2_ 창업지원 대상으로서 창업 및 창업 제외 범위

구 분	구체적 실례
창업 대상	• A법인이 폐업하고 다시 A 명의로 이종업종 생산 시는 창업으로 인정 • 경락절차에 따라 유입물건을 매입하였을 뿐 채권채무를 인수하지 않았을 경우 • 갑 장소에서 도·소매업을 영위하고 있는 사업자가 다른 장소에서 개인사업을 폐업하지 아니하고 제조업을 영위하는 법인을 설립하는 경우 • 각 법인이 폐업하지 아니하고, 다른 장소에서 을 법인을 신규로 설립하여 새로이 사업을 개시하는 것으로 실질적인 사업승계 목적이 아니고 일부 유휴설비의 매입만이 있는 경우 • 대도시에서 갑 법인을 운영중인 자가 농어촌지역에서 동종의 을 법인을 설립하여 갑 법인을 폐업하지 아니하는 경우에 을 법인은 창업기업에 해당된다. • 개인사업자가 기존의 사업을 폐업하지 않고, 별도의 신규 법인을 다른 장소에서 설립하는 경우 • 기존의 법인이 폐업하지 아니하고 다른 장소에서 설립하는 경우, 사업을 승계하지 않는 경우라면 대표자의 동일성 여부와 관계없이 창업에 해당
창업 제외 대상	• A개인사업자가 갑 장소에서 영위하는 사업을 폐업하지 아니하고, 을 장소에서 개인사업자 명의로 동종의 사업을 영위하는 경우는 동일인의 사업의 확장에 불과하다. • 갑 장소의 사업을 폐업하고, 을 장소에서 폐업 전의 사업을 개시하는 경우에는 사업자 이전에 속한다. • A개인사업자가 갑 장소에서 사업을 폐업한 후, 을 장소에서 B법인을 설립하여 동종의 사업을 개시하는 경우에는 사업자의 법인전환과 사업장의 이전에 속한다. • A법인이 갑 장소의 사업을 폐업한 후, 을 장소에서 A법인이 상당액을 출자하여 B법인을 설립하여 폐업 전과 동종의 사업을 영위하는 경우는 사업장 이전과 기업형태 변경에 속한다. • A사업자가 동일 장소에서 상당액을 출자하여 동일한 업종의 법인을 설립하는 경우는 기업 형태 변경에 속한다. • 폐업 후 사업을 개시하여 폐업 전의 사업과 동종의 사업을 영위하는 경우. • A법인이 폐업하고 동일 장소나 다른 장소에서 B법인을 설립하여 동종의 사업을 계속하는 경우도 위장창업으로 본다.

<출처: 김지희, 가족기업 창업 및 경영론, 삼성출판사, 2001, p. 362.>

③ 폐업 후 사업을 개시하여 폐업 전의 사업과 동종의 사업을 계속하는 경우는 제외한다.

창업 제외 범위는 제 2조 규정된 사항이며, 창업에 해당되지 아니한 세 가지 대표적 사례를 열거한 것으로써 이와 유사한 사례, 즉 '중소기업을 새로이 설립'이라는 기준에 적합하지 아니할 경우에는 행정해석에 의하여 창업에 해당하지 않는다. 사업승계는 사업에 관한 권리의무의 포괄승계와 특정승계의 양자를 모두 포함하며, 사업자의 위치는 창업의 개념에 영향을 미치지 않는다. 또한 개인사업자의 법인전환, 조직변경 등의 창업 인정 여부는 출자 비율과는 별개의 사안이다.

2 정부기관별 창업지원 체계도

창업지원 체계는 정부의 각 부처별로 그 역할을 담당하고 있으며, 분야별 지원 및 이를 통합한 체계를 유지하면서 가장 효율적으로 창업을 지원할 수 있도록 노력하고 있다. 정부 각 부처별로 담당하고 있는 지원체계는 [그림 10-1]과 같다.

건교부 등 11개 기관	중소기업청(창업지원과)	산업통상자원부
· 공장 창업절차 간소화(29 개별법)	· 중소기업 창업지원 종합계획 수립 · 공장설립 절차 간소화 총괄 · 중소·벤처 창업자금 운영 · 창업보육센터, 창업상담회사 운영 · 창업활성화 지원	· 공장설립 등록
국세청	**지방중소 기업청(11개)**	**정보통신부**
· 창업기업 세제지원	· 창업활성화 지원업무 진행 · 창업보육센터 지정	· 정보통신 창업지원 센터 사업 · S/W지원센터 사업
중소기업진흥공단(벤처·창업팀)	**각 시·도(16개)**	**과학기술부**
· 중소·벤처 창업 자금 집행	· 창업 사업계획 승인 및 사후관리 · 지방중소기업 육성자금 운용	· 신기술 창업지원 사업

그림 10-1_ 정부기관별 창업지원 체계도

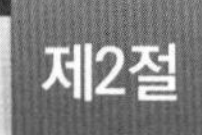

제2절 창업자금 지원

1 창업자금 지원사업의 목적

창업자금 지원사업은 우수한 기술력과 사업성은 있으나 자금력이 부족한 중소·벤처기업의 창업활성화를 위한 것이다.

2 지원대상

창업자금 지원사업은 창업을 준비 중인 자 및 중소기업지원법 시행령 제3조에 의한 사업 개시 일로부터 3년 미만(신청접수일 기준)인 중소기업을 대상으로 한다.

지원 제외 대상은 중소기업창업지원법 시행령 제4조에 명시된 업종을 영위하는 업체(숙박 및 음식점업, 금융 및 보험업, 부동산업, 무도장 운영업, 골프장 및 스키장 운영업, 미용·욕탕 및 유사 서비스업 등 기타 서비스업), 동창업자금을 이미 지원 받은 중소·벤처기업, 금융기관 불량거래자 또는 불량거래처로 규제 중인 자는 지원에서 제외한다.

표 10-3_ 창업자금 지원조건 및 지원범위

구분		내용
지원 조건		• 지원한도: 동일 기업당 5억원 이내(단, 운전자금은 3억원 이내) • 상환기간: 운전자금(5년 이내, 거치기간 2년 포함), 시설자금(7년 이내, 거치기간 2년 포함) • 지원금리: 연 6.75% 내외(변동)
지원 범위	시설 자금	• 생산 및 연구 개발 시설, 응용 S/W, 중고시설 • 임차 보증금 및 공장매매 자금(80%이내) • 법원, 자산관리공사, 금융기관을 통한 경락자금 지원(80%이내) • 공장건축 공사(토지구입비 제외)
	운전 자금	• 연구개발비용, 생산에 필요한 원부자재 등 구입비 • 기타 기업경영에 소요되는 일상경비

핵심 Key 1 성공적으로 자금을 조달하는 원칙들

사업을 시작하기 전에 준비되어야 할 것은 사업계획이다. 사업계획에는 영위하고자 하는 사업에 대한 목적, 전략, 동종업계에 대한 시장조사, 손익계획, 투자계획 등이 포함된다. 그러나 사업에 대한 판매전략도 중요하지만 가장 우선 되어야 할 것은 사업 자금의 준비이다. 성공적인 사업계획은 자금 조달이 가능할 때 비로소 구체적인 계획이 되는 것이다. 사업을 시작하거나 영업을 개시한 후에도 필요한 자금을 조달하기 위한 성공적인 자금 조달 원칙은 다음과 같다.

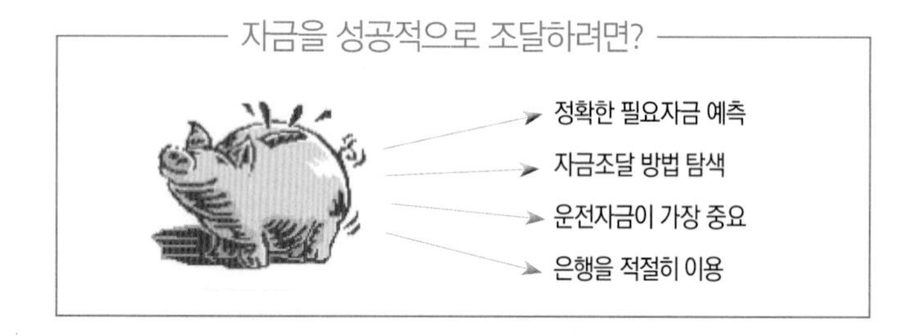

▸ 필요자금을 정확하게 예측하라

사업자금은 설비자금과 운전자금으로 나눌 수 있다. 설비자금은 점포를 개점하기 위해 투자되는 임차보증금, 권리금, 인테리어 공사비, 판매장비 구입비, 시설비 등이다. 운전자금은 점포의 개점과 동시에 사용되는 자금으로 상품 구입대 및 점포의 각종 운영경비 등이다. 이 자금은 판매가 시작되면 상품대금이 회수되어 운전자금으로 사용된다. 모든 필요한 자금이 산출되면 이 자금계획에 맞추어 자금 소요계획을 세분화하여 월 계획을 수립해야 하고, 이 계획은 매월 말에 계속적으로 수정 보완되어야 한다.

▸ 자금 조달 방법을 강구하라

현재 사업주 자신이 소유하고 있는 현금을 기본으로 하여 부족한 자금은 사채 및 금융기관을 통하여 융통을 하여 필요자금과 집행자금의 오차가 발생되지 않도록 해야 한다. 사업주 자신의 현금은 자기 자본이며 그 이외의 것은 차입금이 된다. 차입금은 주변의 친지나 개인으로부터 빌린 것과 각종 금융기관으로부터 융자를 받은 것으로 구분된다. 자기자본만으로 사업자금 조달이 부족한 경우에는 차입금 조달에 대하여 사전에 치밀한 조사대출조건, 상환방법, 대출처리기간 등)을 통하여 향후 영업에 지장을 초래하지 않도록 해야 한다.

▸ 운전자금을 확보하라

사업은 내 돈으로 하는 것이 아니라고 혹자는 말한다. 그러나 자기 자본이 많이 투입될수록 사업에 안정성이 있으며, 자금관리에 신경을 덜 쓰게 되어 점포경영에 매진할 수 있다. 만약 자기자본이 50% 미만이라면 사업추진에 대하여 다시 한 번 고려하는 것이 좋을 듯하다. 자신의 여력에 맞는 사업을 찾는 것은 사업을 시작하는 데 매우 중요하다. 따라서 창업자금은 가능하다면 2배 이상을 확보하는 것이 좋다. 아니면 투자 규모를 반으로 줄여야 한다.

운전자금에 문제가 생기면 자금 조달에 신경을 쓰느라 영업에 전념을 하지 못하는 경우가 대단히 많다. 그러므로 창업자금은 넉넉하게 준비하고, 반드시 현금이 아니더라도 필요한 시기에 현금화할 수 있는 2배 정도의 자금 규모를 확보해야 한다. 만일 그것이 어렵다면 투자 규모를 조정하는 것이 효율적인 자금 운용 방법일 것이다.

▸ 은행을 적절하게 이용하라

개인사업자가 금융기관을 통하여 자금을 조달하기란 쉽지 않다. 객관적인 신용이 부족하기 때문에 부동산 등을 담보로 자금을 융통할 수밖에 없다. 따라서 가급적이면 한 곳의 은행을 선택하여 꾸준한 거래를 하는 것이 대출에서부터 자금관리까지 여러 가지 혜택을 받을 수 있다.

입출금이나 단순한 적금 가입뿐 아니라, 필요한 세금이나 각종 경비의 자동납부 및 종업원 인건비의 자동이체를 통하여 신용도를 쌓아두는 것이 장래에 매우 유리하다. 또한 은행과의 신용관리에 신경을 써야 한다. 은행돈은 빌리기 힘들다고 하지만 신용을 인정받는 사람이나 기업은 은행에서 일부러 찾아와서 써달라고 하는 것이 또한 은행돈이기도 하다. 예비 창업자나 현재 사업을 운영하는 사람이나 평소부터 신용관리에 만전을 기하는 것이 좋다.

<출처: 이강원, 실전창업, 더난, 2002, pp.102~106.>

제3절 창업강좌 지원

1 창업강좌의 정의

기술력과 사업성을 갖춘 중소·벤처기업의 창업을 활성화하기 위해 중소기업청에서 대학(원)생, 연구원, 기술창업자 등 예비창업자를 대상으로 창업과 관련한 전문지식과 정보를 체계적으로 교육받을 수 있도록 창업강좌 개설비용을 지원하여 대학(교), 중소기업 관련 기관에서 개설·운용하는 창업강좌를 말한다.

2 창업강좌의 종류

① 일반창업강좌: 예비창업자 및 창업 초기 경영인을 대상으로 개설한 창업강좌

② 전문창업강좌: 창업지원 인력에 대한 전문성 제고를 위한 창업강좌

③ 사이버창업강좌: 사이버강좌는 중소기업청 소상공인 지원센터에서 제공하는 인터넷상의 창업강좌로 창업 필수사항, 업종별 창업에 대한 내용을 센터의 전문상담사가 음성과 테스트를 이용해 제공하고 있다.

3 창업강좌의 수강신청

개별 창업강좌의 '창업강좌 안내'의 내용에 따라 강좌 개설기관의 일정에 맞게 개별 신청하여 수강한다. 수강료는 개설기관이 자율적으로 정하되 정부지원 프로그램이므로 무료 또는 소액으로 신청하여 수강할 수 있다.

제4절 창업보육센터

1 창업보육센터 및 관련개념

1) 창업보육센터(BI: Business Incubator)

미국의 경우 창업보육센터는 Business Incubator(BI) 등으로 불리며, 운영이 활성화되어 대학, 공공 연구기관, 정부, 민간기관 등의 중소기업 창업을 촉진하기 위해 설립한 것이다.

이는 창업자들을 입주시켜 여러 가지 혜택 및 서비스를 제공하고, 신생 중소기업의 생존율 제고, 기술혁신 결과의 실용화의 촉진, 신사업 창출, 지방경제의 활성화, 기술인력의 양성, 대학 및 연구소 연구기능의 활성화 등 기업을 새로이 시작하려는 창업가에게 원활한 자립경영과 성장을 도모하도록 하는 창업과정의 제반 지원체계 및 기능을 의미한다.

우리나라의 중소기업창업지원법(제2조)상의 정의에 의하면 창업보육센터라 함은 창업의 성공가능성을 높이기 위하여 창업자에게 시설 및 장소 등 각종 지원을 제공함을 주된 목적으로 하는 사업장을 말한다.

2) 기술보육센터(TI: Technology Incubator)

기술보육센터는 기술개발 단계의 지원을 중심으로 하며, 기술적 아이디어, 개발 중인 기술의 완성을 목표로 한다. 전문인력 파견을 통한 기술지도, 공동개발, 필요자금 지원 및 알선, 컴퓨터 등 관련기기 상용의 편의 제공 등을 주로 하고 있다.

3) 기술창업지원센터(TBI: Technology Business Incubator)

기술창업지원센터는 대학, 공공 연구기관, 지방정부, 민간기관 등이 기술 집약적인 벤처기업의 창업을 촉진하고, 육성하기 위한 곳으로 기술창업보육센터라고도 한다. TBI

는 이미 개발된 기술의 사업화, 즉 창업활동을 지원하는 점에서 기술개발 활동을 지원하는 TI와 구분된다. 대상이 기술 집약적 또는 기술 수준이 높은 창업자를 위한 것이라는 점에서 일반적인 창업보육센터와 구분된다.

2 창업보육센터의 역할

창업보육센터는 대학 및 연구기관으로부터 산업체로의 기술적인 창구역할을 한다. 또한 고용창출과 지역 잠재기업의 개발을 촉진한다. 창업보육센터 자체의 고용창출 효과는 수천 명의 고용을 일시에 창출하는 대기업에 비하면 미약하지만, 첨단산업 부문의 선도자 역할을 하는 신설 기업체의 창업과 고부가가치의 창출이라는 측면에서 볼 때 의의가 크다. 산업기반의 다양화와 첨단산업 부문의 활성화에 기여하고, 다양한 업종의 기업들이 입주하고 있으므로, 지역 내 새로운 사업을 육성함에 있어서도 촉매 역할을 한다. 이외에도 창업보육센터는 지역개발 산업과 민간의 협조기회를 조성하는 역할을 함으로써 지역사회 및 국가경제 발전에 기여할 수 있다.

3 창업보육센터의 유형

창업보육사업의 형태는 공공기관 주도형, 대학연관형, 민간기업 주도형, 정부 주도형으로 나눌 수 있다.

① 공공기관 주도형은 지역개발 및 고용 증대를 목적으로 공공기관에서 설립·운영하며, 정부 또는 관련기관은 입주기업에게 작업실, 설비 등을 지원하고 지역 내 대학, 상공회의소 등은 경영 및 기술을 지원하는 형태로 지방에 소재한 행정기관 및 관련단체에 협력하여 공동으로 운영하는 형태를 의미한다.

② 대학연관형 창업보육센터는 대학 및 주변 연구기관이 공동출자·운영하며 첨단중소기업을 육성하는 것으로 대학 인근에 연구단지 등을 조성해 대학과 기업이 공동으로 연구개발하고, 대학과 기업 간의 기술교류, 정보교환으로 기술혁신을 추진해 대학이 연구한 첨단기술을 창업보육센터에 이전함으로써 산업화에 기여하는 형태이다.

⑬ 민간기업 주도형은 민간기업이 투자확대 및 이익추구를 위하여 단독으로 설립·운영하는 형태로 다른 형태의 보육사업에 비하여 임대료가 비싸며, 입주기업에 대한 종합적인 지원제공과 주식취득 등이 행해진다.

④ 정부 주도형은 정부가 창업보육센터 지원 전담기관을 설립·운영하여 중소기업을 육성하는 형태로 보육사업 실시기간에 대한 세제혜택 및 투자손실 보전제도 등으로 지원하며, 전담기관의 융자 등 자금지원이 행해진다.

4 창업보육센터의 지원서비스

창업 보육사업을 매우 좁게 정의한다면 창업보육센터의 지원서비스라고 할 수 있을 정도로 지원서비스는 창업보육센터 운영의 핵심적인 구성요소이다. 지원서비스와 관련해서 중요한 고려사항은 지원되는 서비스의 종류 및 가치, 서비스에 대한 사용료 지불 여부 및 방법 등이다.

창업보육센터에서 지원하는 서비스는 물리적 시설·설비 제공, 경영·사업지원, 기술적 지원, 재무적 지원, 법률적 지원, 네트워킹 지원 등 매우 광범위하고 다양하며 센터에서 직접 지원할 수도 있고 외부 서비스와 연계·알선·중계를 통해 지원할 수도 있다.

일반적으로 창업보육센터의 가장 중요한 서비스로 싼 임대료로 작업공간을 제공함으로써 창업 초기 기업의 초기투자 비용을 줄이는 것을 들고 있는데 '보육(Incubation)'이라는 측면에서 본다면 의도적으로 통제된 조건을 만들어 주는 것이 중요하며 이때 통제된 조건의 핵심은 바로 지원서비스라고 할 수 있다. Lichtenstein & Lyons(1996)는 성공적인 창업보육센터 경영수단에 대한 지침서에서 창업보육센터가 지원하는 서비스는 서비스를 받는 기업의 특성, 작업환경 등을 고려하여 기업이 원하는 특정한 욕구와 필요에 근거하여야만 한다고 주장하고 있다. 즉, 창업보육센터의 담당자는 자기가 창업자(입주기업의 경영자)인 것처럼 생각하고, 창업자들이 가장 필요로 하는 핵심적인 자원이 무엇인가를 진단하여야 한다. 그들은 100여 가지가 넘는 성공적인 지원서비스들의 구체적인 내용을 제시하고, 창업자가 필요로 하는 자원과 그들이 갖는 여러 가지 제약조건을 양축으로 하는 '진단 및 처방 매트릭스'를 통하여 창업자의 욕구와 그에 적합한 서비스의 내용을

제시하고 있다. 그들이 제시한 '진단 및 처방 매트릭스'는 보육 프로그램의 효과성을 평가하는 데도 유용하게 사용될 수 있다.

제5절 창업지원 제도 · 법체제 개선

1 창업공장 설립 관련 규제 대폭 완화

중소기업은 창업 중소기업의 공장설립 절차 간소화 및 규제 완화를 통한 창업공장 설립활성화를 위하여 창업공장 설립절차를 규정한 '창업 사업계획의 승인에 관한 통합 업무 처리지침'을 개정·고시(중소기업청 고시 2001-8호, 2001.5.9)하였다. 창업자의 창업공장 설립절차가 한결 간소화되었고, 공장설립완료 이후에는 자유로이 전매·임대가 가능해져 사업 환경 변화에 탄력적인 대응이 가능해졌다고 밝히고 앞으로도 창업자의 공장설립 절차 간소화와 규제 완화에 역점을 두고 지속적으로 제도개선을 추진해 나가겠다고 밝혔다. 주요 내용은 다음과 같다.

① 창업자가 창업공장 설립승인 후 5년 동안 전매·임대가 제한되는 사항을 공장건축 완료(1년 정도 소요) 후까지 단축함에 따라 공장설립 후에는 자유로이 전매·임대를 가능토록 하였다.

② 창업법인의 공장건립 추진을 안정적으로 수행토록 하기 위하여 창업 법인의 내부지분이 51% 이상 유지되어야 하는 의무규정을 삭제, 내부출자 및 지분변동을 허용하였다.

③ 이외에도 창업공장 설립승인을 받은 창업자가 사업포기, 파산 등으로 사업수행이 불가능한 것이 명백하다고 인정되는 경우에는 승인권자가 별도의 절차 없이 사업계획 승인을 취소토록 하여 새로운 창업 중소기업이 사업계획 승인을 신속히 다시 받을 수 있도록 근거규정을 마련하였다.

❷ 창업 사업계획의 승인에 관한 통합업무 처리지침 개정

개정 목적은 중소기업창업지원법상의 창업 중소기업의 창업 사업계획 승인(공장설립 승인) 절차를 명확히 하고 사후관리에 관한 규제를 완화하여 창업 사업계획 승인제도의 활성화를 도모하고자 하는 것이다.

주요 내용은 다음과 같다.

❶ 전매제한 조건을 완화(제14조)함으로써 법인 내부의 출자 및 지분변동을 전매대상에서 제외하여 자유로이 지분변동이 가능하도록 규정(기존 규정의 경우, 최초의 개인지분 51% 유지를 의무화)하였다.

❷ 사후관리 기간을 단축(제28조)함으로써 기존 사후관리 기간을 5년에서 공장건축을 완료하는 시점까지 완화하여 공장건축을 완료하는 경우에는 전매 및 임대를 허용하도록 하였다.

❸ 청문절차의 생략을 통한 사업계획 승인취소 근거를 마련(제31조)함으로써, 사업자의 사업포기, 파산 또는 경매절차에 의하여 사업수행이 불가능한 것이 명백한 경우에는 청문절차 없이 사업계획 승인을 취소할 수 있도록 규정하였다.

❹ 사업계획 승인이 취소된 부지에 대한 재사업 계획승인 근거를 마련(제34조)하고, 공장건축을 완료하지 아니하고 전매 및 임대 또는 경매로 인하여 사업계획 승인이 취소된 당해 부지를 인수한 자(법상 창업자)가 다시 창업 사업계획 승인을 받을 수 있도록 근거규정을 마련하였다.

❺ 변경승인 대상의 확대(제14조)를 통해 변경승인 대상을 사업장 변경에 국한하던 것을 사업주체까지 확대하여 전매가 아닌 사업주체의 변경사항을 변경승인 사항에 포함하여 안정적인 사업계획을 수행토록 규정하였다.

❻ 임대공장 등록사업자 중 사업계획 승인 적용대상을 명확히 규정(제3조의 2)하여, 동종업종의 사업장을 임차한 경우는 법상 창업자에 해당하지 않아 적용대상에서 제외하였다.

❼ 사업계획 승인시 승인서 발급 절차 및 사후관리를 규정(12조)하였다. 사업별로 창업 사업계획 승인서, 공장설립서 사업계획 승인서, 공동 사업계획 승인서를 구분하여

발급하고 각각 별도의 사후관리 요령을 명문화하였다. 승인권자가 사업계획 승인서 발급시 사업자에게 유의할 사항의 안내를 의무화하였다.

3 소상공인지원센터의 소자본창업에 대한 정보 확충

실업인구가 증가할 전망을 보임에 따라 소자본창업에 대한 관심도 높아지는 추세이다. 그러나 소자본창업이라고 해서 무작정 시작하면 오히려 낭패를 볼 위험 역시 많은 것이 사실이다. 즉, 특별한 기술과 노하우가 필요치 않은 것으로 보여지는 분식점, 커피전문점 등도 구청 또는 군청 등에 허가신청서뿐만 아니라 교육필증, 건축물관리대장등본, 도시계획확인원 등 각종 구비사항을 제출할 필요가 있다는 것을 알고 있는 사람은 거의 없는 듯하다.

또한 상가나 점포의 경우에는 주택과 같은 임대차보호 제도가 아직 없기 때문에 계약체결 시 건물등기부등본 확인, 부동산임대차등기 등을 통한 사전 자구책 강구도 필수적이다.

중소기업청은 보다 정확하고 다양한 정보 제공을 통해 소자본창업 희망자가 성공적으로 창업할 수 있도록 창업가이드를 발간·제공하고 있다. 중소기업청은 1999년부터 설치·운영하고 있는 소상공인 지원센터를 통해 소상공인에게 창업 및 경영개선 등에 대한 상담 및 컨설팅을 수행하면서 소상공인이 공통적으로 애로를 겪고 있는 사항, 창업 및 사업초기 단계에서 반드시 짚고 넘어가야 할 사항에 대한 자료와 상담수요가 높은 업종·사회적으로 관심이 좋은 업종에 대한 창업가이드를 마련하여 지원센터 방문 고객에게 상담의 기본 자료로 활용함으로써 서비스 수준을 제고함은 물론 자료를 필요로 하는 소상공인에게는 직접 제공하여 왔다.

이에 따라 지금까지 음식점, 미용실, 완구점, 서점 등 90개 업종에 대한 창업가이드와 세무, 입지선정, 부동산 실무 등 기본 지침을 발간·활용하여 왔으며, 창업가이드 외에도 그동안 숙박업·오락업·인쇄업 등 주요 업종별 전망에 대한 관련 전문가의 분석자료 등을 통해 업종선택에 고민하는 예비 창업자에게 도움을 주어 왔다.

한편 중소기업청은 '소상공인지원정보시스템'을 통해 현재 off-line 형태로만 제

공하고 있는 창업정보를 on-line으로도 제공하고 있다. 중소기업청은 기본지침, 사업계획 수립 및 사업성분석, 상권분석 및 입지선정, 프랜차이즈 시스템(가맹점 창업 노하우), 창업자금 조달 및 운용, 소상공인의 공고전략, SOHO 창업과 경영, 전자상거래와 인터넷 창업, 소상공인 창업과 세무회계, 벤처기업의 이해, 고객응대와 비즈니스 매너, 무역업 창업과 경영, 투자규모, 아이템별 창업·경영전략, 상담과 컨설팅기법, 소점포 디자인과 상품진열, 창업·경영 관련 법률 실무지식, 거래처 관리와 채권관리, 경영분석 및 진단 매뉴얼, 소비자행동과 출역구매 등에 대한 정보 및 업종별 창업가이드를 발행함으로써 소자본창업에 대한 정보제공을 확충하고 있다.

4 소자본창업 희망자에 대한 교육실시

중소기업청은 소자본창업에 대한 관심과 열기를 실질적인 창업으로 연결함으로써 일자리 확충을 도모하기 위하여 소자본창업 희망자를 위한 '소자본창업스쿨'을 2001년 4월부터 본격적으로 착수하여 교육을 실시하고 있다.

창업스쿨은 적성검사, 아이템선정 방법, 입지선정 방법, 사업계획 수립방법 등 창업초기 단계에서부터 세무, 마케팅, 매장관리에 이르기까지 종합적인 프로그램으로 구성되어 있으며, 지금까지 소상공인지원센터에서 소상공인에 대한 직접적인 상담업무를 수행해 온 상담사를 중심으로 실무적이면서도 가장 필요한 내용에 대한 교육을 제공할 것으로 판단되어 창업희망자뿐 아니라 영업 중인 소상공인에게도 실질적 도움이 될 것으로 보고 있다.

중소기업청은 창업스쿨을 계기로 상담 전문기관인 소상공인지원센터에 교육 전문기관으로서의 위상도 확충함으로써 찾아오는 상담고객뿐 아니라 일반 소상공인에 대해서도 밀도 높은 교육을 통해 보다 내실 있는 창업 및 경영을 유도할 계획이다. 교육참여에 소요되는 별도의 비용부담은 없으며 소자본창업스쿨의 교육을 희망하는 사람은 누구나 가까운 소상공인지원센터에서 신청함으로써 교육참여가 가능하다.

한편 중소기업청은 1999년부터 설치·운영하고 있는 소상공인지원센터를 통해 소상공인에 대한 창업 및 경영개선 등에 대한 상담 및 컨설팅을 수행하면서 아울러 소자본

창업 열기를 확산하기 위해 각종 소자본·SOHO창업 설명회, 교육 등을 실시하여 왔으며 창업을 지원한 바 있다.

교육프로그램의 내용은 창업 적성검사, 사업아이템 선정, 사업계획 수립 및 사업성분석, 상권분석 및 입지선정, 마케팅전략, 창업세무, 부동산계약 실무, 점포인테리어 및 디스플레이, 유통업창업, 소호창업, 프랜차이즈창업, 외식업창업, 우리나라의 창업지원제도, 특허·실용신안 취득 및 활용방법 등이다.

제6절 창업과 세무

세금은 국민의 생명과 재산보호 그리고 국민생활의 향상을 위해 강제로 징수한다. 세금의 종류는 다음과 같다.[1]

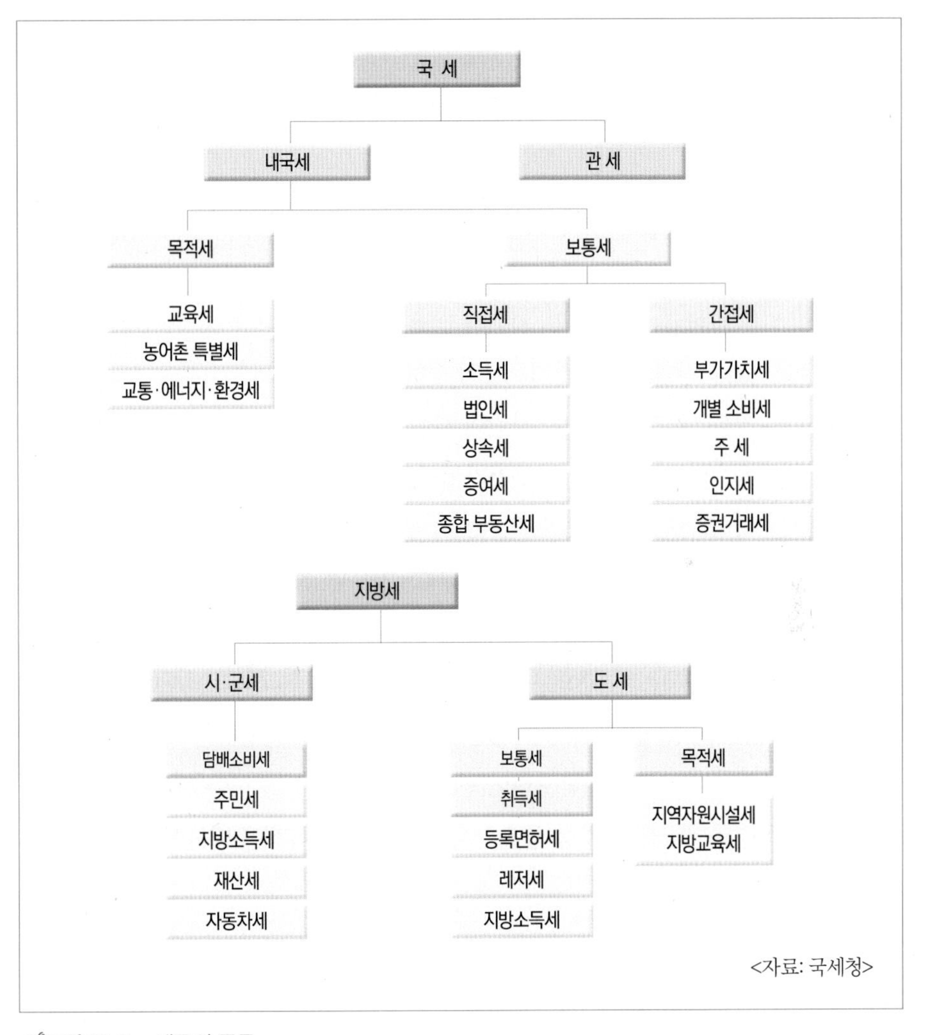

그림 10-2_ 세금의 종류

1 조보상, 소자본 창업과 경영의 실무, 무역경영사, 2002, pp. 375~392. 수정.

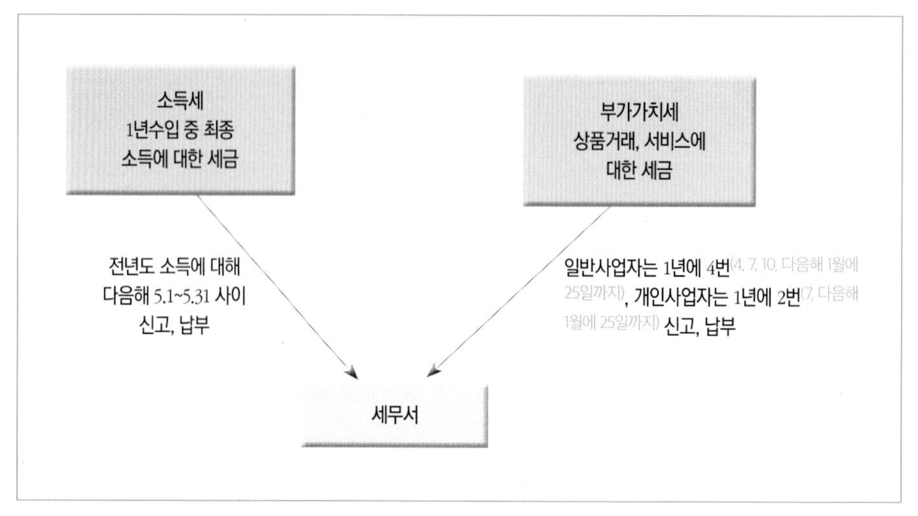

그림 10-3_ 소자본창업과 세무

창업자의 경우 세무관리에 대한 사전지식이 없어 경영상 어려움을 겪는 경우가 종종 있다. 창업자가 일반적으로 부딪히는 세금은 부가가치세와 소득세다. 부가가치세는 물건을 사고팔 때, 파는 사람이 사는 사람에게 물건 값에 10%의 부가가치세를 더해서 돈을 받고 이렇게 받은 부가가치세를 정부에 내는 것이다. 그러므로 사업내용이 적자라 하더라도 매출이 있으면 반드시 부가가치세를 내야 한다. 단, 본인이 사업을 위해 물건을 사오면서 부담한 부가가치세가 있으면 이를 빼고 그 차액만 납부하고 차액이 마이너스이면 오히려 정부로부터 더 낸 부가가치세를 돌려받는다.

소득세는 1년간의 사업실적에 따라 내는 세금이다. 적자로 인해 번 돈이 없으면 물론 낼 세금도 없다. 이러한 적자는 그 후 5년 내에 발생하는 흑자를 줄이는 역할을 한다. 이러한 적자를 인정받으려면 반드시 소득세신고를 해야 한다. 창업기업의 기업경영과 관련된 세금으로 가장 중요한 부가가치세, 소득세에 대하여 신고 및 납부기한을 요약해 보면 다음과 같다.

표 10-4_ 세금의 신고·납부기한

<table>
<tr><th colspan="2">제목</th><th>과세기간및 사유</th><th colspan="2">신고 및 납부기간</th></tr>
<tr><td rowspan="9">국세</td><td rowspan="2">부가가치세</td><td>1기: 1월 1일~6월30일</td><td>7월1일~7월25일</td><td rowspan="2">간이과세자는
다음 연도 1월25일</td></tr>
<tr><td>2기 : 7월1일~12월31일</td><td>다음연도
1월1일~1월25일</td></tr>
<tr><td>종합소득세</td><td>매년 1월1일~12월31일</td><td colspan="2">다음 연도 5월1일~5월31일</td></tr>
<tr><td rowspan="2">양도소득세</td><td>예정신고</td><td colspan="2">양도 한달의 말일~2개월</td></tr>
<tr><td>확정신고</td><td colspan="2">다음 연도 5월1일~5월31일</td></tr>
<tr><td>법인세</td><td>법인이 정하는 사업연도</td><td colspan="2">사업연도 종료 월 말일 ~3개월</td></tr>
<tr><td>증여세</td><td>생전 증여</td><td colspan="2">증여 해당 월 말일~3개월, 신고세액공제 7%</td></tr>
<tr><td>상속세</td><td>사후 상속</td><td colspan="2">상속 월 말일 ~6개월 신고세액공제 7%</td></tr>
<tr><td>종합부동산세</td><td>매년 6월1일 현재보유</td><td colspan="2">매년 12월1일~12월15일 고지서 수령, 납부</td></tr>
<tr><td rowspan="3">지
방
세</td><td rowspan="2">재산세</td><td rowspan="2">매년6월1일 현재보유
(주택 7월, 9월 1/2씩 납부)</td><td>건물</td><td>매년 7월16일~7월31일 고지 납부</td></tr>
<tr><td>토지</td><td>매년 9월16일~9월30일 고지,납부</td></tr>
<tr><td>취득세</td><td>과세대상자산의 취득</td><td colspan="2">취득일~60일
단, 등기 시에는 등기접수 전까지</td></tr>
</table>

<※ 국세는 관할세무서, 홈텍스/지방세는 관할지자체 세무과, 위텍스>

1 부가가치세

1) 부가가치세란?

상품을 판매하거나 서비스를 제공할 때 거래금액에 일정금액의 부가가치세[2]를 징수

2 부가가치세는 물건 값에 부가가치세가 포함(매출가격의 10%)되어 있기 때문에 실지 세금은 소비자(물건을 구입하는 사람)가 부담하는 것이며, 사업자는 소비자가 부담한 세금을 잠시 보관했다가 국가에 내는 것에 지나지 않는다. 소득세는 사업 결과 얻어진 수입에서 정당하게 사용된 비용을 공제한 후 남은 소득에서 내는 세금으로 사업상 결손이 나면 내지 않을 수도 있지만, 부가가치세는 이와는 성격이 다른 세금으로 결손이 날 경우에도 내야 되는 세금이다. 결국, 부가가치세는 사업자가 팔 상품의 원가에 이윤을 붙여 계산한 매출가격을 기준으로 계산하여(10%) 소비자로부터 받아 놓은 세금이므로, 사업자가 취할 이윤에서 부가가치세를 납부하는 것으로 오해하면 안 된다.

하여 납부해야 한다. 즉, 물건 값에 부가가치세가 포함되기 때문에 이 세금은 최종소비자가 부담하게 된다. 그러나 다음과 같이 일부 생활필수품을 판매하거나 의료·교육관련 용역의 공급에는 부가가치세가 면제된다.

부가가치세 면세사업자는 부가가치세는 신고할 의무가 없으나 사업장 현황신고를 하여야 한다. 1년간의 매출액과 동일 기간 내에 주고 받은 계산서 합계표를 다음에 1.1부터 2.10까지 사업장 관할세무서에 신고하여야 한다. 다만 매입처별 세금계산서 합계표는 1.31까지 제출해야 한다.

표 10-5_ 부가가치세 면세사업자 업종 및 적용세제

구 분	등록가능업종	적용세제
면세사업자	• 기초생활필수재화·용역: 곡물·과실·육류 등 가공되지 않은 식료품, 연탄·무연탄, 수돗물, 여성생리위생용품 • 국민후생관련재화·용역:병·의원, 치과, 한의원 등 의료보건용역, 혈액운송영역(고속버스, 항공기, 고속전철 등은 제외), 장의용역 • 교육·문화관련재화·용역: 학원·강습소·훈련원·교습소(인허가받은 경우), 신문·도서·잡지·방송(광고제외), 예술창작품·예술행사·문화행사·비직업운동경기, 도서관·박물관·동물원·식물원의 입장용역 • 부가가치생산요소에 대한 재화·용역: 토지공급, 인적용역, 금융 및 보험용역 • 주택과 그 부속 토지임대용역 • 국가 등이 공급하는 재화·용역 • 국민주택(전용면적 85㎡)과 국민주택용역건설 • 기타 목적의 공급: 우표·인지·증지·복권·공중전화, 종교·자선 등의 공익단체의 공급	• 부가가치세신고·납부 의무가 없음: 매년 2월 10일까지 '면세사업자 사업장 현황신고서'를 관할 세무서에 제출 • 세금계산서 발급 권한 없음: 부가가치세가 포함되지 않은 면세계산서 발급 • 매입세액공제, 부가세 환급이 적용되지 않음 • 매입세액을 소득세·법인세 신고시 경비로 처리

2) 일반과세자·간이과세자

일반과세자와 간이과세자의 구분 및 차이점은 다음과 같다.

표 10-6_ 일반과세자와 간이과세자 차이

구 분	일반과세자	간이과세자
	1년간 매출액 8,000만 원[3] 이상이거나 간이과세 배제되는 업종·지역인 경우*	1년간 매출액 4,800만 원[4] 미만이고 간이과세 배제되는 업종·지역에 해당되지 않는 경우[5]
매출세액	공급가액 × 10%	공급대가 × 업종별부가가치율 (15~40%) × 10%
세금계산서 발급	발급의무 있음	직전년도 공급대가 합계액 4,800만 원 이상인 경우는 발급
매입세액 공제	전액공제	세금계산서 등을 발급받은 매입액 (공급대가) × 0.5%
의제매입세액 공제	모든 업종에 적용	적용배제

* 광업·제조업(단, 과자점, 떡방앗간, 양복·양장점은 간이과세 가능)·도매업·전문직사업자(변호사, 법무사, 공인회계사, 세무사, 약사업 등), 다른 일반과세 사업장을 이미 보유한 사업자, 간이과세배제기준(종목·부동산임대업·시 이상의 과세유흥장소·지역)에 해당되는 사업장 등은 간이과세 적용이 배제됨

3 부동산 임대업, 과세유흥장소의 경우 4,8000만원

4 광업·제조업·도매업 및 상품중개업·부동산매매업, 전기·가스, 증기 및 수도사업, 건설업, 전문·과학·기술서비스업, 사업시설관리·사업지원 및 임대서비스업, 전문직 사업자·다른 일반과세 사업장을 이미 보유한 사업자·간이과세 배제기준(종목·부동산 매매업·과세 유흥장소·지역)에 해당하는 사업자 등은 간이과세 적용이 배제됨.
- 간이과세자로서 당해 과세기간(1.1~12.31) 공급대가(매출액)가 4,800만원 미만인 경우 부가가치세 신고는 하되, 세금 납부는 면제됨 (단, 당해과세기간에 신규로 사업을 개사한 사업자는 그 사업 개시일부터 과세기간 종료일가지의 공급대가 합계액을 1년으로 환산한 금액이 4,800만원 미만인 경우 세금 납부가 면제).

5 2021. 7. 21. 이후 재화 또는 용역을 공급분부터 적용

3) 신고·납부방법

부가가치세는 6개월을 과세기간으로 하여 확정 신고·납부하여야 한다.

표 10-7_ 부가가치세 신고대상 기간 및 신고/납부기간

구분	신고대상기간			신고/납부기간
법인	1기 과세기간	예정	01.01~03.31	04월 25일
		확정	04.01~06.30	07월 25일
	2기 과세기간	예정	07.01~09.30	10월 25일
		확정	10.01~12.31	다음해 01월 25일
일반과세자	1기 과세기간	예정 + 확정	01.01~06.30	07월 25일
	2기 과세기간	예정 + 확정	07.01~12.31	다음해 01월 25일
간이과세자	01.01~12.31			다음해 01월 25일

* 단, 7월 1일 기준 과세유형전환 사업자(간이·일반)와 예정부과기간(1.1~6.30)에 세금계산서를 발급한 간이과세자는 1.1~6.30을 과세기간으로 하여 7.25까지 신고·납부하여야 함.

일반과세자의 경우 4월과 10월에 세무서장이 직전 과세기간 납부세액의 1/2을 예정고지하며, 당해 예정고지세액은 다음 확정신고납부시에 공제된다. 단, 아래의 경우는 사업자의 선택에 의해 예정신고를 할 수 있다.

표 10-8_ 예정신고할 수 있는 일반사업자와 간이사업자

예정신고 할수 있는 일반사업자	과세기간	예정신고 납부기한
*예정고지된 사업자라도 사업부진·조기환급 등을 받고자 하는 경우	제1기 예정신고(1.1~3.31실적)	4.1 ~ 4.25
	제2기 예정신고(7.1~9.30실적)	10.1 ~ 10.25
휴업이나 사업부진 등으로 예정 부과기간의 공급대가(납부세액)가 직전 과세기간의 공급대가(납부세액)의 1/3에 미달하는 경우	예정부과기간(1.1~6.30 실적)	7.1~7.25

법인사업자의 경우는 예정신고·납부(4월, 10월) 및 확정신고·납부(7월, 다음해 1월)를 모두 하여야 한다. 신고를 하지 않는 경우의 불이익은 다음과 같다.

▶ 관할세무서장이 조사한 결과에 의해 납부세액을 결정하여 고지한다.

▶ 신고불성실가산세와 납부불성실가산세를 추가로 부담하게 된다.

부가가치세 신고·납부 요령에 관한 자세한 사항은 국세청 홈페이지(www.nts.go.kr) → 신고·납부 → 부가가치세를 참조하면 된다.

4) 부가가치세 경감 및 공제세액[6]

신용카드매출전표 등 발행세액공제

영수증발급대상사업자(법인 제외)가 세금계산서의 발급이시기에 신용카드매출전표로 그 대금을 결제 받은 경우 및 현금영수증 등을 발행한 경우 다음 각 호에서 정하는 금액(연간 500만원을 한도로 한다)을 납부세액에서 공제한다.

① 발행금액 또는 결제금액의 1000분의 13(1.3%)

② 음식점업 또는 숙박업을 영위하는 간이과세자의 경우 발행금액 또는 결제 금액의 1000분의 26(2.6%)

이 경우 공제받은 금액이 당해 금액을 차감하기 전의 납부할 세액을 초과하는 때에는 그 초과하는 부분은 없는 것으로 한다.

영수증 발급대상사업자

① 소매업, 음식점업(다과점업 포함), 숙박업

② 목욕·이발·미용업

③ 여객운송업

④ 입장권을 발행하여 영위하는 사업

⑤ 우정사업조직이 소포우편물을 방문·접수하여 배달하는 용역을 공급하는 사업

⑥ 무도학원 및 자동차운전학원

⑦ 변호사업, 변리사업, 법무사업, 공인회계사업, 세무사업, 경영지도사업, 기술지도사업, 감정평가사업, 기술사업, 건축사업, 도선사업, 측량사업 기타 이와 유사한 사업서비스 및 행정사업(사업자에게 공급하는 것 제외)

---

6 이진규, 세금절약 및 자금운용, 경영정보사, 2016:124~125.

⑧ 주로 사업자가 아닌 소비자에게 재화 또는 용역을 공급하는 사업인 도정업, 제분업중 떡방앗간, 양복점업·양장점업·양화점업, 주거용 건물공급업, 운수업 및 주차장운영업, 부동산중개업, 개인서비스업, 가사서비스업 등

⑨ 자동차제조업 및 자동차판매업

※ [세법 개정] 2016.1.1. 이후 직전연도 사업장별 매출액이 10억 원을 초과하는 사업장은 공제를 받을 수 없음.

전자신고세액공제

국세청「홈택스」에서 부가가치세 신고를 하는 경우 부가가치세 확정 신고시 납부세액에서 1만원을 공제받을 수 있다.

5) 부가가치세 환급 및 조기환급[7]

과세사업자의 경우 공제를 받을 수 있는 매입세액이 매출세액보다 많은 경우 이미 납부 받은 부가가치세를 관할 세무서로부터 환급을 받을 수 있으며, 이 경우 일반환급과 조기환급으로 구분한다. 일반환급의 경우 환급세액은 각 과세기간별로 그 확정신고기한 경과 후 30일 내에 사업자에게 환급한다(예정분 환급세액은 확정시 공제받음). 반면, 조기환급이란 일반환급에 비하여 빠른 시일 내에 환급을 해주는 것을 말하며, 다음의 하나에 해당하는 경우 예정신고기간 중 또는 과세기간 최종 3월중 매월 또는 매 2월(영세율 등 조기환급기간)에 영세율 등 조기환급기간 종료일로부터 25일 내에 과세표준과 환급세액을 정부에 신고하는 경우 예를 들어, 1월에 시설투자를 하여 환급세액이 발생하였다면, 4월달 예정신고 시에 신고할 수도 있고, 1월분만을 2월 25일까지 신고할 수도 있으며, 5월에 시설투자를 하여 환급세액이 발생하였다면 7월 확정신고시에 신고할 수도 있고, 4·5월분 합계액을 6월 25일까지 신고할 수도 있다.

① 수출 등으로 영세율의 규정이 적용되는 때

② 사업설비를 신설·취득·확장 또는 증축하는 때

③ 사업자가 재무구조개선 계획을 이용 중인 경우

7 상게서, pp.126~127. 수정.

조기환급신고를 하는 경우 환급세액은 당해 조기환급 신고기한 경과 후 15일 이내에 사업자에게 환급됩니다. 조기환급신고시 수출의 경우 당해 '영세율등조기 환급신고서'에 대한 '수출실적명세서' 등의 서류를 사업설비투자의 경우 '건물등감가상각자산취득명세서'를 신고서에 첨부하여야 한다.

환급세액은 영세율이 적용되는 공급 부분에 관련된 매입세액이나 시설투자에 관련된 매입세액만을 가지고 계산하는 것이 아니라, 사업장별로 조기환급신고기간의 매출세액에서 매입세액을 공제하여 계산한다. 따라서 영세율이 적용되는 매출이나 시설투자금액이 조금이라도 있고 환급이 발생한다면, 조기환급신고를 할 수 있다. 예를 들어, 4월말 원재료를 대량 매입하여 이로 인해 환급이 발생한 경우에도 기계장치 매입금액이 일부 있는 경우 5월에 조기환급 신고를 할 수 있다.

경정청구에 의한 환급

부가가치세 신고 시 매입세금계산서를 누락하여 신고한 경우 경정청구를 하여 그 세액을 환급받을 수 있으며, 이 경우 별도의 가산세는 없다. 경정청구란 당초 신고내용을 수정하여 신고함에 있어 환급이 발생하는 경우를 말하며, 과세표준신고서를 법정신고기한내에 제출한 자가 환급받아야 할 세액이 있는 경우 법정 신고기한 경과 후 5년 이내에 국세의 과세표준 및 세액의 결정 또는 경정(환급)을 관할세무서장에게 청구할 수 있으며, 경정 청구를 받은 관할세무서장은 경정청구일로부터 2월 이내에 그 처리결과를 청구인에게 통지하여야 한다.

[경정청구시 제출할 서류]

❶ 과세표준 및 세액의 경정청구서
❷ 최초의 과세표준 및 세액신고서 사본
❸ 결정(경정)청구사유 입증 자료

6) 세액계산방법

일반과세자의 부가가치세는 매출세액에서 매입세액을 차감하여 계산한다.

납부세액 = 매출세액(매출액 × 10%) - 매입세액(매입액 × 10%)

간이과세자의 부가가치세는 업종별 부가가치율을 적용한 매출세액에서 업종별 부가가치율을 적용한 매입세액을 차감하여 계산한다.

납부세액 = [매출액 × 업종별 부가가치율 × 10%] - 공제세액[매입액(공급대가) × 0.5%]

간이과세자에 적용되는 업종별 부가가치율은 다음과 같다.

표 10-9_ 간이과세자 업종별 부가가치율

업 종	부가가치율
소매업, 재생용, 재료 수집 및 판매업, 음식점업	15%
제조업, 농·어업, 소화물 전문 운송업	20%
숙박업	25%
건설업, 운수·창고업(소화물 전문 운송업은 제외), 정보통신업	30%
금융 및 보험관련업, 전문·과학 및 기술 서비스업(인물사진 및 행사용 영상 촬영업 제외), 사업시설관리, 사업지원 및 임대 서비스업, 부동산 관련 서비스업, 부동산임대업	40%
그 밖의 서비스업	30%

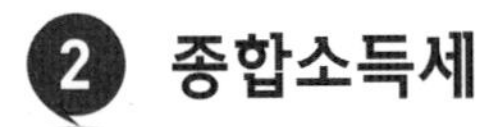

2 종합소득세

1) 종합소득세란?

종합소득세는 개인이 지난해 1년간의 경제활동으로 얻은 소득에 대하여 납부하는 세금으로서 모든 과세대상 소득을 합산하여 계산하고, 다음해 5월 1일부터 5월 31일(성실신고확인서 제출대상자는 6월 30일)까지 주소지 관할 세무서에 신고·납부하여야 한다. 종합소득세 과세대상 소득은 사업소득, 이자·배당소득, 근로소득, 기타소득, 연금소득이 있다. 분리과세되는 이자·배당소득, 분리과세를 선택한 연 300만원 이하의 기타소득 등과 양도소득, 퇴직소득은 종합소득세 합산신고 대상에서 제외된다. 매년 11월에 소득세 중간예납세액을 납부하여야 하고, 다음해 5월 확정신고시 기납부세액으로 공제한다. 연도중에 폐업을 하였거나 사업에서 손실이 발생하여 납부할 세액이 없는 경우에도 종합소득세를 신고하여야 한다. 신고를 하지 않는 경우의 불이익은 다음과 같다.

- ▶ 특별공제와 각종 세액공제 및 감면을 받을 수 없다.
- ▶ 무신고가산세와 납부불성실가산세를 추가로 부담하게 된다.
- ▶ 종합소득세 신고·납부 요령에 관한 자세한 사항은 국세청 홈페이지(www.nts.go.kr) → 신고·납부 → 종합소득세를 참조하면 된다.

2) 소득금액의 계산방법

장부를 비치·기장한 창업자의 소득금액은 다음과 같이 계산한다.

소득금액 = 총수입금액 - 필요경비

장부를 비치·기장하지 않은 창업자의 소득금액은 다음과 같이 계산한다.

- ▸ 기준경비율적용 대상자: 소득금액 = 수익금액 - 주요경비 - (수입금액 × 기준경비율)
- ▸ 단순경비율적용 대상자: 소득금액 = 수입금액 - (수입금액 × 단순경비율)

3) 장부의 비치·기장

창업자는 사업과 관련된 모든 거래사실을 복식부기 또는 간편장부에 의하여 기록·비치하고 관련 증빙서류 등과 함께 5년간 보관하여야 한다.

복식부기[8]의무자	직전년도 수입금액이 일정금액 이상인 창업자와 전문직사업자
간편장부대상자	당해연도에 신규로 사업을 개시하였거나 직전년도 수입금액이 일정금액 미만인 창업자(전문직 사업자는 제외)

복식부기의무자와 간편장부대상자 판정기준 수입금액은 다음과 같다.

구 분	직전년도 수입금액*
가. 농업·임업, 어업, 광업, 도매업 및 소매업, 부동산 매매업, 아래 나 및 다에 해당되지 아니하는 업	3억원
나. 제조업, 숙박 및 음식점업, 전기·가스·증기 및 수도사업, 하수·폐기물 처리·원료재생 및 환경복원업, 건설업, 운수업, 출판·영상·방송통신 및 정보서비스업, 금융 및 보험업	1억 5천만원
다. 부동산임대업, 서비스업(전문·과학·기술·사업시설관리·사업지원·교육), 보건 및 사회복지사업, 예술·스포츠 및 여가관련 서비스업, 협회 및 단체·수리 및 기타개인서비스업, 가구내 고용활동	7천 5백만원

* 직전년도 수입금액이 해당 금액 이상일 때는 복식부기, 미만일 때는 간편장부대상자임

장부를 기장하는 경우의 혜택은 다음과 같다. 첫째, 스스로 기장한 실제소득에 따라 소득세를 계산하므로 적자(결손)가 발생한 경우 10년간 소득금액에서 공제받을 수 있다. 둘째, 단순경비율·기준경비율에 의해 소득금액을 계산하는 경우보다 최고 20%까지 소득세 부담을 줄일 수 있다.

전문직사업자의 범위, 간편장부대상자에 대한 간편장부 작성요령 및 업종별 작성사례, 서식 등이 국세청 홈페이지에 상세히 게시되어 있으니 참고하면 된다(국세청 홈페이지 www.nts.go.kr → 신고납부 → 종합소득세 → 간편장부 작성요령을 참조).

8 자산, 부채, 자본의 수입·지출, 증감 따위를 밝히는 기장법으로 단식부기와 복식부기 등 2가지 형태가 있는데, 단식부기는 거래의 한 측면, 대체로 현금의 증감을 기록하는 반면, 복식부기는 거래의 양측면, 현금의 증감이외에도 자산, 부채, 수익 및 비용 등 재정상태를 모두 기록하는 형태이다.

4) 산출세액의 계산

소득세 산출세액은 다음과 같이 계산한다.

산출세액 = [과세표준(소득금액 - 소득공제)] × 세율 - 누진공제

※ 종합소득세 기본세율

과세표준	세율	누진공제
1,200만원 이하	6%	-
1,200만원 이상~4,600만 이하	15%	108만원
4,600만원 이상~8,800만원 이하	24%	522만원
8,800만원 이상~1억 5천만원 이하	35%	1,490만원
1억 5천만원 이상~3억원	38%	1,940만원
3억 원 이상~5억원 이하	40%	2,540만원
5억 원 이상~10억원 이하	42%	3,540만원
10억 원 이상	45%	6,540만원

종합소득세를 신고하지 않아도 되는 경우와 신고시 제출서류

종합소득세 신고를 하지 않아도 되는 경우

- 연말정산을 마친 근로소득만 있는 경우
  (연도 중 근무처가 둘 이상인 경우에 이를 합산하여 연말정산하지 않은 때에는 종합소득세를 신고하여야 한다.)
- 직전 과세기간의 수입금액이 7,500만원 미만이고, 다른 소득에 없는 보험모집인·방문판매원 및 계약배달 판매원의 사업소득으로서 소속 회사에서 연말정상을 한 경우
  (연도 중 둘 이상의 회사에서 소득이 발생한 경우에는 종합소득세를 신고하여야 한다.)
- 퇴직소득과 연말정산 대상 사업소득만 있는 경우
- 비과세 또는 분리과세되는 소득만 있는 경우
  (부부의 금융소득이 4천만 원을 초과하는 경우 그 초과금액에 대하여는 종합소득세를 신고하여야 한다.)
- 연 300만 원 이하의 기타소득이 있는 사람이 분리과세를 원하는 경우

[사 례]
• 남편은 근로소득 3천만 원이 있고 아내는 사업소득 2천만 원과 부동산 임대소득 5백만 원이 있는 경우 각자가 신고할 소득금액은? 남편이 신고할 소득: 3,500만 원 = 3,000만 원(본인의 근로소득) + 500만 원(아내의 부동산임대소득) 아내가 신고할 소득 : 2천만 원(사업소득) * 남편의 경우 합산하기 전에는 근로소득만 있으므로 신고대상이 아니었으나 아내의 부동산임대소득이 합산되어 종합소득세 신고대상이 되므로, 반드시 아내의 부동산임대소득을 합하여 신고하여야 한다.

* 자산소득 이외의 소득이 없는 경우에는 자산소득이 많은 사람을 주된 소득자로 한다.

소득세 자진납부 혜택
• 소득공제(기본공제·추가공제·특별공제 등) • 각종 세액공제 및 감면 • 기장을 한 납세자가 그 내용에 따라 소득금액을 계산한 결과 결손이 나거나 소득공제액에 미달한 경우에도 반드시 신고하여야 그대로 인정받을 수 있다.

신고하지 않을 경우의 불이익

종류	부과사유	가산세액
무신고 가산세	일반무신고	무신고납부세액 × 20%
	일반무신고 (복식부기의무자)	MAX[①, ②] ① 무신고납부세액 × 20% ② 수입금액 × 0.07%
	부정무신고	무신고납부세액 × 40% [국제거래 수반 시 60%]
	부정무신고 (복식부기의무자)	MAX[①, ②] ① 무신고납부세액 × 40% (국제거래 수반 시 60%) ② 수입금액 × 0.14%
납부지연 가산세	미납·미달 납부	미납·미달납부세액 × 미납기간 × 0.025% ※ 미납기간: 납부기한 다음날 ~ 자진납부일(납세고지일)

<출처: 최재희, 소자본 창업 어떻게 할까요?, 중앙경제평론사, 2010, pp.553~554. 수정.>

원천징수

원천징수란 상대방의 소득 또는 수입이 되는 금액을 지급할 때 이를 지급하는 자(원천징수의무자)가 그 금액을 받는 사람(납세의무자)이 내야 할 세금을 미리 떼어서 대신 납부하는 제도로 납세의무자가 개별적으로 해당 세금을 계산하여 직접 내는 불편이 없이 원천징수의무자가 이를 대신 징수·납부함으로써 봉급생활자 등 납세자가 편하게 내도록 하기 위한 것이다. 원천징수는 원천징수대상이 되는 소득이나 수입금액을 지급하는 자(개인 또는 법인)가 원천징수를 한다.

원천징수를 해야 할 시기는 원천징수의무자(지급자)가 소득금액 또는 수입금액을 지급하는 때에 원천징수하고, 납세의무자(소득자)에게 '원천징수영수증'을 교부하여야 하며 이때 주민세도 함께 원천징수하여야 한다. 소득세를 원천징수할 때는 소득세 원천징수 세액의 10퍼센트를 '소득할주민세'로 함께 원천징수하여 별도로 사업장소재지 시·군·구에 납부하여야 하며, 원천징수한 세금은 다음달 10일까지 은행·우체국 등의 가까운 금융기관에 납부하고, 원천징수이행상황신고서는 세무서에 제출하여야 한다. 상시 고용인원 10인 이하인 사업자(금융보험업 제외)는 세무서장의 승인을 받아 반기 익월 10일(7월 10일, 1월 10일)에 납부·제출할 수 있다.

원천징수의무자는 원천징수할 때 작성한 지급조서(원천징수영수증)를 보관하였다가, 연1회 제출해야 하는데 다음 해 2월 말일까지 세무서에 제출하면 된다. 근로소득을 지급할 경우에는 다음해 1월분 급여지급시 연말정산을 하여야 한다.

원천징수를 하여야 하는 소득	
• 이자소득	• 배당소득
• 봉급, 상여금 등의 갑종근로소득	• 퇴직급여 등의 갑종퇴직소득
• 상금, 강연료 등 일시적 성질의 기타소득	• 원천징수 대상 사업소득
• 음식, 숙박업소 등의 봉사료	• 연금소득

[원천징수하여 납부할 세액]

구 분	원천징수하여 납부할 세액
이자·배당소득	이자·배당 지급액의 9~35%
갑종근로소득	간이세액표에 의함
사업소득	사업소득 지급액의3%(3.3%)
봉사료수입금액	봉사료 지급액의 5%(5.5%)
기타소득	(기타소득 지급액-필요경비)×20%(22%)

* (　　)는 주민세를 포함한 세율

<출처: 최재희, 소자본 창업 어떻게 할까요?, 중앙경제평론사, 2010, pp.555~557. 수정.>

3 법인세

1) 법인세의 의의

법인세는 법률상 독립된 인격체인 법인조직이 얻은 소득에 대하여 과세하는 조세이다. 자연인인 개인의 소득에 대하여 소득세가 과세되는 것과 같이 법인의 소득에 대하여는 법인세가 과세된다.

법인세와 소득세의 차이점은 법인의 경우는 소득금액을 포괄적으로 계산하여 과세하나 개인의 경우는 각 소득별로 과세하는 점이다.

만약 기업을 하는 사업주가 사업장의 일부를 임대한 경우 법인의 경우 임대수입을 법인의 소득으로 합산하여 기업이익으로 계산하여 법인세를 납부하게 된다. 그러나 개인기업의 경우는 개인기업에 대한 소득을 별도 계산하여 사업소득금액을 계산하고 부동산임대수입에 대해서는 별도로 기장 또는 추계소득을 계산하게 되는 것이다.

결론적으로 중소기업 창업자가 기업을 경영하여 발생하는 소득에 대하여는 세금을 납부하게 되는데 이때 기업의 형태가 개인기업인 경우는 소득세를 납부하게 되고 기업의 형태가 상법상 회사인 경우에는 법인으로 보아 법인세를 납부하게 된다.

2) 납세의무자

법인세란 법인을 납세의무자로 하고 법인에게 귀속되는 소득을 과세대상으로 하는 조세이다. 일반적으로 개인의 소득에 대하여 조세를 소득세라 하고, 법인의 소득에 대하여 부과되는 조세를 법인세라고 한다.

따라서 법인으로 사업을 하여 소득이 발생하면 당연히 법인세를 납부하여야 한다.

법인세는 내국법인 뿐만 아니라 외국법인도 우리나라에 법인세 납세의무가 있으며, 또한 영리법인 뿐만 아니라 비영리법인도 수익사업을 한 경우에는 법인세 납세의무가 있다.

법인세의 과세대상은 법인의 소득이다. 법인세는 법인의 소득에 대하여, 소득세는 개인의 소득에 대하여 과세하므로 소득에 과세하는 조세라는 점에서는 법인세와 소득세가 서로 같으나, 과세소득의 범위나 과세방법은 서로 다르다.

즉, 과세소득의 범위에 있어서 소득세는 소득세법에서 과세소득으로 열거하고 있는 소득에 대해서만 소득세가 과세되나, 법인세는 일반적으로 소득이 어디에서 발생한 것이던 그 법인의 자산을 증가시키는 소득이면 모두 법인세가 과세된다.

그리고 법인의 소득에 대하여 과세하는 법인세는 다음과 같이 구분하여 각 사업연도의 법인세와 특별부가세 그리고 청산소득에 대한 법인세로 나누어 과세하게 된다.

① 매과세기간(법인세법에서는 이를 사업연도라 한다)별도 법인의 결산을 기초로 하여 당해 과세기간의 각각의 사업연도에서 발생한 소득에 대한 법인세(각 사업연도소득에 대한 법인세)를 부과한다.

② 토지·건물 등의 부동산을 양도함에 따라 발생한 법인의 양도소득에 대하여 법인세 외에 특별부가세를 부과한다.

③ 그리고 사업을 종료하고 해산한 후에 잔여재산을 처분한 결과 발생한 청산소득에 대하여도 법인세를 과세한다.

즉, 법인은 개인과는 달리 사업에서 발생된 소득은 물론 그 법인에 귀속되는 모든 소득에 대하여 법인세를 과세하고, 부동산 양도소득세를 과세하는 대신에 법인은 특별부가세로 과세하며, 개인은 폐업시의 잔여재산 처분소득에 대해서는 소득세를 과세하지 않는 반면 법인은 이러한 소득, 청산소득에 대해서도 법인세를 과세하게 되어 있다.

3) 신고와 납부

(1) 결산의 확정

모든 법인은 사업연도가 종료되면 그 법인의 결산을 확정하여야 한다. 여기서 결산확정이라 함은 결산을 완료한 후 정기주주총회 또는 사원총회에서 결산보고서의 승인을 받는 것을 말한다. 그러므로 결산을 확정하기 위해서는 먼저 재무상태표, 손익계산서 등 재무제표작성이 완료되어야 한다.

(2) 신고납부 기한

사업을 영위하는 개인은 종합소득세 신고·납부를 다음해 5월 31일까지 하게 된다.

그러나 법인은 각 사업연도에 대한 법인세를 그 법인의 사업연도 종료일로부터 3월 이내에 신고 납부하여야 한다.

따라서 사업연도가 1월 1일부터 12월 31일까지인 법인은 다음해(익년)3월 31일까지 신고 납부하여야 한다. 즉 12월 결산법인은 3월 31일, 3월 결산법인은 6월 30일, 6월 결산법인은 9월 30일, 9월 결산법인은 12월 31일까지 법정신고기한이다.

4) 법인세 계산방법

(1) 계산방법

법인세 계산방법은 그 회사의 이익에 법인세율을 곱하여 계산한다.

그 방법을 구체적으로 설명하면 다음과 같다.

법인세는 법인세과세표준금액에 법인세 세율을 곱하여 산출한 세액(이를 "산출세액"이라고 함)을 계산한다. 그리고 계산된 총 결정세액에서 이미 납부한 법인세, 즉 중간세납액과 원천징수 납부한 세액, 수시부과 한 세액을 공제하여 차감 납부할 세액을 계산한다.

이를 산식으로 표시하면 다음과 같다.

과세표준 × 법인세 세율 = 산출세액
산출세액 - 공제감면세액 + 가산세 = 총 결정세액
총 결정세액 - (중간예납세액 + 원천납부세액 + 수시부과세액) = 차감 납부할 세액

(2) 세 율

법인이 사업을 영위한 결과 발생된 소득에 대하여 납부한 법인세를 산출하기 위한 세율은 다음과 같으며 우리나라의 경우 초과 누진세율을 적용하고 있다.

법인세[9]	
과세표준	세율
2억원 이하	9%
2억~200억원 이하	19%
200억~3000억원 이하	21%
3000억원 초과	24%

9 2022년 12월 세법 개정안

5) 중간예납

(1) 내 용

법인세 중간예납제도란 법인 사업연도가 6월을 초과하는 경우 당해 사업연도의 개시일 로부터 6개월간을 중간예납기간으로 하여 중간에 납부액을 계산하여 이를 법인세의 중간예납세액으로 하여 미리 납부하도록 한 후 당해 사업연도의 법인세과세표준 및 세액의 신고 납부시 공제하여 납부하도록 하는 제도이다. 그리고 중간예납 제외 법인으로서는 청산법인·휴업법인·사업연도가 6개월 이하인 법인 등이 있다.

(2) 중간예납기간

중간예납세액은 다음의 기간을 중간예납기간으로 하여 중간예납세액을 계산한다.

❶ 각 사업연도의 기간이 6월을 초과하는 법인

당해 사업연도의 개시 일로부터 6개월간

❷ 사업연도를 변경한 경우

㉠ 변경 전 사업연도 개시 일로부터 변경 후 사업연도개시일 전일까지의 기간이 6개월을 초과하는 때는 사업연도 개시 일로부터 6개월간

㉡ 변경 후 사업연도의 기간이 6개월을 초과하는 때는 변경한 사업연도의 개시일로부터 6개월간

㉢ 신설합병의 경우 사업연도개시일(설립등기일)로부터 6개월간

(3) 중간예납세액의 계산

중간예납세액은 원칙적으로 직전사업연도의 납부세액을 기준으로 하여 중간예납세액을 계산한다. 그러나 직전사업연도의 확정된 법인세 산출세액이 없거나 확정되지 않은 경우와 법인이 중간예납기간의 실적에 의한 중간예납세액을 납부하고자 하는 경우에는 직전사업연도의 실적에 의하지 않고 당해 중간예납기간을 1사업연도로 하여 가결산에 의한 방법을 산출한 중간예납세액을 납부할 수 있다.

이와 같이 가결산에 의한 방법으로 중간예납세액을 납부하고자 한 경우에는 중간예납기간을 하나의 사업연도로 보고 결산서를 작성하여 조정계산서도 첨부해야 신고를 해야 한다.

(4) 중간예납 신고납부

중간예납은 법인의 사업연도가 6개월을 초과하는 경우에만 납부하게 되어 있으며 사업연도개시일로부터 6개월이 되는 날(6월 30일)로부터 다음 다음달 말일은 8월 31일까지 중간예납을 납부하여야 한다.

6) 장부의 비치·기장의무

법인기업은 장부를 비치하고 복식부기에 의한 기장을 해야 하며, 장부와 관계있는 중요한 증빙서류를 비치, 보존하여야 한다. 즉, 법인은 반드시 복식부기에 의한 기장을 해야 하며 법인장부나 증빙서류도 역시 5년간 보관해야 한다. 그리고 법인은 주주의 실명과 주소 및 증빙서류도 역시 5년간 보관해야 한다. 그리고 법인은 주주의 실명과 주소 및 주민등록번호 등의 사항이 기재된 주주명부 또는 사원명부를 작성하여 비치하여야 한다.

4 그 밖에 창업자가 알아 두어야 할 사항

1) 명의대여란?

실제 사업자가 아닌 자가 타인으로 하여금 자기 명의로 사업자등록을 할 수 있도록 허락하고 필요한 서류를 갖추어 주는 것을 말한다. 사소하게 생각하고 타인에게 사업자 명의를 빌려주면 예상치 못한 피해를 입을 수 있으므로 만일 이에 해당되는 경우에는 즉시 관할 세무서 납세자보호담당관에게 신고하여 사업자 등록증 명의대여시 피해를 예방해야 한다.

2) 사업자등록증 명의대여시 피해

명의를 빌려간 사람의 소득이 본인에게 합산되어 세금과 국민연금, 건강보험료 부담이 증가한다. 명의를 빌려간 사람이 세금을 체납한 경우 명의자 본인이 실제 사업자가 아님을 입증하기가 매우 어려워 대신 세금을 납부하거나 본인의 재산이 압류·공매되며 체납사실이 금융기관에 통보되어 금융거래상의 각종 불이익을 받고 출국이 규제되는 등의 피해를 입을 수 있다. 실제 사업자가 밝혀지더라도 명의를 빌려준 책임을 피할 수 없다. 조세범처벌법에 의해 명의를 빌린 사람과 함께 처벌될 수 있으며 명의대여 사실이 국세청 전산망에 기록·관리되어 본인이 실제 사업을 하려고 할 때 불이익을 받을 수 있다.

3) 세금을 체납한 경우의 불이익

첫째, 가산금을 추가로 부담하게 된다. 세금을 납부기한내에 납부하지 못하면 3%의 가산금이 붙으며, 계속 세금을 못내게 되면 납부기한이 지난 날부터 매 1개월이 지날때마다 1.2%에 상당하는 가산금이 5년까지 붙게 된다(체납세금이 100만원 미만인 경우는 제외). 둘째, 귀중한 재산이 압류되어 공매될 수 있다. 납부기한이 지나면 독촉장이 발부되고 독촉장을 받고서도 세금을 납부하지 않으면 재산을 압류·공매하여 매각대금으로 세금을 충당하게 된다. 셋째, 신용정보자료로 제공되어 각종 금융거래상 불이익을 받을 수 있다. 특히 누적 체법액수가 500만원을 넘는 경우, 1년 동안 3번의 체납이 되는 경우 등은 즉시 금융기관에 공유된다. 넷째, 누적세금체납액수가 원금과 가산세는 포함해 5,000만원을 넘어가면 출국을 정지당하고, 추후 여권 발급도 불가능해진다.

4) 폐업을 하는 경우의 세무처리

사업을 그만두게 되면 지체없이 폐업신고를 하여야 한다. 폐업신고서를 작성하여 사업자등록증과 함께 제출하거나, 부가가치세 확정신고서에 폐업연월일 및 사유를 적고 신고서와 함께 사업자등록증을 제출하면 된다. 또한 부가가치세, 소득세 등을 신고하여야 한다. 부가가치세는 폐업일이 속한 달의 말일로부터 25일 이내에 신고·납부하여야 하며 종합소득세는 다음해 5.1~5.31까지 신고·납부하여야 한다. 폐업한 후에 부가가치세 신고 등을 하지 않는 경우에는 관할세무서장이 조사하여 납부세액을 결정 고지하며 가산세를 추가로 부담하게 된다. 근로자를 고용하는 경우 4대 사회보험(국민연금, 건강보험, 산재·고용보험) 가입신고를 해야 한다. 폐업하면서 4대 사회보험(국민연금, 건강보험, 산재·고용보험)을 탈퇴(해지신청)하지 않는 경우에는 보험료가 즉시 조정되지 않으므로 반드시 해당 공단에 별도로 신고해야 한다.

구 분	인터넷 신고	서면 신고	해지관련 상담
국민연금(국민연금공단) 건강보험(건강보험공단) 산재·고용보험 (근로복지공단)	4대보험 포털서비스 (www.4insure.or.kr)에서 일괄접수 가능 (공인인증서 필요)	관할 지사 확인 후 방문 또는 FAX 신고	국번없이 1355 1577-1000 1588-0075

5) 전자세금계산서 제도 시행

모든 법인사업자(2011.1.1부터)와 직전년도 공급가액 10억원 이상인 개인사업자(2012.1.1부터)는 세금계산서 발급시 반드시 전자적 방법으로 발급하여야 한다. 발급한 전자세금계산서는 전송기한(공급시기가 속한 달의 다음달 15일)까지 국세청으로 전송하여야 한다. 전자세금계산서 전송분에 대하여는 세금계산서합계표 개별명세 제출 및 세금계산서 보관의무가 면제되고, 발행 건당 200원(연간 100만원 한도)의 발행세액을 공제받을 수 있다. 법인사업자가 직전연도 공급가액 10억원 이상인 개인사업자가 전자세금계산서를 발급하지 않은 경우 공급가액의 2%, 미전송·지연전송한 경우 공급가액의 0.3%, 0.15 가산세가 부과된다. 전자세금계산서 관련 자세한 사항은 www.esero.go.kr를 통하여 확인할 수 있다.

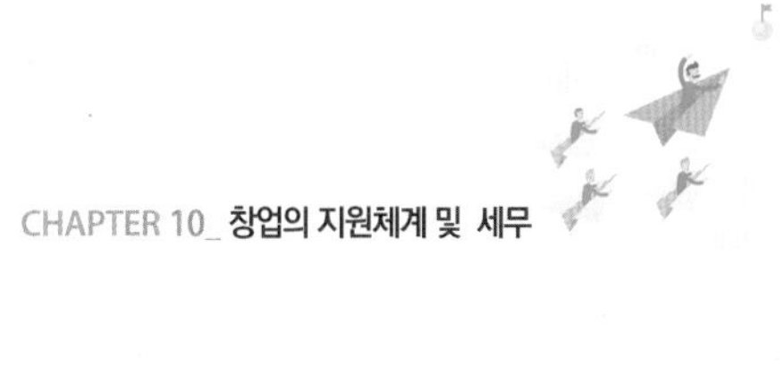

부가가치세(일반과세자, 간이과세자) 신고서

■ 부가가치세법 시행규칙 [별지 제21호서식] <개정 2022. 3. 18.>
[시행일: 2022. 7. 1.] 제4쪽의 (55)

홈택스(www.hometax.go.kr)에서도 신청할 수 있습니다.

일반과세자 부가가치세 [ ]예정 [ ]확정 [ ]기한후과세표준 [ ]영세율 등 조기환급 신고서

관리번호				처리기간	즉시
신고기간	년 제 기 (월 일 ~ 월 일)				
사업자	상 호 (법인명)		성 명 (대표자명)	사업자등록번호	- -
	생년월일		전화번호	사업장 / 주소지 / 휴대전화	
	사업장 주소			전자우편 주소	

① 신 고 내 용						
구 분				금 액	세율	세 액
과세표준 및 매출세액	과세	세금계산서 발급분	(1)		10 / 100	
		매입자발행 세금계산서	(2)		10 / 100	
		신용카드·현금영수증 발행분	(3)		10 / 100	
		기타(정규영수증 외 매출분)	(4)		10 / 100	
	영세율	세금계산서 발급분	(5)		0 / 100	
		기타	(6)		0 / 100	
	예정 신고 누락분		(7)			
	대손세액 가감		(8)			
	합계		(9)		㉮	
매입세액	세금계산서 수취분	일반 매입	(10)			
		수출기업 수입분 납부유예	(10-1)			
		고정자산 매입	(11)			
	예정 신고 누락분		(12)			
	매입자발행 세금계산서		(13)			
	그 밖의 공제매입세액		(14)			
	합계 (10)-(10-1)+(11)+(12)+(13)+(14)		(15)			
	공제받지 못할 매입세액		(16)			
	차감계 (15)-(16)		(17)		㉯	
납부(환급)세액 (매출세액 ㉮ - 매입세액 ㉯)					㉰	
경감·공제세액	그 밖의 경감·공제세액		(18)			
	신용카드매출전표등 발행공제 등		(19)			
	합계		(20)		㉱	
소규모 개인사업자 부가가치세 감면세액			(20-1)		㉲	
예정 신고 미환급 세액			(21)		㉳	
예정 고지 세액			(22)		㉴	
사업양수자가 대리납부한 세액			(23)		㉵	
매입자 납부특례에 따라 납부한 세액			(24)		㉶	
신용카드업자가 대리납부한 세액			(25)		㉷	
가산세액 계			(26)		㉸	
차감·가감하여 납부할 세액(환급받을 세액)(㉰-㉱-㉲-㉳-㉴-㉵-㉶-㉷+㉸)					(27)	
총괄 납부 사업자가 납부할 세액(환급받을 세액)						

② 국세환급금 계좌신고 (환급세액이 5천만원 미만인 경우)	거래은행	은행 지점	계좌번호	

③ 폐업 신고	폐업일		폐업 사유	

④ 영세율 상호주의	여[ ] 부[ ]	적용구분		업종		해당 국가	

⑤ 과 세 표 준 명 세				
업 태	종목	생산요소	업종 코드	금 액
(28)				
(29)				
(30)				
(31)수입금액 제외				
(32)합 계				

「부가가치세법」 제48조·제49조 또는 제59조와 「국세기본법」 제45조의3에 따라 위의 내용을 신고하며, **위 내용을 충분히 검토하였고 신고인이 알고 있는 사실 그대로를 정확하게 적었음을 확인합니다.**

년 월 일

신고인: (서명 또는 인)

세무대리인은 조세전문자격자로서 위 신고서를 성실하고 공정하게 작성하였음을 확인합니다.

세무대리인: (서명 또는 인)

세무서장 귀하

첨부서류	뒤쪽 참조

세무대리인	성 명		사업자등록번호		전화번호	

210㎜×297㎜[백상지 (80g/㎡) 또는 중질지(80g/㎡)]

신고인 제출서류	1. 매출처별 세금계산서합계표 2. 매입처별 세금계산서합계표 3. 매입자발행 세금계산서합계표 4. 영세율 첨부서류 5. 대손세액 공제신고서 6. 매입세액 불공제분 계산근거 7. 매출처별 계산서합계표 8. 매입처별 계산서합계표 9. 신용카드매출전표등 수령명세서 10. 전자화폐결제명세서(전산작성분 첨부 가능) 11. 부동산임대공급가액명세서 12. 건물관리명세서(주거용 건물관리의 경우는 제외합니다) 13. 현금매출명세서 14. 주사업장 총괄 납부를 하는 경우 사업장별 부가가치세 과세표준 및 납부세액(환급세액) 신고명세서 15. 사업자 단위 과세를 적용받는 사업자의 경우에는 사업자 단위 과세의 사업장별 부가가치세 과세표준 및 납부세액(환급세액) 신고명세서 16. 건물 등 감가상각자산 취득명세서 17. 의제매입세액 공제신고서 18. 그 밖에 필요한 증명서류	수수료 없음
담당 공무원 확인사항	사업자등록증(사업을 폐업하고 확정신고하는 사업자의 경우에는 해당 서류를 제출하게 하고 이를 확인)	

행정정보 공동이용 동의서

본인은 이 건 업무처리와 관련하여 담당 공무원이 「전자정부법」 제36조제1항에 따른 행정정보의 공동이용을 통하여 위의 담당 공무원 확인 사항을 확인하는 것에 동의합니다. 동의하지 않는 경우에는 신고인이 직접 관련 서류를 제출해야 합니다.

신고인 (서명 또는 인)

작 성 방 법

※ 이 신고서는 한글과 아라비아 숫자로 적고, 금액은 원 단위까지 표시합니다.

■ 표시란은 사업자가 적지 않습니다.

① 신고내용란

(1) ~ (4): 해당 신고대상기간에 부가가치세가 과세되는 사업실적 중 세금계산서 발급분은 (1)란에, 매입자로부터 받은 매입자발행 세금계산서의 금액과 세액은 (2)란에, 신용카드매출전표등 발행분과 전자화폐수취분은 (3)란에, 세금계산서 발급의무가 없는 부분 등 그 밖의 매출은 (4)란에 적습니다(금액에 세율을 곱하여 세액란에 적습니다).

(5) · (6): 해당 신고대상기간에 영세율이 적용되는 사업실적 중 세금계산서 발급분은 (5)란에, 세금계산서 발급의무가 없는 부분은 (6)란에 적습니다.

(7): 예정신고를 할 때 누락된 금액을 확정신고할 때 신고하는 경우에 적으며, 4쪽 중 제3쪽 (37)합계란의 금액과 세액을 적습니다.

(8): 부가가치세가 과세되는 재화 또는 용역의 공급에 대한 외상매출금 등이 대손되어 대손세액을 공제받는 사업자가 적으며, 대손세액을 공제받는 경우에는 대손세액을 차감표시(△)하여 적고, 대손금액의 전부 또는 일부를 회수하여 회수금액에 관련된 대손세액을 납부하는 경우에는 해당 납부 세액을 적습니다.

(10) · (10-1) · (11): 발급받은 세금계산서상의 공급가액 및 세액을 고정자산 매입분(11)과 그 외의 매입분(10)으로 구분 집계하여 각각의 난에 적고, 「부가가치세법 시행령」 제91조의2제8항에 따라 재화의 수입에 대한 부가가치세 납부유예를 승인받아 납부유예된 세액을 (10-1)란에 적습니다.

(12): 예정신고를 하였을 때 누락된 금액을 확정신고하는 경우에 적으며, 4쪽 중 제3쪽 (40)합계란의 금액과 세액을 적습니다.

(13): 매입자가 관할 세무서장으로부터 거래사실확인 통지를 받고 발행한 매입자발행 세금계산서의 금액과 세액을 적습니다.

(14): 발급받은 신용카드매출전표등의 매입세액, 면세농산물등 의제매입세액, 2019 광주 세계수영선수권대회 관련 사업자에 대한 의제매입세액, 재활용폐자원 등에 대한 매입세액, 재고매입세액, 변제대손세액, 외국인 관광객 숙박용역에 대한 환급세액 또는 외국인 관광객 미용성형 의료용역에 대한 환급세액이 있는 사업자가 적으며, 4쪽 중 제3쪽 (49)합계란의 금액과 세액을 적습니다.

(16): 발급받은 세금계산서의 매입세액 중 공제받지 못할 매입세액, 과세사업과 면세사업등에 공통으로 사용된 공통매입세액 중 면세사업등과 관련된 매입세액 또는 대손처분받은 세액이 있는 사업자가 적으며, 4쪽 중 제3쪽 (53)합계란의 금액 및 세액을 적습니다.

(18): 택시운송사업자 경감세액 등[4쪽 중 제3쪽 (60)합계란의 금액]을 적습니다.

(19): 개인사업자(직전 연도의 과세공급가액이 10억원을 초과하는 사업자는 제외)로서 소매업자, 음식점업자, 숙박업자 등 「부가가치세법 시행령」 제73조제1항 및 제2항에 따른 사업자가 신용카드 및 전자화폐에 의한 매출이 있는 경우에 적으며, 금액란에는 신용카드매출전표 발행금액 등과 전자화폐 수취금액을, 세액란에는 그 금액의 13/1,000에 해당하는 금액(연간 500만원, 2023년까지는 연간 1,000만원을 한도로 합니다)을 적습니다.

(20-1) 「조세특례제한법」 제108조의4에 따른 소규모 개인사업자 부가가치세 감면세액을 적습니다.

(21): 예정신고를 할 때 일반환급세액이 있는 것으로 신고한 경우 그 환급세액을 적습니다.

(22): 해당 과세기간 중에 예정고지된 세액이 있는 경우 그 예정고지세액을 적습니다.

(23): 「부가가치세법 시행령」 제95조제5항에 따라 사업양수자가 국고에 납입한 부가가치세액을 적습니다.

(24): 「조세특례제한법 시행령」 제106조의9제5항 및 제106조의13제4항에 따른 부가가치세 관리기관이 국고에 직접 입금한 부가가치세액을 적습니다.

(25): 「조세특례제한법」 제106조의10제1항에 따라 신용카드업자가 국고에 납입한 부가가치세액을 적습니다.

(26): 신고한 내용에 가산세가 적용되는 경우가 있는 사업자만 적으며, 4쪽 중 제3쪽 (79)합계란의 세액을 적습니다.

② 국세환급금계좌신고란

(27)란에 "환급받을 세액"이 발생한 사업자가 적으며, 5천만원 이상인 경우에는 별도로 "계좌개설신고서"를 제출해야 합니다.

③ 폐업신고란

사업을 폐업하고 확정신고하는 사업자만 적습니다.

④ 영세율 상호주의란

「부가가치세법」 제25조 또는 같은 법 시행령 제33조제2항제1호 단서 및 제2호에 따라 영세율에 대한 상호주의가 적용되어 (5) · (6)란에 영세율 과세표준 금액이 존재하는 사업자가 적습니다. 적용구분란에는 부가가치세법령상 근거조항(예: 법 제21조, 법 제22조, 법 제23조, 법 제24조제1항제1호, 법 제24조제1항제2호, 영 제33조제2항제1호 단서, 영 제33조제2항제2호)을 적고, 업종란에는 부가가치세 영세율이 적용된 재화 · 용역 또는 그 업종을 적습니다.

⑤ 과세표준명세란

(28) ~ (32): 과세표준 합계액(9)을 업태, 종목, 생산요소별로 적되, 생산요소는 임의적 기재사항으로 2015. 1. 1. 이후 신고분부터 적습니다. (31)수입금액 제외란은 고정자산매각[「소득세법」 제19조제1항제20호에 따른 사업용 유형고정자산(같은 법 시행령 제62조제2항제1호가목은 제외합니다)의 매각금액은 (28)~(30) 해당란에 기재], 직매장공급 등 소득세수입금액에서 제외되는 금액을 적고, (32)란의 합계액이 (9)란의 금액과 일치해야 합니다.

210㎜×297㎜[백상지 (80g/㎡) 또는 중질지(80g/㎡)]

■ 부가가치세법 시행규칙 [별지 제44호서식] <개정 2022. 3.18.> 18.> 홈택스(www.hometax.go.kr)에서도 신청할 수 있습니다.

간이과세자 부가가치세 [ ]예정신고서 [ ]신고서 [ ]기한후과세표준신고서

관리번호		처리기간	즉시
신고기간	년 (월 일 ~ 월 일)		

사업자	상 호		성명(대표자명)		사업자등록번호 - -
	생년월일		전화번호	사업장 / 주소지 / 휴대전화	
	사업장 소재지			전자우편주소	

❶ 신고내용

구분				금 액	부가가치율	세율	세 액
과세표준 및 매출세액	21.6.30. 이전 과세분	전기·가스·증기 및 수도사업	(1)		5/100	10/100	
		소매업, 재생용 재료수집 및 판매업, 음식점업	(2)		10/100	10/100	
		제조업, 농·임·어업, 숙박업, 운수 및 통신업	(3)		20/100	10/100	
		건설업, 부동산임대업, 그 밖의 서비스업	(4)		30/100	10/100	
	21.7.1. 이후 과세분	소매업, 재생용 재료수집 및 판매업, 음식점업	(5)		15/100	10/100	
		제조업, 농·임·어업, 소화물 전문 운송업	(6)		20/100	10/100	
		숙박업	(7)		25/100	10/100	
		건설업, 운수 및 창고업(소화물 전문 운송업 제외), 정보통신업, 그 밖의 서비스업	(8)		30/100	10/100	
		금융 및 보험 관련 서비스업, 전문·과학 및 기술서비스업(인물사진 및 행사용 영상 촬영업 제외), 사업시설관리·사업지원 및 임대서비스업, 부동산 관련 서비스업, 부동산임대업	(9)		40/100	10/100	
	영세율 적용분	세금계산서 발급분	(10)			0/100	
		기타	(11)			0/100	
	재고 납부세액		(12)				
	합계		(13)			㉮	
공제세액	매입세금계산서등 수취세액공제	21.6.30. 이전 공급받은 분	(14)			뒤쪽 참조	
		21.7.1. 이후 공급받은 분	(15)				
	의 제 매 입 세 액 공 제		(16)				
	매입자발행 세금계산서 세액공제	21.6.30. 이전 공급받은 분	(17)				
		21.7.1. 이후 공급받은 분	(18)				
	전 자 신 고 세 액 공 제		(19)				
	신용카드매출전표등 발행세액공제	21.6.30. 이전 공급한 분	(20)				
		21.7.1. 이후 공급한 분	(21)				
	기타		(22)				
	합계		(23)			㉯	
매입자 납부특례 기납부세액			(24)			㉰	
예정 부과(신고) 세액			(25)			㉱	
가산세액계			(26)			㉲	
차감 납부할 세액(환급받을 세액) (㉮-㉯-㉰-㉱+㉲)						(27)	

❷ 과세표준 명세

	업 태	종 목	업종코드	금 액
(28)				
(29)				
(30)	기타(수입금액 제외분)			
(31)	합 계			

❸ 면세수입금액

	업 태	종 목	업종코드	금 액
(32)				
(33)				
(34)	수입금액 제외분			
(35)	합 계			

❹ 국세환급금계좌신고	거래은행	은행 지점	계좌번호		
❺ 폐 업 신 고	폐업연월일	. .	폐업사유		
❻ 영세율상호주의	여[ ] 부[ ]	적용구분		업종	해당 국가

「부가가치세법 시행령」 제114조제3항 및 「국세기본법」 제45조의3에 따라 위의 내용을 신고하며, 위 내용을 충분히 검토하였고 신고인이 알고 있는 사실 그대로를 정확하게 작성하였음을 확인합니다.

년 월 일

신고인: (서명 또는 인)

세무대리인은 조세전문자격자로서 위 신고서를 성실하고 공정하게 작성하였음을 확인합니다.

세무대리인: (서명 또는 인)

세무서장 귀하

세무대리인	성 명		사업자등록번호		전화번호	

첨부서류	1. 매입처별 세금계산서합계표 2. 매출처별 세금계산서합계표(세금계산서를 발급한 자만 제출합니다) 3. 매입자발행 세금계산서합계표 4. 영세율 첨부서류(영세율 적용을 받는 자만 제출합니다) 5. 부동산임대공급가액명세서(부동산임대업자만 제출합니다) 6. 사업장현황명세서(음식, 숙박 및 그 밖의 서비스업자가 확정신고를 하는 경우만 제출합니다) 7. 의제매입세액 공제신고서 8. 그 밖에 「부가가치세법 시행규칙」 제74조제2항에 따른 해당 서류	수수료 없음

작 성 방 법

이 신고서는 한글과 아라비아 숫자로 작성하며, 금액은 원 단위까지 표시합니다.

■ 란은 사업자가 적지 않습니다.

❶ 신고내용란

(1) ~ (4): 해당 업종의 금액란에는 2021년 6월 30일 이전 매출액(과세분으로 공급한 재화 또는 용역의 공급대가)을 적습니다.

(5) ~ (9): 해당 업종의 금액란에는 4쪽 중 제3쪽 (40),(45),(50),(55),(60)합계란의 금액을 적습니다. 세액란에는 (금액×해당 업종의 부가가치율×10/100)에 따라 계산된 세액을 적습니다.

(10)·(11): 해당 신고대상기간에 영세율이 적용되는 사업실적 중 세금계산서 발급분은 (10)란에, 세금계산서 발급의무가 없는 부분은 (11)란에 적습니다.

(12): 일반과세자에서 간이과세자로 변경된 사업자가 변경된 날 현재의 재고품 및 감가상각자산에 대한 재고납부세액을 납부하는 경우에 적습니다.

(14): 일반과세자로부터 받은 세금계산서 또는 신용카드매출전표 등에 적은 매입세액을 공제받는 경우에 적으며, 금액란에는 해당 매입세금계산서 또는 신용카드매출전표 등에 적은 부가가치세 합계액을, 세액란에는 (금액× 해당 업종의 부가가치율)에 따라 계산된 세액을 적습니다.

(15): 사업자로부터 세금계산서 또는 신용카드매출전표 등을 발급받아 납부세액에서 공제받는 경우에 적으며, 금액란에는 해당 매입세금계산서 또는 신용카드매출전표 등에 적은 공급대가 합계액을, 세액란에는 (금액× 0.5퍼센트)에 따라 계산된 세액을 적습니다.

(16): 음식점업, 제조업 사업자가 2021년 6월 30일 이전에 공급받아 음식점업, 제조업에 사용된 면세농산물등에 대한 의제매입세액을 공제받는 경우에 적고, 금액란에는 의제매입세액 공제신고서의 면세농산물등의 매입가액을, 세액란에는 [음식점업 사업자 중 과세유흥장소 사업자는 면세농산물등의 가액 × 2/102, 과세유흥장소 외 음식점업 사업자는 면세농산물등의 가액 × 8/108(과세표준 4억원 이하인 경우 9/109), 제조업 사업자는 면세농산물등의 가액 × 6/106]에 따라 계산한 금액을 적습니다.

(17): 매입자가 관할 세무서장으로부터 거래사실확인 통지를 받고 발행한 매입자발행 세금계산서에 적은 매입세액을 공제받는 경우에 적으며, 금액란에는 해당 매입세금계산서 또는 신용카드매출전표 등에 적은 부가가치세 합계액을, 세액란에는 (금액× 해당 업종의 부가가치율)에 따라 계산된 세액을 적습니다.

(18): 매입자가 관할 세무서장으로부터 거래사실확인 통지를 받고 발행한 매입자발행 세금계산서에 적은 매입세액을 공제받는 경우에 적으며, 금액란에는 해당 매입세금계산서 또는 신용카드매출전표 등에 적은 공급대가 합계액을, 세액란에는 (금액× 0.5퍼센트)에 따라 계산된 세액을 적습니다.

(19): 「조세특례제한법」 제104조의8제2항에 따른 전자신고 세액공제 금액(10,000원)을 적되, 공제세액이 (13)란의 세액에서 (14)란부터 (18)란까지의 세액을 뺀 후의 세액을 초과할 때에는 그 초과하는 세액은 공제되지 않습니다.

(20): 2021년 6월 30일 이전에 신용카드 등이나 전자화폐에 의한 매출액이 있는 사업자가 적으며, 금액란에는 신용카드 등 및 전자화폐에 의한 매출액을, 세액란에는 (신용카드 등이나 전자화폐 매출액 × 13/1,000, 음식점업 또는 숙박업은 26/1,000)에 따라 계산한 금액을 적습니다.

(21): 2021년 7월 1일 이후에 신용카드 등이나 전자화폐에 의한 매출액이 있는 사업자가 적으며, 금액란에는 신용카드 등 및 전자화폐에 의한 매출액을, 세액란에는 (신용카드 등이나 전자화폐 매출액 × 10/1,000, 2023년 12월 31일까지는 13/1,000)에 따라 계산한 금액을 적습니다.

※ (20)의 세액과 (21)의 세액을 더한 금액은 연간 500만원을 한도로 하되, 2023년 12월 31일까지는 1,000만원을 한도로 적습니다.

(23): 세액의 합계액은 (13)란을 한도로 하여 공제합니다.

(24): 「조세특례제한법 시행령」 제106조의9제5항 및 제106조의13제4항에 따른 부가가치세 관리기관이 국고에 직접 입금한 부가가치세액을 세액란에 적습니다.

(25): 해당 과세기간 중에 예정부과(신고)된 세액이 있는 경우 그 예정부과(신고)세액을 적습니다.

(26): 신고한 내용에 가산세가 적용되는 경우가 있는 사업자만 적으며, 4쪽 중 제3쪽 (76)합계란의 세액을 적습니다.

❷ 과세표준 명세란

(28)·(29): (13)의 과세표준 합계액을 업태, 종목별로 구분하여 적습니다.

(30): 부가가치세는 과세되나 소득세 과세 시 수입금액에서 제외되는 금액(고정자산매각, 직매장공급 등)을 적고, (31)란의 합계액이 (13)란의 금액과 일치해야 합니다.

❸ 면세수입금액란

(32)·(33): 부가가치세가 면세되는 매출액이 있는 경우 업태, 종목별로 구분하여 적습니다.

(34): 면세수입금액 중 종합소득세 과세 시 수입금액에서 제외되는 금액(고정자산매각 등)을 적습니다.

❹ 국세환급금계좌신고란

국세환급금을 송금받으려는 거래은행과 계좌번호를 적습니다.

❺ 폐업신고란

폐업을 하고 확정신고하는 사업자만 적습니다.

❻ 영세율 상호주의란

「부가가치세법」 제25조 또는 같은 법 시행령 제33조제2항제1호 단서 및 제2호에 따라 영세율에 대한 상호주의가 적용되어 (10)·(11)란에 영세율 과세표준 금액이 존재하는 사업자가 적습니다. 적용 구분란에는 부가가치세법령상 근거조항(예: 법 제21조, 법 제22조, 법 제23조, 법 제24조제1항제1호, 법 제24조제1항제2호, 영 제33조제2항제1호 단서, 영 제33조제2항제2호)을 적고, 업종란에는 부가가치세 영세율이 적용된 재화·용역 또는 그 업종을 적습니다.

210mm×297mm[백상지(80g/㎡) 또는 중질지(80g/㎡)]

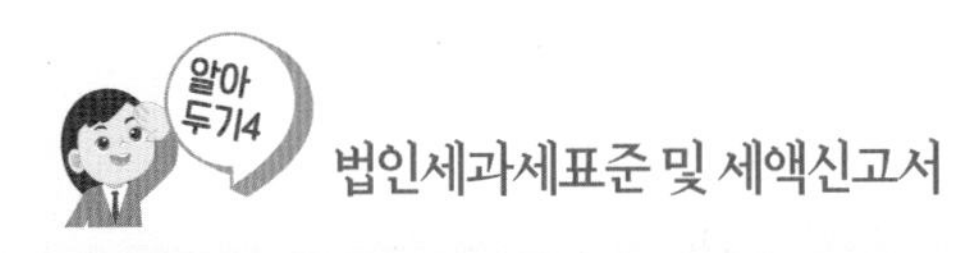

법인세과세표준 및 세액신고서

■ 법인세법 시행규칙 [별지 제1호서식] <개정 2021. 3. 16.>

홈택스(www.hometax.go.kr)에서도 신고할 수 있습니다.

법인세 과세표준 및 세액신고서

※ 뒤쪽의 신고안내 및 작성방법을 읽고 작성하여 주시기 바랍니다. (앞쪽)

①사업자등록번호		②법인등록번호			
③법 인 명		④전 화 번 호			
⑤대 표 자 성 명		⑥전자우편주소			
⑦소 재 지					
⑧업 태	⑨종 목		⑩주업종코드		
⑪사 업 연 도	. . . ~ . . .	⑫수시부과기간	. . . ~ . . .		

⑬법 인 구 분		1. 내국 2.외국 3.외투(비율 %)					⑭조 정 구 분	1. 외부 2. 자기
⑮종 류 별 구 분		중소기업	일반 중견기업	일반 상호출자제한기업	일반 그외기업	당기순이익과세	⑯외부감사대상	1. 여 2. 부
영리법인	상 장 법 인	11	71	81	91		⑰신 고 구 분	1. 정기신고
영리법인	코스닥상장법인	21	72	82	92			2. 수정신고(가.서면분석, 나.기타)
영리법인	기 타 법 인	30	73	83	93			3. 기한후 신고
비 영 리 법 인		60	74	84	94	50		4. 중도폐업신고
								5. 경정청구
⑱법인유형별구분				코드			⑲결 산 확 정 일	
⑳신 고 일							㉑납 부 일	
㉒신고기한 연장승인		1. 신청일					2. 연장기한	

구 분	여	부	구 분	여	부
㉓주식변동	1	2	㉔장부전산화	1	2
㉕사업연도의제	1	2	㉖결손금소급공제 법인세환급신청	1	2
㉗감가상각방법(내용연수)신고서 제출	1	2	㉘재고자산등평가방법신고서 제출	1	2
㉙기능통화 채택 재무제표 작성	1	2	㉚과세표준 환산시 적용환율		
㉛동업기업의 출자자(동업자)	1	2	㉜한국채택국제회계기준(K-IFRS)적용	1	2
㊼기능통화 도입기업의 과세표준 계산방법			㊽미환류소득에 대한 법인세 신고	1	2
㊾성실신고확인서 제출	1	2			

구 분	법인세: 법 인 세	법인세: 토지 등 양도소득에 대한 법인세	법인세: 미환류소득에 대한 법인세	계
㉝수 입 금 액	(		)	
㉞과 세 표 준				
㉟산 출 세 액				
㊱총 부 담 세 액				
㊲기 납 부 세 액				
㊳차 감 납 부 할 세 액				
㊴분 납 할 세 액				
㊵차 감 납 부 세 액				

㊶조 정 반 번 호		㊸조정자	성 명	
㊷조 정 자 관 리 번 호			사업자등록번호	
			전 화 번 호	

국세환급금 계좌 신고 (환급세액 5천만원 미만인 경우)	㊹예 입 처	은행 (본)지점
	㊺예금종류	
	㊻계 좌 번 호	예금

신고인은 「법인세법」 제60조 및 「국세기본법」 제45조, 제45조의2, 제45조의3에 따라 위의 내용을 신고하며, 위 내용을 충분히 검토하였고 **신고인이 알고 있는 사실 그대로를 정확하게 적었음을 확인합니다.**

년 월 일

신고인(법 인) (인)

신고인(대표자) (서명 또는 인)

세무대리인은 조세전문자격자로서 위 신고서를 성실하고 공정하게 작성하였음을 확인합니다.

세무대리인 (서명 또는 인)

세무서장 귀하

첨부서류	1. 재무상태표 2. (포괄)손익계산서 3. 이익잉여금처분(결손금처리)계산서 4. 현금흐름표(「주식회사 등의 외부감사에 관한 법률」 제2조에 따른 외부감사의 대상이 되는 법인의 경우만 해당합니다), 5. 세무조정계산서	수수료 없 음

210mm×297mm[백상지 80g/㎡ 또는 중질지 80g/㎡]

(뒤쪽)

신고안내

1. 결손금 소급공제에 따른 법인세액의 환급을 받으려는 법인은 소급공제법인세액환급신청서(별지 제68호서식)를 제출해야 합니다.
2. 법인세분 지방소득세도 사업연도종료일부터 4개월 이내에 해당 시・군・구청에 신고납부해야 합니다.

작성방법

1. ①사업자등록번호란, ②법인등록번호란, ③법인명란, ④전화번호란, ⑤대표자성명란, ⑥전자우편주소란 및 ⑦소재지란은 신고일 현재의 상황을 기준으로 작성합니다.
2. ⑧업태란・⑨종목란・⑩주업종코드란 : 주된 업태・종목・주업종코드["조정후수입금액명세서(별지 제17호서식)"의 수입금액이 가장 큰 업태・종목을 말합니다]를 적습니다.
3. ⑪사업연도란・⑫수시부과기간란

가. 정상적으로 사업을 영위하는 법인은 신고사업연도를 적고 수시부과기간란에는 적지 않습니다.

나. 휴・폐업 등으로 수시부과기간에 해당하는 법인세를 신고납부하는 경우에는 사업연도란에 정상적인 사업연도를 적고, 수시부과기간란에 사업연도 개시일과 수시부과사유발생일까지의 기간을 적습니다(반드시 신고구분의 중도폐업신고란에 "○"표시를 해야 합니다).

4. ⑬법인구분란・⑭조정구분란・⑯외부감사대상란・⑰신고구분란・㉓주식변동여부・㉔장부전산화 여부란・㉕사업연도의제 여부란 : 각각 해당란에 "○"표시를 합니다.
5. ⑮종류별구분란: '중소기업'과 '중견기업'은 중소기업 등 기준검토표(별지 제51호서식)상 적합 기업, '상호출자제한기업'은 「독점규제 및 공정거래에 관한 법률」 제14조제1항에 따른 상호출자제한기업집단에 속하는 기업으로 각각 해당하는 란에 "○"표시를 합니다. 「법인세법」 제75조의12에 따른 법인과세 신탁재산은 기타법인의 그외기업(93)란에 "○"표시를 합니다.
6. ⑱법인유형별 구분란 : 아래의 표를 참고하여 법인유형의 명칭과 코드란에는 ( )안의 번호를 적습니다. 다만, 아래에 해당되지 아니하는 경우에는 기타법인으로 적고, 코드란에는 "100"을 적습니다.

금 융 기 관	은행(101), 증권(102), 생명보험(103), 손해보험(104), 금융지주회사(105), 상호저축은행(106), 신탁회사(107), 종합금융회사(108), 선물회사(109), 신기술금융회사(110), 신용카드사(111), 재보험사(112), 투자자문회사(113), 시설대여회사(리스회사포함)(114), 할부금융회사(115), 기타금융회사(199)
투자회사 (「법인세법」 제51조의2제1항, 「조세특례제한법」 제104조의31)	유동화전문회사(201), 「자본시장과 금융투자업에 관한 법률」에 따른 투자회사 등(경영참여형 사모집합투자기구 제외)(202), 기업구조조정투자회사(207), 기업구조조정부동산투자회사(203), 위탁관리부동산투자회사(204), 선박투자회사(205), 「민간임대주택에 관한 특별법」 또는 「공공주택 특별법」에 따른 특수목적법인(208), 「문화산업진흥 기본법」에 따른 문화산업전문회사(209), 「해외자원개발 사업법」에 따른 해외자원개발투자회사(210), 기타 특수목적의 명목회사(206)
비영리 조합 등	정비사업조합(301), 농협(302), 수협(303), 신용협동조합(304), 새마을금고(305), 영농조합(306), 영어조합(307), 학교법인(308), 의료법인(309), 산학협력단(310), 산림조합(311), 인삼협동조합(312), 소비자생활협동조합(313), 기타 조합법인(399)
공 기 업 등	정부투자기관(401), 정부출자기관(402), 지방공기업(투자)(403), 지방공기업(출자)(404), 그 밖의 공기업(499)
일반 지주회사	위 금융기관, 투자회사, 비영리조합 등, 공기업 등에 해당하지 않는 법인으로서 「독점규제 및 공정거래에 관한 법률」 제2조제1호의2에 따른 지주회사(501), 「기술의 이전 및 사업화 촉진에 관한 법률」 제2조제10호의 공공연구기관첨단기술지주회사(502), 「산업교육진흥 및 산학연협력촉진에 관한 법률」 제2조제8호의 산학연협력기술지주회사(503)

7. ㉒신고기한 연장승인란: 법인세신고기한 연장승인을 받은 경우 신청일 및 승인된 연장기한을 적습니다.
8. ㉓주식변동 여부란: 주식 등의 변동이 있는 경우에는 주식 등 변동상황명세서를 반드시 붙임 서류로 제출해야 합니다.
9. ㉔장부전산화 여부란: 국세청의 「전자기록의 보전방법 등에 관한 고시」에 따라 장부와 증빙서류의 전부 또는 일부를 전산조직을 이용하여 작성・보존하는 경우에 "여"란에 "○"표시를 하고 전산조직운용명세서를 붙임 서류로 제출해야 합니다.
10. ㉕사업연도의제 여부란: 해산・합병・분할 등으로 사업연도가 의제된 경우 "여"란에 "○"표시를 합니다.
11. ㉖결손금소급공제법인세환급신청란 ~ ㉘재고자산등평가방법신고서 제출란: 해당 신청(신고)서 등을 제출한 경우 "여"란에 "○"표시를 합니다.
12. ㉙기능통화채택 재무제표 작성란: 원화 외의 통화를 기능통화로 채택하여 재무제표를 작성하는 법인의 경우 "여"란에 "○"표시를 합니다.
13. ㉚과세표준 환산시 적용환율란: 「법인세법」 제53조의2(제53조의3)제1항제2호의 방법으로 과세표준계산방법 적용을 신고한 법인은 "과세표준계산방법신고(변경신청)서(별지 제64호의5서식)"에 신고한 적용환율의 해당 사업연도 환율을 적습니다(단위 : 원, 소수점 이하 2자리까지 표시).
14. ㉛동업기업의 출자자(동업자)란: 「조세특례제한법」 제100조의14제2호에 따른 동업자인 경우 "여"란에 "○"표시를 합니다.
15. ㉜한국채택국제회계기준(K-IFRS)적용란: 한국채택국제회계기준(K-IFRS)을 적용하는 법인인 경우 "여"란에 "○"표시를 합니다.
16. ㉝수입금액란: 조정후수입금액명세서(별지 제17호서식)상의 (112)합계란 중 ④계란의 금액을 적습니다.
17. ㉟산출세액란: 법인세란에는 법인세 과세표준 및 세액조정계산서(별지 제3호서식)의 (120)란의 금액을, 토지 등 양도소득에 대한 법인세란에는 (140)란의 금액을 각각 적습니다.
18. ㊱총부담세액란: 법인세란에는 "법인세 과세표준 및 세액조정계산서(별지 제3호서식)"의 (125)란과 (133)란을 합한 금액을, 토지 등 양도소득에 대한 법인세란에는 같은 서식의 (146)란의 금액을 각각 적습니다.
19. ㊶조정반번호란: 외부조정법인은 외부조정자의 조정반 번호를 적습니다.
20. ㊷조정자관리번호, ㊸조정자란: 세무조정조정반의 구성원 중 실제로 세무조정한 조정자의 것을 적습니다.
21. ㊼기능통화 도입기업의 과세표준 계산방법란: 과세표준계산방법이 「법인세법」 제53조의2제1항제1호에 따른 방법(원화 재무제표 기준)일 경우 "1", 같은 항 제2호에 따른 방법(기능통화 표시 재무제표 기준)일 경우 "2", 같은 항 제3호에 따른 방법(자산, 부채 및 거래손익의 원화환산액 기준)일 경우 "3"을 적습니다.
22. 환급받을 세액이 5천만원 이상인 경우는 「국세기본법 시행규칙」 별지 제22호서식 계좌개설(변경)신고서에 통장사본을 첨부하여 신고해야 합니다.
23. 「법인세법」 제60조제5항 단서에 따른 비영리법인은 재무상태표 등의 붙임 서류를 제출하지 않을 수 있으며, 비영리법인의 수익사업수입명세서(별지 제57호서식)를 첨부해야 합니다.
24. 음영으로 표시된 란은 적지 않습니다.
25. 「주식회사 등의 외부감사에 관한 법률」 제2조에 따라 외부감사의 대상이 되는 법인이 「국세기본법」 제2조제19호에 따른 전자신고를 통해 법인세 과세표준을 신고한 경우에는 대표자가 서명하고 날인한 신고서를 관할세무서에 제출해야 합니다.

210mm×297mm[백상지 80g/㎡ 또는 중질지 80g/㎡]

사례와 실무 중심의
경영의 이해와 창업

부록

Understanding of Management & Foundation

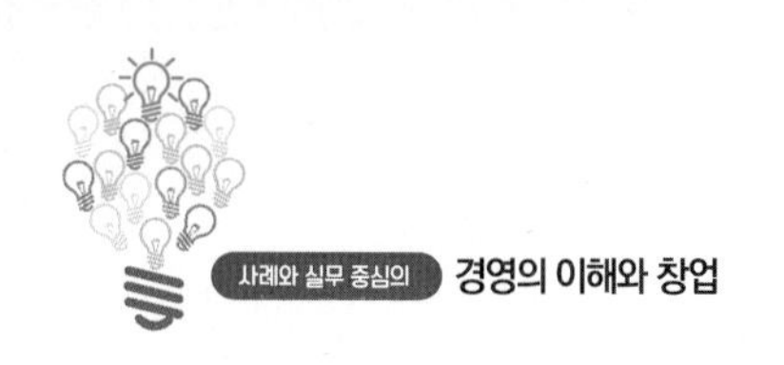

부 록

1 창업실패 200명 보고서

1) 주먹구구식은 안 된다

평생직장 개념이 사라지면서 창업열풍이 거세다. 하지만 창업자들 중 많은 이가 투자 자금조차 회수하지 못하고 문을 닫는다. 왜 그럴까? 동아일보와 창업전문 컨설팅업체인 한국창업전략연구소(소장 이경희)는 신규 창업자들의 시행착오를 줄이기 위해 창업에 실패한 200명의 사례를 종합적으로 분석하였다.

업종 선정 대충대충 … "눈감고 운전하는 격"

사례 1

김 모씨는 경기도 신도시에서 숯불구이고기 전문점을 창업했다. 자금의 60% 이상을 담보대출과 카드대출, 할부금융 등을 통해 마련한 모험이었다. 바로 옆의 대규모 아파트 단지 준공으로 대형음식점이 즐비한 외식 타운이 형성되는 것을 보고 "식당이 될 것 같다"고 판단이 섰던 것.

주방장도 자기 친척까지 종업원으로 일하게 할 정도로 열심이었다. 하지만 첫 달 매출은 기대 이하였다. 개점 직후 반짝 매출 기간이 지나자 하루 매출액은 15만~20만원 선으로 떨어졌다. 똑같은 상황이 몇 달 동안 계속되자 대출이자와 임대료 내기에 급급했다. 영업악화로 이혼위기가지 몰린 김씨는 5000만원의 손해를 보고 7개월 만에 점포를 정리했다.

컨설턴트의 분석

이경희 소장은 "김씨는 의욕만 앞섰을 뿐 주먹구구 창업으로 일관했다"고 진단했다. 인근 상권의 특성을 분석하지 않은 점, 상권에 따른 메뉴설계를 해보지 않은 점, 경쟁점 조사도 하지 않은 것 등이 주먹구구 창업의 대표적인 예.

특히 가족 단위 젊은 부부들이 주고객인 곳에서 돼지고기 숯불갈비는 적절한 아이템이 아니었다. 김씨는 대학가에서 볼 수 있는 드럼통 테이블은 설치했지만 이는 어린 자녀를 동반한 고객들에게는 전혀 맞지 않았다.

▶ 창업자 200명중 계획서 작성 한명도 없어

이경희 소장은 "소자본 창업에 실패한 사람들을 상담해보면 막연한 기대와 의욕만 가졌을 뿐 철저하게 조사하고 검증하면서 창업하는 사람들이 거의 없었다"고 말했다.

이번에 조사 대상이었던 실패한 창업자 200명 중 사업계획서를 작성한 사람이 한 명도 없었다. 상권이나 입지를 조사하면서 리포트를 작성하기는커녕 창업 전문 강좌를 수강한 사람이 한 명도 없었다.

업종과 입지 선정의 실패는 주먹구구 창업의 대표적인 예. 특히 지역 특성이나 자신의 장단점도 분석하지 않고 대충 선정한 업종 때문에 실패한 창업자들이 많았다. 업종마다 손익분기점에 도달하는 시기도 다르고 고객관리 및 마케팅 전략도 달라져야 한다. 그러나 주먹구구식 창업은 눈을 감고 운전을 하는 것처럼 '위험한 사업전략'이다. 그러자면 성공한 점포는 물론 실패한 점포 유형까지 파악하고, 해당 사업을 둘러싼 여러 가지 환경 조사를 해야 하는데 그런 과정을 거쳐서 창업하는 사례는 거의 없었다. 또 실패한 창업자 200명 중 70~80%는 인테리어나 시설과 간판에만 신경을 쓰고 정작 자신이 팔아야 하는 상품에 대해서는 거의 아는 것이 없는 상태에서 창업했다.

실패의 원인을 보는 시각 차이 분석 결과

창업에 실패한 사람	전문가(한국창업전략연구소)
1위: 경쟁점(25%)	1위: 주먹구구식 창업(30%)
2위: 자금력 부족(20%)	2위: 전문성 부족(24%)
3위: 주먹구구식 창업(18%)	3위: 경쟁점(15%)
4위: 업종 및 경기 변화(15%)	4위: 자금력 부족(13%)
5위: 전문성 부족(14%)	5위: 업종 및 경기변동(7%)
6위: 기타(8%)	6위: 기타(9%)

※ 분석대상: 실패한 창업자 200명

<출처: 한국창업전략연구소>

사례 2

박모씨는 창업박람회에서 해물패스트푸드라는 이색 업종을 보고 "색다른 메뉴라 괜찮겠지…"라고 판단해 창업을 결심했다. 개설자금만 3500만원이 드는 업종이었지만 자금이 5,000만원밖에 없었던 그는 점포를 외진 곳에 구할 수밖에 없었다.

그런데 김씨가 택한 메뉴는 젊은층이 좋아할 만한 메뉴인데 반해 식당은 연립주택근처로 중장년층이 많이 살고 있는 지역에 있었다. 김씨는 가게에서 조금만 나가면 큰 도로 건너편에 아파트 단지가 있어 그 쪽 고객들을 '잠재고객'으로 생각했지만 오산이었다. 박씨는 메뉴를 된장찌개 삼계탕 순두부김치찌개로 바꿨지만 매출은 하루 10만원을 넘기지 못해 1년 2개월 만에 식당을 정리했다.

컨설턴트의 분석

박씨는 창업의 'ABC'인 입지분석조차 하지 않았다. 고객입장에서 '도로 건너편'은 '엄청난 거리'인데도 박씨는 이점을 지나쳤다. 길 건너 쪽에 살고 있는 아파트 주민이 도로를 건너 연립주택가 이면도로에 있는 박씨 점포를 찾을 가능성은 거의 없다. 또 자신의 자금에 맞는 업종을 골라야 하는데, 무리한 업종을 골라 입지선정에 실패했다. 입지가 좋지 않으면 특별한 홍보전략을 세워야 하는데 이 같은 전략적인 사고가 없었다.

2) 아마추어는 설 땅이 없다

"처음엔 그럭저럭 잘 됐는데…." 인생역전을 꿈꾸며 창업을 시작한 분들을 만나면 늘 듣는 첫 마디이다. 나름대로 발품도 팔고, 귀동냥도 적지 않게 했기 때문에 처음 6개월은 대부분 '그럭저럭'이다. 하지만 아무리 준비를 많이 한 창업자라도 프로 상인들이 득실거리는 창업 시장에선 아마추어에 불과하다. 6개월의 반짝 성공은 곧 스스로의 판단착오와 프로들의 노련한 마케팅 전략에 밀려 막을 내린다. 200명의 창업 실패 사례를 분석한 창업 컨설팅업체 한국창업전략연구소는 아마추어 창업자들에게 '전문 지식과 노하우, 차별적 마케팅 지식을 갖춘 프로로 거듭나라'고 충고한다.

☞ 전문적 차별화 경영 십계명

1. 관련 분야의 전문잡지를 구독하고 있는가?
2. 상품에 대한 폭넓은 지식을 갖고 있는가?
3. 연간 판촉계획을 짜고 시행하는가?
4. 별도의 우수 고객관리 프로그램을 시행하는가?
5. 고객 개개인에 대해 얼마나 알고 있는가?
6. 종업원의 개인적 사정까지 알고 있는가?
7. 종업원을 위해 개인 시간을 할애하는가?
8. 시설집기 관리를 위한 표준화된 표가 있는가?
9. 정기적인 대청소나 리모델링을 하는가?
10. 주기적으로 경쟁사 및 시장조사를 하는가?

전문성이 없으면 1년 넘기기 힘들다

사례 1 모르면 죽는다

서울 강남에서 고기전문점을 창업한 정모씨는 주방설비업자로부터 주방장 한 명을 추천받았다. 음식점 운영이 처음이어서 음식 재료 및 주방자재 구입은 주방장에게 맡겼다.

하지만 높은 매출에도 불구하고 지출경비가 너무 많다는 것을 아는 데는 별로 시간이 걸리지 않았다. 정씨는 곧 주방장이 식자재 공급업자로부터 '뒷돈'을 받는다는 사실을 알아냈다.

주방장과 심하게 다툰 뒤 음식 맛이 급격히 떨어졌고 주방장을 교체한 이후에도 변화된 음식 맛 때문에 손님들의 발길은 끊어졌다. 경기 고양시 일산에서 냉면전문점을 운영하던 이모씨는 직원관리에 대한 지식 부족으로 낭패를 봤다.

직업소개소에서 홀 서빙 직원들을 채용한 이씨는 직원 교육에 대해 아는 것이 없었다. 소개받은 사람들의 인상도 좋아 보여 별다른 교육 없이 곧바로 홀을 맡겼다. 하지만 직원들은 쏟아지는 손님들의 주문과 요구에 우왕좌왕했고 손님들이 거친 말투를 쓰면 불손하게 대응하기 일쑤였다. 또 이들은 친해진 주방인력들과 함께 사장 이씨를 헐뜯으며 가게 분위기를 망쳐 놨다. 직원 관리에 대한 노하우를 배우러 뛰어다닐 때는 이미 음식에서 이물질이 나오는 등 식당의 신뢰도가 추락한 상태였다. 직원들을 다 내보내고 가정주부였던 부인을 가게에 나오도록 했지만 한 번 실망한 고객들의 마음은 돌아오지 않았다.

사례 2 마케팅은 필수

서울의 한 빌딩가에 미니 참치회 전문 바(bar)를 창업한 김씨. 김씨는 개점 이후 8개월간 하루 매출이 8~10만원 이상일 정도로 짭짤한 재미를 봤다.

경쟁 점포들이 하나둘 문을 열었지만 맛이나 인테리어 수준에서 자신이 있던 김씨는 창업 초기와 변함없이 가게를 운영했다. 그러나 시간이 지나면서 하루 매출은 30만원 이하로 떨어졌고 인건비를 아끼려고 자신이 직접 요리를 시작했지만 추락세를 막을 수 없었다.

가게를 정리하고 몇몇 경쟁 점포를 둘러본 김씨는 깜짝 놀랐다. 다른 가게 주인은 손님의 아이 이름과 학년, 회사 내 선후배 관계, 병력까지 속속들이 꿰고 있었던 것. 단골손님의 얼굴만 겨우 기억했던 자신과는 비교도 되지 않았다.

광주의 모 주택가에서 피자배달점을 시작한 양모씨는 초기 만해도 동네에서 유일한 피자배달점이라는 장점을 톡톡히 봤다. 하지만 성공으로 들뜬 기분은 경쟁 피자배달점이 생기면서 4개월 만에 싹 사라졌다. 양씨는 수차례 경쟁 점포의 피자를 먹어봤지만 별다른 차이를 찾을 수 없었다. 직원들의 배달 속도나 친절도도 경쟁 점포에 뒤지지 않았다.

어느 날 우연히 경쟁 점포의 홍보전단지를 본 양씨는 '아'하며 무릎을 쳤다. 우선 전단지에 실린 피자 사진이 달랐다. 양씨는 수천 장에 달하는 전단지를 뿌렸지만 음식 사진에는 정성을 기울이지 않았다. 반면 경쟁 점포의 피자 사진은 한 눈에 보기에도 먹음직스러워 보였다.

며칠 후 양씨는 또 한번 충격을 받았다. 낯을 가리고 귀찮기도 해 아르바이트생에게 전단지를 돌리게 한 양씨. 그러나 경쟁점 주인은 매주 2회씩 직접 거리에서 홍보전단을 나눠주는 고생을 마다하지 않았다.

한국창업전략연구소 이경희 소장은 "창업 실패 사례를 보면 사업 아이템과 입지만 갖고 성공을 꿈꿨던 경우가 많다"며 "사업 아이템, 직원 및 자재 관리, 마케팅, 시장 조사 등 필요한 모든 전문지식을 꾸준히 공부하는 프로 정신이 필요하다"고 말했다.

3) 변해야 산다

소비자의 취향 한발 앞서 읽어야

서울에서 안동찜닭 전문점을 열었던 이모씨는 때마침 불기 시작한 안동찜닭 열풍 덕분에 하루 100만원이 넘는 매출을 올리며 즐거운 비명을 질렀다. 손칼국수 전문점을 운영하던 이씨는 운영하기 쉽다는 이유로 찜닭 전문점으로 업종을 바꿨다. 하지만 얼마 안돼 신문에 안동찜닭 체인점 모집광고가 대대적으로 실리기 시작하더니 근처에 경쟁점포가 3개나 생겼다. 경쟁이 치열해지면서 매출이 떨어지기 시작했다. 작년 하반기부터는 매출이 하루 40만원 수준으로 줄었다. 설상가상으로 경기침체까지 겹치면서 권리금이 급락했고 매출부진을 견디다 못한 이씨는 권리금과 인테리어비용 6,000만원을 손해보고 점포를 처분했다.

한국창업전략연구소(www.changupok.com)가 최근 3, 4년 사이 실패한 사업자 200명을 대상으로 조사한 바에 따르면 상당수의 사업자들이 변화에 적응하지 못해 사업에 실패한 것으로 분석됐다.

사업 초보자들은 창업이라는 고비를 넘기는 것만도 큰일이다. 하지만 창업의 문턱을 넘어선다고 성공이 보장되는 것은 아니다. 진짜 전쟁은 창업 후에 본격적으로 시작된다. 사업환경과 고객의 기호가 끊임없이 변화하기 때문에 변화를 무시하고 작은 성과에 안주하면 성공은 지속하기 어렵다는 것.

혁신없이 성공도 없다

부산에서 가격파괴 고기 전문점을 창업했던 양모씨는 창업 초기 다소 고전했지만 손님들 사이에 입소문이 돌면서 몇 개월 후 하루 매출이 130만원 이상 오를 정도로 자리를 잡았다. 어느 정도 여유를 찾았다고 생각하는 순간 광우병 파동이 왔다.

새로운 메뉴 개발도 생각했지만 '곧 괜찮아지겠지' 하며 차일피일 미뤘다. 그러는 사이 매출은 하루가 다르게 떨어졌다. 뒤늦게 인력을 줄이는 등 긴축 영업에 나섰지만 떨어진 매출은 다시 회복되지 않았다. 창업 당시 대출을 많이 받았던 양씨는 대출금 이자도 갚기 어려운 상황에 처하자 3,000만원 이상 권리금 손해를 보고 점포를 정리했다.

정모씨는 서울의 한 아파트 단지(1500가구 규모)에서 독점으로 제과점을 운영했다. 사업 초기에는 서비스 정신을 발휘해 고객들을 맞이하는 데 정성을 기울였고 제품의 질에도 신경을 많이 썼다.

하지만 창업한 지 2년이 지나 어느 정도 고정적으로 매출을 올리게 되자 고객 관리나

점포 운영을 소홀히 했다. 저녁시간 빵을 할인해서 팔거나 덤으로 주는 서비스도 드물어졌고 포인트를 적립하면 할인혜택을 주는 마일리지 카드도 없앴다. 차츰 빵 종류도 줄어들고 새로운 제품을 선보이는 일도 없었다.

주민들 사이에는 '정씨 제과점이 성의가 없어졌다'는 소문이 퍼졌고 손님은 계속 줄었다. 그러던 중 상가 내에 다른 제과점이 개업했고 정씨 제과점의 매출은 90%나 감소했다. 결국 정씨는 가게를 정리할 수밖에 없었다.

변화에 적응하라

사람이 살아가는 환경이 달라지듯 사업환경은 끊임없이 변한다. 소비자들의 기호가 다양해지고 점포간 경쟁이 치열해지기 때문.

수명이 2, 3년 이내인 업종이 속출하고 있으며 어떤 업종은 1, 2년 만에 유행이 지나 고객들에게 외면당하기도 한다. 칼국수 감자탕 호프전문점 등 상대적으로 안정된 수요를 가지고 있는 업종도 대형 경쟁점포들이 늘면서 고전하는 경우도 많다.

이처럼 빠른 사업환경 변화와 치열한 경쟁 속에서는 끊임없이 연구하고 개발하는 사업자만이 살아남는다고 전문가들은 말한다. 경쟁력은 끊임없는 혁신의 산물이라는 것.

환경변화에 어떻게 대응해야 하나

주기적으로 업계의 동향을 파악하고 새로운 트렌드에 맞춰 점포 운영방식을 바꿔야 한다.

점포가 오래되면 경쟁점포와의 경쟁에서 뒤질 수밖에 없으므로 3~5년 주기로 시설을 바꿔주는 것이 좋다. 고객이 좋아하는 상품도 계속 바뀌므로 제품별 매출을 분석해 상품을 주기적으로 바꿔야 한다.

한국창업전략연구소 이경희 소장은 "소규모 사업에서 매출은 시장 환경 변화나 고객취향을 파악할 수 있는 중요한 단서"라며 "1일, 1주일, 1개월, 분기별 등으로 끊임없이 매출 변화를 체크해서 새로운 환경과 트렌드를 읽고 고객의 수요를 점포 운영에 반영해야 한다"고 말했다.

창업자를 위협하는 요인들

1순위: 경쟁점포의 증가
2순위: 경영자 마인드 변화
3순위: 소비자 기호 변화
4순위: 상품 유행 변화
5순위: 상권의 변화
6순위: 관련산업의 변화
7순위: 사회 문화환경 변화

<출처: 동아일보, 2003/05/12.>

2 자영업의 현주소

▶ 낮은 생산성·높은 폐업률 … 가계 평균소득마저 갉아먹는 자영업

근로자 4명 중 1명 종사 불구, 전체 가구 소득의 12%에 그쳐

21.3%. 이는 2017년 말 기준 우리나라 전체 취업자 가운데 자영업자의 비율(약 570만명)이다. 여기에 월급을 받지 않고 함께 일하는 인력(무급 가족종사자)까지 합치면 이 비율은 25.4%까지 올라간다. 일 하는 사람 4명 중 1명은 자영업에 종사한다는 의미다. 하지만 우리 자영업은 그 만큼의 존재감을 인정받지 못하고 있다. 규모로만 보면 엄연한 경제의 한 축이지만, 자영업을 우리 경제의 '성장 엔진'으로 보는 이는 전무한 게 씁쓸한 현실이다. 관련 업계에 따르면, 2018년 기업 경영성과 평가사이트 CEO스코어가 집계한 국내 10대 기업 매출액(약 6,778억달러)은 국내총생산(GDP)의 무려 44%를 차지했다. 이는 일본(24.6%), 미국(11.8%)에 비해 배 이상 높다. 한편으론 지나친 쏠림이 지적되지만, 다른 한편으론 이들 소수 기업이 얼마나 높은 생산성을 갖췄는지 드러내는 수치이기도 하다. 반면 500만명 이상의 자영업자의 소득을 보여주는 가계 영업잉여는 2016년 기준 전체 가계소득의 12%에 불과했다. 가계소득은 크게 노동소득(임금 및 급여)과 자영업자 소득(영업잉여)으로 나뉜다. 전체 가계소득과 임금근로자 소득은 2000년 이후 각각 연평균 5.6%, 6.7%씩 늘어났지만, 자영업자 소득은 1.4% 증가에 그쳤다. 자영업이 가계의 평균 소득 성장마저 오히려 갉아먹고 있는 셈이다.

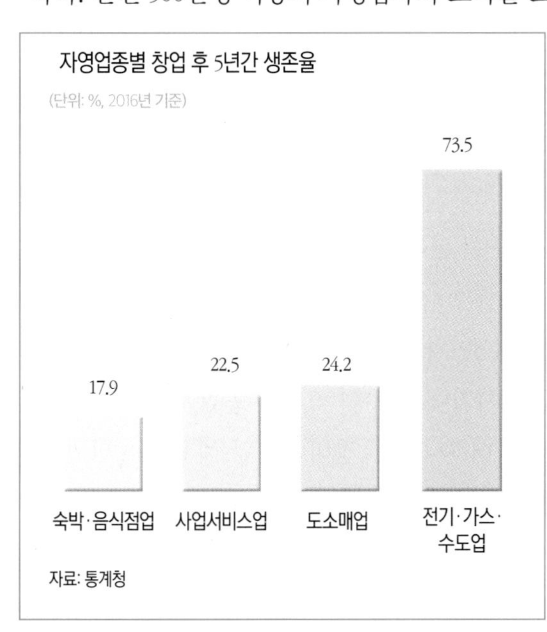

<출처: 송정근, 자영업종별 창업후 5년간 생존율>

이는 국내 자영업의 약 70%가 도소매·음식숙박업 등 저부가가

치 서비스산업에 쏠려 있는 현실과 무관하지 않다. GDP 대비 서비스업 비중(53%)은 제조업(29%)보다 훨씬 높지만, 서비스업의 1인당 노동생산성은 제조업의 40% 수준에 불과하다. 2016년 기준 숙박·음식점업의 창업 5년 후 생존율은 17.9%, 도소매업은 24.2%에 그쳤다. 창업 후 5년을 견디는 비율이 10~20%대에 불과해서야 경제의 성장 동력을 저해하고 있다. 또 2018년 통계청 조사에 따르면, 최근 1년 안에 창업한 자영업자 가운데 최소 6개월 이상 사업을 준비한 비율도 25% 가량에 머물렀다. 괜찮은 일자리에서 밀려난 사람들이 기술이나 자본이 필요하지 않은 소규모 서비스업 창업에 쉽게 뛰어들다 보니 생산성이 낮고, 치열한 경쟁 속에 결국 폐업으로 사라진 자리를 또 다른 누군가가 짧은 준비기간을 거쳐 메우는 악순환이 반복되는 게 오늘날 대한민국 자영업의 현주소인 셈이다. 윤창현 서울시립대 교수는 "현재 국내 자영업은 일자리에서 밀려난 사람들이 미약한 내수에 기대 생계를 이어가도록 하는 기형적 구조여서 성장의 동력이 되기 어렵다"고 말했다. 이병훈 중앙대 교수는 "조선이나 자동차 산업이 어려워지면 인근 식당, 숙박업 등 자영업 생태계가 줄줄이 무너지는 구조"라며 "생계형 자영업자들이 기술력을 확보해 '기업가형 자영업자'로 탈바꿈하도록 교육지원을 하거나 영세 자영업을 중소 이상 규모로 키울 수 있는 정책적 지원이 필요하다"고 말했다.

<출처: 2019.2.11. 한국일보, 허경주>

▶ "커피 팔고 年 900만원… 차라리 알바 하는 게 낫다?"

: 2016~2017 프랜차이즈 현황 분석2017년 점포당 평균영업익 1740만원…16개분야 중 10개가 전년보다 더 저조1만6070개 매장 늘고 최저임금 올라

커피전문점을 창업한 지 3년차가 된 황모씨(45)는 매장을 계속 운영할 수 있을지 걱정이 앞선다. 지방의 한 대학가에서 14평(46㎡) 남짓 공간을 개조해 문을 열면서 들어간 권리비만 1억원에 달한다. 더구나 내부 장비 비용만 해도 3,000만원. 인테리어와 임대료를 제외한 비용이다. 3년부터는 노후화 조짐을 보이는 장비 탓에 감가상각이 떨어지기 전에 매장을 넘겨야 할지도 모른다. 문제는 영업이익인데, 1,000만원도 되지 않는 연간 영업이익을 알게 된다면, 매장을 받아줄 수요자가 나타나지도 않을 것이다.

퇴직 후 직장인들이 원하는 커피전문점의 현주소인 셈이다. 프랜차이즈 매장 영업이익이 추락하면서 자영업자 근심이 날로 쌓이고 있다. 생존 문제로도 여겨지는 만큼 자영업에 대한 정부 대책을 요구하는 목소리도 높다.

연이은 최저임금 인상 여파도 무시 못한다. 자영업자들은 최근 문재인 대통령과 간담회를 통해 최저임금 동결 등을 요청하기까지 했다. 국가통계포털(KOSIS)을 통해 2016~2017년 프랜차이즈 현황을 분석한 결과, 2017년 점포 1곳당 평균 영업이익은 1,740만원 수준인 것으로 나타났다. 더구나 16개 업종 가운데 점포 1곳당 평균 영업이익이 2,000만원 미만인 분야는 무려 11개에 달할 정도다. 영업이익 순으로 보면 △의약품 9,553만원 △자동차수리 4,336만원 △안경 3,721만원 △문구점 2,642만원 △두발미용이 2,332만원 등으로 2,000만원을 넘긴 업종이다. 2,000만원 미만 업종은 △일식·서양식 1,960만원 △한식 1,948만원 △제빵·제과 1,794만원 △기타 프랜차이즈 1,691만원 △피자·햄버거 1,515만원 △편의점 1,469만원 △분식·김밥 1,060만원 △주점 1,029만원 △치킨 1,024만원 △커피전문점 911만원 △가정용 세탁 757만원 순이다. 그뿐만 아니라 2017년 들어 전년 대비 영업이익이 마이너스를 기록한 분야는 16개 중 10개다. 가정용 세탁 분야 점포 1곳 영업 이익 차는 무려 51.8%나 하락했다. 이어 △주점(-37.8%) △치킨(-33.5%) △커피전문점(-31.0%) △분식·김밥(-29.8%) △기타 프랜차이즈(-20.0%) △의약품(-15.5%) △일식·서양식(-9.2%) △피자·햄버거(-5.5%) △편의점(-3.8%) 등이다. 그나마 △제빵·제과 △안경 △문구점 △두발미용 △한식 △자동차수리 분야가 성장세를 나타냈다. 다만, 자동차수리(6.9%) 이외엔 0~3% 수준의 영업이익 성장세에 그친 정도다.

프랜차이즈 매장이 2016년 만 445개에서 2017년 만 6,515개로 1년 새 1만 6,070개가 늘어나 갈수록 자영업 내 경쟁이 치열해진 요인도 있다. 경제협력개발기구(OECD)에 따르면 2017년 우리나라 자영업자 비중은 25.4%로 미국(6.3%)·영국(15.4%)·일본(10.4%) 및 OECD 37개국 평균(17.0%)과 비교해 상대적으로 높은 수준이기도 하다. 한편 업계는 불안한 자영업 구조 원인으로 최저임금 인상을 지목한다. 성태윤 연세대 경제학부 교수는 "핵심적인 부분인 최저임금 수정이 안 되고 있는데, 이 부분이 수정돼야 해결점을 찾을 수 있다"며 "비용 충격을 완화하는 등 정책 궤도 수정이 필요한 시기"라고 강조했다.

<출처: 이경태, 아주경제, 2019. 2. 18.>

▶ 벼랑 끝 자영업, 왜 퇴직자들의 무덤이 되었나?

중소기업중앙회의 자료에 따르면, 2015년을 기준으로 우리나라 전체 사업체(360만 4773개) 중 소상공인이 차지하는 비중은 85.6%(308만 4376개)인 것으로 나타났다. 100개 중 85개가 소상공인이라는 말이다. 업종별로 살펴보면 도·소매업이 1위(88만 3721개), 음식·숙박업이 2위(61만 5430개)로 가장 많다. 이들 4개 업종에 종사하는 소상공인이 전체 소상공인에서 차지하는 비중은 48.6%로, 거의 절반에 육박한다. 즉, 사업자등록증을 가진 업체 100개 중 85개가 소상공인이고 이 중 41개는 도·소매업이거나 음식·숙박업이라는 뜻이다. 서울지역도 비슷하다. 서울시 소상공인 사업체(641,379개) 중 도·소매업은 30.8%(19만 7929개), 음식·숙박업은 15.6%(10만 355개)로 각각 1, 2위를 차지하며 4개 업종을 합할 경우 46.5%에 이른다. 어느 지역 어느 동네를 살펴봐도, 도소매업과 음식숙박업 수가 너무 많다는 것을 알 수 있다. 일정한 구역 안에 유사한 제품과 서비스를 공급하는 업체가 지나치게 많게 되면, 과당경쟁으로 인해 망하는 곳이 생기기 마련이다.

통계자료가 이를 잘 입증하고 있다. 국세청 통계연보에 따르면, 2017년 한 해 동안 이들 4개 업종(도소매 및 음식숙박업)은 전국적으로 총 48만 3,910개가 생기고 42만 4,893개가 없어진 것으로 나타났다. 도·소매업의 경우 28만 6,341개가 생기고 24만 8,383개가 망했으며, 음식·숙박업은 19만 7,569개가 문을 열고 17만 6,510개가 문을 닫았다. 다산다사(多産多死). 많이 생기고 많이 없어진다는 뜻으로, 우리나라 소상공인 생태계의 현주소를 잘 나타내주는 표현이다.

최근 3년간(2015~2017)의 흐름을 살펴봐도 큰 차이가 없다. 2015년에는 48만 5,490개가 창업을 했고 39만 3,451개가 폐업을 했으며, 2016년에는 48만 4,410개가 창업을, 37만 6,484개가 폐업을 했다. 한 해에 100개가 생기면 80개가 없어지는 구조다. 백년가게는 고사하고 1년 후의 미래를 담보할 수 없다는 걸 잘 알면서도, 왜 사람들은 개미지옥을 방불케 하는 이 시장으로 끊임없이 달려드는 것인가? 간단히 말해 '먹고 살기 위해서'가 가장 근접한 답일 것이다. 60세 이상 고령층 창업자 수 추이만 봐도 이를 알 수 있다. 2015년은 10만 4,758명이었지만, 2016년에는 12만 1,278명, 2017년에는 12만 8,247명으로 시니어 창업은 계속 늘어나고 있다. 노후 준비가 덜 된 시니어들이 점점 더 길어지고 있는 기대수명에 대비하기 위해 생계형 창업을 하고 있는 것이다.

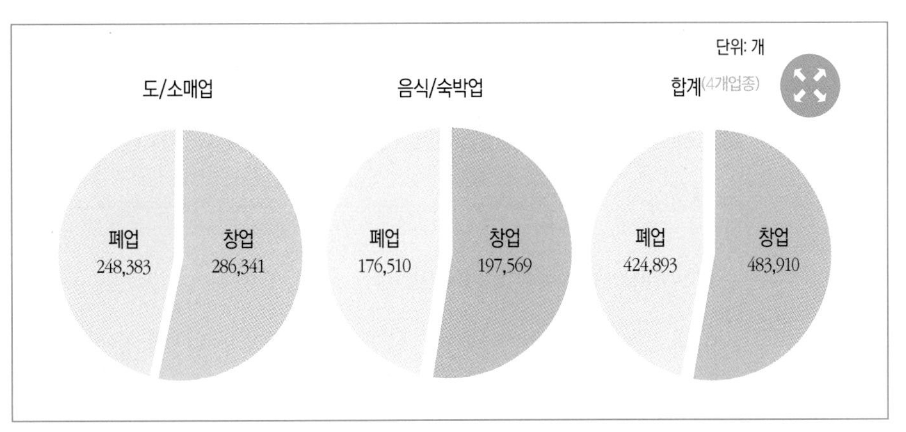

<출처: 2017 자영업 4개 업종 개·폐업 현황, 국세청 통계연보. 2017>

문제는 이들의 생존율이다. 2017년을 기준으로, 도·소매업 및 음식·숙박업의 60세 이상 창, 폐업 현황을 살펴보면, 4개 업종을 합할 경우 창업한 수보다 폐업한 수가 47%나 많았다. 최근 3년간 흐름을 봐도 창업 3만 4,745개+폐업 4만 9,320개(2015년), 창업 3만 7,958개+폐업 4만 8,861개(2016년), 창업 3만 9,545개+폐업 5만 8,106개(2017년)로 창업한 수보다 폐업한 수가 더 많았다.

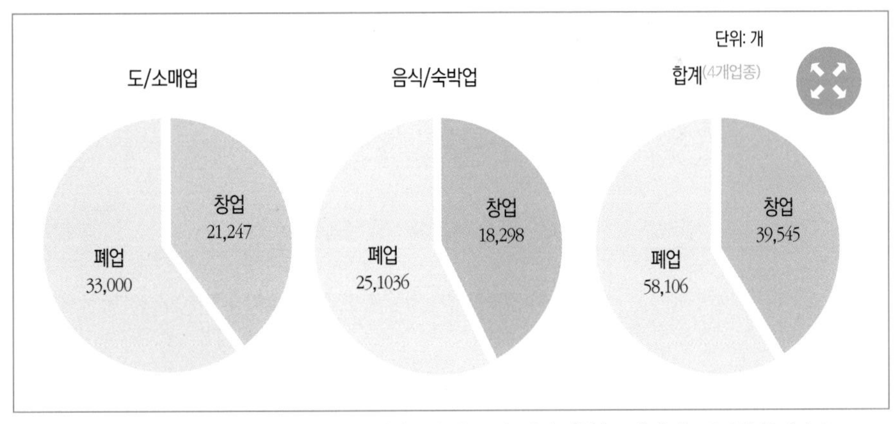

<출처: 2017 자영업 4개 업종 개·폐업 현황(60세 이상), 국세청 통계연보. 2017>

개별 사업자의 창업 시기와 폐업 시기를 고려하지 않은 단순 비교이기 때문에 정확한 생존율을 추정할 순 없으나, 고령 창업자들의 시장 생존율이 타 연령대나 전체 평균에

비해 낮다는 것은 분명해 보인다. 향후 수년에 걸쳐 베이비부머들의 은퇴가 대거 진행될 것이라는 점을 감안할 때, 이 수치는 더 나빠질 개연성이 크다. 설문에 따르면, 베이비부머 700만 명 가운데 400만 명 이상이 준비 없이 은퇴를 맞게 될 것으로 조사되고 있기 때문이다.

연령대별 창업 분포도는 어떨까?

아래 표는 지난 3년간(2015~2017) 상위 5개 업종의 연령대별 창업 건수를 산술평균한 값이다. 30세 미만의 경우, 소매업이 1위이고 부동산임대업이 5위를 차지하고 있다. 연령대별 1위 업종을 살펴보면, 30세 미만은 소매업, 30대와 40대는 서비스업, 50세 이상은 부동산임대업임을 알 수 있다. 참고로 제조업은 전 연령층에서 순위(5등) 안에 들지 못했다.

(단위: 연령대별 창업건수 산술평균값, 등수)

업 종	30세 미만		30세 이상		40세 이상		50세 이상		60세 이상		70세 이상	
부동산임대업	6,188	5	29,745	4	60,938	2	63,873	1	28,758	1	9,879	1
서비스업	24,081	2	76,641	1	83,231	1	49,422	2	13,877	2	2,770	2
음식업	19,766	3	46,589	3	56,568	3	49,249	3	12,754	3	2,190	4
소매업	37,618	1	60,276	2	50,186	4	34,761	4	11,040	4	2,584	3
도매업	7,331	4	25,186	5	31,613	5	19,886	5	5,694	5	1,190	5
제조업	4,593		14,369		23,915		19,024		4,421		749	

<출처: 신규사업자 업종별, 연령대별 창업 현황(2015-2017), 국세청 통계연보. 2015~2017>

국세청의 표준산업분류 14개 업종 가운데 5개(부동산임대업, 서비스업, 음식업, 도·소매업) 업종이 전 연령에서 공통적으로 5위 안에 들어갔다는 것도 눈여겨볼 대목이다. 은퇴 후(60세 이상)는 그렇다 치더라고, 경제활동 연령대인 50대(1위), 40대(2위), 30대(4위) 심지어 30세 미만(5위)에도 부동산임대업이 상위에 포진되어 있다는 것은 우리 경제의 일그러진 자화상을 드러내 주는 단면이라는 점에서 심각하게 받아들여야 할 현상이라 판단된다.

벼랑 끝 자영업, 퇴직자들의 무덤

우리나라 소기업 자영업 생태계가 높은 임대료와 낮은 진입장벽, 지나칠 정도의 과밀화와 과당경쟁 등 여러 구조적인 문제가 복잡하게 얽혀있다. 무엇보다 자영업자들에게 가장 큰 고통인 임대료 상승을 막고 임차인의 권리를 보호하기 위한 관련 법률의 제·개정을 서둘러야 한다. 또한 백화점, 면세점 등 대기업(100만 원 기준 0.01%)에 비해 100배나 많은 중소상인 카드수수료(100만 원 기준 1%)도 조속히 시정되어야 한다. 이 두 가지 의제 해결은 모든 소상공인 자영업자들의 길고, 오랜 숙원이었다. 그런데, 이보다 더 중요하고 근본적인 문제는 바로 일자리 문제다. 자영업 시장의 과밀화를 막으려면 좋은 일자리가 많아야 한다. 하지만 일자리는 줄어들고 있다. 따라서 어떤 이유로든 직장 밖으로 밀려나온 사람들은 어떻게든 먹고 사는 방법을 찾는다. 아주 특별한 경우를 제외하고 보통의 평범한 사람들이 선택할 수 있는 길은 본인 스스로 밥벌이를 하는 것, 개인이 사업주체가 되어 경영하는 사업, 즉, 자영업(自營業)에 종사하는 것뿐이다.

정년 연장과 일자리 나눔 등을 통해 경제활동인구 중 다수가 일터에 오래 머물도록 하는 것이 최선이겠지만 이는 바람일 뿐, 한계가 클 것이다. 그러므로 자신의 의지와 무관하게 직장을 떠날 수밖에 없는 비자발적 퇴직자들이 이 영역에 들어와 자리를 잡을 수 있도록 돕는 제도 도입이 필요하다. 예를 들면, 자기 사업을 희망하는 이들을 대상으로 퇴직 후 일정 기간 동안 교육훈련 과정을 통해 자영업 시장에 진입할 수 있는 준비를 시키는 프로그램(post-retirement training program)을 도입하는 방안을 생각해볼 수 있다. 무엇보다 소기업 자영업자들에 대한 지원체계를 제대로 수립해야 한다. 예비 창업자들을 위한 준비 프로그램은 중앙이 아니라 지역(local)을 중심으로 이루어져야 한다. 소기업 자영을 위한 지원체계를 만들어갈 때, 꼭 필요한 존재가 바로 현장 지원기관이다. 지역마다 산업 기반이 다르고 자영업 환경이 다르므로 지역 현실에 맞는 지원 방법을 수행하려면 지역 상황을 잘 이해하고 있는 기관들이 존재해야 하며, 이들이 정부와 당사자들 사이에서 '다리' 역할을 해주어야 생태계는 활성화될 수 있다. 지역 내에서 소기업 소상공인을 지원한다는 것은 현장 지원기관이 사람과 사람을 연결하는 네트워크의 중심(hub)이 되고 개인, 기업, 정부 등 다양한 경제주체들이 참여하여 공동의 목표를 추구하는 열린 플랫폼(platform) 공간으로 기능할 수 있도록 하는 것이다.

공동시설 이용, 공동 운영시스템 개발 등 기업 간 협업(collaboration)을 통해 소자본의 한계를 극복하고, 소상공인들이 주주로 참여하는 협동조합(cooperative) 기업을 만들어 자조, 자립의 기반을 강화함으로써 사업 참여자들이 함께 성공 신화를 써갈 수 있도록, 범정부 차원의 지원정책이 따라주어야 한다. 이를 통해 혼자만 살겠다는 독생(獨生)보다 같이 사는 상생(相生)이 훨씬 지속가능한 방법임을 증명할 필요가 있다.

<출처: 문진수, 오마이뉴스, 2018.7.10>

3 창업사례와 성공전략

창업사례

사 례 1 명예퇴직 후 '제2의 인생' 사는 사람들

"평소 아이디어가 새삶 밑천"/ 통신부품회사 차린 조남준씨, 각종장치 특허 출원

"회사를 떠난 뒤 며칠 동안은 잠을 이루지 못했어요."

퇴직 후 학교 후배와 함께 통신 부품 개발회사를 차린 조남준씨(46)는 창업하는 과정에서 불안감 때문에 마음의 안정을 찾기가 쉽지 않았다고 털어놓았다.

85년 KT 입사 후 인터넷 관리, 전송시설 운용, 광 전송장치 관리 등 기술 분야에서 근무해 온 그는 9월 26일 명예퇴직을 신청했다.

"외환위기 이후 진행된 구조조정 등을 지켜보면서 앞으로 평생직장은 보장되기 어렵다는 점을 절실히 느꼈어요. 또 평소 생각하던 아이디어를 이용한 제품을 개발하고 싶었습니다." 그런데 회사측이 다음날 "회사에 계속 근무했으면 좋겠다"는 의사를 타진해 왔을 때 그는 마음이 흔들리기도 했다. 그는 "사실 그 말을 듣더니 집사람이 무척 좋아하더라고요. 불안했던가 봅니다"라고 말했다.

하지만 그는 결국 명예퇴직을 했다. 조씨는 강원대 정보통신연구소에 7평 크기의 사무실을 얻어 후배와 함께 'GP-LA'라는 회사를 열었다.

두 명이 전부인 조씨 회사의 사업아이템은 부가가치가 높은 통신 관련 제품 개발. 퇴직에 앞서 이미 개발에 성공한 초고속인터넷용 낙뢰보호기와 케이블 조립식접속관이 대표적인 제품.

낙뢰보호기는 강원도에서 근무할 때 낙뢰 사고로 초고속망이 자주 피해를 보는 것을 안 뒤 직접 개발했다. 조립식접속관도 보수에 비용이 많이 들어가는 기존 케이블 연결 부분의 문제점을 개선한 제품으로 이미 특허출원을 한 상태. 한 통신 회사의 지원을 받아 시제품도 개발해 놓았다.

이처럼 조씨의 창업은 비교적 '준비된 창업'이었다.

항상 뭔가를 만들기 좋아하는 평소의 습관 때문에 회사에서는 '조박사'라고 불리기도 했다.

KT라는 큰 울타리를 떠난 지 벌써 한 달. 조씨는 "창업한 것을 후회하지는 않지만 하루에도 몇 차례 희망과 불안이 교차한다"고 말했다.

"아무리 아이디어가 좋은 상품이라도 실제로 매출이 발생해서 돈을 벌어 줄지는 아무

도 모르잖아요. 어떤 때는 잘될 것 같다가도, 어떤 순간에는 '내가 자기도취에 빠진 것은 아닌가' 하면서 불안해지고 그래요."조씨의 고백이다.

"힘들지만 하고픈 일해 행복"/ 해산물 점포 연 박창근씨, 하루 4시간 자며 꿈키워

박창근씨(49)는 하루 동안 피우는 담배가 한갑에서 최근 두 갑으로 늘었다. 평소 낙천적인 성격의 그이지만 얼마 전 창업하면서 스트레스가 부쩍 늘었기 때문.

1980년 KT에 입사한 박씨는 주로 충남지역에 근무하면서 현장 선로 보수 업무를 해왔다.

"마지막 근무지였던 KT 홍성지사 청양지점에서 제가 나이가 제일 많았습니다. 이번 명예퇴직 조건이 비교적 좋은 편이어서 평소 관심이 많았던 수산물 소매업을 시작했지요."

창업 장소는 충남 태안군 안면도를 택했다. 서해안고속도로 개통으로 수도권에서 오는 데 걸리는 시간이 크게 단축됐다는 점과 자신의 고향이라는 점을 고려했다. 또 주5일 근무제가 본격화되면 앞으로 관광객들이 서울에서 가까운 안면도를 많이 찾을 것으로 판단했다.

직장에 있을 때 주말마다 포구를 찾을 정도로 해산물을 좋아했던 그는 "회사를 그만둔다면 해산물 판매쪽으로 창업을 하겠다"는 생각을 평소부터 해왔다.

명예퇴직 후 그는 점포를 물색하다가 권리금을 합해 2800만원에 나온 매물을 구입했다. 안면도 백사장 포구 안에 있는 종근수산이라는 점포였다. 창업비용은 점포구입 비용 2800만원에 초기 물건구입비 등을 합쳐 4000만원. 창업비용치고는 상대적으로 투자비가 적게 들어갔다. 취급하는 해산물은 꽃게 대하 조개 생선 등으로 근처 어항에서 일찍 사온 뒤 주로 관광객들에게 팔고 있다.

지난달 17일 영업을 시작한 그는 아직까지는 초보 장사꾼이다. "물건을 잘못 구입해 고기들이 죽는 바람에 하루에 수십만원을 손해 보기도 했어요. 아직도 흥정에 서툴러 물건을 손해보고 파는 일도 많습니다."

일하는 시간은 평일 오전 9시~오후 11시, 주말은 오전 6시~다음날 오전 2시까지. 근무강도가 KT 근무시절과 비교할 수 없을 정도로 높다. 함께 일하고 있는 부인은 불과 2주만에 몸무게가 5kg이나 빠지기도 했다. 손님이 많은 주말은 늦게까지 일해야 하기 때문에 부부가 아예 가게에서 잠을 자고 있다.

"즐겁냐고요? 물론입니다. 힘들기는 하지만 제가좋아하는 일을 하고 있으니까 너무 행복합니다."

<출처: 동아일보, 2003/11/07.>

사 례 2 창업 자금이 적기…성공 전략

뜨기 직전 업종을 선택하라

저금리 시대로 접어들면서 점포형 소자본 창업이 유망한 재테크 수단으로 급부상하고 있다. 그 동안 부동산·주식·금융상품 등에서 톡톡히 재미를 본 투자자들이 실질 금리 하락으로 투자 수익이 크게 떨어지자 아예 창업의 길로 속속 나서기 때문이다. 저금리 시대의 창업 열기를 부추기는 또 한 가지 요인은 소규모 사업 분야에서 부익부 빈익빈 현상이 가중되고 있다는 점이다. 성장 가능성이 큰 유망사업 아이템을 선택해 일정 기간 투자하면 웬만한 중소기업 못지 않은 소득을 기대할 수 있고 이자 상환은 물론 원금까지 가까운 시간 안에 갚을 수 있기 때문이다. 저금리 시대를 맞아 전문가들이 제시하는 업종별 창업 전략을 소개한다.

▸ 성장업종에 주목하라

경쟁자가 많은 분야나 성숙기·포화기에 접어든 분야는 그만큼 성공하기 어렵다. 이에 비해 이제 막 부상하는 성장업종은 최소한 1년 정도는 안정된 수입을 보장하는 게 보통이다. 이에 따라 기존 업종에서 승부를 걸기보다는 이제 성장기에 접어든 분야의 업종을 선택해야 성공할 확률이 높다.

▸ 투자비 회수기간이 긴 업종은 피한다

지금껏 고금리에 의존하다 창업의 길로 나서는 예비창업자들은 창업을 통해 이자 이상의 소득을 올리는 데 주력하게 마련이다. 그러나 장기적으로는 전망이 밝지만 당장 현금화하기 어려운 업종을 정할 경우 이자소득보다 더 나쁜 결과를 얻을 수도 있다. 바로 현금화가 가능한 분야에서 창업하는게 좋은데 일반적으로 음식업이나 유통업일수록 현금 회전이 빠르다. 이에 반해 아직 검증이 안된 뉴 비지니스나 수요 개척이 어려운 소호(SOHO)형 사업, 인터넷·벤처 사업 등은 투자 회수기간이 길어질 수도 있다는 각오를 해야 한다.

▸ 우수 프랜차이즈를 선택하라

이미 검증된 우수한 프랜차이즈업체일수록 본사 지원이 체계적이므로 훨씬 더 성공할 확률이 더 높다. 특히 여유자금을 활용해 창업에 나서면 운영시스템이 간단하고 운영 매뉴얼이 표준화되어 있어 직원 채용 등을 통해 충분히 효과적으로 운영할 수 있는 우수 프랜차이즈를 택하는 게 안전하다.

▸ 대규모 창업은 위험을 분산하라

최근 들어 저금리 해법으로 투자를 대폭 늘려 대형업소를 창업하는 사례가 늘고 있다.

대형 횟집이나 패밀리 레스토랑, 호프집, 테마 빌딩 창업 등이 대표적인 업종들이다. 그러나 여유자금이 많다고 해서 무모하게 대형점을 창업하는 것은 금물이다. 대형점이라고 반드시 성공한다는 보장은 없기 때문이다.

▸ 부족한 자금은 최저금리 대출로 충당

가능한 한 모든 대출 정보를 수집하고 이 가운데 이자가 가장 싼 상품을 선택해야 한다. 은행대출이 쉽기는 하지만 정부의 생계형 창업자금 대출이 아직까지는 가장 이자가 비싼 편이다. 장애자라면 장애자용 창업자금 대출제도를, 여성 가장이라면 여성가장 지원제도를 이용하는 게 좋다. 정부의 창업자금 대출이 어려우면 부동산 담보대출이 가장 저렴한 편이다.

▸ 원금상환 부담을 고려하라

점포 보증금이나 개업자금에 대출금이 묶이면 가까운 시간에 상환하기 어렵다. 무조건 욕심을 내기보다는 철저하게 예상수입을 예측해 상환 계획을 세우고 대출을 받도록 한다. 또 상환을 고려한다면 장밋빛 계획보다는 현실적이고 철저한 수입 예측 자세가 필요하다.

▸ 우수한 입지선택이 최우선

점포 창업의 성패는 입지에 좌우된다고 해도 과언이 아니다. 아무리 유망한 사업 아이템을 택하더라도 입지가 나쁘면 고객 발길이 그만큼 줄어 결국 원금 상환에 큰 문제가 생길 수 있기 때문이다. 창업자금이 넉넉하지 못하더라도 금리가 낮은 대출을 활용해 우수한 입지의 점포에 과감히 투자하는 용기가 필요하다. 개업자금은 사업 실패시 회수하기 어렵지만 점포에 투자한 돈은 몇 가지 안전장치를 마련해 두면 회수할 수 있는 돈이기 때문이다.

▸ 대출금이 창업자금의 3분의 1을 넘지 말라

대다수 전문가가 당분간 저금리가 지속될 것으로 내다보고 있지만 귀신도 모르는 게 경기 상황이다. 이에 따라 만에 하나 고금리로 전환될 가능성을 염두해 두고 대출액을 조절해야 한다. 일반적으로 창업 전문가들은 대출금이 전체 창업자금의 3분의 1을 넘지 않도록 추천한다.

▸ 금리가 낮아도 저축은 하라

금리가 낮다고 저축은 하지 않고 이익금을 현금으로 보유하고 있으면 공과 사가 구분되지 않아 이익금을 다 써버릴 수가 있다. 이에 따라 금리는 낮지만 반드시 이익금의 일부를 재 투자비로 저축하도록 전문가들은 지적한다.

<출처: 매일경제, 2001/09/11.>

사 례 3 장사해서 돈 벌려면

장사를 해 돈을 벌고 성공하기란 말처럼 쉽지 않다. 성공확률을 높이기 위해서는 우선 유망업종을 선택해야겠지만 그것만이 성공을 보장하는 것은 아니다. 업종뿐 아니라 입지 고객 품목 가격 등 창업시 고려해야 할 사항이 한 두 가지가 아니기 때문이다. 이 모든 것들을 체계적으로 조사하고 점검해야 성공에 한 걸음 다가갈 수 있다. 철저하게 준비된 창업자만이 성공할 수 있는 것이다. 소 점포사업으로 성공하려면 우선 점주 자신이 평소부터 장사의 안목을 길러야 한다. 그러나 이런 안목이 하루아침에 생기는 것이 아니다. 꾸준한 투자가 필요하다. 책이나 잡지, 그리고 각종 자료를 참고하고 동료 장사꾼의 얘기를 귀담아 듣다보면 소비자들의 취향을 파악하게 되고 해당 업종에 대한 경기흐름을 읽을 수 있게 된다. 창업할 때는 서비스 판매 외식 등 커다란 업종만 정해놓고 세부적인 아이템은 점포가 정해진 뒤 입지에 맞게 선택하는 요령이 필요하다. 대부분의 사람들은 아이템을 정해놓고 그 아이템에 맞는 점포를 찾아다닌다. 그러나 딱 맞아떨어지는 점포를 구하기란 여간 힘들지 않다.

업종 분석 평소에 꾸준히 / 체면 연연하면 '백전백패'

이 방법은 창업기간이 오래 걸리고 중간 경비만 많이 들어간다. 장사를 시작한 다음 창업자가 가져야 할 자세는 체면과 자존심부터 버리는 일이다. 창업상담자 중 상당수가 "힘 안들이고 이미지를 손상시키지 않는 아이템이 있느냐"고 묻곤 한다. '폼生폼死'식 태도로 돈 벌기를 원한다면 오산이다. 그런 장사는 이 세상에 없다. 장사는 직장 다닐 때보다 몇 배 힘들고 궂은 일을 감내해야 성공할 수 있다. 왕년생각을 했다가는 창업의 길만 험난해질 뿐이다. 장사꾼은 남는 것부터 생각해선 안 된다. 초보자들은 대개 '얼마 남길 것인가'를 먼저 따지는 경향이 있다. 돈 벌자고 나선 일이니까 예상수익을 높이려는 심리를 탓할 순 없지만 처음부터 남기는 것에만 치중하다보면 장사의 한계가 일찍 찾아온다. 원가부담을 줄이려고 인건비를 깎고 저급품을 취급하면 단골이 발걸음을 딴 곳으로 옮긴다. 종업원관리를 잘해야 한다. 손님의 욕구를 미리 알아채는 종업원이 있는 점포는 손님들의 발길이 끊이지 않는다. 종업원에 대한 교육과 관리가 중요한 것도 이 때문이다. 주인은 종업원을 사랑하고 가족처럼 대하면서 모범을 보여야 한다. 창업이수성난(創業易守成難)이라는 말이 있다. 창업은 쉬우나 그것을 성공시키기란 어렵다는 것이다. 시작은 누구나 할 수 있다. 그러나 성공하는 사람은 일부에 불과하다. 그러므로 자신이 성공하는 사람에 속하려면 남다른 노력이 필요하다.

<출처: 김찬경, 미래유통정보 연구소 대표, 한국경제, 1998/07/10.>

사례 4 남의 돈 창업 '예고된 실패'

비즈니스환경이 급변함에 따라 새로운 창업전략이 필요하다. 첫째, 빚으로 창업하겠다는 생각을 버린다. 경기가 좋고 금리가 낮을 때는 사업수익도 높아 원리금 상환이 어렵지 않으나 지금은 사정이 다르다. 자금이 빠듯하면 살고 있는 집을 줄이거나 부모나 친지의 돈을 싼 이자에 빌리는 방법을 택한다. 둘째, 기대치를 낮춰 잡는다. 업종별 차이가 있지만 호황기 매출의 60%선을 기대치로 잡고 창업계획을 세워야 한다. 셋째, 다이어트창업을 해야 한다. 기대수익이 낮은 만큼 투자규모를 줄이는 것은 당연한 일. 거품이 가장 많은 인테리어비, 시설비에서 절약한다. 또한 권리금이나 임대료가 지나치게 높은 점포는 피한다. 넷째, 장기투자가 예상되는 분야는 포기한다. 점포 사업의 승부는 보통 3~6개월 내 판가름이 난다.

新 창업전략

기대수익 낮추고 인테리어비 절약 3~6개월에 승부
가족형 사업선정 복합 브랜드채택 무점포사업 적당…

다섯째, 가족형 사업으로 운영한다. 경상비중 가장 큰 비중을 차지하는 것이 인건비다. 따라서 부부가 함께 창업하는 식으로 가족들의 손을 최대한 빌려야 돈을 벌 수 있다. 음식점의 경우 부인이 주방을 맡고 컴퓨터관련 사업은 컴퓨터에 익숙한 자녀가 직원을 대신한다. 가족들이 일을 분담한다면 노동생산성도 높일 수 있다. 여섯째, 복합브랜드 전략을 구사한다. 불황으로 단일 품목을 팔아서는 충분한 수익성을 기대하기 어렵다. 따라서 다양한 품목을 복합적으로 판매하는 것이 매출을 높이는 방법이다. 가령 세탁편의점을 운영한다면 옷수선 사업을 병행하는 것이 좋다. 커피전문점은 빵이나 간식을 함께 판다. 일곱째, 기술을 익혀 창업한다. 적성에 맞는 업종을 찾지 못하거나 투자비가 부족하다면 기술을 배워 창업할 수 있는 사업에 도전한다. 청소, 외식, 컴퓨터, 건설 등이 이에 해당된다. 그러나 경쟁이 지나치게 치열하거나 전문적인 경력을 요구하는 분야는 피한다. 시험에 낙방하면 시험준비 기간만큼 허송세월을 한 셈이 된다. 여덟째, 무점포사업을 노린다. 점포구입비와 월세를 줄일 수 있다면 점포운영부담이 한결 가벼워진다. 무점포사업으로는 인터넷관련사업 이동차량사업 출장서비스업 배달전문사업 등을 꼽을 수 있다.

<출처: 한국경제, 1998/07/10.>

사 례 5 이렇게 성공했어요 / 마마붐붐 도곡점 김정란 사장

지역밀착형 아동복할인점 도전

"주부 마음은 주부가 가장 잘 읽을 수 있잖아요."

준보석 전문점을 정리하고 아동복할인매장을 연 김정란 씨(28)는 업종을 변경해 성공을 거두고 있다.

양재 역 인근 은광여고 입구에서 5년 동안 운영했던 준보석전문점은 처음 2~3년 동안은 쏠쏠한 재미를 봤다. 하지만 외환위기 한파와 대로변을 중심으로 7~8개의 경쟁업체가 생겨나면서 매출이 눈에 띄게 줄어들어 임대료 내기도 벅찬 지경에 처했다.

장사가 될 만한 아이템을 고르던 중 인터넷을 통해 지금 하고 있는 아동복할인점 '마마붐붐'을 알게 됐다. 그의 점포는 양재 역에서 100m거리에 위치해 있으며 배후에 5,000가구 이상의 아파트와 다세대주택이 자리잡고 있는 데다 재래시장을 끼고 있어 아동복이라면 승산이 있다는 판단이 섰다. 더욱이 살림을 하는 같은 주부 입장이므로 고객의 마음을 확실하게 읽어낼 수 있는 자신감이 생겨 팔을 걷어붙이고 나섰다.

경기가 어려워질수록 제값 다 주고 상품을 구입하기보다는 합리적인 가격으로 알뜰하게 구입하려는 게 소비자들의 기본 심리.

5천 가구 아파트에 재래시장 끼고 있어 순수익 500만원 무난

아동의류는 특성상 반복구매가 가능해 지속적인 매출이 발생해 안정적인 수입이 보장되는 아이템으로 꼽힌다.

그가 6평 점포를 새로 꾸미는 데 들어간 비용은 인테리어와 간판, 집기 일체 1,900만원, 초도물품비 1,000만원, 가맹비 300만원 등 총 3,200만원.

요즘처럼 불황이라고 해도 그의 매장은 하루 매출이 평균 80만원 선을 유지한다. 여기에서 매출액의 40%가 마진이다. 점포임대료와 기타 경비 등을 제하고 남는 순수익은 500만원을 웃돈다. 아동복할인점은 지역밀착형 사업이므로 김 사장은 고객서비스에 각별히 신경 썼다. 무엇보다 할인점이므로 제품 질이 떨어질 것으로 생각하는 고객들에게 백화점 납품용이란 것을 인식시켰다.

점포를 청결히 하고, 밝은 표정으로 손님을 맞아 단골고객을 늘려나갔다. 또 신상품 위주로 진열하고 현수막 등을 활용해 다른 점포와 차별화 했다. 점포가 대로변에서 주택가로 들어가는 초입에 위치해 있는 장점을 살려 매장 앞에 기획상품도 전시해 유동인구의 눈길을 끌 수 있도록 노력했다.

<출처: 매일경제, 2001/11/12.>

사례 6 "포장마차-분식점 실패 후 한달 넘게 시장조사"

향기배달사업 박순씨

서울 송파구 풍납동에서 향기배달사업을 하는 박순(朴淳·45)씨는 매달 600여 만원의 순이익을 올리는 성공한 창업자다.

술집, 카페, 옷가게 등 향기가 필요한 고객들에게 5만원 상당의 향기분사기를 설치해주고 매달 2만원 정도의 향기 원액을 제공한다.

지금은 직원도 2명을 두고 있는 '사장님'이라는 소리가 낯설지 않다.

하지만 4년 전만 해도 박씨는 벼랑 끝에 선 전형적인 창업 실패자였다. 1998년 외환 위기로 K정보통신(IT)업체를 떠나기 전까지 박씨는 월급 300만원을 받았다.

아직도 물론 쉽지 않았다. 결국 박씨는 퇴직금 2,500만원을 들고 포장마차를 시작했다.

"300만원이면 시작할 수 있다는 이야기를 듣고 1주일 만에 자리를 잡았죠. 지금 생각하면 정말 '묻지마 창업'이었어요."

다른 포장마차의 텃세를 피해 사람들이 뜸한 지역으로 밀리고 밀린 박씨는 매일 적자에 시달렸고 결국 한달만에 장사를 접었다.

두번째 창업으로 분식점이었다. 보증금 500만원, 월세 50만원으로 얻은 가게가 변변할 리 없었다. 8평 넓이에 테이블 3개가 전부였다.

'시장조사를 세밀하게 하지 않은 것이 패착이었죠. 경쟁 분석점들의 장단점을 신중하게 분석했더라면 그런 작은 가게는 하지 않았을 겁니다."

두 번의 실패 후 박씨의 주머니에는 500만원이 남았다. 하지만 그의 머릿속엔 '신중함'과 '치밀함'이 가득했다.

10개의 사업아이템과 3, 4곳의 프랜차이즈업체 리스트를 손에 들고 박씨는 이후 한 달 이상 각 사업아이템에 대한 조사에 나섰다. 사람들을 직접 만나보며 매출과 순이익, 얼마나 수입이 안정적인지, 고객은 쉽게 찾을 수 있는지 등을 꼼꼼히 따져 물었다.

그래서 정한 것이 향기배달 프랜차이즈업체의 대리점이었다. 마진율도 50% 정도로 높았고 매달 향기 원액을 파는 수입구조도 안정적이었다.

박씨는 "얼마나 많은 정보를 갖고 있느냐가 창업 성공의 열쇠"라며 "보다 많은 정보를 얻으려면 초조해하지 말고 충분한 준비를 하는 것이 중요하다"고 말했다.

<출처: 동아일보, 2003/04/07.>

4 사업계획서 예시 - ① ○○○ 음식점

사업계획서 작성법

I. 업체현황

1. 업체개요(설립예정)
   ▷업 체 명: ○○○ 음식점
   ▷대 표 자: 홍길동
   ▷주민등록번호: 123456-7890000
   ▷전 화 번 호: 02-000-0000(휴대폰: 000-000-0000)
   ▷사업장소재지: 서울시 ○○구 ○○동 ○○○번지
   ▷업 태: 음식업
   ▷종 목: 한식업(부대찌개업)
   ▷창업(예정)일자: 2003. . .
   ▷종업원수(예정): 2명
   ▷특 기 사 항:

2. 창업자의 인적사항
   ▷성 명: 홍길동
   ▷주민등록번호: 123456 - 7890000
   ▷주 소: 서울시 ○○구 ○○동 ○○○번지
   ▷전 화 번 호: 02 - 000 - 0000(휴대폰: 000 - 000 - 0000)
   ▷학 력 사 항:

   ▷경 력 사 항:

II. 사업계획

1. 사업의 개요

(1) 사업의 동기
- 중소기업청에서 주관한 5일간의 창업강좌에서 소자본창업 강좌를 수강하였다.
- 거의 11년 동안 건강음료 회사의 지역총판 사업장 대리점들을 관리하면서 안정적으로 생활해 왔지만, 경기가 나빠지면서 여러 가지 문제로 본사와 법적 분쟁에 휘말려 결국 사업도 그만두게 되었고, 빚도 상당히 많이 지게 되었다.
- 자녀들은 2남으로 평소 부모들을 잘 이해하고 도움을 주고 있던 터라 안심하고 부부창업을 결심하게 되었다.

사업계획서 작성법

(2) 입지선정 및 메뉴선정

- 처음에는 당시 잘 나간다는 일식우동 전문점에 관심이 있었는데, 소상공인지원센터 상담사의 권유로 아무래도 고향인 경기도 문산에서 어릴때부터 잘 알고 있고, 특히 맛을 내는 데는 자신이 있는 부대 찌개점을 창업하기로 결심하게 되었다.
- 문제는 원재료 공급이었다. 부대찌개의 깊은 맛을 내기 위해서는 원재료가 중요한데, 수소문 끝에 고향에서 도움을 받을 수 있는 거래처를 알게 되어 해결이 되었다.
- 점포입지는 자신의 거주지역에서 매물로 나온 점포들을 알아보고 직접 입지조사를 하면서 사업성을 따져 보다가 한창 신축중인 지금의 건물(10평)을 보고 며칠간의 조사 끝에 계약을 하게 되었다.
- 보증금이 주변 시세보다는 다소 높았지만 신축건물이고 권리금이 없으면서 사거리 코너에 입지해 있어 승산이 있다고 판단했다. 인근 지역에 숙박시설이 광범위하게 분포되어 있으며, 버스종점 및 택시회사가 인근에 있어서 이들을 상대로 한 각종 음식 및 주종업종들이 영업중에 있는 지역이다.
- 주간보다는 저녁 8시 이후의 야간상권이 매우 활발한 지역이다. 점포 앞에서 유동인구를 직접 시간대별로 체크하면서 상권을 분석하였고, 저녁 및 야간시간대의 활동인구가 활발한 반면에 이들을 대상으로 하여 식사를 제공하는 음식점이 드물다는 점에 주목을 하여 과감하게 계약을 하게 되었다.

2. 자금계획

(1) 자금의 소요

• 임차 보증금	3,000만원
• 권리금	없음(신축건물)
• 시설비(인테리어, 간판 등)	2,000만원
• 초도물품 구입비(재료비)	1,000만원
• 운전자금(인건비, 관리비 등)	1,500만원
• 개업비	500만원
계	8,000만원

(2) 입지선정 및 메뉴선정

• 자기자금	5,000만원
• 타인자금(소상공인 지원자금, 생계형 보증서 이용)	3,000만원
계	8,000만원

사업계획서 작성법

3. 판매(서비스) 계획

- 입지의 특성상 야간 유동인구를 고객으로 잡기 위해 아내와 함께 아침 11시부터 새벽 3~4시까지 휴일없이 영업을 한다.
- 나름대로의 부대찌개 조리법을 가지고 정통 부대찌개 전문점을 표방하며, 메뉴는 부대찌개 하나로 특화하고 사리는 수제비, 라면 등과 같은 3~4가지 종류로 구비하여 제공한다.
- 오전 시간에 음식물을 계량하여 미리 준비해 놓음으로써 고객들의 주문시 빨리빨리 제공할 수 있도록 한다. 이것은 점포 규모가 작은 단점을 극복하기 위하여 고객들의 회전율을 높이는 목적도 있다.
- 부대찌개와 함께 제공되는 공기 밥은 고향인 문산에서 농사를 짓는 형제들의 도움을 받아 무공해 쌀을 직접 공급받아 맛있는 밥을 고객에게 제공한다.
- 가격은 주변의 음식점들이 보통 4,500원을 받지만 음식 맛에서 차별을 주며, 오랜 시간 영업을 하는 관계로 1인분에 5,000원을 받도록 한다.
- 주변의 버스회사 기사들, 모텔 종사자들, 주요 지점의 유동인구들에게 전단지를 적극 돌리면서 홍보한다.
- 음식의 원재료는 도매상을 통하지 말고 직접 농산물시장 등에서 구입하여 원가를 최대한 낮춘다.
- 처음에는 5,000원짜리 부대찌개 한 가지만을 단순화해서 판매하지만, 술 손님들을 대상으로 안주거리로 철판모듬, 베이컨, 소시지 등의 메뉴를 추가해서 10,000원에서 12,000원에 판매를 추진한다(3개월 영업 정상화 후 예정)
- 여름에는 점포 앞에 파라솔을 대여섯 개 설치하고 고단가의 술안주를 제공함으로써 상대적으로 비수기인 여름에 대비하여 적극적인 영업전략을 펼친다.

4. 매출계획

(1) 판매계획

- 가격은 주변의 음식점과 차별화하여 1인분에 5,000원을 받고, 경우에 따라서는 한가한 시간에 배달도 고려한다.
- 매출액 판단
  - ☞ 하루 매출액: 객단가(5,000원)×인원수(100명)=50만원
  - ☞ 한달 매출액: 50만원×30일=1,500만원
  - ☞ 일년 매출액: 1,500만원×12개월=1억 8천만원

사업계획서 작성법

(2) 경비 집행계획

- 인건비의 최소화를 위해 주방은 본인이 주도적으로 하고, 서빙이나 카운터 등은 아내와 함께 운영하도록 한다.
- 관리비의 효율화를 위해 전기와수도 사용을 효율적으로 할 수 있는 방법을 강구한다.
- 실내의 청결을 유지하는 청소와 각종 기계설비의 관리는 본인이 직접한다.
- 만일을 위한 권리금의 확보를 위해 시설의 감가상각비를 계상한다.
- 재료의 신선도 유지와 재료비의 절감을 위해 가급적 재료는 본인이 직접 구입하는 것을 원칙으로 한다.
- 차입금의 지급이자는 기일을 놓치는 것을 방지하기 위해 자동이체로 한다.
- 경비 집행 판단(월 평균 기준)
  - ☞ 원재료비: 매출액의 40% 적용=600만원
  - ☞ 인건비: 부부 공동 운영으로 인건비 부담이 없으나 부부의 인건비를 1인당 150만원으로 계산한 150만원×2명=300만원
  - ☞ 관리비: 12만원
  - ☞ 수도/광열비 등 잡비: 30만원
  - ☞ 감가상각비: 50만원(시설비 3천만원에 대하여 5년 균등상각)
  - ☞ 지급이자: 3천만원의 월이자율 6.25% 적용=15만원 선

    합계: 1,087만원

(3) 이익계획

- 이익 = 매출액(1,500만원) − 비용(1,087만원) = 413만원
- 실질이익 = 부부 인건비를 이익으로 잡으면 713만원 이익

사업계획서 작성법

5. 추정손익계산서(월 평균 기준)

(1개월 기준 단위: 만원)

과 목	금 액	세부내역
매출액	1,500	월평균 매출액 기재
매출원가	600	원가율 40%(마진율 약 60%)
판매관리비	487	
인건비	300	대표자 인건비: 1인×150만원 부인 인건비: 1인 ×150만원
임차료	92	월임차료 80만원, 관리비 12만원
감가상각비	50	시설투자 3천만 원을 5년 균등상각
세금과공과		
대손상각비		
차량유지비		
수도·광열비	15	
전화 등 통신비	5	
기 타	10	
영업외수익		
이자수익		
기타		
영업외비용	15	
지급이자	15	총 대출금(3,000만 원)
기타		
경상이익		
특별손익		
법인세 등		
당기순이익	413	1) 대표자 및 부인 월급을 각 월 150만원으로 계상함. 2) 인건비 포함 수익은 713만원 선임

<출처: 이강원, 쉽게 알자! 실전창업, 더난, pp.417~423.>

5 사업계획서 예시 - ② 노인의료 복지시설 사업계획서 개인운영 실버노인요양시설

사 업 계 획 서

시 설 명: ○○○ 노인 요양원

사업장 주소: ○○시, 구, 동, 번지

시설의 종류: 노인의료복지시설 (개인운영 실버노인요양시설)

시 설 장: 홍 길 동

1. 사업이념과 목적

가정과 사회에서 버림받고 소외된 어르신께 하나님의 말씀과 사랑을 통해 상처를 회복하고, 사랑을 실천하여 어르신께 심신의 안정과 노후의 생활안정을 도모하기 위함과 부양가족의 신체적, 정서적, 경제적 부담감을 완화하여 가족의 화합을 도모하기 위하여 필요한 서비스를 제공하는데 그 목적이 있다.

2. 시설의 입지 조건

- 입지형태별 유형: 전원형, 리조트형, 도시근교형

구분	내 용
도시근교 형	• 도심으로서의 통근가능한 곳에 입지하여 종래의 대도시에서 사회활동의 참여가 가능한 형태
리조트 형	• 양호한 자연환경이나 온천 등에 입지하여 휴양에 적합한 형태
전원 형	• 중 도시에 입지하여 농장이나 화단 등을 이용하여 건강한 생활을 영위하는데 적합한 형태

3. 시설규모 현황

구 분	용 도	구 조	면 적	비 고
건물현황	요양원	철근 콘크리트조/ 고급판넬	394.39 m^2 (120평)	건축물 허가대장등재
부지현황			대지 1,254 m^2 (379평)	건축물 허가대장등재

4. 연 혁

■ 1998년 1억 원으로 임야 구입

200 년 5월 8일 현 건물 75평을 건축하여 어르신 3명으로 시작

200 년 12월 28일 조건시설 신고(정원 25명)

200 년 1월 7일 생활실 40평 신축하여 30명 생활하심

200 년 12월 09일 희망 2006년 이웃사랑 캠페인 방송출현

200 년 1월 19일 지역 어르신 반찬 서비스 실시(27가구)

200 년 10월 16일 지역 어르신 식사 서비스 실시 (50가구)

5. 운영 방향 및 제공되는 서비스의 내용

■ 「사회복지사업법」 제 34조 제1항 제2호의 실버노인요양시설로서 저소득층과 국민기초생활수급권자 노인 분들 위주로 운영한다.

■ 본 시설은 개인운영 실버요양시설로 정부나 지방자치단체의 보조금이 지원되지 않음을 감안, 후원자를 적극 개발하여 실비요금으로 운영한다.

■ 입소 어르신의 다양한 욕구를 효과적으로 충족시키기 위하여 식사, 목욕, 세탁 등 일상 생활보조 뿐만 아니라 다양한 프로그램을 계발하여 운영하며 어르신들의 건강관리 차원에서 병원 통원치료, 한방통원치료, 물리치료 그리고 지역의 의료기관을 연계하여 양질의 의료서비스를 제공한다.

■ 어르신들께 보다 편안하고 안정된 노후를 보내실 수 있도록 사랑과 정성을 다하고 있다.

사랑을 실천하며, 늘 공경하는 마음으로 어르신께 시설에서 활기차고 즐거운 노후의 여가생활을 즐길 수 있도록 쾌적한 시설과 각종 프로그램의 계발과 호스피스 활동 등 성심 성의껏 도와 드리고 있다.

6. 입소 대상자

본 시설은 노인복지법 시행규칙 제18조 노인성 질환 등으로 요양을 필요로 하는 자 중 다음과 같은 자를 입소 대상으로 한다.

1. 60세 이상의 자로서 노인성질환 등으로 요양이 필요하여 거택에서 보호 받기가 곤란한자로 본인 또는 보호자의 동의를 받은 자

2. 60세 미만의자에 대하여도 그 노쇠현상이 현저하여 거택에서 보호 받기가 곤란한 자로 본인 또는 보호자의 동의를 받는 자

7. 입소 정원: 25명

8. 종사자 정원: 11명

9. 직원 배치 기준 현황

구분	계	시설장	총무	물리치료사	간호사	상담사	생활지도원	조리원	위생원	촉탁의사
정원	12	1	1	1	1	1	4	1	1	1

직 위	성 명	주민등록번호	비 고(자격증)
시 설 장	○○○		사회복지사 1급
총 무	○○○		사회복지사 2급
촉 탁 의 사	○○○		○○병원 내과 전문의
간 호 사	○○○		간호조무사
상 담 사	○○○		상담심리사
생 활 지 도 원	○○○		사회복지사
생 활 지 도 원	○○○		케어복지사
생 활 지 도 원	○○○		요양보호사
생 활 지 도 원			
조 리 사	○○○		영양사
위 생 원	○○○		
물 리 치 료 사	○○○		물리치료사

10. 시설기준

시설별 \ 구분		거실	사무실	의무실	생활지도원실	간호사실	자원봉사자실	물리치료실	오락실	식당및조리실	비상재해대비시설	화장실	세면장및목욕실	세탁장및건조장	경비실
요양. 실비요양	10-30인	1	1			1		1	1	1	1	1	1	1	
	10인 미만														

11. 입소비용

■ 입소보증금: 300만원 (5개월간 입소료)

■ 월 생활 비용: 30만원~60만원까지 (437,000)

■ 추가비용: 월 기본료의 30% 범위 이내

■ 보증금에 따라 월 생활비가 조정됩니다.

보증금	월 생활비용	비 고
300만원	30~60만원까지	월 생활비는 어르신의 건강상태, 간병정도, 침실에 따라 조정됩니다. • 기저귀착용 유. 무 • 욕창 유. 무 • 당뇨 유. 무 등 • 레빈, 폴리, 영양식 위관 삽입 시 추가

12. 서비스 종류 :

건강관리, 급식관리, 여가활동지원 , 생활지도지원, 응급의료 후송관리

- 건강관리: (위생서비스 , 의료서비스, 간호서비스, 의약품관리)
- 급식관리: (급식서비스, 간식서비스, 영양관리)
- 여가활동지원: 어르신의 고독, 고립감 해소를 위한 여가 프로그램실시(발마사지, 미술, 생활체조, 레크리에이션, 예배, 음악활동, 나들이 등)
- 생활지도지원: (입소자 보호 서비스, 생활지도서비스, 호스피스 활동 서비스)
- 응급의료 후송관리 :

(연계 협력 병원과 빠른 연계진료 -○○병원, -○○병원)

가정간호사 주 2회 방문

- 촉탁의사의 월 2회 방문 진료 . (○○병원)

13. 어르신의 하루 일과표

6:30~7:30	개인위생 및 침상정리
7:30~8:30	운동 및 아침식사
8:30~10:30	약 복용 및 건강체크 예배드림
10:30~12:00	ADL 생활 훈련 및 재활운동, 요가
12:00~1:00	점심식사
1:00~2:00	자유시간

2:00~3:00	집단 프로그램
3:00~4:00	간식서비스
4:00~5:30	산책 및 보행운동
5:30~6:30	저녁식사 및 약 복용
6:30~9:00	자유시간 (TV 시청)
9:00~	편안한 잠자리로~~~

14. 연계 의료 기관: 2개소(○○병원, ○○병원)

※ 종사자 자격증, 촉탁의사 및 연계의료기관 협약계약서 사본, 운영 위원회 명단, 근로계약서 사본 (별지 첨부)

15. 추경예산서

- 세입 세출 예산서(연간)

세 입			세 출		
항	목	금 액	항	목	금 액
입소자 부담금수입	입소비용수입	157,320,000	인건비	급여	93,600,000
				직원복지후생비	4,800,000원
보조금수입	후원금수입	3,600,000	운영비	생계비	21,900,000원
	기타후원금	2,000,000		부식비	10,950,000원
	생필품후원금	500,000		특별급식비	1,200,000원
				피복비	638,000원
				의료비(기저귀)	5,800,000원
				의료수급비	1,200,000원
				사무용품비	500,000원
				프로그램비	1,031,000원
				공공요금비	10,540,000
			업무추진비	차량비	11,261,000
	합계	163,420,000		합계	163,420,000

- 세입 세부 예산(안)

관	항	목	예산액	산출기준
세 입 총 계			163,420,000	
사업 수입	소 계		157,320,000	437,000*30*12=157,320,000
	사업비 수입	보호비	157,320,000	
보조금 수입 소계			6,100,000	
보조금 수입	보조금 수입	후원금 수입	3,600,000	정기후원:300,000*12=3,600,000
		생필품 후원금	500,000	과일류, 고기류, 야채, 세제 등
		기타 잡수입	2,000,000	추가비용(기저귀값 등)

- 세출 세부 예산(안)

관	항	목	금액	산출내역
사무비		세출총액	163,420,000	
	인건비	인건비소계	93,600,000	1,200,000*5*12=72,000,000 600,000*3*12=21,600,000
	후생경비	후생경비소계	4,800,000	
		직원복지후생경비	4,800,000원	300,000*2회*8명=4,800,000
사업비	운영비	운영비 소계	43,219,000	
		생계비	21,900,000원	2,000원*30*365=21,900,000
		부식비	10,950,000원	1,000*30*365=10,950,000
		특별급식비	1,200,000원	100,000원*12개월=,1,200,000
		피복비	638,000원	양말, 속내의 티셔츠, 신발, 슬리퍼
		의료비 (기저귀)	5,800,000원	40,000원*10B=400,000원*12개월=4,800,000 물티슈:1,500원*50봉지*12개월=900,000 장갑:500원*200봉지=100,000원
		의료수급비	1,200,000원	의료보호수급비 외 10,000*10명*12월 =1,200,000
		사무용품비	500,000원	
		프로그램비	1,031,000원	생신파티, 장구경, 미술, 원예, 이미용

사업비	운영비	공공요금소계	10,540,000	
		우편료	120,000원	
		전화료	1,920,000원	40,000*4대*12개월=1,920,000
		일반전기	3,600,000원	300,000*12=3,600,000
		심야전기	4,900,000원	350,000*2대*7개월=4,900,000
	업무추진비	업무추진비소계	11,261,000	
		자동차 연료비	3,600,000원	300,000*12개월=3,600,000
		자동차 할부금	3,684,000	307,000*12=3,684,000
		수리비	1,000,000원	
		보험료	2,277,000	1대 무쏘, 1대 카렌스, 화물차1대
		유지비	500,000원	환경부담금, 자동차세 등
		잡지출	200,000원	

6 사업계획서 예시 - ③ 창업지원사업 자금지원 신청용 사업계획서 양식

사 업 계 획 서

- 제출기관명:
- 용　　도: 창업지원사업 자금지원 신청용

작 성 일 :

기업체명 :

대 표 자: (인)

사 업 계 획 서

Ⅰ. 업체개요

1. 연혁

년월일	주 요 내 용	비 고
. .		
. .		
. .		
. .		
. .		

주) 회사설립, 상호변경, 승계, 업종변경 및 추가, 기술도입, 합작투자, 법인전환, 공장이전, 분공장설치사항 등을 기재

2. 대표자 관련사항

<table>
<tr><td colspan="2">성 명</td><td colspan="2">한글( ) 한자( )</td><td>자택
전화번호</td><td></td></tr>
<tr><td colspan="2">자 택 주 소</td><td colspan="4"></td></tr>
<tr><td rowspan="3">최종
학력</td><td>기 간</td><td>학 교 명</td><td colspan="2">전공분야</td><td>수학상태</td></tr>
<tr><td></td><td></td><td colspan="2"></td><td>졸업, 중퇴</td></tr>
<tr><td></td><td></td><td colspan="2"></td><td>졸업, 중퇴</td></tr>
<tr><td rowspan="6">경력</td><td>기 간</td><td>기업체명</td><td colspan="2">주생산품목</td><td>담당업무(직위)</td></tr>
<tr><td></td><td></td><td colspan="2"></td><td></td></tr>
<tr><td></td><td></td><td colspan="2"></td><td></td></tr>
<tr><td></td><td></td><td colspan="2"></td><td></td></tr>
<tr><td></td><td></td><td colspan="2"></td><td></td></tr>
<tr><td></td><td></td><td colspan="2"></td><td></td></tr>
<tr><td colspan="2" rowspan="4">포 상
(업체포상 포함)</td><td>수상기관명</td><td>포 상 명</td><td>내 용</td><td>일 자</td></tr>
<tr><td></td><td></td><td></td><td></td></tr>
<tr><td></td><td></td><td></td><td></td></tr>
<tr><td></td><td></td><td></td><td></td></tr>
</table>

주) 「포상」난에는 기업활동과 관련한 정부, 지방지차단체, 공공기관의 신청일 기준 최근 3년 이내의 포상을 기재

3. 주요주주 및 경영진

총주수	천주
주당액면 금액	천원

(실질경영자:)

직 위	성 명	주민등록 번호	동업계 경력	보유 주식수	지분율	실질경영자와의 관계	비 고
			년		%		
실질경영자의 재산현황 (동산, 부동산 보유내역 및 재산세 등)	재산세 납부실적: 천원(연도)						

주) 비고 난에는 주주가 외국인인 경우 국적을, 외국인 투자기업인 경우 외국인투자기업등록번호를, 대기업인 경우에는 대기업명과 직위를 기재

4. 사업장 현황

사업체명		종사자수(예상)	명
소 재 지			
소유구분	자가, 임차	총자본금	
점포면적		전화번호	
업태및종목		창업(예정)일	
생산품목			

5. 사업추진 방향 (반드시 대표자 자필로 기재)

1) 창업동기
2) 전개방향
3) 주요 경영사항

주) 주요경영사항란에는 최근회사의 주요변동사항, 신제품 개발추진, 자금사정, 애로사항 및 대책 등을 기재

6. 자금 계획

(단위: 백만원)

자금조달계획	총소요자금	자기자금	지원신청금액		기 타
자 금 소요계획	보증금	시설비	초도상품구입비	운전자금	기 타

Ⅱ. 제품 및 영업상황

1. 제품의 개요

제 품 명	특성 및 용도

2. 영업상황

(단위: 백만원)

판매실적		20 년도	20 년도	20 년도
품목				
계				

※ 재무제표 등 참조

3. 주요거래처 현황

(단위: 백만원)

구분	업 체 명	대표자	소 재 지	거래품목	거래금액 (비중 %)	기타 (거래조건 관계등)
매출처						
매입처						

주) 거래비중이 높은 업체순으로 기재

Ⅲ. 사업성 및 기술성

1. 사업성

가. 시장성

<table>
<tr><td>판매방법</td><td colspan="4">직접판매(　　%), 대리점판매(　　%), 도·소매상(　　%)</td></tr>
<tr><td>시장전망</td><td colspan="4"></td></tr>
<tr><td rowspan="2">주요경쟁업체 현황
(개략적 기재)</td><td>업체명</td><td>주생산품</td><td>소 재 지</td><td>매출액</td></tr>
<tr><td></td><td></td><td></td><td></td></tr>
<tr><td>판매경로 및 판매대책</td><td colspan="4"></td></tr>
</table>

나. 구매 계획

다. 마케팅, 성공전략

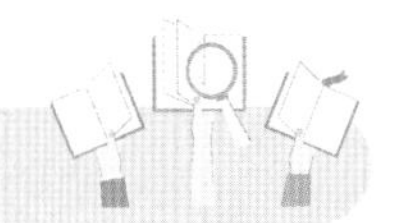

참고문헌

- 강병오, 무점포 1인 창업, 한경비지니스, 2009. 7. 27, pp.38~39.
- 건강보험공단홈페이지.
- 고동희 외, 경영학원론, 명경사, 2001, pp.42; 44~49; 52~57.
- 공병호, 공병호의 사장학, 해냄, 2010, pp.216~221.
- 국민연금공단홈페이지.
- 국민일보, 동아일보, 매일경제, 주간경제, 아주경제, 한국경제, 한국일보, 한경비즈니스.
- 국세청, 주요 국가별 창업기업 생존율과 업종별 폐업체 비율, 2015.
- 국세청 통계연보, 2015~2017.
- 국세청 홈페이지, 신고납부-종합소득세-간편장부작성요령.
- 권원오, 성공으로 가는 창업과 경영, 신광문화사, 2007.
- 김덕식, 애플신화아이콘: 스티브잡스 10계명, 매일경제, 2011. 9. 6.
- 김병윤 외, 현대 경영학, 명경사, 2002. pp.24~25.
- 김이태, 창업경영전략, OK Press, 2002, pp.30~34; 42~46; 51~52; 428.
- 김인수, 소크라테스형 리더가 키워야 할 3가지 기술, 매일경제, 2010. 2. 3.
- 김인수·황미리, 이멀트 리더십, 매일경제, 2011. 3. 26~27.
- 김재일 등, 우리나라 '서비스 산업의 현황과 서비스 품질', 1996, 논문 참조.
- 김지희, 가족기업 창업 및 경영론, 삼성출판사, 2001, pp.360~398.
- 김진배, 펀리더, 펀경영, 한경비지니스, 2009. 9. 28. p.104.
- 김찬경, 미래유통정보연구소, 한국경제, 1998. 7. 10.
- 김창희, 최근 주목받는 리더십 4가지, 동아일보, 2016. 2. 19.
- 문진수, 오마이뉴스, 2018. 7. 10.
- 미래와 경영연구소, 창업세금 지식 쌓기, 미래와 경영, 2001, pp.51~52; 63~66; 73~77; 85~91; 256~261.
- 박주관, 창업은 도전이다. 기은개발금융(주), 1996. 4.
- 박진영, 1인 창조기업 업종별 분류, 한경비지니스, 2011. 8. 31.
- 박한수, 소자본창업과 경영, 민영사, 2007.
- 백순기, 시니어 창업, 매일경제, 2010. 11. 4.
- 서종상, 소자본창업실무, 세학사, 2001, pp.21~22; 29~40; 42~46; 51~55; 64~69; 75~85.

- 소상공인시장진흥원 홈페이지, 소상공인정책자금 운용지침 및 신청양식.
- 송정근, 자영업종별 창업 후 5년간 생존율, 2016.
- 쓰지 도시히코, 이정환 역, 우직한 사람이 산을 옮긴다, 홍익출판사, 2008.
- 에버랜드서비스리더십, 삼성에버랜드서비스아카데미, 2001, 21세기북스, pp.256~257.
- 오종근 외, 디지털 시대의 창업 가이드, 대경, 2002, p.24; 29.
- 우종국 · 김기남, 1인 창조기업 지원사업, 한경비지니스, 2011. 8. 31.
- 윤선영, 감성지능의 5가지 요소, 매일경제, 2015. 12. 18.
- 이강원, 실전창업, 더난, 2002, pp.102~106; 108~113; 147~148; 182; 261~267; 271~274; 283~284; 399~401; 417~423.
- 이건창, 현대경영의 이해, 무역경영사, 2002, pp.6~7.
- 이건창, 현대경영의 이해, 무역경영사, 2002, pp.16; 18~19.
- 이건창, 현대경영의 이해, 무역경영사, 2006.
- 이경태, 2016-2017 프랜차이즈 현황분석, 아주경제, 2019. 2. 18.
- 이경희 · 고경진 · 최성웅, 창업 첫걸음, 중앙경제평론사, 2015, pp.16~21; 284~287.
- 이덕훈, 창업학의 이해, 비앤엠북스, 2009.
- 이상헌, 상권분석, 한국경제, 2006. 3. 9.
- 이정완, 소호, 창업과 경영 이렇게 하라. 새로운 제안, 2000, pp.95~104.
- 이진규, 세금개요 및 부가세 · 종합소득세 직접 신고하기, 경영정보사, 2016, p.152; 198.
- 이진규, 세금절약 및 자료운용, 경영정보사, 2016, pp.124~127, 290~297.
- 이창우, 인사관리의 허와 실, 조직혁신연구소, pp.43~48.
- 이코노미스트 1996년 9월 16일.
- 이태규, 경영 그리고 경영학, 무역경영사, 2003. pp.11~18.
- 장우상, 한권으로 끝내는 창업, 진문사, 1999, p.94~95.
- 장우상, 한권으로 끝내는 창업, 진문사, 1999, pp.125~152; 170~180.
- 전성기 · 정상섭, 창업과 중소기업 경영의 실전가이드,이엔지북, 2008.
- 정수원, 소자본 창업과 경영, 문영사, 2001. p.294; 297~300.
- 조관일, 친절학 개론, 다움, 2000; pp.18~19; 78~79; 88~90; 118; 121~122; 134~140.
- 조보상, 소자본 창업과 경영의 실무, 무역경영사, 2002, pp.303~314; 375~392.
- 조영서, 창업자 은퇴 후 고전한 홈디포, 매일경제, 2016. 11. 25.
- 주간매경, 1996년 7월 31일; 1997. 8. 6.
- 중소기업기술정보진흥원, 1인 기업, 2010.
- 창업세금지식쌓기, 미래와 경영연구소, 2001, p.158; 169.
- "최고경영자들의 전문자격증-회계사 · 박사 사장들 단연 두각", 「주간매경」 1997년 8월 6일.

- 최애경, 성공적인 커리어를 위한 인간관계의 이해와 실천, 무역경영사, 2002, pp.119~127의 일부내용.
- 최재희, 소자본 창업 어떻게 할까요?,중앙경제평론사, 2010; pp.170~173, 531; 551; 553~557.
- 최종학 · 김현주, 고객만족을 위한 실천기법 21C, 한올, 1998, pp.11~14; 86~89; 194.
- 하정민, 감성리더십의 3대 키워드, 동아일보, 2015. 2. 3.
- 한국창업전략연구소, 2011 베스트 창업 아이템 100, 21세기 북스, 2011.
- 허경주, 자영업의 현주소, 2019. 2. 11.
- 2011 베스트 창업 아이템 100, 한국창업전략연구소, 21세기 북스, pp.238~239.
- Bartol and Management, International Edition, 1992.
- Davis, K. Human Relations in Business(New York: McGraw-Hill Book Co., Inc., 1959), p.1959, p.159. 참고.
- Delivering Knock Your Socks Off Service, Ron Zemke; Kristin Anderson; 서비스 달인의 비밀노트, 구본성 역, 세종서적, 2002, pp.131~134.
- H.L Smith & L.M. Krueger, "A Brief summary of Literature on Leadership ,Bulletin of the School of Education Vol, 9. No.4(Bloomington: Indiana University, 1933), pp.3~80."
- I'm First: Your Customer's Message to You 저자 린다 실버맨 골드지머; Delivering Knock Your Socks Off Service, Ron Zemke; Kristin Anderson; 서비스 달인의 비밀노트, 구본성 역, 세종서적, 2002, pp.72~76.〉
- Lurhans, F. Organization Behavior(McGraw-Hill, Kogakusha, Tokyo: 1973), p.500. See also Alan C. Filley and Robert J.House, Managerial Process and Organizational Behavior(Scott, Foreman and Company, Glenview, Ⅲ: 1969, p.409.).
- Tead, O. The Art of Leadership (New York: McGraw-Hill, 1935), pp.82.
- www.esero.go.kr

사례와 실무 중심의
경영의 이해와 창업

초판 1쇄 발행 2007년 8월 30일
6판 1쇄 발행 2023년 1월 10일

저 자 박건실
펴낸이 임순재
펴낸곳 (주)한올출판사
등 록 제11-403호
주 소 서울시 마포구 모래내로 83(성산동 한올빌딩 3층)
전 화 (02) 376-4298(대표)
팩 스 (02) 302-8073
홈페이지 www.hanol.co.kr
e-메일 hanol@hanol.co.kr
ISBN **979-11-6647-305-0**

사례와 실무 중심의

경영의 이해와 창업

사례와 실무 중심의
경영의 이해와 창업

사례와 실무 중심의

경영의 이해와 창업